从“部分先富”到“全民宽裕”，迈向基本实现现代化的新征程！

Quanmin Kuanyu Lun

全民宽裕论

江建平◎著

人民出版社

序

每个人都向往美好的生活。我们也衷心希望每个人都生活美好。

捧读我的老朋友——江建平同志潜心研究多年完成的《全民宽裕论》书稿，我深深地感受到他对国家和人民的责任意识，对社会的关注，对经济管理理论研究的热爱和执着。

宽裕是现阶段美好生活的重要内容，是普通百姓真实朴素的内心诉求。我国前三十多年的改革，以“部分先富”和“劳动责任制”等理念的突破为切入点，充分调动了社会各方面提高效率的积极性，使社会内在生产力能量得到巨大释放。在正在建成全面小康社会的历史新起点上谋划改革发展，有必要将全民宽裕作为引领目标，以先进科学技术和管理模式为着力点，深入改革完善影响产品质量、影响资源持续、影响环境生态、影响身心健康的管理机制，使整个经济社会的发展水平有新的提升。

全民宽裕研究是一个事关社会全局的问题，涉及众多学术领域和社会管理的方方面面，研究体系庞大，内容丰富。江建平同志作为一名长期从事财经工作的政府官员，在繁重的公务之中，挤出时间，深入开展理论研究，真正践行理论和实践、知和行的统一，是非常不容易，也是非常有意义、有价值的。他的这种精神，不但是实践工作者的楷模，也是理论研究者应该学习的。

纵览全书，本书以下几个特点给我留下深刻印象：

第一，切合时代发展要求。诺贝尔经济学奖获得者罗斯曾说过：“经济学必须能解决现实生活中的实际问题”。经历了三十多年的改革，中国正步入新的历史发展时期，“允许一部分人先富起来”的理念，正让位于“让大多数人都富裕起来”的理念，“让人民公平合理地分享经济增长的成果”正在成为人们的共识。民生建设也成为新阶段经济社会发展的主旋律。江建平同志很好地抓住了这一点，创造性地提出了全面小康后建设全民宽裕社会的目标，这和我们所处的发展阶段和未来民生目标都是吻合的，特别是全民宽裕能够充分体现老百姓的普遍愿望。

第二，理论体系完整。本书根据社会主义市场经济理论和科学发展观要求，提出了与我国基本现代化相衔接的“全民宽裕”目标，并对实现这一目标的整体社会经济运行机制进行了全方位架构，从目标的树立，路线图的勾画，机制的跟进，相关配套制度的完善，无一不进行了深入思考，体系完整，逻辑缜密，论证充分。尤其是作者在研究全民宽裕的实现机制时，既肯定市场机制的基础性作用，又创造性地提出与之相匹配的“共益机制”。市场机制与共益机制的合力驱动可以扬长避短，相得益彰，成为经济社会统筹发展的综合体制保障。

第三，理论联系实际。江建平同志长期从事财经管理工作，经济管理经验丰富，这也使得本书与其他经济类的书刊不同，本书的很多经济管理模式、论点，都建立在总结大量实践经验的基础上，是经过实践检验的，具有较强的针对性、实用性。比如，在研究了许多创新型企业发展路径的基础上，本书提出了企业自力、政府给力、社会借力、行业群力“四方合力”的社会化高效组合发展生产力的模式。又比如，结合国际经验及江苏省的区域协调发展政策措施，本书提出了具有较强推广意义的“后位推进”机制。

第四，研究富有创新。本书的研究覆盖面广、哲理性强，见解深刻，很多方面体现了创新。除了以上提到的“全民宽裕”、“共益机制”、“后位推进”等创新研究内容外，还有其他一些富有价值的创新研究。比如，创造性地把“黄金分割率”引入社会分配领域，探寻了在处理经济和社会发展、国家与企业、国家与个人等众多分配关系时普遍适用的“黄金分配规律”。又比如，在继承发扬传统优良文化道德观念的基础上，凝炼了知识经济时代“敬”、“信”、“知”、“和”新的道德文化观念。

适逢我国经济社会发展处于扩大内需的新阶段，发展的目标由效率性增长转变为公平性增长，努力追求社会生产力与社会消费力的协调发展，江建平同志推出了他的《全民宽裕论》一书，是很有意义的。本书作为他多年来从事经济管理实践的感悟思考和研究积累，对广大从事经济活动以及研究经济理论的同志，包括广大师生，都有很好的学习研究参考价值，值得一读。

南京大学　洪银兴

2013 年 5 月 21 日

目　录

导　论

新中国成立以来，在全国上下共同努力下，特别是通过1978年中国共产党十一届三中全会所开创的改革开放的伟大实践，我国经济社会发展取得了举世瞩目的光辉成就。社会生产力迅速发展、人民群众生活明显改善、经济文化不断繁荣。经济总量在2010年超过日本，成为世界第二大经济体。新中国成立之初中国想要赶超英美的愿望，当下在实践中正逐渐向现实靠近。中国特色社会主义市场经济优势已经彰显出来。

中国的未来发展空间仍然巨大。我国是一个人口大国，虽然从经济总量上已经大起来，但人均水平还相当低。国际货币基金组织有关资料显示，2012年我国人均GDP按国际汇率计算在全世界仅仅排第84位。中国的人均经济状况要达到世界发达国家的水平还有相当长的路程要走，何况其他国家也在不断发展，我国还需加速奋进。

按照马克思列宁主义、毛泽东思想、邓小平理论、“三个代表”重要思想和科学发展观的要求，中国统筹发展的落脚点关键在三个方面：先进生产力、先进文化和最广大人民群众的根本利益。现阶段我国凝聚这三方面要求的战略部署是全面建设小康社会。根据中国共产党第十八次全国代表大会的精神，下一阶段的全国总体目标是：到2020年实现全面小康，到2050年基本实现现代化。有条件的地方会更快一些。

经济发展的成果主要体现在人民群众生活水准上。民众生活水准的高低主要反映在其收入水平及其所能获得的物质与服务消费的数量和质量上，从科学发展的角度看，主要体现为与自然资源环境相融合、能够维护众人身心健康的经济条件和社会人文条件。那么，在全面小康社会实现之后，随着现代化目标的基本实现，民众的收入水平和可消费的主要实物与服务状况会是什么样呢？本书将研究讨论确立全民宽裕的目标。即在劳动力资源、科技资源、管理资源以及自然资源（特别是可再生资源）等充分利用的基础上，所有民众收入达到一定宽裕水平以上，在满足现代条件下的科学良好消费需求之外有所节余，同时，人们的精神状态普遍显现比较安定、充实、和谐的状态。全民宽裕体现的是基本现代化进程中的民生指向。

全民宽裕既是一个明确的发展目标，又具有丰富的发展内涵。全民宽裕要求人民群众都达到这样的水平：到2049年即新中国成立100周年时，以我国2000年的不变价计算，城乡居民户均收入达到20万元左右。每个家庭最低年收入不分城乡都有10万元人民币以上，即每个劳动者的年收入至少在5万元以上。相对应的可消费的内容，能够体现比较体面而舒适的现代生活。全民宽裕的水准是有区间的，设定的区间为家庭年收入在10万元至100万元。超过100万元年收入的家庭视为富裕户，富裕户只占社会中较小的比重。宽裕户与富裕户的差别，不在于基本消费品方面，而在于非基本消费品方面，更大的差别在于资产或资本方面。宽裕户的资产或资本积累较少，而富裕户积累较多。一个社会的经济发展，必定要有大量的资产或资本积累，富裕者通过勤勉努力合法多得的收入，一般来看直接或间接主要转化为经营性资本，这对社会是有益的。另外，全民宽裕的水准也是动态的。这不仅仅指随物价的变动而变动，因为物价变动未带来实质性的收入增长。宽裕水准的变动，主要指随着经济整体水平的发展，宽裕的收入水平和可消费的内涵有真实性的提高。

中国特色社会主义经济发展的长远目标是实现共同富裕，全民宽裕与共同富裕是相协调的，它是全民小康与共同富裕之间的新的民生发展阶段。宽裕的水平比小康的水平要高，比老百姓认为的富裕水平要低。较高水平的宽裕接近于富裕水准的初级形态。但如果把家庭年最低收入达到10万元及稍多一些就看作富裕状态，难以得到人们的认可，还是看作总体宽裕状态为好。建立全民宽裕的目标是比较切合实际的，能够使百姓有比较好的认同感，也是社会主义和谐社会建设的重要组成部分。

从历史发展的视角来看，全民宽裕的目标是能够实现的。改革开放前，我国的人均收入非常低，改革开放三十多年来有了明显的提升。其中全国城镇居民人均可支配收入 1978 年为 343. 4 元，2010 年为 19109. 4 元，增长了 54. 6 倍，如扣除物价上涨因素，增长 8. 7 倍，年均增长 7. 3%；全国农民人均纯收入 1978 年为 133. 6 元，2010 年为 5919 元，增长了 43. 2 倍，如扣除物价上涨因素，增长 8. 5 倍，年均增长 6. 9%。以现在的人均收入水平，并按城镇家庭平均人口系数计算，城镇居民户均年可支配收入要达到 20 万元左右，需要增长 2. 6 倍（不含物价上涨因素），按 7% 的年均增长速度需 19 年左右。农民户均年纯收入要达到 10 万元以上，按农民家庭人口系数计算，需要增长 3. 2 倍，按 7% 的年均增长速度需 21 年左右。目前我国有少数家庭已经达到了宽裕状态，绝大多数城乡家庭平均收入能够在今后 30 年时间内达到宽裕要求。鉴于全民宽裕的目标是所有家庭均要达到要求，从现在的最低收入家庭看，要达到宽裕的要求，所需的时间确实会比较长一些，但也是能够做到的，当然，需要采取适当的措施使他们能够加速提高收入水平。

关于全民宽裕的概念、内涵及关联关系等在第二章作深入分析。

要实现全民宽裕的目标，需要有良好的经济运行管理体制机制，以调动社会中一切积极因素。从国内外的经济发展实践看，市场机制是有效调动各方资源的基础性运行模式。在市场机制的运行模式下，人们为了谋求一定的现实利益，自发地组织起来，开展有益于他人需求的劳动，使众人的需求达到一定程度的满足。只要市场有赚钱的机会，就必定有人会动员组织起来，以其本身的或者借力的劳动、资本、技术、管理等要素投入，提供社会所需要的产品或服务。市场机制下各种资源的利用率很高，市场机制配置资源的效率已经被世界公认为是迄今最高的。要实现全民宽裕也必须采用市场机制去激发社会的内在动力与活力。

但是，事物总有其相对不足的方面，市场机制也不例外。正因为市场机制原动力的个体逐利性，一些不顾社会整体利益的行为常常发生，有的甚至直接危害民众利益或他人利益。这就需要有与市场机制相匹配的运行机制，能够限制、约束市场机制下可能出现的不良行为。本书立足于对实践的深度考察研究，提出共益机制的概念。共益机制顾名思义，指众人共同受益的经济运行模式。共益机制与市场机制构成对立统一的关系。如果说市场机制解决的是经济社会的运行效率问题，则共益机制解决的是经济社会的公平问题。共益机制不仅对市场机制起规制作用，还可对市场机制起扩展作用。市场机制下人们只在经济活动对己有利时才有所行动。共益机制下以对社会有利为前提，动员社会各方面力量和资源，以便开拓市场空间，普遍改善人们的生产生活。

在现实社会经济发展中，共益机制的实现路径主要包括社会文化价值观念的引导、法律规章约束、政府组织管理调控以及人们之间各种互助行为等。社会文化价值观念的引导主要体现在赞扬什么、鼓励什么、反对什么、抑制什么，从而正确引导人们的行为。法律规章是在社会发展的管理中，顺应社会文化价值观的要求和广大民众的呼声，对正当行为和利益的激励与保护，而对不良行为给予约束或惩罚。政府组织管理调控有益于调动社会方方面面的资源，对需要发展的社会经济事项予以必要的促进，而对需要管制的社会经济事项进行必要的限制。人们之间各种相互帮助相互关心的行为，对社会的稳定与进步能量巨大，作用不可低估，是社会前进的正能量。可以说共益机制的作用与市场机制一样渗透性很强，社会经济生活的和谐进步离不开共益机制的作用。

市场机制与共益机制的区别是明显的。市场机制的理论依据是人的自私心理动机，一切为了谋取自身利益成为其做出努力的原生动力。共益机制的理论依据是人的社会伦理和道德观，一切为了奉献社会或者帮助他人是其做出努力的原生动力。市场机制是利己当头，共益机制是利他当头。然而两者都能够给社会的整体利益带来好处。相对于社会共益而言，市场机制是间接发生作用的，共益机制是直接发生作用的。

全民宽裕目标的实现，需要市场机制与共益机制的合力推动。市场机制仍然作为基础性的资源配置机制，共益机制作为必要的匹配机制而发挥独特作用。在某些领域、某种条件下共益机制发挥的作用更大。两种机制密不可分，“双轮驱动”有利于我国整个社会经济按照科学发展观的要求不断健康协调发展。现阶段因我国处于加速发展期，发展的速度会更快一些。中国特色社会主义市场经济体制的重要内涵，不仅包括充分发挥市场机制的作用，同时必然包括很好地发挥共益机制的作用。

关于市场机制与共益机制合力作用的探讨将在第三章展开。而且以后章节关于实现全民宽裕的具体机制问题研讨，也会对如何运用好市场机制与共益机制的合力作用进行深入探讨。

对于全民宽裕问题的研讨，不能不涉及有关分配问题。分配问题的重要性并非在于对劳动成果的安排，而是事先对可能获得的劳动成果进行协议性、制度性的安排，从而对劳动行为过程的努力程度产生机制性引导效用。如果分配机制的制度安排合理，则会产生正的激励效用，能够产出更多更好的劳动成果；如果分配机制安排不恰当，则会产生负的拖累效用，使劳动成果大打折扣。所以说分配问题是一个需要正确处理好的关键问题。那么，怎样才能做到正确处理分配关系，其中有什么样的规律可循，本书第三章专门研究这一问题。基本的结论是可以将“黄金分割率”运用于社会分配领域。凡是分配问题都涉及如何合理处理两者关系，如国家与企业分配关系、国家与个人分配关系、企业内部如集团总部与分公司分配关系等等，而两者关系中总有一方对整体利益起主导作用，另一方起辅助作用。按照“黄金分割率”，可将61.8%左右的利益归于起主导作用的一方，将38.2%左右的利益归于起辅助作用的一方，这样分配的效果会比较理想。两者的分配比率关系也可称为“黄金分配规律”。“黄金分配规律”有其客观合理性，在处理众多分配关系中可加以运用。本书在研讨有关分配机制问题中将适当运用此规律。

全民宽裕必须要有足够的物质资源条件作支撑，而且用来消耗的物质资源要长期保持可持续。然而自然界的物质资源总是有限的，无论是土地资源、水资源还是石油煤炭等化石资源，相对都是有限的。按照现在的全球经济发展势头，全球已探明的石油和煤炭等资源都可能在不到100年的时间内消耗完。而按照现代生活方式，人们的吃穿住用行等基本生活都离不开石油和煤炭等化石资源的支撑。譬如，农作物的生产需要化肥，化肥生产的原料主要是煤炭；穿着用的化纤用品直接来自石油和煤炭这两样宝贵资源；汽车每天要消耗掉大量石油。即使是再生能源，在一个年度内产生的总量也是有限的。眼前正在兴起的可再生能源，如光伏发电量和风能发电量每年都是有限的，因阳光资源和风能资源也都是有一定量的。

面对有限的自然物质资源条件与人民群众普遍达到宽裕生活水平的要求所形成的矛盾，需要多方面的共同努力加以克服。本书对此矛盾专门进行分析，研究解决途径，着重探讨用适当机制去克服困境，从而达到整体目标要求。

本书在第四章除了就资源环境的可持续支撑机制进行研讨，还专门探讨人口长期可循环的繁衍机制。人口数量及其生育繁衍机制直接影响到人均可拥有的自然资源禀赋，要实现所有人都能够达到宽裕式生活，必须理性而有节制地建立长期可循环的生育机制。中国现有人口众多，人均资源相当少，尤其须建立合理有序的生育观。人口生育机制首先应当赋予每个家庭生育的权利。延续后代是所有家庭的普遍愿望，是公民平等权利的重要组成部分，这也符合社会的整体需要。然后，从全社会的角度考虑，一个家庭生育几个孩子为好？这是一个值得高度重视的问题。每个家庭平均生育孩子的数量，对人口总量的影响很大，如果每个家庭平均生育三胎，55 年人口数量就翻一番。如果每个家庭平均生育四胎，32 年人口数量就翻一番。这意味着自然资源的禀赋，在不同的人口繁衍机制下会产生急剧变化。那么，到底实行怎样的人口繁衍机制才是可持续的呢？不同的国家，因资源禀赋不同、历史背景不同以及人文理念不同，所采取的对策措施不同。但无论是国家的引导还是民众的作为，总体都应保持在低生育的状态，这是一个基本态势。

未来中国的生育政策，可探讨将其稳定在一个长期可持续的机制上。经过研究，提议建立这样的家庭生育政策机制，即“每个家庭育龄夫妇在三胎以内自由选择”。在这样的机制下预期的结果可能是，绝大多数家庭生育两个孩子，少部分家庭生育三个孩子，更少部分家庭生育一个孩子，个别家庭不生。这样人口总量保持基本稳定，长期中略有增长。按“黄金分割率”进行测算，如 61.8% 左右的家庭生育两个孩子，其余家庭再按 61.8% 左右生育三个孩子，38.2% 左右生育一个孩子，不生育的家庭忽略不计，则人口总量的繁衍系数为 2.09。按此系数测算，人口总量经过 100 年仅增长 14.58%。我国今后可以在一定时期内先实行“两胎以内自由选择”，以此为基础，逐渐过渡到“三胎以内自由选择”的生育政策机制。从而使人口总量进入长期良性可持续发展的循环，进而为所有民众都能长期享受宽裕生活水准创造良好的人口总量基础。

在人口规模稳定以后，要实现所有人的宽裕生活，关键在于人们的物质用品需求和服务需求的社会总产出量。而社会产出总量又取决于社会产出效率的机制。在第五章将探讨有关产出效率机制问题，特别是社会化高效组合机制。

按照社会生产力发展的轨迹，社会总产出由劳动要素、管理要素与科技要素等通过一定的资本纽带及企业化、行政化的组织方式，集聚起来作用于自然界的物质资源而形成。其中企业的体制机制十分重要。企业活力的源泉在于正确处理国家与企业的分配关系，给企业营造盈利的空间，调动企业家自发组织动员各类资源，产出社会所需要的产品和服务。根据社会经济发展状况，企业所有制结构的合理布局也非常重要。目前我国保持的国有企业为主导、多种所有制结构充分发展的格局是合理的，能够有效推动整个国民经济较快发展。在整个社会经济活动中，要形成高效的运行模式，需要“四方合力”，即自力、给力、借力、群力四个方面的合力。这里的自力主要指企业自身的主动性、开拓性；给力主要指政府所赋予的法制和政策氛围及行政服务；借力主要指借助社会各方面的资源为企业的发展服务；群力主要指企业内在的团结合作精神。

一个国家一个地方经济强大主要靠企业的支撑，因此政府对企业发展的适当支持是必要的。中国各级政府改革开放以来所做的努力起了良好的推动作用。特别是经济开发区和招商引资等工作大大加速了经济的发展。从深圳特区到有关高新技术经济开发区，再到各市县的经济开发区的发展，成为我国经济增长的重要引擎。从产业发展模式方面看，不仅要讲求分工，还要讲求集聚。分工可以更专业更精致，集聚可以更协调更高效。政府在促进产业集聚、形成产业集群等方面大有作为。

社会产出效率离不开创新驱动。为了实现创新驱动需要建立并不断完善多方面的机制，包括人才培育与使用机制、科研条件支持机制、集成科研力量攻关机制、知识产权保护与开发机制、科研成果推广使用激励机制、政产学研金合力机制以及借助外部力量实现科技进步机制等等。知识经济已经成为当代社会发展的主要特征，知识经济的特点是能够达到收益递增的效果，为此，注重知识经济的积累与应用是推进社会产出效率的保障。社会既要注意创优、更要注意集优、扩优、普优。例如对知识产权，既要有对发明者和第一开发者的保护，又要有针对性地开辟新的激励机制，以适当的形式鼓励优良技术普及运用，同时利用产业政策淘汰落后产能。

社会产出效率受制于供需不平衡矛盾的统筹调控机制。其中民众基本消费品要按照全民宽裕的要求，只要自然资源和科学技术有可能，就要全力进行普及。主要采用市场机制的办法，有必要可采取共益机制的办法。如果自然资源条件有限，则由市场竞争性定价自求平衡。对非基本消费品则完全由市场机制的办法进行平衡，但对奢侈品，可通过税收杠杆进行收入分配调节。

鉴于自然资源的有限性，要满足所有人都能达到宽裕生活水准，除了要讲求产出效率外，在人们的消费方面也必须讲求节制。节俭是对大自然负责任的表现，是对他人劳动的尊重，也是对子孙后代的积福。在第六章将针对宽裕式消费节制理念和模式展开探讨。

消费理念对社会经济长期可持续发展的作用不可低估。有节制的消费是对自然、对社会、对后代负责任的态度，也是对家庭收支负责任的态度。人们的消费欲望虽然是没有止境的，但就某一具体消费内容达到满足状态，受效用递减规律的支配都是有限的。根据这一消费特点，若将达到宽裕生活的主要消费内容归结起来，使所有人满足有节制的消费总量也是有一定限度的。这样勾画社会消费总量，主要是为了使社会生产服务管理更有针对性，能够更加明确更加有效。这不阻挡有条件的家庭扩充消费内容，追求更多消费个性。这里所提出的宽裕式消费节制模式的基本原则是：基本消费下的普及原则、功能优先下的实用原则、保持质量下的耐用原则、体现特色下的个性原则。社会有必要建立消费评价及约束机制，遏制浪费现象。

全民宽裕意味着以宽裕式消费引领社会经济的发展。使所有人达到宽裕生活本身也是经济发展的主要动力。消费、投资和出口是拉动经济增长的三驾马车，过去我国的经济增长，主要依靠投资和出口，将来我国经济的增长将更多地依靠消费。可以说我国将迎来消费型社会，以消费引导产出。随着基本消费品需要得到满足，人们会不断追求新的消费需求，消费重心也将随之变化。而发展到一定时候，应当根据可持续的资源状况，决定社会允许消费扩展的状况。为了在消费普及中注重节约，特别需要讲求绿色消费模式，在满足舒适型消费前提下崇尚经济节约，使各种物质消耗能够达到循环利用。

按照现阶段我国民众的消费水平，实现全民宽裕式消费需要针对薄弱环节进行重点发展。对于民众来说，消费开支在吃穿之后较大的，接着就是住与行。全民达到宽裕生活迫切要改善的就是住和行的条件。应当创造条件普遍改善住房条件，使所有家庭具备宽裕式宜居。在行的方面，从公路到铁路甚至航运等构筑良好的公共交通系统，同时为部分家庭使用小汽车构建必要条件。公共交通是城市的主动脉，自行车是比较好的交通工具，城乡规划中众人出行方式应当将它们摆在优先位置。为了使民众比较顺利地迈过住与行的较大开支负担门槛，需要在社会资金的融通上建立良好的运作机制。为了防止少数人过多占有社会资源，也应当采取适当机制对多占有资源者进行调控。

在实现全民宽裕的过程中以及实现全民宽裕之后，劳动力资源应当得到充分利用。本书将在第七章讨论劳动力资源的充分利用机制。

在现代社会，劳动是社会人的本质特征。劳动既是解决收入来源而谋生的必要，又是充实生活而乐生的需要。劳动分一般职业技能劳动和高智能劳动或管理型劳动，不同劳动力资源的作用都是不可缺少的。劳动效能不仅与不同个人的能力大小有关，还与社会对劳动组织的方式有关。专业化分工经济组织，可使劳动品质达到精细化，优良化。在分工基础上，许多产业通过一定的集聚，可大大提高社会劳动效能。市场竞争的压力和岗位责任制的管理方式，也是社会经济组织提高劳动效能的内外环境。人类的懒惰心理在严格的组织管理与良好的善待激励中能够得到消除。

为了充分利用劳动力资源，需要对劳动力就业的分布状况进行深入分析，探讨其变化的规律性趋势。劳动就业在一、二、三产业的分布变化，是在经济发展过程中随着人们迫切需要解决的需求问题而变化的。在吃穿作为首要问题需解决的时候，社会劳动力资源基本用于第一产业；在住用作为首要问题需解决的时候，社会劳动力资源主要集中于第二产业；在服务需求作为首要问题需解决的时候，社会劳动力资源主要集中于第三产业。各个国家的劳动力分布变化都经历这样的过程。根据劳动力使用规律，可以在一段历史时期，集中一部分劳动力资源专门用于解决整个社会所迫切需要解决的问题，即集中开发社会必要劳动。例如，现代社会能源需求是异常重要的，可采取一定的调动机制，引导必要的社会劳动力资源用于再生能源的开发。站在全社会的角度，用些劳动力解决再生能源是非常值得的事。因社会所有的成本都与人力成本有关，可以说所有成本都是人化成本。要实现全民宽裕本来就是要给人们增加收入，尤其要给低收入者增加收入，因此在给人们增加收入的同时，可采用以工代赈等方式开发社会劳动力资源。

社会劳动力资源如何被有效组织起来，主要取决于市场机制和政府组织动员机制。要善于将未被充分利用的劳动力资源通过一定方式调动起来。市场机制对劳动力资源具有自发组织作用。在这方面企业投资者或经营管理者能够很好地引领。其条件是要有市场销售获利空间。市场机制的作用力非常强，绝大多数劳动力资源可被动员起来。政府组织机制是通过国家掌握的一部分社会公共资源或财力，引导社会经济和民生事业的发展，给市场带来发展的空间，从而给社会提供就业空间。政府机构运转也需要少而精的工作人员，这部分人数在历史发展演变中会有变化，但总的应控制他们在总人口中的占比。

社会经济发展中的一个主要目标是实现充分就业，而要做到这一点，除了发挥好以上两方面的作用外，对未被充分利用的劳动力资源，包括未就业的和虽已就业但劳动力作用发挥不足的，可进一步建立社会调动机制加以利用。如组织治理污染、开发再生能源基础设施、兴修水利、广泛绿化、开发荒山荒漠；也可组织文化体育活动等。

关于社会劳动力资源的充分利用，需要探讨两大问题。一是社会组织调动的财力从哪些方面筹集；二是劳动力充分就业并达到全民宽裕的收入水平之后，内外经济如何循环协调，以保持较好的国内外竞争力。对这两大问题书中展开了必要的分析研究。

如果说劳动力资源的充分运用是社会的主要目标内容，那么劳动力的报酬水平同样是社会管理的非常重要的目标，尤其在研究全民宽裕的目标中，劳动者的报酬状况是十分关键的。在第八章将对劳动者报酬问题进行分析研究。

随着社会经济的发展，不同地区不同行业不同单位以及不同岗位的劳动者报酬水平都会有所增长，但增长的方式和幅度有较大不同。社会普通劳动者的收入水平总体处于较低水平，且增长相对缓慢。这方面的情况已为中国改革开放以来的实践所证明。

劳动者的收入增长，尤其是一线普通劳动者的收入增长，从社会整体来看，主要有几个方面来源：一是劳动效率提高，这或者是因科技进步、或者是因管理完善；二是简单生产扩大，这仅仅因社会总的生产服务能力扩大，只有劳动力数量及资本总量的扩大，没有科技或管理方面的提高，称为简单生产扩大；三是局部因素影响，如有的企业效益好，可能使职工收入有一定增长；四是过程因素，如有的企业给职工的报酬随着工龄的增加而增加。

由上可知，劳动者的收入增长是受多种因素影响的。我国在计划经济年代，职工收入水平是国家统一按八级基本工资制为基础确定的，并且加工资的指令由国家发布。在市场机制下，工资增长的决定权交给了企业，由企业根据用工市场的普遍水平及劳动者个体能力状况确定，这使得劳动者报酬机制又取决于市场。所以，对市场用工报酬的引导是必要的。现在几个通行的做法，如工资的集体协商谈判、发布行业指导报酬水平、规定最低工资、提高退休职工养老金等是可行的，还需要加强。

劳动者的收入水平与物价水平的变动状况有直接关联。劳动者收入水平提高不能简单提高劳动产品价格，这样劳动者的实际收入并没有提高。那么劳动者的收入不断提高下的各种经济变动状况，包括物价变动状况如何做到使绝大多数职工真正提高实际收入，也就是说，劳动者的收入普遍提高后经济运行如何做到良性变动，这需要分析不同行业的情况。一些行业劳动效率提高空间不大，可通过适当提高产品或服务的价格，以消化职工收入的增加；一些行业可通过提高效率或淘汰落后产能来消化；还有一些行业呈交互替代的情况。通过分析，力求根据行业特征寻找有益路径提高普通职工劳动报酬。

在分析了劳动力资源利用和劳动报酬机制后，在第九章将对居民财产性收入进行剖析。通过分析居民财产性收入的内涵、意义以及我国居民财产性收入的发展状况和影响因素，研究以财产性收入促进全民宽裕的发展对策。

广大居民的财产是社会财富积累的重要来源，对社会经济发展的作用不可或缺。民众的财产，一部分由少数人直接投资于生产经营活动，获得直接的经营性收入，相当部分由广大民众通过储蓄、股票市场、债券市场等获得间接经营收入。居民财产收入未来成长空间很大，对全民宽裕的实现将是有力的促进。党的十七大和十八大报告都提到要努力增加民众的财产性收入，为此本书专门就有关增加居民财产性收入的路径进行了研究。

全民宽裕的基本支撑条件是完善的社会保障机制。第十章站在全社会的角度考察我国社会保障机制的演变过程，着重对养老保障制度和医疗保障制度的完善作比较透彻的分析，并对社会救助与慈善事业进行探讨。主要是从低水平广覆盖，逐步过渡到全民宽裕式的保障。其中对养老机制坚持“全社会的现收现付”办法，结合少量的“个人补充积累制”。“全社会现收现付”的特点不仅是长期可持续，并且可不断提高养老金水平。这是由于现在所有民众的收入水平高于过去，将来所有民众的收入又会高于现在。

医疗保障是一个非常复杂的系统问题。因为存在“三多现象”，即“病种多、疗法多、环节多”，故成为世界性管理难题。针对这一难题，在第十章专门研究需要建立“三多管理”体系，即“多投入、多制度、多监督”。并将人性化、科学化原则贯穿管理过程。推崇医疗费用的最终负担按照“黄金分割率”的比例在个人与社会之间合理承担。

为了使所有区域所有家庭都达到宽裕的状态，拟对落后区域实行专门的筹划。在第十一章将研究探讨“后位推进”机制与区域协调发展的推进模式。

“后位推进”原理与“加长木桶短板”机理相通。“后位推进”是社会伦理的需要，是社会和谐的需要，是社会市场空间拓展的需要。社会发展过程中在以按劳分配和按要素分配结合的基础上，很有必要加上一定程度的“按需分配”，这符合共益机制原理，切合广大民众的期盼。

在现实中已经有比较丰富的“后位推进”实践。主要反映在三个方面：一是促进区域发展。二是对特殊困难区域的帮扶。三是对各种灾害的特别帮扶。书中分析了国内外区域发展的实践，亦探讨了新型城乡一体化的机制建设问题。

全民宽裕不仅要表现在物质层面，还要体现在文化教育与精神层面。

第十二章将探讨有关全民宽裕下的文化教育发展与精神宽裕问题。

教育是人类文明进步的重要标志之一，实现全民宽裕必须要使全体人民群众能够得到优良的教育保障。教育活动在人生的各个阶段都可以开展。有基础知识教育、有研究性教育、有职业培训教育，还有文体性、健康性、享受性教育。教育活动对于丰富人文精神、繁荣经济文化以及促进充分就业都有很大益处。要把一个社会组织管理好，充分的教育活动是必不可少的。

精神宽裕同文化理念有着密切联系，只要有正确的文化价值观和世界观，就能够很好驾驭经济活动和日常生活，许多境况下，可使人达到精神宽裕状态。每个地方、每个企业、每个单位以至每个家庭都可建立一定的文化理念，促进社会和谐发展。为了人类子孙后代可持续的健康幸福生活，提倡人们既要为己着想，也要为他人、为后代着想。

宽裕的文化理念与财富的积累密切相关。历史上的帝王诸侯由于种种偏信，将大量财富作为随葬品埋入地下，消耗了巨大的社会资源，影响了中国社会经济的发展进程。新的社会共同发展理念与和谐发展观，促使人们积极投身到社会有益劳动之中，产出对他人对自然负责任的产品和服务。财富的积累也应服从于经济社会的有益发展，而不是过于追求个人的奢侈消费。

实现全民宽裕可以缓解人们的不良精神压力。因为在市场机制下，各企业各劳动者普遍压力比较大，这对激发社会活力有一定的积极作用。但如没有充分的生活保障，人们的压力就难以承受。在全民宽裕全面实现的情况下，人们的精神压力普遍会有很大改善。精神宽裕需有必要的文体活动作为支撑。文体活动可在各单位普遍开展，家庭个人也都有必要坚持开展。可采用“X + Y”的锻炼方法，一方面坚持个人喜欢的锻炼项目，另一方面主要针对身体不适进行锻炼。

思想是物质的反映，精神背后总是有内容影响的。人的精神喜乐与悲伤、充实与空虚都是有各种各样原因的。这些原因都可能通过人们有针对性的努力得到缓解或改善。因此要振作精神状态，建立善良的精神追求，正确对待社会竞争，继承和发扬优良传统文化，构建新时代“敬”、“信”、“知”、“和”的文化理念，促进全民人文发展。

归纳起来本书一共十二章，大体分为四篇。第一篇是总论篇，包括前三章。主要是提出全民宽裕的发展目标，并对实现目标提出相对应的运行机制，即对市场机制与共益机制进行阐述。第二篇是全民宽裕约束条件与优化发展篇，包括第四至第六章。重点论述在资源限制的条件下，如何建立人口良性循环机制、如何保持并提高产出效率、如何维护宽裕式消费节制模式。第三篇是劳动力作用发挥与报酬机制篇，包括第七章至第九章。主要论述劳动力资源充分利用机制和劳动报酬增长机制，以及社会财产性收入的积累机制。第四篇是社会公共治理机制篇，包括第十至第十二章。主要是进一步研究完善社会保障机制，充分拓展教育发展空间，探讨利用“后位推进法”促进社会整体发展，并对精神宽裕问题和发展先进文化展开研讨。

本书探讨的内容对新时期如何扩大内需很有益处。内需存在于社会方方面面，而新时期主要在于“6+1”，“6”即“农、再、环、收、产、文”六个字，也就是农业现代化和农村发展、再生能源等新能源发展、环境生态治理、民众收入提高、产业转型升级、文化繁荣发展等六个方面；“1”的内容为科学技术和管理的进步充分融入经济社会各领域，尤其是前述六个方面，有关技术标准作为未来经济社会管理改革的重要举措，不仅对扩大需求总量，而且对改善发展质量非常有意义。书中对这“6+1”需求的解决路径和机制都有所涉猎，可供参考。

最后特别需要指出的是，关于全民宽裕的机制有许许多多，真可谓“万法惠民”。本书探讨的还只是很少的一部分。希望各方面的有识之士，从理论和实践中进一步加以探索，真正使全体民众都能够过上幸福美好的宽裕生活。

人们有幸共存，共建全民宽裕生活是何等幸福之事！

在中华人民共和国的国度里建立起全体民众“宽裕而和谐”的社会又是何等辉煌荣耀！

实现全民宽裕，必将是中华民族伟大梦想的追求！

长风破浪会有时。让我们共同为全民宽裕的实现而奋斗吧！

第一章　全民宽裕的目标内涵

21世纪以来，我国进入了全面建设小康社会、加快推进社会主义现代化建设的新阶段。按照已有的发展基础和未来发展前景，中共十六大提出的“到2020年实现全面小康”宏伟蓝图即将成为现实。达到全面小康之后，中共十八大提出的下一步战略目标是，到2050年全国基本实现现代化。

基本实现现代化是指工业、农业、科技、国防、能源、水利、交通、通信、商贸、教育、卫生、城乡建设和环境整治等方面都基本达到当时国际先进水平。这意味着到21世纪中叶我国生产力状况和社会面貌可与中等发达国家水平相媲美。那么，在基本实现现代化之时民众生活将达到什么样的水平？这是以人为本发展理念的核心问题。考虑到我国人口众多而资源相对匮乏的基本国情，拟将全民宽裕作为与基本实现现代化相对应的民生发展目标。

全民宽裕水平比全面小康将有较大幅度提高，它是全面小康与共同富裕之间民生发展的新阶段，这也是奔向社会主义共同富裕康庄道路上新的更加辉煌的里程碑。实现全民宽裕目标将意味着中国共产党所追求的共产主义伟大理想进入良好的开端。改革开放初期“部分先富”的思想解放引发了一系列的改革举措和巨大发展成就，树立全民宽裕的发展战略目标，可以进一步凝聚民心，增强广大人民群众对中国共产党领导的我国经济社会发展的坚定信心，使中国的未来长远发展更具科学性。

本章将对全民宽裕目标的概念、内涵及意义等进行系统分析，并深入探讨实现的可能性，以期对经济社会长期持续稳定发展的理论指导有所裨益。

第一节　全民宽裕的概念和内涵

一、全民宽裕的概念

全民宽裕是指在各类知识、技术、管理、经验及生产经营活动等充分发展的基础上，使得劳动资源、自然资源、智慧资源（包含已经积累的知识技术和不断创新的能力）、制度资源以及社会财产资源等充分发挥作用，从而使所有的人都能够得到比较充足的且可持续的物质生活条件和比较舒适的精神生活条件的一种发展状态。

“宽裕”一词，从字面意思看，是宽绰富余的意思。宽，就是花钱不拮据；裕，就是生活不困难。宽裕主要指生活宽绰的一种状态①。狭义的宽裕是一个经济概念，主要是指人民群众满足了温饱，或者说是满足了吃、穿、住、行等基本生活需求后，有一定结余的生活状态。通俗地说，就是人们的手头宽松、生活富足，可以不愁温饱，或者家庭“稍有资财，可以安然度日”的状态。

广义的宽裕则超越了经济概念，是一个整体的社会发展概念，不仅指最终消费情况，还需明确发展的相应条件，以及所包含的物质层面和精神层面的完整内容，因而得到如前提炼的全民宽裕的基本概念。总体上看，全民宽裕是在人文条件与自然条件都充分发挥作用的情况下，使全体民众都能够享有良好的物质生活条件与精神生活条件，达到一种和谐、进取、舒适的生活状态。

人类生活的发展大体经历的阶段主要有贫困、温饱、小康、宽裕、富裕等，越往后面的阶段代表物质生活条件越好。贫困、温饱、小康、宽裕、富裕等词汇都是对一定区间经济状况的定性概括，主要是人们对生活

① 《辞海》，上海辞书出版社1999年版（缩印本），第1235、2173页。

状态的一种客观感受：贫困是感到吃穿住都特别困难，生活难以维持；温饱是能够勉强解决吃穿住问题，生活仍然比较拮据；小康是感到吃穿住等问题已经解决，但生活还不够好；宽裕则是在基本生活方面都能够解决得比较好，还能够适当享受文体游方面的消费支出，尚且有所结余。富裕是不仅能够较好地解决生活问题，还有条件追求更高的生活层次，并可能有较大的收入结余或财产积累。

人类社会生活水平提高的总体进程可以概括为：

贫困→温饱→小康→宽裕→富裕

一个国家或者一个地区的领导者，为了引领社会前进的步伐，在不同阶段可以赋予相应的奋斗目标。比如摆脱贫困、实现温饱、达到小康、力争宽裕、追求富裕。并且可以根据发展阶段提出更具针对性的目标要求。譬如，我国现阶段的发展目标是全面小康社会建设。在每个阶段，根据收入水平所能够代表的经济状况，还可以提出相应的收入指标。邓小平在改革开放初期就提出了我国分三步走的宏伟战略构想。1987 年 10 月中共十三大明确提出了中国经济分三步走的总体战略部署：第一步目标，从 1981 年到 1990 年，实现国民生产总值比 1980 年翻一番，解决人民的温饱问题；第二步目标，从 1991 年到 20 世纪末，国民生产总值再翻一番，人民生活达到小康水平；第三步目标，到 21 世纪中叶，人均国民生产总值达到中等发达国家水平，人民生活比较富裕，基本实现现代化。

这里所提的全民宽裕目标有两个新的特征：一是覆盖全体人民群众。不管在哪个地区，不管从事何职业，不管是城市还是农村，所有人、所有家庭都要达到宽裕水平。即在继续允许合法收入差别的情况下，最低收入者也能够达到宽裕水平，这比人均收入达到宽裕水平要求高得多；二是价值标准体现时代要求。随着时代的发展和物价的变动，拟根据全民宽裕所能够体现的物质和文化消费内容，以一定的价值提出具体的宽裕水平要求。

经粗略测算，我国全民宽裕的具体收入指标拟定为：以家庭为单位，以人民币为币值，平均年收入达到 20 万元左右（以 2000 年不变价格计算，下同。各年的考察应当加上消费物价指数。），其中最低收入的家庭也能达到 10 万元。这一指标所代表的经济状况是，能够消费科学营养的饮食、温暖得体的衣着、比较舒适的住宅、功能齐全的设施、生态良好的环境、有益健康的文体以及适当的旅游活动等。全民宽裕与全面小康相比，将有质的进步，主要体现在从“学有所教、劳有所得、病有所医、住有所居、老有所养”，发展到“学有优教、劳有宽得、病有良医、住有宜居、老有善养”。

作为基本现代化进程中的民生指向，全民宽裕目标的实现时间预计为2049年左右，即新中国诞生100周年之际，与我国基本实现现代化的目标大致同步。

二、全民宽裕的基本内涵

全民宽裕是在全面小康社会之后，与基本实现现代化相衔接的一种目标状态。这一美好目标的实现，需要经济、政治、文化、社会、生态五大系统共同作用、良性发展。全民宽裕的内涵非常宽广，既涵盖物质层面，又涵盖精神层面；既有主观性又有客观性；既关系着经济发展问题，又关系着社会发展问题；既包括目标本身的问题，又包括实现目标的途径和手段问题。因此，必须站在系统论的角度考虑全民宽裕的基本内涵。具体来说，主要有以下几个方面：

1. 物质生活丰裕

宽裕的基础在于享有这一生活状态所必须的物质条件。社会生产力的不断发展，广大人民群众利益的不断满足和实现，以及共同富裕的最终实现，是社会主义生产本质和方向的基本体现。因此，实现全民宽裕的首要前提是社会生产力充分提高。发展是解决各种问题的关键，没有经济发展，没有物质基础，什么问题也解决不了；只有经济发展了，物质基础具备了，才能为实现全民宽裕提供可能。物质生活的丰裕主要体现在：（1）经济发展程度普遍提高。经过改革开放30多年的努力，我国已经在总体上实现了小康社会。一般而言，城乡居民收入水平与社会经济发展程度相一致。2011年，我国城镇居民家庭人均可支配收入为21810元，农村居民家庭人均纯收入为6977元，扣除物价上涨因素外，与改革开放之初相比增长幅度提高了好几倍。从社会整体看，目前人们的收入水平已能保证温饱有余的生活状态。从一般规律看，当人们的收入提高到一定程度，私人财富就会不断实现累积，人们的“家底”就会日益殷实。从国际经验看，在社会收入增长的过程中，一部分收入会累积成为私人的存量财富，当这种累积达到一定量的时候，还可能转化为以期获取更多收益的投资性财产。(2) 民众消费力全面提高。消费能力高低是宽裕与否的直接体现。民众消费力的普遍提高，与社会生产力的发展有着非常密切的关系。消费力与生产力的综合平衡是推动经济增长方式转变、实现经济均衡发展的需要，也是社会进步和发展成果为民众共享的体现。从全民宽裕的角度来看，民众消费力的普遍提高，既是一个整体概念，更是一个具体概念。就后者而言，它要求充分关注各收入阶层的消费力。一方面，要让有发展潜力的人通过自身努力实现个人价值和社会价值的统一；另一方面，要为中低收入阶层的人创造条件使他们有所作为，对于其中的无劳动能力者，则需要通过社会共助等方式使其达到与一般民众基本相同的宽裕消费状态。(3) 实现人的全面发展。按照马斯洛的需求层次理论，随着社会的进步，人民群众除了生活和生存的需要外，更重要的是发展的需要。全民宽裕应当是人的发展需要不断得到更高程度满足的一种状态，不仅包括生理意义上的需求延伸，如健康、休闲等，还包括社会意义上的需要，比如文化素质的提高、职业技能的练就、个人才智的发挥、自我价值的实现等等。中共十六大报告中提出，要“推动社会全面进步、促进人的全面发展”，这里所指的“人的全面发展”正是体现了这一内涵。这种人的全面发展，对于全民族而言，它要实现“全民族的思想道德素质、科学文化素质和健康素质明显提高，形成比较完善的现代国民教育体系、科技和文化创新体系、全民健身和医疗卫生体系”。对于个人而言，在一定意义上说是追求个性化的发展，即作为个体的人在物质、精神生活方面的自由协调发展，在心理、情感、意识方面的自由全面发展，同时强调个人的智力、能力、创造力的自由全面的发展。

2. 精神生活充实

所谓“仓廪实而知礼节，衣食足而知荣辱”。物质生活达到一定程度之后，人们就会更多追求精神生活。邓小平也说：“物质是基础，人民的物质生活好起来，文化水平提高了，精神面貌会有大变化”。可以说，在基本物质条件满足后，人们的精神生活、精神信仰是比物质更重要的东西。在中国，这种观念广为流传。如中国古人就有“安贫乐道”的说法，特别突出“道”的需求。2002年，中央电视台《生活》栏目曾和国家统计局城调队联合开展过一项“城市居民5年生活质量变化调查”，调查结果显示，“身体健康，心情舒畅”排在了首位，而在几年前的相关调查中，排在首位的却是“经济富裕的生活”。由此可见，在经济发展到一定阶段之后，快速的经济增长和单纯的物质追求已不是人们最向往的生活目标，而从容的生活态度和超物质的生活感受日益成为人们的内心追求和幸福指数。从这个意义上说，精神宽裕生活已成为人们的一种追求愿望。对普通大众来说，物质层面和精神层面的宽裕正如车之双轮、鸟之双翼，是密不可分的。物质宽裕是精神宽裕的基础和手段，精神宽裕是物质宽裕的升华和丰富。只有将物质宽裕和精神宽裕结合起来，才能真正实现全民宽裕。精神层面的宽裕主要表现在以下几个方面：（1）生活的充实感。生命的意义不仅仅在于活得长久，更在于活得充实。反之，孤独空虚的生活，就像巴尔扎克所言，“对精神的折磨如刑罚对肉体折磨一样”。精神宽裕来自于劳动和工作之中。高尔基曾说：“劳动是世界上一切欢乐和一切美好事情的源泉”。这不仅是因为劳动创造物质财富，还因为劳动是人们自身精神宽裕的需要。从心理学角度来看，人只有在有事可做、自我价值得到体现的时候才能达到安心、放心和宽心的充实状态，才能享受到劳动果实的愉悦。比较充实的工作、生活以及健康的文体娱乐休闲活动，可以使人的精神状态饱满、健康和愉悦。（2）个体的安全感。个体安全感是抵御焦虑并产生精神宽裕的基础。消除物质短缺的忧虑、充分发展社会保障、对弱势群体给予必要关怀和资助、解决竞争中的弱势群体的后顾之忧、解除民众对生老病死等的担忧，就可让人们以更加积极的进取心参与竞争，从容面对失败与不幸。（3）和谐的人际关系。人不仅仅是个体的人，更是社会的人，需要在群体中生活。群体关系融洽和谐，人们的精神便会舒畅。在全民宽裕的前提下，人与人之间打破了穷人与富人、主人与仆人这些等级划分，而依据分工不同、责任不同、贡献不同保持自然合理差别；整个社会也崇尚社会成员共同付出、共担风险，对社会贡献更大者倍加推崇。从这个意义上来说，对全民宽裕的追求，也契合建设和谐社会的内在要旨。（4）自我价值的追求。在基本的物质需求得到保障的情况下，民众对物质消费的追求可以更加理性、更加超然。这实际上也为个体的自我发展提供了一个平台，在这个平台上每个个体都可以更好地追求自我价值，从而真正实现马克思、恩格斯所说的由满足人的物质生活资料的“必然王国”走向拓展人的精神世界、发展人的本质力量的“自由王国”。当然，精神宽裕并不代表懒散和无所追求，并不是逃避风险、害怕挑战，安于自我满足的状态，而是在积极进取的同时，保持身心的愉悦。

3. 生态环境优良

全民宽裕目标下的社会是可持续发展的社会，不仅着眼于目前发展，还着眼于未来的发展；不仅考虑到当代人的利益，还考虑到后代人的利益。实现全民宽裕目标，不仅要解决经济、政治、文化等多方面的发展任务，还要协调经济与环境、资源、人口之间的相互关系。全民宽裕条件下的社会必然是人、自然、社会三位一体并且和谐协调发展的社会。围绕改善人的生存环境问题，中共十六大提出了三个方面的要求：一是不断增强我国的可持续发展能力，显著提高资源的利用效率；二是改善生态环境，促进人与自然的和谐。三是走出一条生产发展、生活富裕、生态良好的文明发展道路。中共十七大报告进一步明确提出了建设生态文明的新要求，并将到2020年成为生态环境良好的国家作为全面建设小康社会的重要要求之一。中共十八大首次使生态文明建设成为独立一篇论述并作出全面部署，纳入中国特色社会主义事业“五位一体”的总体布局，并把“美丽中国”作为未来生态文明建设的宏伟目标，这不仅体现了中国共产党对中国特色社会主义总体布局认识的深化，也彰显出中华民族对子孙后代、对世界负责的精神。

三、全民宽裕是奔向共同富裕的新阶段

共同富裕是社会主义的本质规定，是中国特色社会主义经济发展的长远奋斗目标。共同富裕主要是指全体人民通过辛勤劳动和相互帮助最终达到丰衣足食的生活水平，包含物质生活全民丰裕和精神生活极大丰富两方面的内容。这里所提出的新中国成立100周年之际全民宽裕的具体价值目标，则是我国全民小康之后向着共同富裕前进的新阶段，较高水平的宽裕与富裕的初始水准相衔接。在全民宽裕水平下，人们可消费的代表性物品

和服务，除了吃穿方面的基本消费人人都能体面享用外，还包括各种现代生活设施配套齐全且环境整洁优美的宜居住房、出行便捷的交通条件（有必要的情况下可消费小汽车）、全员覆盖且水平与全民宽裕相适应的社会保障体系、各种教育需求得以满足、能够参与有一定花费的文体旅游活动等。

追求秩序稳定、安居乐业的生活状态，是社会发展的一个永恒主题。早在春秋战国时期，我国古代儒学家就提出了“人人敬老，人人爱幼，无处不均匀，无人不饱暖”的大同世界理想。“大同”社会指的是“大道之行也，天下为公”的一种理想状态。鉴于“大同”社会很难实现，西汉经学家戴圣描绘了与“大同”相比而言较易实现的小康社会模式，即“大道既隐，天下为家，各亲其亲，各子其子，货力为己；大人世及以为礼，城郭沟池以为固，礼义以为纪，以正君臣，以笃父子，以睦兄弟，以和夫妇，以设制度，以立田里，以贤勇知，以功为己……是谓‘小康’”①。这里的“小康”是指财产私有、生活安定、家庭和睦、上下有序的社会模式。这种对美好生活的描绘中外皆然。约400年前，国际社会主义者也提出了“人人平等、个个幸福”的理想。

中国共产党从成立之初的根本追求，就是让广大劳动群众从资本主义制度下的剥削和压迫中解放出来，使人民的利益得到应有的保护，让民众的生活得到良好的改善，并坚定地指出共产主义美好蓝图的追求方向。应当说，使社会民众普遍过上美好幸福的生活，是中国共产党的一贯追求和不懈努力。新中国成立以来，我们党把马克思列宁主义基本原理同中国具体实际相结合，在推动社会进步和促进人民幸福方面，进行了艰辛探索和不懈努力。改革开放以来，邓小平借用古代思想家提出的“小康”一词，用“小康社会”来概括我国社会主义现代化建设的第二步战略目标。此后，“小康社会”目标经历了丰富完善和不断创新的发展过程，中共十三大、十四大、十五大、十六大、十七大及十八大都把小康社会作为奋斗目标并进行了具体的设计和规划。中共十五大提出，“展望下个世纪，我们的目标是，第一个10年实现国民生产总值比2000年翻一番，使人民的小

① 白河：《全面建设小康社会专题讲座》，中国言实出版社2002年版，第12—13页。

康生活更加宽裕，形成比较完善的社会主义市场经济体制”。进入21世纪以来，随着我国全面小康社会的建设和现代化的加快推进，我们党提出了更为清晰的奋斗目标。中共十六大明确提出，“我们要在本世纪头二十年，集中力量，全面建设惠及十几亿人口的更高水平的小康社会，使经济更加发展、民主更加健全、科教更加进步、文化更加繁荣、社会更加和谐、人民生活更加殷实”。中共十七大指出：“到2020年全面建设小康社会目标实现之时，我们这个历史悠久的文明古国和发展中的社会主义大国，将成为工业化基本实现、综合国力显著增强、国内市场总体规模位居世界前列的国家，成为人民富裕程度普遍提高、生活质量明显改善、生态环境良好的国家，成为人民享有更加充分民主权利、具有更高文明素质和精神追求的国家，成为各方面制度更加完善、社会更加充满活力而又安定团结的国家，成为对外更加开放、更加具有亲和力、为人类文明做出更大贡献的国家”。中共十八大报告进一步提出“根据我国经济社会发展实际，要在十六大、十七大确立的全面建设小康社会目标的基础上努力实现新的要求”。从经济可持续发展、人民民主不断扩大、文化软实力显著增强、人民生活水平显著提高、资源节约环境友好型社会建设等方面阐述了新时期全面建设小康社会的新要求。并规划了到2050年基本实现现代化的宏伟战略目标。

近年来，广东、福建等省纷纷提出建设宽裕型小康社会，将宽裕作为建成小康社会后具有更高层次特征的标志。2006年中央在新农村发展的二十字方针中专门提到了生活宽裕，即“生产发展、生活宽裕、乡风文明、村容整洁、管理民主”。无论是中央提出的“使人民的小康生活更加宽裕”，还是一些省份提出的“宽裕型小康”，都将“宽裕”这一颇具中华文化色彩的词汇来表达与人民群众生活密切相关的奋斗目标。

共同富裕是人们孜孜追求的理想目标，也是社会主义中国发展的本质要求。1992年初，邓小平在“南方谈话”中指出:”社会主义的本质，是解放生产力，发展生产力，消灭剥削、消除两极分化，最终达到共同富裕”。在共同富裕的康庄大道上有不同的发展阶段。从摆脱贫困到实现温饱、再到实现小康乃至全面小康，然后建立新的全民宽裕的目标，完全符合共同富裕理论的实践要求（见图1－1）。全民宽裕是共同富裕康庄大道上具有代表性意义的里程碑，意味着中国已经开始共同富裕的新征程。

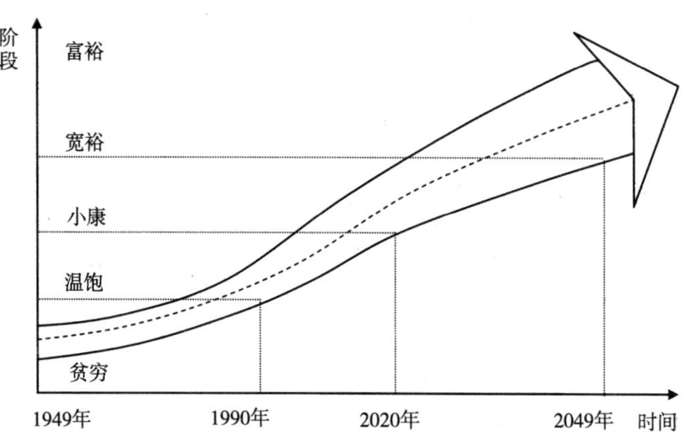

图1－1　共同富裕康庄大道①

共同富裕在实践中的渐进过程，在某种程度上也体现了中国人“连续统”的思维模式，即认为事物的发展有个逐步展开的过程，呈现出明显的动态性特征。比如，在中等收入研究中，我国学者也采用了这样的思维逻辑，认为中等收入是“在生活必需支出以后还有富余、有条件提高生活质量的一种生活状态，即‘小康’之后的‘富余’”。“全民宽裕”这一概念的提出也采用了类似的思维逻辑。

这里讲的全民宽裕水平，是指所有民众，无论在何地区、从事何职业，最起码的收入水平在用于符合基本现代化要求的消费支出后尚有所结余。全民宽裕目标的实现，意味着所有的民众都能够享有体面的生活水准，到那时最低收入者的实际生活状况与未来中等收入者的生活状况，甚至与少数富裕者的实际生活状况差距不会太大，这意味着人民群众都能过上良好的生活。

当然，宽裕不等同于富裕，共同富裕也不是同样富裕。宽裕和富裕从概念上说比较接近，既有联系又有差别。两者都是针对收入水平与消费水

① 中间虚线指绝大多数人的人均收入水平；两条实线形成的宽带为民众收入宽带，是指前后各5%的家庭平均水平所形成的带状。

平而言的。宽裕指收大于支有所余，宽裕的较高水平与富裕的初始水准相衔接。而富裕者的收入富足程度可能远远大于宽裕水平，富裕者的收入有可能数倍、甚至数十倍于正常消费的支出需要。人们每年的收支结余量会有所差别，但结余量较大的人很少，结余量很大的人更是少之又少。人们不同程度结余的前提是其所得建立在合法基础之上，并充分体现按劳分配与按要素分配相结合的原则，以保持社会经济发展效率。人们的收入结余，尤其是富裕者的收入结余，虽然可能在消费层次而非消费功能上有所追求，但主要用于再投资，这对社会经济的发展是不可或缺的支撑。这表明，在全民宽裕情况下，民众都不同程度地会有非经营性或经营性财产积累，而富裕者可能会有较多的经营性财产积累。从长远来看，全民宽裕的状态将是一个良好的状态，也是能够长久持续稳定的状态，其民众整体宽裕程度也会随着经济社会的发展而不断有所提高。

第二节　树立全民宽裕的民生发展目标意义重大

一、全民宽裕目标的立足点

将全民宽裕作为中国特色社会主义建设进程中的一个阶段性目标，作为基本现代化实现之时的一个民生发展目标，这主要是根据我国的特殊国情、党的发展理念以及广大人民群众的民生愿望提出来的。

第一，全民宽裕切合我国的基本国情。我国的发展具有明显的资源依赖特征。我国主要资源性产品消费占全球总消费的比重明显大于国内生产总值占全球经济的比重，单位产品资源消耗明显高于发达国家水平。经济发展与资源约束的矛盾，是我国需要长期面对的重大挑战。资源依赖理论有四个重要假设：（1）组织最关心的是生存；（2）为了生存，组织需要资源，而组织自己通常不能生产这些资源；（3）组织必须与它所依赖的环境中的因素互动，这些因素通常包含其他组织；（4）组织生存建立在一个控制它与其他组织关系的能力基础之上。我国人口众多、资源有限，要使每家每户都实现共同富裕显然不现实，加之幅员辽阔，要使许多生活在边远地区的家庭达到共同富裕水平，则需要更长的时间、更多的努力。另外，资源总是稀缺的，即使是再生资源每年的供给量也是有限的，这就要求民众对其收入和消费愿望有所节制。基于此，如能在2049年前实现全民宽裕水平，已是非常了不起的成就。

第二，全民宽裕符合党的发展理念。我们党的宗旨是全心全意为人民服务，这体现在经济方面是基本实现现代化，而在民生方面的长期目标是共同富裕，与基本现代化相对应的目标可以是全民宽裕。新中国建立以来，特别是以邓小平在开创改革开放新格局的党的十一届三中全会上提出的“让一部分人、一部分地区先富起来”[①] 的思想为引领，我国通过一系列改革举措，极大地调动了各方面的发展积极性，全社会的劳动生产率不断提高，国民经济总量持续较快提升，不但消除了贫困、解决了温饱，还在总体小康的基础上向全面小康持续迈进。由此可见，明确发展目标对推动发展进程至关重要，因此，在未来发展中，有必要将全民宽裕作为阶段性的民生发展目标。

第三，全民宽裕贴合我国的民生愿景。将全民宽裕作为基本现代化的民生目标，可以更好地凝聚民心，增强科学发展的内生动力。全民宽裕是人人平等的公民权利在经济生活方面的良好体现。每一位公民，在政治上享有平等的权利，在劳动方面也享有平等的权利，当经济社会发展到一定阶段，人们在经济生活方面同样应当享有平等的权利。随着基本现代化进程的不断推进，人民群众通过自身的辛勤劳动，能够在更大范围内、更大程度上分享发展的成果，达到比较宽裕的生活水平，这将有助于进一步增强民众支持发展、参与发展的热情和信心。

二、全民宽裕关系经济社会的和谐发展

立足于基本国情、发展理念和民生愿望的全民宽裕，不仅代表着基本现代化时的民生目标，还对我国经济社会发展具有重大意义。

① 《邓小平文选》第二卷，人民出版社1994年版，第152页。

首先，全民宽裕目标是建设和谐社会的内在要求。全民宽裕是指每一个家庭、每一位公民都能够达到宽裕的水平，即使最低收入者通过努力也能过上宽裕的生活，这与我国建设和谐社会的要求是一致的。全民宽裕目标主要依靠调动人们的劳动潜能去实现，对丧失劳动能力者，则通过相应的社会救助方式予以实现，正所谓“能者激励之，未能者推之，失能者助之”。以往通常用的经济指标相对偏重人均收入指标，其结果往往是以人均数掩盖了大多数的水平；相对偏重只是保证最低收入，往往容易使困难家庭生活水平的提高受到限制。而在全民宽裕要求下，人们的实际生活水准将达到大体平等的状态，这符合社会伦理的需求，一旦实现，必将大大促进社会和谐。

其次，全民宽裕目标对未来发展具有更强的指导意义。过去谈发展，主要是为了促进社会生产力发展，如农村经营体制改革、企业体制机制改革、价格体制改革、财政金融体制改革、宏观调控体制改革等一系列的改革举措。这些措施主要是围绕生产力的发展和基础设施的建设而展开的。随着改革的推进，经济状况不断发展，人们的收入水平也随之提高，但由于机会不等、竞争激烈、能力有别等等原因，许多家庭的收入水平和消费状况不尽人意。确立全民宽裕的目标要求后，从中央到地方可通过管理体制或机制的改革完善，将更多的资源用于实现全体人民群众的宽裕目标。尤其可以有针对性地建立相应的推进机制，从提高企业劳动效率、提高全社会的整体劳动效能等方面，不断增加劳动者的劳动报酬。

最后，全民宽裕能给社会发展带来极大的综合效应。确立了全民宽裕的目标后，可以和眼前最迫切、最引人关注的扩大内需问题结合起来，通过调动各方面力量予以推动，这对缓解深层次社会矛盾意义重大。在全民宽裕目标的指引下，大力转变发展方式，不但可以进一步缓解收入差别、城乡差别等矛盾，还可以在一定程度上缓解资源与生态环境的矛盾。此外，全民宽裕目标包含物质与精神两方面的内容，有助于社会的全面均衡发展。尽管随着全民宽裕社会的建设，会因劳动力成本的大幅提高而给我国出口产业的国际竞争力带来一定压力，但这可以促进我国经济内在素质的提升，从而加快形成更具优势的特色产业。总之，全民宽裕的目标能够充分体现以人为本的原则，有利于在科学发展观指导下开拓实现路径，从而对建设和谐社会、实现中华民族伟大振兴起到重大促进作用。

三、全民宽裕下的民众收入结构

全民宽裕目标的建立意味着将塑造新的民众收入结构。在经济发展中可能会形成多种多样的民众收入结构，有的比较合理，有的很不合理。例如两头大、中间小的“哑铃型”收入结构，表明收入分配极不合理，差距过大，对社会的稳定很不利。现在被普遍赞同的是“橄榄型”收入结构，表明中间大，两头小，即中等收入群体占绝大多数，非常富有的人很少，收入很低的人也很少，这对社会的稳定和发展激励都有着积极的作用。而全民宽裕目标所塑造的民众收入结构，则是“花瓶型”结构（见图1－2）。其特征是保留了“橄榄型”结构的中上部分结构特点，即绝大多数人达到中等收入水准，非常富有的人很少，但是将原来底层部分低收入者通过他们自身的努力和社会的帮助，使他们也能够达到宽裕水平，与中等收入者的平均水平虽仍有差别，但差距不太大，从而使底部做稳了，这既保留了“橄榄型”的优点，又使社会收入分配结构进一步优化，对促进全社会的和谐稳定与健康发展都有更加积极的意义。

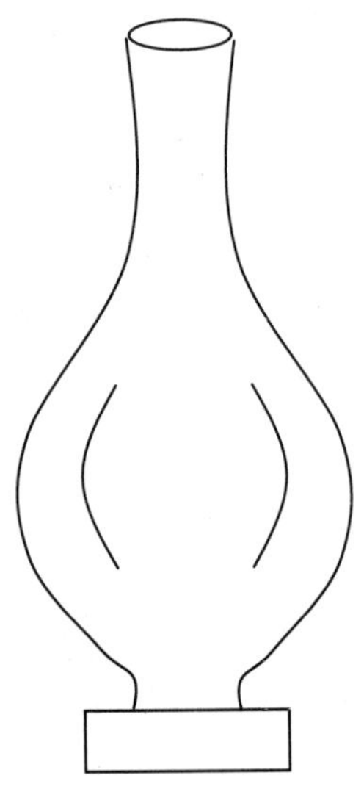

图1－2　全民宽裕下居民收入的“花瓶”结构

打造全民宽裕目标下的收入结构需要经济管理体制机制有新的完善。根据“花瓶型”民众收入结构特征，需要进一步完善中国特色社会主义市场经济体制机制。现行的多种所有制经济充分发展的总体格局对调动企业家的积极性是非常有效的，必须长期维护好这样的格局。在市场机制的发展过程中虽然可能形成收入和财富特别多的少数人，但他们的财富绝大多数会转化成对社会有用的生产经营性资产，他们或他们的继承者及职业管理人需认真负责地履行好资产管理者的职能，不然就会影响其资产保值增值。这对整个社会经济的运行来说是很有益的。需要完善的经济管理机制主要是两方面，一是让绝大多数普通劳动者随着整个经济的发展收入不断有所提高，逐渐趋向目标时点的平均宽裕水平；二是对低收入者实行必要的帮扶，促进他们的收入增长也能够跟上整个经济发展的步伐，在目标时点达到宽裕水平的最低要求。按照全民宽裕目标，以劳动者的收入计算，到新中国成立100周年时，仍然依2000年不变价计算，每个劳动者的平均年收入需达到10万元左右，最低劳动者的年收入需达到5万元以上。为了实现全民宽裕目标，在我国主要应解决收入分配不公、城乡差别、普通劳动者收入过低以及特别贫困家庭资助等问题。具体的完善路径在后面的有关章节会有所研讨。

需要指出的是，全民宽裕目标的实现过程不仅对绝大多数的普通劳动者和低收入者有很大的利益促进作用，而且对财产富有者也有一定的利益促进关系，符合“激励相容”原则。因为民众收入水平普遍提高以后，有利于扩大消费市场，能够为经营管理财产的人们带来更大发展空间。对困难家庭扶助的财力来源，主要是运用公共资源，不会影响其他人包括高收入者的合法收益。这也可以说社会各方面的人们在全民宽裕目标的实现过程中乃至未来实现之后都能够互益共赢。

第三节　全民宽裕的实现条件和制约因素

一、总体实现的可能性

全民宽裕是基本现代化进程中的一个民生发展目标，其实现有赖于诸多现实条件的支撑。从新中国成立六十多年的发展轨迹看，在科学发展观的理论指导下全民宽裕目标不仅能够实现，而且是我国经济社会发展必然要经历的发展阶段。改革开放前，我国的人均收入非常低，其后经过三十多年的发展，人均收入得到了明显提升。以全国城乡居民人均可支配收入为例，1978年城镇居民人均可支配收入为343元，2010年为19109元，增长了54.6倍，年均增长13.4%，扣除物价上涨因素后，增长了8.7倍，年均增长7.3%；1978年农民人均纯收入为134元，2010年为5919元，增长了43.2倍，年均增长12.6%，扣除物价上涨因素，增长了8.5倍，年均增长6.9%。以现在的人均收入水平，并按平均每户城镇家庭2.89人计算，城镇居民户均年可支配收入要达到20万元，只要增长2.6倍（不含物价上涨因素），若按7%的年均增长速度只需19年左右。而农民户均年纯收入要达到10万元以上，并按平均每户农民家庭3.98人计算，需要增长3.2倍（不含物价上涨因素），若按7%的年均增长速度，也只需21年左右。

另外，从经济发展的总量分析，再有30年左右的时间应当能够实现全民宽裕的目标。因为以现在的国内生产总值和不变价情况下年均可能增长7%的速度计算，再过30年我国的经济总量可实现翻三番，达到320万亿元左右，即使按15亿人口计算，人均GDP也将达21万元。按照发达国家国民所得在GDP中通常占50%以上的比重计算（参见表1-1联合国公布的部分国家劳动者报酬占GDP比重情况），我国国民人均所得即可达到10万元以上。考虑到收入差距的正常幅度等因素，所有民众达到宽裕以上水平确实是可能的。

表1-1　联合国公布的部分国家劳动者报酬占GDP比重情况

国家或地区	年份	人均GDP	劳动者报酬	GDP	劳动者报酬占GDP比重
丹麦	2005	47567	823659	1545257	53.30%
美国	2005	40841	7037200	12364100	56.92%
瑞典	2005	40370	1500028	2735218	54.84%
英国	2005	37791	682205	1252505	54.47%
日本	2005	35718	258451800	501734400	51.51%
法国	2005	34152	896279	1717921	52.17%
德国	2005	33851	1131000	2244600	50.39%
意大利	2005	30313	581123	1423048	40.84%
西班牙	2005	26246	427402	908450	47.05%

续表

国家或地区	年份	人均 GDP	劳动者报酬	GDP	劳动者报酬占 GDP 比重
以色列	2006	21113	311127	640773	48.55%
韩国	2006	19926	385003600	848044600	45.40%
捷克	2006	13919	1382887	3231576	42.79%
匈牙利	2006	11240	10944590	23795306	45.99%
波兰	2006	8951	377018	1060194	35.56%
智利	2006	8893	27086191	77830577	34.80%
墨西哥	2005	8014	2390001	7659189	31.20%
俄罗斯	2006	6942	11985906	26903494	44.55%
巴西	2006	5790	969391	2369797	40.91%
罗马尼亚	2006	5696	132195	344651	38.36%
阿根廷	2006	5479	226062	654439	34.54%
南非	2006	5299	761856	1745217	43.65%
哈萨克斯坦	2006	5295	3228966	10213731	31.61%
保加利亚	2006	4117	15968	49361	32.35%
哥伦比亚	2006	3715	119869513	383322872	31.27%
中国	2006	2142	105555	211924	49.81%
埃及	2006	1427	171451	642986	26.66%
菲律宾	2006	1350	1673991	6032835	27.75%
蒙古	2006	1235	749818	3714953	20.18%
印度	2006	794	11589940	41291736	28.07%

注：人均 GDP 为美元计价；劳动者报酬和 GDP 为本国货币计价，单位为百万。

资料来源：National Accounts Official Country Data & National Accounts Estimates of Main Aggregates, United Nations Statistics Division, 2010；中国数据来源于《2009 中国统计年鉴》。

从现有现状看，我国已有少数家庭已经达到了宽裕水平，但绝大多数家庭与宽裕目标相比，差距仍然比较大。这其中大量普通劳动者家庭的收入达到宽裕水平是关键。从改革开放以来 30 多年的社会平均收入增长情况和以上分析看，普通劳动者家庭将来全面达到宽裕水平是必然趋势，尤其是随着国民收入分配改革和居民收入倍增计划的实质性实施，更是极大地加快了全民宽裕社会建设的步伐。当然，居民收入的普遍增长也会面临诸多问题，特别是收入增长越往高处增长难度会越大。因为各种生产要素的边际成本因为劳动者成本的上升等因素会越来越大，从而对企业的承受力和国际竞争力影响也会越来越大。这需要建立全国乃至全球范围的较高收入的维护体系。同时，要特别关注的是最低收入家庭。最低收入者能否达到宽裕状态是实现全民宽裕的基本条件。

最低收入保障者的收入增长特别艰巨。中央决定将农民人均纯收入2300元（2010年不变价）作为新的国家扶贫标准，这些家庭要达到全民宽裕的最低要求，在努力达到此扶贫标准的基础上还需要收入翻四番。如果不含物价上涨因素以7%的年均净增长率，需要40年左右时间。因此应采取更加有效的推进机制，以提高年均增长率，适当缩短时间，确保按时实现全民宽裕要求。

日本提高国民收入水平的做法值得借鉴。

第二次世界大战结束至1960年底，日本国民生活水平提升较慢。1955—1960年期间，日本全部产业的年工资增长率，平均只有5.6%。1960年日本制造业工人工资水平仅为英国的三分之一强，不到美国的九分之一。而且城乡居民收入差距较大，1960年农业从业者日均收入仅为中小企业员工的63.6%，与大企业员工相比差距更大。中小企业员工工资收入也与大企业相差悬殊，1956年50—99人规模企业的职工工资仅相当于大企业职工工资的50%。低工资导致劳资关系日益紧张，劳资冲突事件此起彼伏，短短一年半时间内，430万人走上街头游行罢工，岸信介内阁被迫辞职。1960年12月27日，池田勇人内阁通过“国民所得倍增计划”，提出从1961年到1970年，工矿业生产年均增长11.9%，国内生产总值年均增长7.2%，国民收入年均增长6.9%，实现十年间使国民收入增长一倍的目标，并把“实现完全就业，大幅提高国民生活水平”确定为最终目标。这一计划强调，应特别注意缩小农业和非农业、大企业和中小企业、发达地区和欠发达地区以及各阶层间的收入和生活水平差距，实现国民经济和国民生活均衡发展。

该计划专门列出单篇描绘“国民生活前景”，提出将职工家庭“恩格尔系数”水平由42%降低为32%等具体数值目标，并列出一系列配套政策。一是降低税负，以税负不超过20%作为重要施政目标，通过提高个人所得税起征点、降低税率、增加家属扣除额度等方式减免个人所得税，在该计划实施后每年减税额度均超过1000亿日元。二是健全社保机制，规定社会保障和社会福利拨款占整个国民收入的比例要从1961年的4.8%提高到1970年的6.1%。三是改善住宅条件。提出在十年间新建900万—1000万套住宅，实现一家一套目标，提高户均住宅面积和质量。在缩小城乡及各阶层收入差距方面，一是加大对农村、农业、农民的政策倾斜，多次大幅度提高大米收购价格，促进农业机械化、现代化和农业产业结构升级。1960—1969年，农产品价格上涨95%，政府对农业的补贴由747亿日元增至3024亿日元。二是实施《农业基本法》，将60%的农户转移到非农领域，使农民通过出租或出售土地获得大量现金，切实提高收入和消费能力。三是制定工人“最低工资标准”，严格规定企业内部最高工资与最低工资差距在6—8倍，充分发挥企业工会在劳资谈判中的关键作用，促使形成科学的工资决定机制。同时，日本还通过大力扶持中小企业来吸纳劳动力就业、推动经济发展和创造税收。

日本仅用了7年，也就是到1967年，国民收入已经翻番，原定目标提前三年完成。1960—1970年十年间，日本国内生产总值年均增长率高达10.7%，远超原先预期的7.2%，国内生产总值增长1.76倍。人均国民收入大幅增长，由1960年的395美元增加到1970年的1592美元；实际工资平均增长83%，超过了67%的计划指标。1960—1965年间，日本的年工资增长率平均达到10.3%，较1955—1960年间几乎翻了一倍。而到1970年，日本的年工资增长率更是猛增到18.5%。农民家庭年均收入稳步提高，从1960年的37.12万日元迅速增加到1965年的76.56万日元，1967年更超过100万日元。普通工人收入明显增加。1960—1970年，日本制造业工人工资年均增长6.75%，工资指数上涨1.7倍。1973年，日本制造业的工资水平已经超过英国和法国。各主要行业工资增长率和GDP增长率之间的差距也不断缩小，甚至在1971年实现逆转。劳动收入在国民收入中的比重由1961年的49.3%提高到1973年的60.2%。城乡差别缩小，1960年城市工薪家庭人均收入为农户人均收入的1.5倍，到1970年两者基本持平，到 1975 年后者超过前者。中小企业工人月薪与大企业差距不断缩小，前者与后者的比值由 1960 年的 0.73 上升为 1970 年的 0.85。城市化率显著提高，20 世纪 50 年代中后期到 70 年代初期，农业劳动力转移量年均达 42.9 万人，1975 年实现城市化率 75.9%。十年间，日本失业率保持在 1.1%—1.3% 的低水平，基本实现充分就业，劳资关系也由对立走向协调。

二、生产力发展的可能性及其主要制约因素

在知识经济时代，人类借助科技和管理的进步，社会生产力能够得到迅猛发展。我国改革开放三十多年的实践证明，一般商品在十年左右就可以形成足够大的生产能力。例如，最近十年左右的时间，我国的风能发电和光伏发电产能几乎从零起步，一下子成为全球最大产能国。并且单位产品成本不断下降，如光伏发电成本在产能增长过程中明显下降，从开始的每度电 10 元以上，下降到现在接近 1 元。过去主要靠出口支撑这两项产业发展，今后我国自己也将大量使用。现在从产能来看，我国绝大多数商品是供大于求的。从 1949 年到 2008 年，我国的钢材产量从 13 万吨增加到 5.85 亿吨，原煤产量从 0.32 亿吨增加到 27.93 亿吨，粮食由 1.13 亿吨增加到 5.29 亿吨，棉花由 44.4 万吨增加到 749.2 万吨，油料由 256.4 万吨增加到 2952.8 万吨，水果由 120 万吨增加到 1.92 亿吨，肉类产量达 7279 万吨，均居世界第一。2011 年我国发电量达到 3.47 万亿千瓦时，居世界第二。这说明，满足所有民众所需要的基本物品，从生产能力来分析是不存在多大问题的。因为经过发展，既有的社会生产能力已经有相当的基础，倘若有某些商品存在不足，也可以在短短几年的时间内迅速形成新的生产能力。

在生产能力没有问题的前提下，要实现全民宽裕的要求，主要还有三大问题需要克服。一是资源局限问题，尤其是不可再生的资源局限；二是收入分配问题，主要是收入总量与结构矛盾及其公平与效率矛盾；三是文化理念更新问题。维护全民宽裕需要构建若干新的文化观念和制度体系，自然会遇到不少问题需要克服。有关问题状况的深入分析及其解决路径的探讨将在以后章节中展开。下面就人们是否认同让所有人都达到宽裕状态这个命题进行适当的分析。

譬如，有人担心让所有人都达到宽裕收入水平会产生道德风险。主要是担心有些人不好好劳动而收入却要得到较好保障，容易形成“养懒汉”的情况。这种担心不无道理。从人的本性来看，既有勤劳的一面，也有懒惰的一面。但是从社会人来看，人的勤劳与懒惰取决于制度的安排和管理的水准。如果是吃“大锅饭”，劳动效果就差，因干多干少一个样，结果多干不如少干；如果是“按劳分配”为主，则劳动效果将会明显提高。我国计划经济时代主要的劳动分配方式是吃“大锅饭”，所以劳动生产率非常低下，严重阻碍了我国经济社会的发展。改革开放后，我国全面实行岗位责任制，劳动分配主要采用“按劳分配”模式，使得社会劳动生产率得到很大提高。将来继续维护良好的劳动岗位责任制和“按劳分配”机制，所有人的劳动效能可以得到较好的发挥。从社会的进步看，每个人要成为真正的社会人，都需要通过自己的劳动得到社会的认可，这就需要加入到社会劳动职业当中去。从实践看，只要有劳动能力的人，越来越愿意就业，都想成为社会某职业的劳动者。所以总的看，现在社会解决这方面的道德风险是有办法的。

又譬如，也有人担心所有的劳动者都达到了宽裕收入水平，人们的生活差别可能缩小，是否会影响社会整体劳动生产率，包括是否会影响人从事苦脏累的工作。这样的担心也能够消除。即使达到全民宽裕的民生发展目标，仍然需要以劳动获取必要的报酬，而且根据不同的劳动效能需要继续保持合理的收入差别，所以总体上不会对社会劳动生产率产生较大的影响。另外，随着工业现代化水平的不断提高，各种机器设备和劳动工具可以辅助人们使劳动更加舒适化，从而苦脏累的活也可以成为轻便体面的劳动，再加上必要的市场机制下的劳动报酬激励，再苦再难的活都可以通过市场机制方式解决劳动力供求均衡问题。这里引申出一个要求，倘若政府组织对低收入者扶助，应当通过一定的机制促进有劳动能力者进行必要的劳动，特别是对公众有益的劳动，以维护“劳动所得”的社会经济机理，“以工代赈”就是这样的原理。而对丧失劳动能力者则可以在家庭和社会扶助的基础上给予维持良好生活的补助。

关于全民宽裕机制下的公平与效率问题。博弈论中有个著名的“零和博弈”理论，即一方的收益必然意味着另一方的损失，收益和损失相加总和永远为零。同样，在公平和效率的关系上，很多人持有这种观点，认为公平和效率犹如鱼和熊掌，不可兼得，优先考虑了效率，则公平必然会受损，反之，优先考虑公平，则效率会打折扣。从新中国成立以来我国经济社会发展的实践看，似乎也印证了这个观点。改革开放之前，我们强调绝对的公平，带来的是效率的极大损失。而改革开放后，我们主张效率优先，社会生产力得到飞速发展，但同时贫富差距正在不断加大，基尼系数突破了0.4的国际警戒线。但是，在追求全民宽裕过程中，公平和效率可以兼得。在市场机制的效率优先导向下，大家充分发挥聪明才智，挖掘各自能力优势，竞相向更高层次攀登，其结果必然是优胜劣汰，最后只有少数优胜者攀登到更高发展水平。但在宽裕机制下，一方面仍然坚持效率的导向作用，但同时，对于那些没有能力或因客观条件所限无法达到更好生活状态的人群，可以依靠社会力量，通过共益机制的各种办法（下一章将对共益机制进行阐述），让他们也达到一定发展水平，享有基本宽裕的生活条件。在这种更高层面兼顾公平的状态下，还能够有效防止社会失衡和动荡不安，相比市场条件下单一的效率机制更有益于保持效率。因此，可以说全民宽裕追求的公平是高层次的公平，它比单一市场机制下的经济运行整体效果更好。因为追求全民宽裕式公平的结果不仅取决于个体自身的努力，还来自于社会的力量，来自于非市场机制的支撑。全民宽裕意味着全民都享有较高水准的公平，因为社会中的每一位公民，包括市场竞争中的失败者或者弱者，都可以享有比基本生活保障更高水平的关照，从而保证每一个社会成员都可以过上体面而有尊严的生活。这也是很好的社会局面。同样，全民宽裕条件下的效率也是更高层次的效率。全民宽裕在每个环节都讲求效率，这里的效率，不仅仅是指微观的、局部的效率，还涵盖整体的、宏观的效率；不仅指当前的、短期的效率，更注重长远的、持续的效率。全民宽裕所主张的效率，是从全社会角度出发，注重整体的长远利益，局部效率服从整体效率，短期效率服从长远效率，经济效率服从社会整体效率，从而有效规避市场主体的有限理性和逐利性带来的整体效率的缺失。

三、全民宽裕实现可能性的案例分析

这里选取了东部沿海较发达省份江苏和西部欠发达省份甘肃两个样本，来分析全民宽裕目标任务完成的可能性。

案例一　江苏省

改革开放30多年来，江苏省采取一系列富民措施，全省城镇居民人均可支配收入和农民人均纯收入较1978年分别增长了71.4倍和58.8倍。2011年江苏省经济总量达到48604亿元，人均GDP突破6万元，相当于9500美元以上，达到中等偏上收入国家水平。2011年，江苏全年城镇居民人均可支配收入达26341元，比上年增长14.8%，扣除物价上涨因素，实际增长9.2%；全年农村居民人均纯收入达10805元，比上年增长18.5%，扣除物价上涨因素，实际增长11.9%。农民收入增幅连续两年快于城镇居民，农村年人均收入2500元以下的贫困人口提前一年整体脱贫，城乡居民收入比由2010年的2.52∶1进一步下降为2.44∶1，是全国城乡差距最小的省份之一。区域收入也在逐年缩小，2011年，苏南、苏中、苏北农村居民人均纯收入相对差距从2010年的1.68∶1.25∶1缩小到1.65∶1.23∶1；苏南、苏中、苏北城镇居民人均可支配收入相对差距从2010年的1.73∶1.30∶1缩小到1.72∶1.31∶1。城镇居民间的收入差距有所缩小。2011年，城镇高收入和低收入家庭人均收入分别增长9%和21.9%，20%高低收入家庭（按相对收入等距五等份分组）收入比由2005年的6.3∶1缩小至2011年的5.1∶1。

（一）江苏省建设全民宽裕社会的条件十分扎实

1. 支撑经济持续快速增长的条件仍然存在

新型工业化和城市化深入推进，仍有较大提升空间。2010年，江苏城镇化率为60.6%，对照发达国家80%左右的水平，江苏还处于城镇化加速期。江苏的工业化水平和全要素生产率与国际先进水平相比仍然较低，战略性新兴产业发展潜力巨大。全省服务业占比仍然偏低，进一步提升的空间广阔。科技创新能力大幅提升，江苏在全国较早提出科教兴省与人才强省、创新驱动、发展创新型经济等战略举措，集聚了一大批高层次创新创业人才，科技投入逐年加大，区域创新能力自2009年起连续四年位居全国第一，不断形成的创新能量将逐步积聚和释放。体制机制日益完善，市场和政府作用得到充分发挥，国有、民营、外资“三足鼎立”格局已经形成，尤其是民营企业发展势头强劲。“引进来”和“走出去”双向开放的格局初步显现，推动科学发展的体制机制不断完善，创业创新创优的氛围更加浓厚。基础设施支撑条件显著改善，公、铁、水、空、管道一体的现代化的综合交通运输体系正在形成，高速公路密度达到发达国家水平，港口吞吐能力位居全国前列，能源支撑保障能力大大增强，信息化基础设施条件大为改善。区域协调发展的潜力十分巨大，苏北发展内生动力增强，主要经济指标增幅连续几年超过全省平均水平，占全省GDP比重不断提高，人均GDP也超过了全国人均水平。江苏是教育大省，高等院校数、在校大学生数均居全国第一，率先进入了高等教育大众化阶段。江苏是文化大省，具有深厚的历史文化底蕴，文化事业和文化产业发展处于全国前列。

2. 城乡就业规模持续扩大

江苏新增城镇就业每年都超过百万人，城镇登记失业率控制在3.3%以内；500万农村劳动力大转移工程圆满完成，农村劳动力转移总量达到1811万人，转移率达68%；高校毕业生2011年末总体就业率达95.3%（高于全国4.7个百分点），就业困难人员得到及时有效的就业帮扶，城镇零就业家庭保持动态为零；“十一五”期间全省累计帮扶40.4万城乡劳动者创业，带动178万人就业。基本公共就业服务平台实现全覆盖，“15分钟公共就业服务网”率先建成，以一网（就业e网）、一号（12580求职通）、一卡（社会保障卡）、一频（数字电视频道）为主体的信息化服务平台建设水平领先全国。

3. 社会保障体系日趋完善

江苏的社会保障制度建设走在全国前列，广覆盖、保基本、多层次、可持续的社会保障安全网基本成形，在全国率先全面推行新型农村社会养老保险和城镇居民基本医疗保险，城乡居民最低生活保障、新型农村合作医疗实现全覆盖。覆盖范围持续扩大，截至2012年10月末，全省城乡居民基本养老、基本医疗、失业、工伤和生育保险参保人数分别达 5153 万人、7478 万人、1310 万人、1394 万人和 1259 万人，主要险种参保率稳定在 95% 以上；纳入基本生活保障的被征地农民 162.2 万人，占被征地农民总数的 70% 以上。待遇水平逐年提高，企业退休人员基本养老金月人均达 1815 元，新农保和城镇居民养老保险基础养老金最低标准提高到每人每月 70 元，新农合、城镇居民医保财政补助标准提高到每人每年不低于 240 元，城镇职工医保、居民医保和新农合制度规定范围内的医药费用报销比例分别达到 80%、70% 和 70%。覆盖城乡、五级畅通、直达到村的社会保障管理服务网络基本建立，管理服务规范化、专业化、信息化水平进一步提升。

4. 基本公共服务均等化加快推进

近年来，江苏加大公共财政投入力度，基本公共服务覆盖范围不断扩大。一是公共教育走在全国前列。全省基本普及十五年基础教育，学有所教目标基本实现。学前三年适龄儿童入学率达到 96%，公办幼儿园数量大幅增加，省优质幼儿园占比达 57%。城乡免费义务教育全面实施，小学学龄儿童入学率、初中阶段入学率分别达到 99.96%、100%。高中阶段教育快速发展，毛入学率达 97%。现代职业教育体系逐步建立。高等教育毛入学率达 45%，教育质量稳步提升。国民平均受教育年限超过 9 年。二是基本医疗卫生服务实现质的飞跃。加快完善公共卫生体系，疾病预防控制体系全面建立，应急医疗救治体系基本建成，基本公共卫生服务项目扩展到 10 大类 41 大项，重大公共卫生服务项目超额完成。不断健全基本医疗卫生服务网络，全省共有三级医疗机构 115 所，每个县（市）都拥有一所高于全国平均水平的二甲医院，村卫生室覆盖率达 100%；2011 年末，全省医疗机构床位数达 29.6 万张，每千人拥有床位数 3.75 张，每千人拥有医师数 1.71 人，每千人拥有注册护士数 1.72 人。大力转变医疗服务模式，“15 分钟健康圈”初步形成，35% 的政府办社区卫生服务中心和 66% 的乡镇卫生院建立家庭医生制度，全省城乡居民接受医务人员上门服务比例达 67.6%。针对易导致群众因病致贫的重点疾病，启动提高保障水平试点工作，2012 年前三季度累计救治 24075 人次，补偿 8944 万元。全省人均期望寿命 75.32 岁、孕产妇死亡率十万分之六、婴儿死亡率 4.04‰，这些衡量居民健康的指标均处于全国先进水平。三是保障性安居工程建设加快。基本建立由廉租住房制度、经济适用住房制度、公共租赁住房制度、住房公积金制度以及棚户区危旧房改造制度构成的住房保障制度体系。保障性住房建设进展顺利，到 2011 年末全省共建成保障性住房 128.4 万套（户），2012 年前三季度新开工建设保障性住房 31.6 万套、竣工 14 万套；累计供应各类保障性住房 43.1 万套，发放廉租住房租赁补贴 6.4 万户。基本实现了低保家庭住房困难申请廉租住房实物配租和租赁补贴“应保尽保”，低收入家庭住房困难申请购买经济适用住房和廉租住房租赁补贴“应保尽保”。全省住房保障的低收入线标准、住房困难标准、保障面积标准和应保人群覆盖比例均处于全国领先水平。2011 年末，全省城乡居民人均住房建筑面积分别为 34.7 平方米和 48.6 平方米，分别比 2002 年末增加 8.2 平方米和 13.5 平方米。四是养老服务不断优化。基本形成以居家为基础、社区为依托、机构为支撑、信息服务为辅助的社会养老服务体系，全省养老床位总数达 32 万张，占老年人口的 2.3%；建成标准化社区（村）居家养老服务中心 1.15 万个，省级示范性社区居家养老服务中心 152 个；现有各类养老服务机构 2141 家，所有省辖市和 90% 的县（市）建成 1 所政府主办的示范性养老机构，床位数分别超过 300 张和 150 张。现有农村敬老院 1313 个，农村“五保”老人集中供养率达 67%，城市“三无”老人供养制度和服务政策不断完善。老年人居家呼叫服务系统在试点的基础上全面推开，为 80 周岁以上老年人发放尊老金，老年人多层次、个性化养老服务需求得到初步满足。老年文化、教育、体育事业稳步发展，老年保障和服务制度城乡一体化进程加快。

5. 困难群体基本生活得到保障

积极构建新型社会救助体系，城乡困难群体的生活水平不断提高。一是完善最低生活保障制度。截至 2012 年 10 月末，全省共保障城乡低保对象 91.5 万户、174.4 万人，占总人口的 2.3%，基本实现动态管理下的应保尽保；城乡低保平均保障标准分别为每人每月 389 元和 312 元，比“十五”期末增长 100.5% 和 208.9%。建立价格上涨动态补贴机制，努力把物价上涨对低保家庭基本生活的影响降到最低程度。二是落实农村“五保”供养政策。将全省符合“五保”条件的人全部纳入供养范围，供养经费全部列入县级财政预算。截至2012年10月末，全省20.2万名符合农村“五保”条件的对象全部纳入供养范围。农村“五保”供养标准按照苏南、苏中、苏北分别不低于上年度农村居民人均纯收入的40%、45%、50%确定。三是拓展社会救助范围。对困难家庭及时给予临时性、应急性生活救助。出台普惠性重残人员生活救助制度，有序推进教育救助、司法救助、就业救助等专项救助。四是推进脱贫攻坚工程。深化“五方挂钩”帮扶机制[①]，完善“五个一”帮扶到村机制[②]，加快整村推进项目扶贫、产业化带动扶贫、劳动力技能培训扶贫。

6. 企业职工工资稳步增长

建立并不断完善以工资指导线制度、劳动力市场工资指导价位和人工成本预测预警制度为主要内容的工资调控体系，着力构建职工工资共决机制、增长机制和监督机制。2010年，全省企业在岗职工平均工资达到34549元，“十一五”期间年均增长16.4%。正常调整最低工资标准，2010年初调整后最低工资标准比“十五”期末增长40%以上，2011年2月1日再次调整后全省一类地区月最低工资标准达到1140元。连续3年上调农民工最低工资标准，累计增幅达55%以上。2010年农民工人均月收入达2369元，比上年增长13%，高出全国平均水平320元。“十二五”以来，江苏制定实施了城乡居民收入七年倍增计划，将有助于民众收入水平进一步加快提高。

江苏经济运行总体平稳，但面临外需不足与内需不旺双重叠加，成本上升与产品降价双重挤压，增收趋缓与支出上升双重影响，企业经营困难增多，土地、能源、劳动力等矛盾将逐步显现，经济增长仍然存在下行风险，这些都给收入倍增计划、“六大体系”建设和其他民生事业发展带来不小影响[③]。由于经济增速放缓、外贸出口形势严峻、产业转型升级加快

① “五方挂钩”帮扶机制，指省级机关、高等院校（科研院所）、大型国有企业、苏南经济相对发达的县（市、区）与苏北经济相对薄弱的县（区）挂钩帮扶。

② “五个一”帮扶到村机制，指一个扶贫指导员驻村、一个科技特派员挂钩、一个工商企业帮扶、一个富村结对、一个主导产业带动。

③ “六大体系”建设，指构建终身教育、就业服务、社会保障、基本医疗卫生、住房保障、养老服务等体系。

等因素叠加，对持续稳定和扩大就业带来一定压力；随着社会保障待遇稳步增长，给部分地区社保基金收支平衡带来影响，保发放的潜在压力不断加大；受房地产市场调控等因素综合影响，保障性住房建设面临的资金压力加大，全省完成保障性安居工程新开工项目和建成项目资金缺口较大。江苏总量规模大，经济增长平台比较高，正处于转型发展期，继续保持经济平稳较快增长态势，任务十分艰巨。

（二）江苏建设全民宽裕社会的制约瓶颈

1. 资源环境对发展的约束加大

江苏人多地少，资源、市场两头在外，环境容量先天不足，随着国家节能减排的要求提高，实施严格的土地保护政策，经济社会发展与资源环境的矛盾日益突出，特别是土地和环境成为江苏省可持续发展的最大瓶颈制约。江苏以占全国1%的国土面积，承载着占全国6%的人口和占全国10%的经济总量，人口密度全国最高，若干重要资源人均占有量全国最低，人均环境容量全国最小，环境资源“先天不足”，环境承载能力薄弱。环境支持能力指标、区域生存禀赋指标、区域环境水平指标均低于广东、浙江。全省COD、SO_2排放量分别列全国第3位和8位，单位国土面积上SO_2排放量分别为广东的2倍、浙江的1.5倍、山东的1倍、全国平均水平的5倍，既要发展经济又要保护生态的压力比全国其他地方都大。发展要素供给数量和质量面临强烈约束。土地资源严重短缺，后备资源不足。按土地变更调查数据，2008年底全省人均耕地仅0.93亩，是全国的2/3。全省有14个县（市）的人均耕地面积低于0.8亩的警戒线。据测算，“十二五”期间江苏全省每年新增建设用地需求40多万亩，而国家每年下达的农用地转用计划指标只有20多万亩，2009年江苏耕地保有量和城乡建设用地总规模，均已突破国务院批复的土地利用规划大纲确定的2020年规划目标。有效水资源紧缺，水资源利用率低。江苏是一个水质型缺水和资源型缺水并存的省份，多年平均降水量994.5毫米，多年平均当地水资源总量320亿立方米，人均占有量是全国的1/5，是世界的1/20。全省万元GDP用水量160立方米，是世界平均水平的3倍；工业用水重复利用率仅有62%。森林资源总量仍显不足，人均森林面积和活立木蓄积量分别只占全国平均水平的14.25%和8.96%，森林植被总碳储量仅4919万吨。中央将进一步加大节能减排力度，江苏作为东部地区承担高于全国平均水平的约束指标，可持续发展的难度将进一步增大。步入发展的“高成本时代”，生产要素价格不断上涨，劳动力成本刚性上升，还面临“未富先老”的难题。

2. 工业化和城市化与可持续发展矛盾还比较尖锐

江苏处于工业化转型、城市化加速和经济国际化提升的发展阶段，但发达国家上百年逐步出现、分阶段解决的环境问题，在江苏已集中出现。环境污染和生态破坏的问题开始集中显现。水质性缺水已经成为可持续发展的突出矛盾。长江干流水质不能稳定保持Ⅱ类，淮河干流水质处于Ⅳ类，太湖流域40%断面未达到规划目标要求，直接威胁城乡区域供水水质。城市灰霾复合型污染加剧。全省机动车2011年保有量约1600万辆，城市空气污染普遍出现灰霾复合型污染。持久性有机物、土壤、危险废物、重金属污染以及食品安全、生物多样性保护等新的环境问题日益显露，突发性环境安全事件不断增加。产业结构转型升级内生动力不强，现代产业体系尚未形成，苏南及沿江地区重化工业比例偏高，苏北部分地区环境污染和生态破坏事件频发，走新型工业化道路要求极为迫切。随着城市规模和人口的快速扩张，生活污染排放急速增加，环境公共服务保障欠账较多。如何形成工业化与城市化的良性互动、建设良好的人居环境建设、享有更多的“生态财富”，这成为新时期广大群众的新期盼。

3. 就业供求总量矛盾和结构性矛盾并存，促进更加充分就业仍面临较大压力

“十二五”期间，江苏经济增长更加注重质量的提升，经济增速会有所减缓。按照经济年均10%左右的增长速度以及全省经济每增长1个百分点约可提供10万—11万个城镇就业岗位进行测算，每年可提供100万—110万个就业岗位。而未来几年全省每年将新增200万以上的适龄劳动人口，岗位缺口近百万，人口基数大带来的供求矛盾在短期内很难消除。与此同时，随着经济结构调整和产业转型升级步伐的加快，就业供求结构性矛盾更加突出，劳动力职业技能素质与就业岗位要求不相适应，就业者的期望与其自身技能和条件不一致，部分用人单位“招工难”与求职者“就业难’的状况在不同区域、行业长期并存，并呈现逐步扩大的趋势。各类

人才和技能劳动者短缺的结构性矛盾加强，新失业问题和结构性失业问题也将在一个时期内加剧。公共就业服务能力与实际需要相比还有差距，特别对农民提供的均等同质的公共就业服务还远不能适应城乡就业一体化的需要。目前尚未就业的存量劳动力大多年龄偏大、文化程度偏低、技能素质偏弱，城乡“两后生（初中或高中毕业后未升入上一级学校学习且未就业）”和高校毕业生等新成长劳动力大多没有接受过正规的职业技能培训，很难适应企业用工需求。

4. 社会保障体系还需进一步完善，实现人人享有基本社会保障任务仍很艰巨

社会保险统筹层次总体上偏低，基金统筹调剂力度需要加大；城乡、区域、群体之间制度政策不衔接、不配套和待遇水平差距大的问题亟待解决。困难企业职工参加医疗保险问题仍面临较大困难，部分困难人员由于经济原因无法续保缴费，不少个体私营经济组织从业人员、灵活就业人员参保意识淡薄，扩面工作面临较大难度。随着老龄化进程的加快，社会保障待遇支出项目的增加以及待遇水平的稳步提高，未来各项社会保障基金支付将面临更大压力，对加大政府财政投入力度也提出了更高的要求。

5. 收入分配制度改革亟待深化

当前收入分配问题凸显，城乡居民收入增长长期滞后于经济发展，群众对分配不公现象反映强烈，经济社会发展已进入需要通过深化收入分配改革来提供动力和保障的阶段。一是三次分配关系亟待理清。初次分配相对失衡，未能真正体现效率优先原则；再分配存在财力过于集中、资源配置不合理、政府职能转换不到位等问题，政府调节收入分配关系的作用仍不明显；第三次分配机制缺失，优惠政策不多，自愿捐赠不足，民间慈善组织力量不强，慈善事业发展滞后。二是居民收入占国民收入比重偏低。江苏居民收入实际增幅低于 GDP 和财政收入增幅，2011 年 GDP 和公共财政收入分别增长 11% 和 26.2%，公共财政收入增幅是居民收入实际增幅的 2 倍以上；劳动者报酬占初次分配的比重仅有 41.8%，与发达国家 60%—70% 的水平相比差距较大；作为居民收入主渠道的工资性收入在生产要素中的分配比例偏低，规模以上工业企业从业人员薪酬总额（含工资、福利、补贴等）约占企业成本费用的 5%，远低于发达国家 50% 的水平。三

是居民收入差距扩大的趋势尚未得到根本控制。全省城乡居民收入绝对差距仍在扩大，由2010年的13826元增加到2011年的15536元。三大区域间居民收入差距比较明显，呈由南向北依次递减的趋势。行业间收入差距较大，信息业、金融业、电力、燃气及水生产和供应业等行业收入最高，而农林牧渔业收入最低，收入最高行业与最低行业（城镇非私营单位在岗职工平均工资）差距在4.3倍以上。江苏虽然制定了“居民收入七年倍增”计划，但有关研究表明，在未采取更大增收惠民政策的条件下，江苏实现“居民收入七年倍增”计划，至少需要GDP年均增速在11.2%以上。而从国际经济形势看，未来几年全球经济发展存在较大不确定性，国际金融危机的影响短期内难以消除，特别是美国、欧盟长期增长乏力对世界经济稳定发展带来严峻挑战。国内经济环境仍然趋紧，保持中国经济稳定增长的难度还在加大，经济放缓可能较预期严重、时间更长。

案例二 甘肃省

地处黄河上游的甘肃，是中华民族的重要发祥地之一，对华夏文明的孕育和发展作出过重大贡献，历史上有过长期的辉煌。史书载“天下称富庶者无如陇右”。但随着唐末国家政治经济中心的东移南迁和海路的开通，加上自然环境的变化，甘肃逐渐荒僻和贫穷，左宗棠曾有“陇中苦瘠甲于天下”之说。甘肃要实现全民宽裕，相比沿海发达省份难度较大，甘肃主要经济指标与小康社会建设进程仍落后于全国和西部平均水平，人均GDP、城乡居民收入等许多经济指标名列全国后位。从全面小康的实现程度看，2010年甘肃是62.7%，比全国低17.4个百分点，比西部平均水平低8.7个百分点，比贵州62.4%略高一点。从扶贫开发来看，按照国家新标准测算，甘肃贫困人口预计达到1300多万人，占全省农村人口的80%，不仅贫困面广，而且贫困程度深，与全国同步脱贫面临巨大压力。2011年甘肃城镇居民人均可支配收入14989元，农村居民人均纯收入3909元，均处于各省市自治区最后一位。但纵向比较，城乡居民收入增长的速度还是较快的，潜力也很大，近年来这一趋势更加明显。2002—2011年，甘肃省地区生产总值翻了两番多，城乡居民收入分别增长1.4倍、1.5倍。特别是2005—2010年甘肃城镇居民人均可支配收入和农民人均纯收入年均分别增长10.9%和12.9%。2011年，全年城镇居民人均可支配收入、农民人均纯收入分别比上年增长13.6%、14.2%。甘肃省第十二次党代会提出要全力实施城乡居民收入倍增计划，实现居民收入与经济发展同步增长，今后五年城乡居民收入实现翻番，到2020年与全国同步进入全面小康社会。经过甘肃省上下的共同努力，实施城乡居民收入倍增计划效果明显，2012年上半年①，甘肃省城乡居民收入增速指标在全国排名中位次前移。国家统计局发布的2012年上半年评估数据显示，甘肃省城镇居民人均可支配收入达8409元，排名居全国第30位，收入增速居全国第一；甘肃省农民人均现金收入达2418元，排名居全国第29位，收入增速居全国第七。2012年甘肃省通过健全农民持续增收长效机制，充分挖掘工资性收入、经营性收入、转移性收入和财产性收入的增长潜力；通过促进低收入群体增收，以及稳步提高最低工资标准和困难群众保障水平等措施，千方百计增加城乡居民收入。2012年前三季度，甘肃省农民人均现金收入达到3791元，增长17.9%，增速排在全国第五位。甘肃专门下发的《甘肃省构建和谐劳动关系工作实施方案》，明确最低工资增长须在13.5%以上，要求加快建立企业职工工资正常增长机制，积极稳妥推动工资集体协商，促进企业在效益增长的同时同步增加职工工资。甘肃还提出，紧紧抓住各类用工需求增加的机遇，扩大劳务输出规模，大幅提高工资性收入，力争全年农民人均纯收入增长15%以上，务必确保高于全省平均水平2到3个百分点。同时，多管齐下、综合施策，促进城镇居民收入快速增长，深入实施全民创业行动，重点加强高校毕业生、复员转业军人和就业困难群体的就业服务指导和就业援助；通过加强动态管理和不断创造条件出台新的政策，确保城镇居民人均可支配收入增长15%以上。如果每年都能达到15%以上的增速，按期实现全民宽裕的目标是很有可能的。

（一）甘肃省全民宽裕社会建设的有利条件

对甘肃而言，实现全民宽裕的有利条件主要体现在：一方面，经济社会发展空间更加广阔、势头更加强劲，综合实力不断增强。经济全球化和

① 这里用时间很短的发展状况，仍然可说明历史发展过程中发生的跨越式发展面貌。

区域经济一体化深入发展，国际国内产业转移和要素重组加速，我国工业化、城镇化、农业现代化加快发展，国内产业结构和消费结构不断升级，为甘肃在较长时间内持续又好又快发展，提供了良好的条件。2011 年，甘肃全省人均 GDP 已经突破 3000 美元大关，标志着甘肃经济已经具备了在较长时期内持续快速增长的基本条件。无论是经济发展的一般规律，还是当前所处的发展阶段，都表明甘肃具备了在较长时期内实现又好又快发展的基础和条件，已经到了加速发展的阶段。随着甘肃经济实力的增强，有可能拿出更多财力用于改善民生，促进城乡居民收入不断提高。同时经济的繁荣有利于创造更多就业岗位。近几年甘肃省的城镇登记失业率基本稳定在 3.3% 左右，低于全国平均水平。稳定的就业为劳动者收入提供了可靠的来源保障。另一方面，发展的优势更加凸显，产业结构不断优化。甘肃地域辽阔、生态多样、资源丰富、文化深厚，具有明显的后发优势和广阔的开发前景。全省幅员 42.58 万平方公里，人均面积居全国第 5 位，既有戈壁沙漠、高原草原，又有黄河湿地、雪山冰川，几乎囊括了国内所有的地形地貌。生态和生物具有多样性、战略性和全局性。资源富集，是全国“有色金属之乡”，12 个矿种保有储量居全国第一，煤炭、石油、天然气、黄金储量居全国前列，矿产资源储备综合排名全国第 5 位，是我国太阳能、风能最丰富的地区之一，也是全国中药材主产区。甘肃是中华民族重要的文化资源宝库，伏羲文化、丝路文化、敦煌文化、石窟文化、长城文化、黄河文化、民族文化和红色文化交相辉映，历史遗产、经典文化、民族民俗文化、旅游观光文化等资源丰裕度居全国第 5 位。富集的资源，是甘肃转型跨越发展的有效支撑和开发开放的独特优势。经过多年的改革发展，随着经济的梯度推进，甘肃区位、资源、能源、市场、劳动力等在区域发展格局中的比较优势日益彰显，对产业和资本转移呈现出强大的吸附效应。东部地区环境容量和劳动力等要素成本制约加剧，一批劳动密集型产业加速向西部转移，为甘肃借力发展提供了重大机遇。甘肃过去一产比重过大，吸引就业人员过多的情况会有所改观，产业结构的升级有利于居民收入水平的提高。特别是国家对西部省份给予了极大支持，新一轮西部大开发、新十年扶贫攻坚、关中—天水经济区规划正在深入实施，支持革命老区、少数民族地区加快发展的政策已经出台，特别是为甘肃省量身定做了国家级循环经济示范区、国办［2010］29号文件等一系列特殊的扶持政策，创造了千载难逢的政策机遇集中叠加期和效应释放期。所有这些，都为甘肃的后发赶超和转型跨越提供了难得的历史机遇。经过改革开放以来的发展，甘肃迈上了加速转型跨越的高位平台。“十一五”以来甘肃省地区生产总值和投资规模连跨三个千亿元台阶。2012年甘肃经济逆势走强，上半年生产总值同比增长12.3%，在全国排第6位；前6个月，固定资产投资增幅达33.2%，居全国第2位，招商引资实际到位资金比2011年同期增长一倍，呈现出跨越发展的强劲势头。甘肃人民思富求变的愿望、跨越发展的信心、奋力赶超的氛围比以往任何时候都更加强烈、坚定和浓厚。综合分析和判断，虽然甘肃经济规模偏小，但总量不断扩大的趋势十分明显；虽然2011年经济增长出现波动，但总体上仍处在快速增长的区间；虽然基础设施相对落后、产业结构不尽合理，但基础条件逐步改善、经济结构逐步优化的趋势已经形成；虽然区域发展不平衡、经济增长极不强不多的问题还比较突出，但区域协调发展的活力正在明显增强。甘肃经济已经迈上了高位增长的平台，驶入了加快发展的轨道。富民产业也有很好的基础，经济林果、中药材、畜牧业等应通过加大招商引资和资金扶持力度，尽快把规模做大，打出品牌，扩大市场，这些产业做好了，老百姓就能够更多地从种植和养殖环节中收到效益。

（二）甘肃省全民宽裕社会建设面临的突出制约因素和现实难题

作为内陆边远地区和艰苦贫困地区，甘肃要实现全民宽裕也面临着不少突出制约因素和现实难题。一是自然条件的制约。甘肃全省2/3的耕地都是靠天吃饭的旱地，陇西、定西等地是典型的黄土沟壑地带，水土流失严重，自然生态脆弱，人民的生活非常困难；陇南、甘南等地更是自然地质灾害多发、泥石流等危害老百姓生活的地区；河西走廊的民勤有可能成为新的罗布泊。二是受发展阶段的制约形成了不合理财政支出结构。甘肃经济发展仍处于较低水平的阶段，政府所拥有的资源与沿海发达地区相比相对较少（比如财政收入），在这种情况下，政府更多的是将有限的资源投入到提升效率、加速经济发展上（偏向于基础设施建设），用于居民福利或转移支付等方面的投入就会相对较少。而科教文卫及社会保障方面的财政支出相对较少的支出结构，对提高劳动者的文化素质和健康水平作用不明显。劳动者良好的素质和健康的体魄是提高收入水平的基础条件，财力不足条件下形成的财政支出结构，对于提高居民收入水平是不利的。由于发展水平低，对当地的投资环境又会产生一定影响，如基础设施的配套不佳、人才的储备不多等，致使甘肃与沿海省份相比缺乏投资吸引力。因而甘肃在以投资拉动经济增长、增加居民收入方面后劲不足。三是外部环境总体而言日益复杂。世界经济复苏艰难曲折，国内外经济环境不确定不稳定因素增多，保持区域经济持续稳定增长面临诸多可以预见和难以预见的风险和挑战。四是区域竞争压力日益加大。在世界经济格局中我国还处于产业链的低端，国际贸易投资保护主义强化，国际市场份额不断受到挤压；在国内区域发展中各地竞争日趋激烈，对资源、市场、资金、人才的争夺处于白热化，加上甘肃交通、水利等基础设施的瓶颈制约比较突出，发展环境还有待进一步优化。五是工业化相对滞后。甘肃省的优势工业以国有企业为主导，呈现出企业办社会，甚至圈地封闭发展的态势，使得其产业的带动作用体现得并不充分，甚至在知识、技术、服务等溢出效应方面也十分有限。由于大多数工业又集中于资源性产业，使得其与农业、社会服务业缺乏有效的互动和带动作用。六是发展的资源环境约束日益趋紧。对甘肃这样一个产业结构以重工业为主的省份来说，保持经济的快速发展，必然对资源和能源的保障、对生态和环境的支撑提出更高的要求。甘肃的兰州、白银、天水、嘉峪关、玉门、红古，甚至庆阳、平凉等大多数资源型工业城市与老工业基地，正面临着资源枯竭与老工业基地废弃、产业走向衰败的尴尬处境。七是社会利益诉求呈现多样化态势。随着甘肃人均 GDP 迈过 3000 美元大关，社会发展进入了观念深刻转变、利益加速调整和矛盾集中凸显的交织阶段，全民宽裕社会建设面临着一系列新情况新问题新挑战。

无论是东部较发达的江苏省，还是相对后发展的甘肃省，这么多年来的发展实践，都启示我们：经过努力和奋斗，在全国实现全民宽裕，是完全有可能的，对此可以有坚定的信心。信心来源于全球格局调整的机遇，世界多极化、经济全球化深入发展和变革的本身其实就是机遇。国际形势总体稳定也具备更多有利条件。信心来源于我国的雄厚实力，改革开放 30

多年尤其是最近10年以来，我国的综合国力跃上了一个大台阶，为经济社会发展提供了物质基础。信心来源于拥有广阔的国内市场，牢牢把握扩大内需这一战略基点，释放居民消费潜力，扩大国内市场规模。信心来源于加快转变经济发展方式的强大效应，全面深化经济体制改革、推进经济结构战略性调整等，这都将推动经济活力和竞争力再上新水平。信心来源于西部地区巨大的后发优势和潜力。2007年西部地区经济增速首次超过东部地区。2008年以后西部地区经济增速持续高于全国平均水平。信心还来源于我们的党和政府高超的经济工作领导水平和丰富的宏观调控经验以及广大干部群众强烈的实现中华民族伟大振兴、国家腾飞富强的向心力。过去几十年的发展，我国取得了一系列新的历史成就，为全面建成小康社会打下了坚实基础。2012年，中共十八大明确提出，“确保到2020年实现全面建成小康社会宏伟目标”，“在发展平衡性、协调性、可持续性明显增强的基础上，实现国内生产总值和城乡居民人均收入比2010年翻一番”，将引导人民群众收入有较快的增长。根据2011年底国家统计局科研所发布的全面建设小康社会进程统计监测报告，依据经济发展、社会和谐、生活质量、民主法制、文化教育、资源环境六个方面23项指标，全国全面建设小康社会实现程度已经从2000年的59.6%提高到2010年的80.3%。北京、天津、上海、江苏、浙江、福建和广东等7省（市）的全面建设小康社会实现程度超过了90%，离全面建成小康社会仅有一步之遥。然而全民宽裕目标要求更高，西部的困难很大。国家统计局数据显示，截至2010年西部地区全面建设小康社会的实现程度仅为71.4%，与东中部地区差距明显。没有西部的全民宽裕，就没有全国的全民宽裕。全民宽裕社会建设仍面临诸多阻力和挑战，发展中不平衡、不协调、不可持续问题依然突出，还需要扎实苦干、努力奋斗，把全民宽裕的发展愿景真正变成老百姓看得见、摸得着的美好生活。

第二章　全民宽裕的基本实现机制

上一章阐述的全民宽裕目标和内涵，是一个美好的愿景。然而，全民宽裕的美好目标不可能自动、快速地实现，而是需要人们在较长时间内为之共同努力奋斗，需要调动社会中一切有利因素来积极作为。这就要求建立有效的实现机制，形成强劲的原动力。全民宽裕的实现首先是发展问题。社会由全面小康向基本现代化的发展，民生由小康向宽裕的迈进，必定要求一个国家经济财富总量的持续增加，全民宽裕的实现从根本上要靠经济的发展。只有经济总量增加，才能使整个社会更加殷实、民众更加宽绰。全民宽裕的实现同时是分配问题。经济发展成果和社会累积的财富在不同主体之间会有不同的分配模式，有的分配较为均等，但也有的会导致较大贫富差距。如果有部分民众主要是低收入者分配状况改善不明显、生活不宽裕，全民宽裕就无法实现。因此，全民宽裕的实现还取决于国民收入能否得到合理分配。只有经济发展成果得到较好分配，效率和公平得到兼顾，才能使广大民众的收入水平都明显提高，普遍过上物质有余、精神愉悦的幸福生活，全民宽裕才能实现。由此可见，如何使经济能在小康之后进一步发展，并使收入能得到合理分配，特别是使低收入群体普遍过上宽裕生活，是实现全民宽裕的核心所在。本章从经济发展与收入分配角度出发，首先探讨市场机制在实现全民宽裕中的作用，在此基础上提出共益机制的概念并重点阐述其作用机理，进而构建市场机制与共益机制相互耦合的全民宽裕实现机制。

第一节　市场机制与全民宽裕

众所周知，在市场经济条件下，经济发展和民生改善的基础在于市场机制。理论和实践都已证明，市场机制是迄今最为有效的资源配置机制，它既有利于推动经济发展，也能有效地进行收入分配。我国自20世纪90年代初提出建立社会主义市场经济体制以来，市场机制逐步建立，经济社会快速发展，民众生活总体显著改善，市场机制对推动我国经济社会的发展起到了重要作用。我国要在小康生活基础上继续提高和改善民生，进而实现宽裕，无疑离不开市场机制。

一、市场机制与经济发展

市场机制是社会资源的一种配置方式，它是指人们通过市场契约方式将劳动、资本、技术、管理等各种生产要素组织起来，投入到生产经营中产生成果，并通过市场交换获得相应回报的经济运行方式。一个完整的市场是由个人、企业和政府三个相对独立的主体组成的系统。不同的利益驱动力是市场形成的基础，生产者追求丰厚的利润，消费者追求良好效用，要素所有者追求应得的回报。市场经济作为一种有效率的经济运行机制，在自由价格机制的引导下调节市场系统内部的供求关系，进而达到自我组织、自我出清的效果。

市场机制的本质现象是劳动者各自为了追求私利而从事不同的劳动，但前提条件是各种劳动必须符合市场需求，要能够顺利地通过交换实现价值，才能获得自己所需要的利益。即参与市场活动的主体以利己为出发点，通过利他，而后才能达到利己的目的。市场机制这种以通过等价交换来实现利己动机的机制，具有旺盛的生命力。这一机制被古典经济学家亚当·斯密形象地比喻为“看不见的手”，左右着社会劳动等各种生产要素的配置及其生产成果的分配。在其名著《国富论》中他精辟地阐述到：人类几乎随时随地都需要同胞的协助，但是要想仅仅依赖他人的恩惠，那是绝对不行的。他如果能够刺激他人的利己心，使其有利于他，并告诉其他人，给他做事是对他们自己有利，那么他要达到目的就容易得多了……我们每天所需要的食物和饮料，不是出自屠夫、酿酒师或面包师的恩惠，而是出自他们利己的考虑。每一个人……既不打算促进公共的利益，也不知道自己是在什么程度上促进那种利益……他所盘算的也只是他自己的利益。在这种场合下……他受着一只看不见的手的引导，会去尽力达到一个并非他本意想要达到的目的。他追求自己的利益，往往使他能比在真正出于本意的情况下更有效地促进社会的利益。[①]

受“看不见的手”的驱使，通过劳动分工和价格机制的作用，经济可实现发展，国家可日渐富裕。市场机制推动经济发展和国家富裕，其机理主要体现在以下几个方面：

第一，利益激发经济活力。市场机制最主要的功能是调动人们追求利益的积极性，只要市场上有需求，就有获利的可能性，就会有人主动行动起来，特别是企业家们，他们很有活力和管理能力，能够组织各种生产要素生产产品，由此获取自己的利益。从这个意义上说，市场机制是自然的分配杠杆，具有使社会充满活力的自组织功能，将劳动等生产要素分配到社会所需要的各个方面。在有效需求的引导下，人们自觉开展有针对性的劳动，不仅能满足他人的需求，劳动者本身也可从中获利。要素所有者包括劳动者获利的多少与其提供的要素数量、质量成正比。这就激发人们勤勉劳动、

企业家之歌

你有锐利的视角，擅长发现巧机会；
你有组织的本领，统筹要素汇精萃；
你有勤奋的天性，自强不息来进位；
是你，执着的追求，敏于创新独到思维；
是你，不凡的胆略，敢承风险常赢敬畏；
是你，用心的投入，见事遂行梦道闪飞*。
虽言分配的天平向你们倾斜，
资产保增的责任为你们所归；
更可谓科学发展和谐发展融于企，
尊你们改善民生奉献社会真钦佩。
感民族企业家们躬力前行，
犹如沙场骏马园林隽秀由衷赞美！

注：梦道闪飞源于南京圣和公司总裁王勇为企业定名时梦中闪显“圣”与“和”二字。

① 亚当·斯密：《国富论》，转引自傅军：《国富之道》，北京大学出版社2009年版，第220页。

尽力投入，从而使产出不断增加，经济发展活力增强。

第二，竞争提高经济效率。在市场机制条件下，人们为了获取更多利益，必定进行竞争。生产者之间有竞争，只要市场有需求，厂商就会争相组织生产，且往往还会设法降低成本、增加销量，争取利润最大化；消费者与生产者之间有竞争，消费者总是试图以较少的钱购买更多或质量更好的商品和服务，而生产者则相反；消费者之间有竞争，消费者一般都希望购买的商品比其他消费者购买的质更优、价更廉。竞争的良性结果是，产品质量或服务改善，价格降低，规模扩大，生产成本下降，劳动生产率提高。这样，在市场机制作用下形成的竞争状态，社会劳动效能和资源利用效率必然会不断提高，这就达到了社会期望的效果，人们不仅会自觉参与劳动，而且会高效劳动。

第三，创新提供发展动力。创新是人类发展和社会进步的不竭源泉。在市场机制下，为追求更多利益，市场经济中的活动主体，无论较分散的中小企业还是有组织的大型企业，必须不断地谋求管理完善和技术革新，营造竞争优势。这就要求企业尽力学习各种先进的管理知识和科技知识，尽力进行人力资源开发，尽力加强研究开发。只有这样，企业才能在市场竞争中赢得主动。创新会提高社会经济活动的活力和效率。正如马克思所说，资本主义一百多年创造了人类历史上的巨大财富，重要也是内在的因素就是创新。正是基于创新，乔布斯执掌的美国苹果公司，股价从 1997 年开始的 14 年里翻了 110 倍，2010 年资本市值达 3500 亿美元，超过对手微软公司，成为仅次于埃克森美孚的全球市值第二大公司①。

第四，节约加速财富积累。在计划经济体制下，大家都想争取多得，各方面都伸手要钱要物，而且没有价格机制，不能通过价格变动来影响供求关系，由此商品必将短缺。而市场机制则以明晰的产权制度为基础，产权受到保护，企业是自主经营、自负盈亏的市场主体，各个家庭的开支都要有收入作支撑。企业在生产经营过程中，居民在日常生活里，其支出都受收入预算约束，都必定要讲求节约，节约变成了人们自觉的意识和行为，只有将有限的收入节约使用，才不至于收不抵支。在市场机制下，商

① 《乔布斯如何变身“魔法师”》，《参考消息》2011 年 9 月 22 日。

品供求关系变化会导致价格变动，供大于求时价格下降，供小于求时价格上涨，人们因此更多感觉到的不是商品短缺，而是相对于较高价格的收入不足。这必将强化人们的节约意识，从全社会角度看会使财富快速积累。

第五，逐利推动投资增长。资本具有很强的逐利性。在市场机制下，企业以及居民，只要在保证基本消费外还有资金，就会投入到能带来效益的生产经营活动中去，不管是直接还是间接的投资经营，包括购买股票、债券等，以钱生钱。随着经济的发展，金融工具日益多样化，市场上投融资渠道增多，能较好地满足投资者和融资者的需要。在这样的机制下，社会的有效积累必然会剧增。同时，为了使投入资本能够产生更好的效益，投入者往往会将其积聚到更高效的企业中，或者积聚到更有能力的管理者旗下。由此，社会整体的生产和管理效率提高了，社会生产能力也不断增强。在此过程中，不少企业家、创业人士和管理者，其消费水平可能较高，但为了争取更多的利益，为了在竞争中保持优势，多数人会不断将获利投入到再生产经营之中，以免不进则退的尴尬局面。江苏梦兰集团的董事长钱月宝就是一个例证。《新华日报》曾经报道，钱月宝家没有银行存款，她赚的钱除必要的生活开支之外其余都投进生产经营中了。

第六，扩张产生规模效应。在市场机制下，利益的谋取与规模的扩大成正比例关系，而且随着经营管理水平的提高，一些企业的扩张能力相当大，对各种资源的积聚度都非常强，这使得众多领域的产业可以呈现跨越式的发展。企业家会凭借其敏锐的眼光和市场捕捉能力，充分发挥组织功能。企业通过分工合作，都成为富有活力的细胞。社会中的各种要素被充分利用了起来，生产规模不断扩大。在这样的背景下，整个社会的生产力水平有着不可估量的发展潜力，能源、钢铁、建材、纺织、交通、电子、医药、机械装备、环保等产业，都能够在不长的几年时间内，快速形成现实生产力。

总之，在市场机制下，人力资源、自然资源、科技资源、管理资源，都会得到较好的配置。市场机制利用人们的利己心，激发人们的劳动潜能和智力潜能，能够将社会生产力发展到相当高的水平。由此不难理解，市场机制为何得到世界普遍认同，为何迄今为止绝大多数国家都以市场机制作为国民经济的基本运行机制。同样可以认为，市场机制是我国经济达到全民宽裕水平所不可或缺的。

二、市场机制与收入分配

收入分配是经济体制的核心内容，不同经济体制的收入分配模式并不一样。在计划经济体制下，收入分配是由政府主导的计划分配。在市场经济条件下，市场机制在资源配置中起基础性作用，其收入分配模式是与市场机制相一致的，市场配置资源的过程实际也是收入分配的过程。收入分配问题是现代经济学的重要命题。自市场经济提出以来，有关各方对市场经济中收入分配问题的实践探索一直不断，理论界的探讨研究未曾停止，相关理论不断发展。市场经济的收入分配理论大致可以分为三个时期：早期以斯密、李嘉图等为首的古典收入分配理论，接下来以克拉克、马歇尔等为代表的新古典收入分配理论，以及福利经济学、新制度经济学等相关思想的当代收入分配理论。三个时期关于市场经济收入分配的理论论述有不同特点。古典收入分配理论主要论述收入的功能性分配，认为生产是创造价值的过程，工资由生活费用决定，资本是生产的核心要素。新古典收入分配理论从需求的角度出发，将资本、劳动和土地作为平等的生产要素都纳入生产函数中，并根据生产要素对生产的边际贡献大小来将收入在生产要素间进行分配。当代收入分配理论有不同流派。福利经济学将收入分配问题演变为增进社会经济总量问题，并促使个人收入分配问题向政策化、制度化转变；制度经济学则认为，有效率、合理的收入分配制度可为每个经济行为主体提供充分的利益激励，并使人们最大限度地从事生产性活动，同时又有一定的约束条件。① 尽管不同时期的市场经济收入分配理论观点不尽相同，但基本思想相近，即：市场机制是通过市场机体内的供求、价格、竞争等因素来发挥作用的，以此促进资源的优化配置和各部门的协调发展，市场经济中的国民收入是由各生产要素共同创造出来的，应按生产要素的贡献来分配收入。也就是说，在市场经济条件下，收入分配遵循按要素分配的原则。

① 于国安编著：《我国现阶段收入分配问题研究》，中国财政经济出版社2010年版，第8—17页。

市场机制中的收入分配是初次分配，是国民收入在直接参与生产经营活动的生产要素间的分配。任何生产经营活动都离不开劳动、资本、土地、技术和管理等生产要素，在市场经济条件下，取得这些要素必须支付一定的报酬，这种报酬就形成各要素提供者的初次分配收入[①]。要素所有者提供劳动、资本、管理、技术等生产要素都能获得报酬即分配得到收入，获得报酬或收入的多少与其提供的生产要素数量、质量成正相关。因此，只要人们有能力且愿意劳动，或者说能提供资本、管理、技术等生产要素，就能按照所提供要素的贡献获得收入，其生活就可能得到改善。这会激励人们尽力拥有更多的生产要素，努力提高劳动能力，努力工作。收入初次分配由市场机制形成，生产要素价格由市场供求状况决定，政府通过税收杠杆和法律法规可对其进行调节和规范，但一般不直接干预。

市场机制按要素分配收入的原则不是外部植入的，而是市场机制内在决定的。按要素分配的原则，其理论基础在于市场机制的核心概念——价格机制。在价格机制的作用下，各生产要素的价格由市场供求关系决定，各经济主体通过分工参与经济活动，各生产要素按其在经济活动中发挥作用的大小来获得报酬，从而实现收入在要素间的分配，居民的收入由其拥有的各要素报酬构成。没有价格机制，按要素分配的原则就不能有效运行。价格机制对按要素分配原则的作用主要在于两个方面。其一，价格机制使不同生产要素具有可比性。劳动、资本、土地以及技术、管理等生产要素类型不同，难以比较，只有在用市场价格度量后才能比较，并按此反映各要素对生产经营过程的贡献，进行收入分配。其二，价格机制使各生产要素的重要性可衡量。价格变动反映生产要素供求关系的变化，很大程度上揭示了生产要素重要性的变化。在价格总水平不变的情况下，某项生产要素价格上涨，通常显示为供小于求的格局，该生产要素的重要性提高，相应地分配给该生产要素的收入也增加。可以认为，只要市场经济的价格机制是有效的，即市场是健全的，收入分配就会是高效的。

① 实务中，初次分配收入还包括政府利用国家权力对货物和服务的生产和再生产所征收的生产税和进口税、企业在扣除其固定资产消耗和其他运营成本及税收后的净营业盈余形成的收入等。

收入按要素贡献分配有利于提高经济效率。首先，按要素贡献分配的原则实质就是效率原则。收入分配是根据各生产要素的效率即在生产经营过程中发挥的贡献或收益的多少来进行的，高效率获得高回报。由于各要素所有者分配的收入与其所投入的要素数量和质量密切相关，高收入是对要素的高投入和高素质的回报。这就形成了激励机制，鼓励要素所有者进一步提高要素素质、加大对其的投入。同时，要素所有者的利益动机会促使他们在市场交易过程中，根据要素市场价格变动的指引，将其所拥有的生产要素投向出价最高亦即需求强度和使用效率最高的竞争者那里。收入按要素分配有利于提高经济效率与市场机制能实现资源有效配置是一致的。两者是同一个过程，收入按要素贡献分配是市场配置资源在收入方面的体现，按要素分配收入就是在执行配置资源的职能①。其次，收入按要素分配是建立在分工基础之上的。市场经济有大量的交易行为，交易与分工密不可分。没有分工就谈不上收入分配，就不是市场经济。分工会促进专业化，从而有利于整体劳动生产率和经济效率的提高。

需要说明的是，按要素贡献分配机制会受到经济发展程度等因素的制约，真正做到按要素贡献分配必需具备一定条件。当社会商品极度匮乏、社会财富相对不足、市场体系不完善、商品流通渠道极不畅通时，由代表国家行使权力的政府对商品统一组织生产、对社会财富统一组织分配、对商品流通统一组织交换，可以起到“集中力量办大事”的效果。但是随着生产力的进步，社会财富相对丰富，按公权力分配的方式不利于调动市场参与者的积极性，反而会降低资源配置效率，并可能滋生腐败，引发社会危机甚至政治危机，因此必须充分发挥市场机制及其收入分配模式的作用。改革开放之初，我国实行的是政府主导、按劳分配的收入分配制度。随着经济体制改革的深化和经济发展水平的提高，按生产要素分配的原则逐步确立。中共十六大报告提出：“要确立劳动、资本、技术和管理等生产要素按贡献参与分配的原则，完善按劳分配为主体、多种分配方式并存的分配制度”。这意味着我国与市场经济相适应的收入分配制度已初步形成，从而可以有效地调动广大民众就业、创业的积极性，积极增加收入，

① 周为民、陆宁：《按劳分配与按要素分配》，《中国社会科学》2002 年第 4 期。

提高生活水平。

三、市场失灵及分配失衡

市场机制在实现资源有效配置方面具有内在的优越性，有利于加快推动经济发展，有利于劳动者收入提高，有助于推进全民宽裕。然而，事物总有其有利的一面，也有其不利的一面。市场机制并不是万能的，市场会失灵，单纯依靠市场机制有时无法实现资源有效配置，经济可能会停滞甚至倒退，仅仅凭借市场机制的收入分配很可能会导致分配失衡。

按照现代经济学理论，导致市场失灵有多种原因。其一是垄断。由于资源稀缺、规模收益等因素，市场存在垄断现象。垄断厂商为获取超额利润，利用其市场势力或市场控制力，制定与均衡价格相背离的价格，从而造成较高的价格、较低的产量，资源难以合理配置。其二是信息不对称。市场机制有效配置资源的一个重要前提是具有完全信息，每个生产者和消费者对产品价格、质量等信息都完全了解。但在现实生活中，完全信息很难做到，市场交易双方信息不完全、信息不对称情况较多，由此会扭曲供求关系，难以达成对双方都有利的合理交易。其三是外部性。现实生活中，有些经济活动有明显的外部性，其成本或收益会外溢，也就是在其他主体不负担相应成本或享有相关收益的情况下，该经济活动会对这些主体产生一定经济影响，这些经济活动的主体因此不会按总的成本或收益进行决策，从而导致相关产品或服务的产量无法达到最优水平，要么过多，要么过少。再者，是公共产品问题。人们消费的产品有的在使用上具有非竞争性和非排他性，即公共产品。由于这一特点，消费者都想“搭便车”，无偿使用公共产品，不支付成本但获得收益。这会使产品生产者无法收回其成本，从而丧失生产的积极性，导致公共产品供应缺失。

从市场经济国家的实践看，市场失灵确实存在。实际上，早在20世纪20年代，市场失灵的论点就在西方经济学文献中流行起来[①]。当时，许多西方国家的市场结构已变为寡头市场或垄断市场，完全竞争情况较少，自由竞争市场很难找到。另一方面，经济危机不断，自由放任的经济持续平

① 张卓元主编：《政治经济学大辞典》，经济科学出版社1998年版，第212页。

稳运行，要求政府对宏观经济进行必要干预。最明显的例子是20世纪30年代美国乃至世界经济大萧条。这不仅给许多市场经济国家带来了前所未有的冲击，还动摇了人们对自由市场的信念，同时也成就了经济思想上的凯恩斯革命，即要求政府对宏观经济进行必要干预。尽管如此，新的经济危机仍然不断爆发，包括20世纪70年代的石油危机，2008年从美国开始爆发的全球性金融危机，等等。特别是最近这次全球金融危机，它对世界经济冲击巨大、影响深远，进一步暴露了市场机制的局限性，也就要求政府宏观调控包括对金融市场的监管应不断改进完善。此外，第二次世界大战后许多国家的政府规模不断扩大，财政支出比重不断提高，说明政府提供的公共产品或服务越来越多。还有，信息不对称引发的问题也层出不穷，如安然事件①、美国次贷危机等。这些都是市场失灵的表现。

市场失灵对资源有效配置有相当明显的不利影响，还会引发其他问题，在经济社会发展尚不成熟的时期表现得尤为突出，有不少典型表现。其一，环境污染问题。在市场机制下，如果法制不健全，企业为了自身的利益，往往不顾对环境的污染，随意排放污染物，或在治污减排方面舍不得投入，不运用新技术进行有效处理。有的即便安装专门处理设施，为了节约成本也不运行。这对企业本身是有利的，但对社会却有明显的负效应，由此导致严重的环境问题。许多市场经济国家都经历过这一问题，我国部分地区在发展过程中也同样遭遇了环境污染顽疾。有的企业刚开始发展，资本不足，没有足够的资金投入到减排治污当中；有的地方政府为了加快经济发展，降低了排污方面的准入门槛，对污染防治不够重视。其二，假冒伪劣问题。在市场机制下，有的企业或个人，为了追逐自身利益，不顾损害他人利益，假冒其他企业的专利技术或品牌，生产销售不合

---

① 安然公司成立于1985年，位于美国得克萨斯州休斯敦市。在2001年宣告破产前，安然拥有约21000名雇员，是世界上最大的电力、天然气以及电讯公司之一，2000年披露的营业额达1010亿美元之巨。在政府监管部门、媒体和市场的强大压力下，2001年11月8日安然向美国证监会递交文件，承认在财务上作假：从1997年到2001年间共虚报利润5.86亿美元，并且未将巨额债务入账。2001年12月2日，安然正式向破产法院申请破产保护，破产清单中所列资产价值高达498亿美元，成为美国历史上最大的破产企业。此后不长时间内，环球电讯、世界通信、施乐等一批企业巨擘纷纷承认存在财务舞弊，在美国资本市场上引起轩然大波。这些事件表明，即便像安然这样的大型上市公司，投资者对其信息也很难清晰、准确地掌握，财务造假多年未发现。

格产品。有的企业或个人，甚至生产质量低下、有损人的健康的劣质商品，坑害消费者。这些坑蒙拐骗等不诚实、不守信现象在现实社会经济活动中屡见不鲜，如2008年爆发的三聚氰胺毒奶粉事件等。其三，组织动员乏力问题。在市场机制下，一切劳动仅限于有利才能进行动员组织，如果无利可图，不管劳动力资源和原材料资源如何丰富，也不管社会上百姓生活多么需要，仅仅靠市场机制是撬动不起来的，社会有组织的企业经营管理活动没法开展起来。劳动者的生活只能靠自力而为，往往陷于贫困。在现代经济发展水平下，还会出现社会生产力发展比较迅速而社会消费力严重不足的现象，这也是市场机制难以发挥作用的。在这种情况下，不是社会不需要，而是百姓无购买能力来满足自身需求。这样，经济活动就会僵持在有限的水平上，虽然有生产能力，也有消费需求，但却没有购买能力，供需不能顺利对接，双方不能互惠互利，劳动力资源的组织程度受到不小限制。

与市场失灵相伴而生的还有分配失衡问题。在市场机制下，收入分配遵循按要素分配的原则，即按照个人能力大小、贡献高低、拥有财产多少等来分配收入的，其结果是劳动得到工资、土地得到地租、资本得到利润。然而，由于人们的智力禀赋、身体条件、家庭背景等不同，拥有的生产要素有差别，单由市场机制决定的收入分配状况会出现明显差距，特别是容易产生“马太效应”。拥有较多较好生产要素的个体或家庭会得到较多收入，进而又可通过投资和积累以获得更多更好的生产要素，如此循环，收入与财富向优质要素所有者集中的趋势越强。相反，普通的劳动者由于拥有生产要素种类较单一、数量较少或者质量较低，获得收入就越来越有限。那些丧失劳动能力的人，如简单按照市场规则进行分配，就不会有收入来源。概言之，市场机制本身具有促使收入差距扩大的内在机理，若不对其进行有效调节会导致分配失衡，居民收入高低分化问题就会越来越突出。

居民收入差距扩大的现象，在许多市场经济国家特别是经济快速发展的初中期都出现过。改革开放以来，尤其是随着社会主义市场经济体制的建立和不断完善，我国经济快速发展，人民收入水平总体大幅提高，但由于市场机制的作用，居民收入差距不断拉大。有专家认为，中国基尼系数

1978年到1984年稳定在0.16的水平，从1984年开始，基尼系数一路攀升，到2007年已达到0.473，中国收入分配差距越来越大已是一个不争的事实①；另据世界银行资料，2010年中国的基尼系数已达0.5，超过经济学家通常所认为的收入分配差距0.4这一警戒线②。有不少观点认为，现阶段我国收入分配差距非常明显，从时间序列分析收入分配差距不断拉大的趋势十分明显，从国际对比看我国收入两极分化现象相当严重③。实际上，我国收入分配差距不仅表现在个体之间，还表现在地区特别是城乡之间。据统计，2010年，我国城镇居民人均可支配收入为19109元，而农村居民人均纯收入仅为5919元，城乡居民收入比达3.23倍，比1990年的2.20倍提高了1倍多（详见图2－1）。国际上的差异最高也就在2倍左右④。

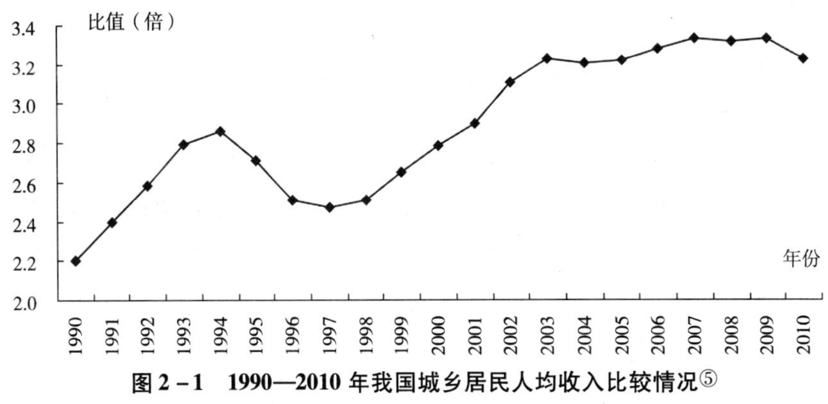

图2－1　1990—2010年我国城乡居民人均收入比较情况⑤

分配失衡对经济社会将产生不利影响。如果收入分配差距过大，超过社会所能接受的合理范围，就会导致负面效应，诸如贫困、富裕阶层中财

① 《财政部调查显示中国收入分配差距已达高度不平等状态》，《国际先驱导报》2009年12月29日。文中援引了中国人民大学劳动人事学院院长曾湘泉提供的数据资料。

② 《"中国式"基尼系数的未来》，《中国经济导报》2010年3月5日。

③ 于国安编著：《我国现阶段收入分配问题研究》，中国财政经济出版社2010年版。

④ 《"中国式"基尼系数的未来》，《中国经济导报》2010年3月5日。

⑤ 图中城乡居民收入分别指城镇居民家庭人均可支配收入和农村居民家庭人均纯收入。数据来源于《中国统计年鉴》2010年。

富浪费、社会冲突、低收入者阶层得不到发展及改善自身处境的机会等一系列不良社会后果，从而影响经济社会的稳定发展。同时，当社会财富向少部分人集中，而大部分人可支配收入水平较低时，又会影响到社会整体的消费水平而使市场相对缩小，进而影响到生产，制约社会经济资源的充分利用。分配失衡还会扩大地区之间的不平衡现象。一些经济条件优越、发展起点较高的地区，发展也越有利。随着这些地区经济的发展，劳动力素质，管理水平等也会相对较高，可以支付给被利用的资源要素的价格也高，也就越能吸引各种优质的资源，以发展当地经济。那些落后地区也会因经济发展所必须的优质要素资源的流失而越发落后，区域经济差距会拉大。这将导致区域间经济社会发展的不协调。

综上所述，市场失灵及相关的分配失衡，不利于资源有效配置和经济稳定发展，与社会共同发展、民生普遍改善的目标相违背，必将制约全民宽裕的顺利实现，应引起社会各有关方面的高度关注，特别要从体制机制上进行完善。

第二节　共益机制与全民宽裕

毋庸置疑，市场机制在全民宽裕的实现过程中具有基础性作用，它是推动经济发展的基本力量，也是有效地按要素贡献分配收入的基本制度。但仅有市场机制，对一个社会的整体发展和全面进步是不利的，也不能使全民都实现宽裕。由于种种原因，有的个体或者家庭劳动能力较弱甚至不具备劳动能力，拥有资本等要素较少甚至没有，凭借要素在市场经济中获取的收入就会较少，仅凭自己的力量难以过上宽裕生活。全民宽裕与以前的民生改善目标如温饱、小康等有明显不同，它更突出“全民”性，涵盖所有低收入群体。因此，全民宽裕的实现机制与以往的民生改善机制不完全一样，必须更注重“全民”，更多地借助市场机制以外的力量，调动多方面有效资源，来帮助民众重点是低收入群体实现生活宽裕。为此，通过对改革发展实践的考察研究，特提出与市场机制相对应的概念——共益机制。

一、基于社会公平正义的共益机制

共益机制，顾名思义即民众共同受益机制，它是指运用市场以外的力量，包括文化、法律、规制、行政、政策、社会等，推动社会经济有效运行和社会管理有序运转，从而使民众共同受益的方式方法。所有对民众利益有帮助的文化理念、法律规章、政策措施、行政管理、民间善举等，都属于共益机制的范畴。共益机制有两个突出特点。第一，非自利性动机。共益机制注重的不是自己获利，而是帮助他人，使他人受益。当然，在利他的基础上社会整体会得到改善，从而施益者可能会得益，或迟或早，或直接或间接。第二，非对等性交换。与市场机制通过等价交换来实现收入按要素分配不同，共益机制借助的是市场机制以外的力量，而不是价格调节，不遵循等价交换的原则。

共益机制的出发点是社会公平正义，具体来说就是通过非市场机制的手段，创造更好发展机会，解决突出问题，重点帮助那些智力禀赋较低、劳动能力不足（老弱病残）、家庭条件较差的人员或家庭增加收入、改善生活，使每位居民都拥有满足基本生活所必需的收入，保障每个社会成员的民生权益。众所周知，公平正义是人类长期以来的追求和各国不断努力的方向，是经济社会发展的目标。公平正义的一个重要内容是分配的公平正义。实际上，关于分配的公平正义古今中外有不少理论观念和实践探索。在我国历史上，早在春秋战国时期的诸子百家，就对此问题进行过思考。如孔子曾提出：“有国有家者，不患寡而患不均，不患贫而患不安。盖均无贫，和无寡，安无倾”。对于孔子的这种主张，应有全面的认识，它不是追求绝对的平均，而是相对的公平。在西方也早有较深认识，如亚里士多德针对古希腊实行的等级制分配制度，主张一种“分配的公正”，反对贫穷、过分的孱弱和绝对卑贱。现代经济学和社会学理论对此的论述相当深入。经济学家庞古（Pigou）将分配的公平尤其是有利于穷人生活改善的分配，与整个社会的福利结合起来讨论，明确地说明对社会成员公平的伦理考虑有助于社会整体的进步和发展；英国经济学家马歇尔（Marshall）主张，在一个经济体制下应该关心那些生活在社会下层的人群；即便是崇尚市场自由主义的斯密（Smith），也对有利于社会下层的分配正义表达了肯定的意见：“下层阶级生活状况的改善，是对社会有利呢，或是对社会不利呢？一看就知道，这问题的答案极为明显……有大部分成员陷于贫困悲惨状态的社会，决不能说是繁荣幸福的社会。而且，供给社会全体以衣食住的人，在自身劳动生产物中，分享一部分，使自己得到过得去的衣食住条件，才算是公正”。① 当代关于分配公平的论述，罗尔斯的正义理论影响相当大②。罗尔斯认为，所谓正义就是在公平的初始位置中被接受的原则，正义与否只涉及公平的初始位置，而与其他的社会状态无关③。罗尔斯所说的正义，指的是社会权益分配的正义。社会的正义首先是分配的公平，也就是“正义即公平”。罗尔斯认为，社会应该将境况最差者的福利最大化。“所有社会的基本物品——自由和机会、收入和财富、自尊的基础——都被平等地分配，除非某种或所有这些基本物品的不平等分配是有助于最不利者”。罗尔斯关于公平正义的论述实际是为现实提供理论支持。因为他看到，第二次世界大战后资本主义的政治制度发展到成熟的阶段，经济平稳地向前发展，社会形成了一个强大的中产阶级，自由和平等的权利也逐渐扩大，很多国家采取了高福利的政策来减少贫富差距④。可以看出，这些关于公平正义的论述，正是共益机制提出的理论依据，亦是运用共益机制所要达到的良好愿景。

---

① 孙春晨：《市场经济与分配正义》，《学习与探索》2006 年第 3 期。

② 罗尔斯关于公平正义的理论主要反映在他的代表作《正义论》（*A Theory of Justice*）中。他从“初始位置”（original position）和“无知之幕”（veil of ignorance）出发，推出两条正义原则。第一原则，每个人都有同样的权利，拥有最广泛的、完整的、同等的基本自由体系，这一体系与其他人的类似自由体系是相互兼容的；第二原则，社会和经济的不平等应这样安排，以使它们都最有利于最不利者，而且职位和位置在机会公正平等条件下对所有人都开放。该书 1971 年一出版，就很快成为其后哲学领域研究中经典性的文献。以至于现在西方哲学界有一个共识，认为罗尔斯的理论导致了 20 世纪 70 年代初期开始的伦理学复兴。

③ 罗尔斯提出，在不同的正义原则之间进行选择时，当事人应当选择在初始位置不确定的条件下所选择的原则，即要在“无知之幕”下并处于“初始位置”。初始位置是指一种初始的平等状态，每个人都不知道在变化后的社会状态中自己所处的位置以及自己的个人特征。在这种状况下，被大家普遍接受的原则就是公平的原则。

④ 赵敦华：《现代西方哲学新编》，北京大学出版社 2001 年版，第 251 页。

共益机制是一种利益共享机制。共益机制的目标是要实现民众对社会财富的共同分享和共同受益。与市场机制遵循的按要素分配、经济效率优先、个人效用最大化的原则不同，共益机制是一种非市场化的分配机制，它以实现社会公平正义为宗旨，以扩大公共利益的总量和覆盖范围为任务。当然，利益分配的公平性是一个价值判断问题。福利经济学第一定理认为，市场均衡具有帕累托最优的性质。即在给定的要素禀赋总量水平下，完全竞争的市场通过调整利益（资源）分配结构总能找到一个帕累托最优点，任何试图偏离这一最优均衡状态的改变都会遭到至少一方的反对。但是，如果禀赋总量是可以改变的，在社会契约曲线上就存在无数个帕累托最优点，有的最优点的福利总水平很低，而有的则较高，如果能将资源配置的状态从较差的帕累托最优点移动到较好的点，就能提高社会总体的福利水平。也就是说，帕累托效率本身不足以对各种资源配置进行排序，需要进行价值判断的是分配是否公平。如图 2－2，假定社会福利 W 是个人效用的函数，社会福利无差异曲线（i，ii，iii）位置越高[①]，代表

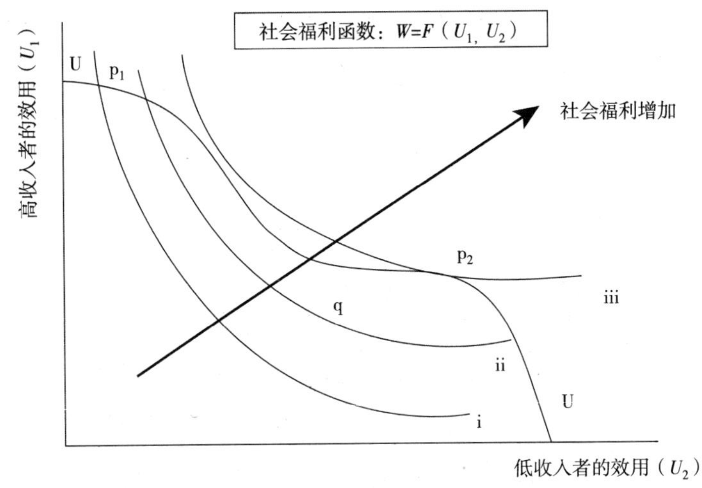

图 2－2　共益机制下社会福利的帕累托改进[②]

---

① 社会福利无差异曲线指社会福利水平一定时，社会成员间效用不同搭配关系的曲线。

② ［美］罗森（Rosen，H. S）：《财政学》（第四版），中国人民大学出版社 2000 年版，第 42—47 页。

福利总水平越高（即社会福利水平 iii > ii > i），社会分配越公平有效。曲线 UU 代表效用可能性曲线，落在曲线上的点 p_1、p_2 均是帕累托最优点，落在曲线内部的点 q 不是帕累托最优，但反映出资源配置存在帕累托改进的可能性。虽然点 p_1、p_2 都是帕累托最优点，但两者所反映出的收入分配关系却大相径庭：在点 p_1 上，社会财富的分配向高收入者倾斜；在点 p_2 上，社会财富的分配趋向公平；p_2 所处的社会福利无差异曲线 iii 高于 P1 所处的社会福利无差异曲线 i。点 q 虽然不是帕累托最优点，但其所处的社会无差异曲线 ii 要高于点 p_1 所在的无差异曲线 i。即从社会福利总水平的角度看，当收入分配沿着 $p_1 \to q \to p_2$ 的轨迹运动到达 p_2 时，其资源配置能更好兼顾效率与公平。

需要说明的是，共益机制是一个新提法，从已经收集到的相关文献资料来看，至今尚未发现有其他专家学者正式提及这一概念。但与共益机制相近或相关的概念并不少，有些已较常见。首先是公共经济和公共管理。公共经济和公共管理是非常重要的范畴，与之相关的机制可称为公共机制。一般认为，公共管理是指以政府为核心的公共部门整合社会各种力量，广泛运用政治的、经济的、管理的、法律的方法，以提升政府绩效和公共服务品质，从而实现公共福利与公共利益的活动；公共经济是指为克服市场失灵而由政府及相关组织为核心的公共部门提供公共产品和服务的经济模式。可以说，公共经济和公共管理领域的基本范畴是“公共”，由此也推演出了其他许多概念，包括：政府部门、非营利组织等公共主体，公共权力、公共事务、公共政策、公共利益、公共产品、公共服务等公共客体，公共权力的行使、公共服务的提供等公共行为，等等。其次是共同富裕。共同富裕是邓小平理论的重要内容。邓小平论述的社会主义的本质内涵着消除两极分化，最终实现共同富裕。可以说，共同富裕已成为我国改革开放和社会主义现代化建设的共同目标。自然地，共同富裕的实现机制也是非常重要的议题。对此，专家学者有不少探讨。主流观点认为，社会主义的共同富裕应建立在两个重要前提基础之上，必须发展生产力，努力消除贫困，同时必须消除两极分化，不能仅靠福利制度①。除上述两方

① 侯旭平：《论建立社会主义经济公平运行机制的途径和方法》，《产业与科技论坛》2006年第1期。

面概念之外，互助机制、公益行为等与共益机制也有一定联系。

不难看出，这些概念或术语与共益机制有相近之处，即都不是“私人”或“个体”的行为或机制，但同时他们之间的差别也很明显。譬如，公共经济和公共管理方面的概念更多强调的是“公共”，而“公共”按两分法是与“私人”相对的概念。而共益机制是与市场机制相对的概念，侧重于体现在使他人受益基础上的共同受益，不突出强调公共、互助等含义。

尽管共益机制的提法以往没有过，但是共益机制的做法古往今来都有。在经济社会的发展过程中，一直有各种各样制约经济发展或民众生活改善的问题和矛盾出现，政府、群体、个人等有关主体为此试图以各种各样的办法来应对之。他们所采取这样那样的办法，目的都是使众人或他人获益，这些基本上都属共益机制的范畴。

还需说明的是，为什么要提出共益机制的概念，共益机制的提法与“看得见的手”的提法相比又有何新意呢？应当说，市场机制已越来越为人们熟知，但不可否认有不少人把市场机制这一被斯密称为“看不见的手”的作用夸大了，认为经济社会的发展就在于市场机制。经济社会的发展绝非仅靠市场机制，在此之外还有其他机制，统称共益机制在运行，而其出发点是社会民众共同受益。强调共益机制的概念，主要是让人们更加清晰地认识到经济社会中有着维护民众共同利益的力量和方法，这些办法和力量在经济运行中与市场机制并肩运行。实际上，共益机制不限于政府，许多社会组织都在行使。将共益机制的概念确立起来，更容易自觉调动社会方方面面的公正力量，更加明确地健全经济社会运行的机理。共益机制的作用不仅体现在物质供需领域，也体现在精神调解领域。从精神层面看，适当运用共益机制，有助于减少或者消除人们的压力和孤独感，使民众更加公正、更加明智、更加文明，可增强人们的进取心、和谐感。

二、共益机制：道德以及公权的作用

与市场机制靠价格的作用不同，共益机制主要凭借道德以及公权的作用。其中，公权主要是政府的权力，是人们为从某些公共产品或服务中收益而向政府的让渡。共益机制凭借道德以及公权的作用主要表现在以下几方面：

第一，道德与习惯力量在经济中的作用。首先，道德与习惯对经济的作用起初就存在。“在市场尚未形成与政府尚未出现的漫长岁月里，那时既没有市场调节，也没有政府调节，习惯与道德调节是这一漫长时间内唯一起作用的调节方式。即使在近代社会，在市场力量与政府力量都调节不到的领域内，习惯力量、道德力量的调节依然起着主要作用”。[①] 英国著名经济学家约翰·希克斯（John Hicks）在其所著的《经济史理论》一书中指出：习俗经济是最早的非市场经济模型。其次，市场公平竞争是道德的体现。市场经济是以完全竞争同时也是公平竞争为前提的。市场经济必须讲公平，公平是促进效率的最有效机制。正如马克思所说：“一切商品交换必须是平等互利的，因为商品交换天生就是平等派”。实际上，市场交易行为是否违背公平竞争原则，当事人是否具有商业道德，包括是否讲商业信用等，最终会通过价格体现出来。如果失去商业道德，供应商即便以低价提供产品也不易成交，采购商以高价购买也难以实现。再次，人往往是有道德的个体。在经济学中，人被假设成完全理性的经济人。但现实中，人是社会的，大多会进行自我道德激励，会同情他人、帮助他人。斯密在《道德情操论》中阐述到：“一个人的性格中，显然存在某些天性，无论他被认为私心有多重，这些天性也会激励他去关注别人的命运，而且还将别人的快乐变成自己的必需品。他因此目睹别人快乐而快乐，不过除此之外，不啻一无所获，然而他依旧乐此不疲。同情或怜悯，就是这种天性”。[②]

第二，政府对市场失灵的弥补作用。现代经济学理论认为，在市场经济条件下，尽管市场机制在资源配置中起基础性作用，但市场会失灵。由于存在垄断、信息不完全、外部性、公共产品缺失等因素，市场配置资源的有效性可能受到影响；由于个体条件、家庭背景等方面可能存有差异，

① 厉以宁：《超越市场与超越政府：论道德力量在经济中的作用》，经济科学出版社 1999 年版。

② ［英］亚当·斯密：《道德情操论》，宋德利译，译林出版社 2011 年版，第 3 页。

按市场机制决定的收入分配状况会出现明显差距，如果收入分配差距过大，就会导致诸如贫困、富裕阶层浪费财富等负面效应；由于经济主体的分散决策、分散生产，经济行为存在较大的盲目性，甚至增加市场“试错”的成本，等等。这些市场失灵，有的会导致公共产品缺失，有的会造成有效需求缺乏，有的会促使社会总供给与总需求失衡，有的会导致资源过度开发和消耗进而削弱经济发展潜力，从而影响经济社会的平稳发展。运用共益机制，可通过公共部门来提供公共产品，可通过财税政策使成本内部化来解决外部性，可通过规制来管制垄断，可通过社会保障和互帮互助来增加困难家庭或居民的收入以增加有效需求，可通过财政相机抉择来减少投资经营的盲目性，协调总供给与总需求，从而使经济社会平稳协调发展。经济社会的持续稳定发展必然使经济总量不断增长，人民生活水平总体上逐步提高。

第三，政府主导的收入再分配作用。在市场经济条件下，收入的初次分配按要素贡献进行。但由于社会中个体差异、家庭差异显在，不同人的智力禀赋、身体条件、家庭背景等方面可能不一样，即便相同个体在生命周期的不同阶段其劳动能力也有较大差别，在市场中获取收入的能力并不一样。有的家庭由于种种原因，拥有资产较少、劳动力缺乏，或者难以通过公平竞争获得较好的就业机会，凭借要素在市场经济中获取收入的能力不足。这些家庭难以靠自己的力量获得足够的收入，难以靠自身的努力实现生活宽裕。运用共益机制，政府等有关方面可以通过增加就业机会、提供社会保障或给予收入救济等，使这些低收入家庭增加收入，改善生活。从这种角度看，共益机制实际发挥的是再分配（包括二次分配甚至三次分配）的作用，它是对初次分配的有益补充和优化调整。低收入群体可以由此增加收入，更多的家庭可以过上宽裕生活。

三、共益机制的范畴

共益机制具有广泛的内容与多样的形式，可以认为所有对民众利益有帮助的文化观念、法律规章、体制机制、政策措施、行政管理、民间善举等，都属于共益机制的范畴。共益机制存在于经济社会发展的各方面，可分为文化引领、法律规范、政府调控、社会互助等四种类型。

（一）文化引领

文化是民族的血脉，是人民的精神家园。文化有广义和狭义之分。广义的文化是指人类在社会历史发展过程中所积累的物质财富和精神财富的总和。而狭义的文化，排除了人类社会历史发展过程中关于物质创造活动及其结果的部分，专注于精神创造活动及其结果，即所创造的精神财富，包括宗教、信仰、风俗习惯、道德情操、学术思想、文学艺术、各种制度等。

文化是人创造的，人在创造文化的同时也被文化深深地影响着，文化具有强大的作用于人的思想和行为的功能。其一，导向功能。文化通过所蕴涵的知识体系、价值观念、理念信仰和行为规范等教化社会成员，规范人们的行为，使人们适应社会环境和社会关系，在行为上与社会要求保持一致，判断自己的何种行为在对方看来是适宜的、可以引起积极回应的，从而为人们的行动提供方向和可供选择的方式。其二，整合功能。在文化的长期熏陶、教化、培育中，人们的思维习惯、情感表达、价值追求、道德信仰会逐渐趋同，由此产生凝聚力。社会群体中不同的成员都是独特的行动者，文化是他们之间沟通的中介，通过文化共享，他们能够有效沟通，消除隔阂、促成合作，这就是文化协调群体成员行动的作用。其三，维系秩序功能。文化是人们以往经验的积累，并会形成巨大的文化影响力，提倡什么，反对什么，鼓励什么，抑制什么，都渗透于人们的思想意识中。某种文化的形成和确立，就意味着某种价值观和行为规范被认可或被遵从，也意味着某种秩序的形成。只要这种文化在起作用，由这种文化所确立的社会秩序就会被维持下去。

这些功能意味着文化会对经济运行产生重要影响。文化是市场经济运行的重要基础，经济运行离不开价值观念作支撑。经济制度的选择、经济战略的提出、经济政策的制定，无不受到社会文化背景的影响。良好的商业诚信、职业道德等有利于降低交易成本，而诚信缺失、市场欺诈等问题将会使交易成本大大提高。同时，文化可以调节经济运行。文化会影响社会成员的精神状态，能使人更新观念，开阔视野，提高素质，进而影响资源配置效率，具有调节经济的作用。不难理解，人际关系的融洽有助于企业效益的增加和企业凝聚力的增强。有专家学者因此突出强调了按习惯力量或道德力量（特定的文化形式）进行调节的重要性，将其称之为超越市场调节与政府调节的另一种调节①。由此看，先进的文化理念，容易凝聚共识，形成合力，提高组织效率和经济效率，推动经济发展，使社会成员共同受益。

（二）法律规范

法律是对社会关系即人与人之间关系的规范，是由国家或地方权力机构制定并由行政强制力保证实施的行为规范体系，它反映一定物质条件决定的广大人民的意志，并通过对权利和义务的确定来保护和发展社会秩序。法律以正义为存在基础，是顺应广大民众的呼声，对社会正当行为的激励、对社会正当利益的保护、对不良行为的约束或惩罚等所作的规定，人人都必须遵守。人们在社会中不能为所欲为，不得危害他人，法律用严格规定的方法允许人们在限定的范围内活动，并对犯罪者严惩不贷。

法律规范的人与人之间关系很重要的方面是利益关系。法律在这方面的作用空间非常大，其基本出发点是维护人们的正当权益，打击侵犯他人正当权益的行为，具体包括：（1）保护个人、企业、政府的合法收入和财产权，激发各类主体积极作为，特别是提高研发和创新的积极性；（2）对市场经济各类主体及其内部和外部的权利义务关系做出规定，规范市场主体，制定市场“游戏规则”，明确限制不端商业行为，维护市场秩序，建立良好的经济环境，保障市场健康运行；（3）对税收、价格、预算等经济手段做出规定，维护公共权益运行，实现政府对经济的宏观调控；（4）限制和约束政府行为，以免政府滥用经济权力造成过度干预，防止政府失效。可以看出，法律规范通过对有关经济主体的正向激励或反向约束，使各类主体的行为有利于经济发展，增加总体的利益，增进全社会的福利，实现利民众、利社会、利国家。实际上，法律规范还可用来调整政府调控、社会互助等过程中的社会关系，保障其他共益机制的有效运行。应当说，法律规范是共益机制非常重要的类型。

通过立法来使民众共同受益的例子有很多，社会保障立法就是其中之

① 厉以宁：《超越市场与超越政府：论道德力量在经济中的作用》，经济科学出版社1999年版，第4页。

一。大家知道，社会保障是指国家和社会通过国民收入分配和再分配对社会成员特别是生活有特殊困难的人们的基本生活权利给予保障的制度，其本质是维护社会公平、促进社会稳定发展。然而，纵观历史，各国建立现代社会保障制度首先都要立法。以美国为例，随着19世纪末20世纪初该国工业革命的完成，生产关系领域的问题逐渐显露，垄断行为滋生，中小企业大量倒闭，失业率急剧上升，收入分配严重失衡。在这种背景下，1929年严重的经济危机爆发。为走出经济萧条，也为帮助贫困家庭渡过难关，罗斯福政府推出“新政”，推行新的经济政策，其中一项举措就是1935年颁布《社会保障法》，提出“社会保障”的概念，政府加强了对社保制度的干预。由此，社会保障制度建立了起来，经济运行稳定性随之增强，这也是此后相当长时间美国未再发生如此严重或类似经济危机的重要原因。

知识产权立法也是使社会受益的很好例证。众所周知，知识产权是一项事关知识归属、行使、管理和保护等活动重要的私权。明确知识产权归属，保护和利用好知识产权，并使知识产权拥有者获得适当利益，有利于调动人们探索新知识、创造新技术等的积极性，从而增进社会总体福利。否则，一定程度上就会挫伤知识产权创造者和开发者的积极性，对整个社会进步不利。因此，应通过法律对知识创造、利用和传播的社会关系进行规范，大家共同遵守相关法律，确认、保护和管理好知识产权，尊重知识，促进创新。当今世界已处于知识经济时代，技术创新成为社会进步与经济发展的主要动力，与之相对应的知识产权越来越成为提升市场核心竞争力的手段，特别是在经济全球化背景下，知识产权已成为国家间竞争的重要内容。为此，各国普遍强化立法，使知识产权制度成为基础性制度和社会政策的重要组成部分，从而更有效地保护和利用知识产权，促进社会整体利益增长①。

（三）政府调控

政府是规模最大、组织程度最高的公共利益提供者，它运用公共权力

① 实际上，基于相同目的，国际上相关法律和条约也建立了很多，包括《与贸易有关的知识产权协定》（TRIPS协定）、《保护工业产权巴黎公约》、《保护文学和艺术作品伯尔尼公约》、《世界版权公约》、《商标国际注册马德里协定》、《专利合作条约》等。

从社会征收征用一部分资源为全社会提供普遍的公益性服务。尽管关于公共产品提供主体的论述，主流观点已从政府作为单一主体走向了以政府为主的多元主体，但不可否认政府在服务公共利益方面占有重要的、主导性的地位。政府可通过调控宏观经济、管理社会等办法使经济社会运转更平稳协调，优化收入分配结构，增进公共利益。

政府调控经济、管理社会的主要手段包括：(1) 财政政策。指政府为实现一定经济目标而采取的各种财政手段和措施，包括税收、公共支出、财政贴息、转移支付、债务融资等具体政策。政府运用财政政策可通过调整收支规模来调节供求平衡，防止经济出现大的波动，也可通过激励和约束性措施，引导企业投资方向，还可通过国民收入再分配缩小收入分配的差距。财政政策是国家整个经济政策的重要组成部分。(2) 货币政策。指政府为达到经济目标通过中央银行采取的手段，具体包括公开市场操作、存款准备金、再贷款与再贴现、利率政策、汇率政策和窗口指导等政策工具。(3) 发展规划。政府制订国民经济发展规划主要是明确经济发展目标和结构调整方向，促进生产要素的合理配置，并通过协调各部门的行动，使各种经济发展目标相衔接，促进经济协调发展。经济发展规划具有指导性、预测性和全局性特点，这与计划体制下计划的指令性、强制性根本不同。(4) 行政手段。它指的是政府通过制定和下达指示、命令、规定等形式直接干预经济生活的种种措施，具有强制性、权威性的特点，政府一般都比较慎重使用。尽管如此，许多市场经济国家都一定程度上保留着政府干预经济的权力。只要运用得当，行政干预会收到“速效”的结果，特别是在经济发展态势出现急剧变化的时候，政府通过行政干预，可以在短时间内集中人力、物力、财力解决重大问题。(5) 政府规制。是指政府根据相应的规则通过设立政府职能部门对微观主体行为实行干预的做法，其目的也是为了实现经济增长和经济发展。政府规制包括授予特许经营权或许可证、控制价格、批准投资决策、执行保险和安全规则等。政府规制在自然垄断领域运用较为广泛，如对电力供应、自来水供应、管道天然气供应、电讯服务、铁道运输、航空运输等进行准入规制，对其产品或服务的价格进行规制，以保护消费者利益。上述五类政策手段，可单独使用，实践中常组合使用，协调配合，共同发挥作用。

政府作为调控经济社会的“有形之手”，作用空间相当大，是许多国家特别是后发国家经济社会发展的主要组织者和推进器。我国经济特区和各地开发区的设立和发展是政府调控很好的例证。改革开放后，为加快经济发展并与世界接轨，我国开始在一些地区设立经济特区。1980 年，深圳、珠海、汕头、厦门等 4 个经济特区由此建立。这些经济特区，从特征上看是我国采取特殊政策和灵活措施吸引外部资金、特别是外国资金进行开发建设的特殊经济区域，从功能上说是我国改革开放和现代化建设的窗口、排头兵和试验场。以深圳为例，在 1980 年成为经济特区之前它是大陆毗邻香港的一个边陲小镇，经过 30 多年的不懈努力，深圳已发展成为一座现代化大城市，综合经济实力跃居全国大中城市前列。深圳的发展是我国改革开放和经济发展的典范，其进取精神和创新实践为全国的改革开放和经济发展提供了有益借鉴和启示。在 4 个经济特区设立之后，1984 年，国家进一步开放了天津、大连等 14 个沿海港口城市；1988 年又增设海南经济特区；1990 年 4 月，更是做出了开放、开发上海浦东的重大决策。这些开放、开发特区的设立，有力地带动了全国经济社会的发展。在开发区建设方面，全国许多地区都取得了明显成效，其中江苏的开发区建设尤为突出。目前，江苏省每个市、县至少有一个国家级或省级开发区，如苏州工业园区、昆山高新技术开发区等，这些开发区都已成为当地经济的增长极。

尽管政府调控有很大作用，但关于政府可能失效的观点也一直存在。公共选择理论认为，由于政府决策无效率、政府机构运转无效率和政府干预无效率，政府活动的结果未必能校正市场失灵，政府活动本身也许就有问题，不仅不能改善经济效率，甚至造成更大的资源浪费，即政府失效。固然，政府失效现象有可能存在，但通过政府自觉的、主动的调整完善，可以减少或减轻不良影响程度。总体看，通过强化法治政府建设，加强对政府监管，避免政府规模过度膨胀，改进公共部门服务，提高政府服务效能，避免资源浪费和滥用，有利于改善整体资源配置。

（四）社会互助

社会互助是指社会上那些出于道德、良知、爱心、同情等动机对他人给予帮助的行为，其共益力量以文化的精神凝结于人们的心中，随时随地可体现其作用，而且作用不凡。尽管在经济学中，人都被假设成“经济人”，完全理性且自私，凡事都出于利益并要判断价值大小，但现实中不仅在家庭内因血缘关系而存在“利他”行为，即使在社会上也有很多不图回报的“利他”善举。这种社会互助行为属“利他主义”，其思想和行动社会上早就有存在。中国古代思想家孟子提出“老吾老以及人之老，幼吾幼以及人之幼”，孔子将大同之世理解为“人不独亲其亲、不独子其子，使老有所终、壮有所用、幼有所长、鳏寡孤独废疾者皆有所养”，这些都强调了在没有血缘关系的前提上人与人之间的互帮互助。

社会互助行为非常广泛，既有个人的也有团体的，既有居民的也有企业的。人与人之间的相互帮扶、相互关心这种互助行为很常见，无需赘述。民间组织、企业在社会互助方面发挥的作用也日益重要。民间组织，又被称为“志愿组织”、“非营利组织”、“社区组织”等，是介于政府公共部门与企业私人部门之间提供公共服务的部门（也称之为“第三部门”）。虽然各国对“第三部门”的称谓有所不同，但一般说来都承担和组织参与社会中大量的济贫救困帮扶活动，是慈善事业的主要力量，其行为具有非营利性、非政府性、自愿性、自治性的特点，既不遵循市场的竞争性、自利性原则，也不像政府那样凭借公权力强制推行。第三部门兴起的一个重要原因是政府在提供公共产品上的失效，如政府公共产品供给存在低效率、低质量、高成本等现象，而各种非营利组织在提供部分公共产品方面却具有优势，可以部分替代政府的作用①。在我国，社会组织或团体，在承担诸如帮扶困难和弱势群体等慈善和公益活动方面的作用越来越突出，机构也不断增多，如红十字会、慈善基金会等，对此政府在税收等方面也有优惠政策。

企业也是实施共益行为的重要主体。其主要表现包括以下几方面。首先，企业要承担社会责任。随着经济社会的发展，许多国家都要求企业超越把利润作为唯一目标的传统理念，强调要在生产过程中关注人的价值，要突出对消费者、对环境、对社会的贡献。企业社会责任运动自20世纪80年代开始在欧美发达国家逐渐兴起，包括环保、劳工和人权等方面的内容，逐渐向世界许多国家扩散。我国对企业的社会责任也越来越重视。

① 黄恒学主编:《公共经济学》，北京大学出版社2002年版，第45页。

2010 年，我国发布社会责任报告的本土企业超过 600 家[①]，许多企业都突出自己在社会公益、公益传播和环境保护方面的贡献。其次，不少企业从事慈善行为。企业向慈善组织捐赠现象相当普遍。有的企业或者主要股东设立专门的慈善基金会，以此专门从事慈善等公益活动。如微软公司的比尔·盖茨就设立了比尔及梅琳达—盖茨基金会，2010 年该基金会净资产达 327.75 亿美元[②]；宝钢集团 2005 年获民政部批准设立了宝钢教育基金会，以奖励优秀人才、励行尊师重教、推动产学合作、支持教育发展，目前基金规模达 1 亿元[③]。

上述社会互助行为多指物质方面的资助帮扶，实际上社会互助还包含精神方面的内容，如生活、工作中的关心帮助等。精神安抚调节很重要，精神状态内化于工作、生活、信念等内容之中，愉悦的心情不仅是幸福的重要内容，也是追求物质宽裕的有利条件。精神安抚的重要性在老人的赡养问题上得到了很好体现。我国《婚姻法》规定，子女对父母有赡养扶助的义务。但赡养问题绝不仅仅局限于赡养费的给付，老年人更需要得到的是精神上的慰藉。正如孔子所说："今之孝者，是谓能养，至于犬马，皆能有养，不敬，何以别乎?"这是指赡养老人，重在用"心"去养，用"爱"去养，而不仅仅用"物质"去堆砌。精神抚慰重要性的另一个典型例子是 2010 年智利矿难的完美救援。2010 年 8 月 5 日，智利圣何塞铜矿发生塌方事故，33 名矿工被困在 32 摄氏度的高温、700 米的深井下[④]。在被成功解救之前，这些矿工就是通过互相鼓励、与家人通信等办法[⑤]，坚定了生存信心，使他们在被困矿井下 69 天后被营救生还。否则，很难想象矿工们能支撑这么长时间。

综上所述，共益机制是蕴涵在文化引领、法律规范、政府调控、社会

---

① http://www.fortunechina.com/coverstory/c/2011－03/11/content_51057.htm。

② http://www.gatesfoundation.org/about/Documents/2010－foundation－financial－statements.pdf。

③ 宝钢教育基金会官方网站（http://www.bsef.baosteel.com/index.aspx）。

④ 《完美的智利矿难救援》，《中国经济周刊》，http://finance.sina.com.cn/roll/20101019/00178799204.shtml。

⑤ 在与世隔绝、等待救援 17 天后，救援探井打通，被困矿井下的矿工可以通过一条直径 8.8 厘米的管道与地面上进行联系，包括输送食物、传递信件等。

互助之中的经济社会运行方式。如同市场机制一样，共益机制渗透到社会的方方面面，不仅各级政府是行为主体，企业、社会组织甚至个人都是可参与者、可作为者。同时，各类共益力量是一个有机体系：文化引领是导向，帮助人们树立正确的行为目标；法律规范是基础，为政府调控、社会互助等行为提供保证；政府、社会组织等是相关法律的实施主体；政府可依法对社会组织进行管理；社会组织一定程度上是对政府的补充，也可能与政府形成竞争。

第三节　市场机制与共益机制的双轮驱动

从前两节的论述看，市场机制与共益机制是两种不同的力量，两种力量都会对经济发展和收入分配产生作用，但其原理、目标等都有差别。尽管理论和实践都已证明，市场机制是迄今为止资源配置最有效的机制，但在经济社会发展到一定程度之后，特别是我国要由小康社会向基本现代化跨越的阶段，要实现全民宽裕（即每个人只要努力都能过上基本需求得到体面的生活），仅靠市场机制无法实现，还要依靠共益机制的作用。实现全民宽裕，需要准确把握市场机制和共益机制的内涵及差异，在此基础上使两者有机耦合，形成双轮驱动效应，推动经济社会平稳协调发展。

一、市场机制与共益机制的区别

市场机制与共益机制是经济社会运行中两种重要机制，但两种机制有不小区别，主要体现在行为动机、作用原理、目标导向等方面。

（一）行为动机

市场机制的理论出发点是个人理性和利己主义。以亚当·斯密为代表的古典经济学认为，市场经济活动的内在动力是个人利己欲望的冲动，"经济人"的理性体现为"以最小的代价追求最大的利益"。不过，"经济人"为自身利益而生产他人所需物品的同时，不知不觉中增进了社会福利。与市场机制从利己的角度诠释人与人之间的关系不同（见表2－1），共益机制的理论出发点是社会理性和利众主义。“社会理性”与“个人理性”不同，它追求的“效益”不只局限于经济领域，而是覆盖政治、社会、文化、情感等诸多方面内容，其价值取向中包含了利他主义、道德原则、社会公平等因素。此外，与“个体理性”选择不同的是，“社会理性”不仅尊重个体的理性选择，并且更多关注集体即众多个人的理性选择。

表2－1 市场机制与共益机制行为动机比较

类别	理念、动机	驱动模式	表现形式
市场机制	利己主义，个人理性	盈利驱动	看不见的手
共益机制	利众主义，社会理性	普惠驱动	看得见的手

（二）作用原理

市场机制与共益机制在作用原理方面的差别主要体现在分配机制以及经济发展动力机制上。首先，市场机制与共益机制都内含各自的分配机制，但两种分配机制所遵循的原则不同，对相关经济主体的激励约束也不一样。市场机制中的收入分配是初次分配，是各生产要素在参与生产经营活动过程中对新增价值或收入的分配。而且，这种收入分配建立在等价交换基础之上，体现的是效率原则，即它遵循按要素分配原则，要素贡献越大，其分配获得的收入越多。高效率的生产要素由于产出多，能交换到的产品或服务也就多，因此在生产经营过程中发挥作用更大，价值更高，获得的报酬应当更多。与此不同，在共益机制中，除了通过一定的财税政策激励或法制规定约束影响初次分配外，收入分配主要是初次分配之后的二次分配甚至三次分配，是对已生产出产品的再分配，是对原有收入结构的调整。共益机制从社会横向公平以及代际公平角度出发，将收入向劳动能力较弱者、向产生正溢出效应的行为（如环境保护、清洁能源开发等）单向转移，以保护弱者或鼓励良知善行。

在推动经济发展方面，市场机制与共益机制也有明显差别。市场机制通过私利引导，也就是“看不见的手”的作用，将各生产要素有效配置到生产经营当中。同时，各市场主体为获取更多利益，会努力积累并提供更多的生产要素，使生产规模不断扩大；还会积极参与竞争，以科技创新、获取规模效应等措施降低成本或改进产品，使经济效率得到提高。而共益机制对于经济发展的推动可以从宏观角度进行考察，主要表现在两个方面。一是有利于扩大消费需求。理论和实践都表明，不同收入群体的边际消费倾向不一样，低收入人群往往有较高的边际消费倾向，但由于收入能力有限而形不成有效的消费需求。因此，通过共益机制增加低收入人群的收入，可更高程度增加社会总需求。二是有利于增加公共产品供给。污染防治和环境保护、再生能源等造福人类的重大科研创新公共产品，由于投入大且具有明显的溢出效应，往往供给不足。充分运用共益机制，有利于缓解这些公共产品的供给不足问题，从而增强经济可持续发展能力。

（三）目标导向

市场机制和共益机制的动机不同，决定了其在实现全民宽裕过程中的目标导向并不一样：市场机制着眼于提高经济效率，共益机制更注重推进社会公平。市场机制在组织生产要素、激发经济个体活力方面具有不可比拟的灵活性和效率性，经济增长和报酬增长首先要依靠市场机制的调节。而共益机制则不以追求单一的经济效益最大化为目标，而是通过一定手段包括单方面无偿付出和转移支付，以改善民生和社会福利，特别是扶助低收入群体提高收入水平，防止社会资源和财富的过度集中，实现社会公平。有观点认为，市场机制同样讲究公平。但应当说，市场机制中的公平是规则公平，它指的是每个人都有同等发展的机会，在一个经济单位（如企业等）每个要素提供者只要贡献相同，其获得的收入就要相当，即公平分配。实际上，社会公平不仅指规则公平，还包括起点公平和结果相对公平，而市场机制无法保证起点公平和结果相对公平。起点公平和结果相对公平则需要共益机制来推动。另外，在共益机制的作用下，大家互帮互助，都是经济社会发展的受益者，因此会更关心他人、更热爱社会。

二、市场机制与共益机制的耦合

尽管市场机制和共益机制对推动经济社会发展、实现全民宽裕都有一定作用，但两项机制有明显差别，彼此都有局限性，市场机制可能失灵并会导致分配失衡，共益机制难以作为主导力量且政府也可能失灵。因此，仅靠市场机制或者仅靠共益机制都不足以实现全民宽裕，全民宽裕的实现有赖于市场机制与共益机制的耦合。

实际上，市场机制与共益机制是对立统一的。一方面，两种机制有很大差异，是对立的。但另一方面，两者有密切联系，从一定角度看是统一的。首先，两大机制有一致性。市场机制和共益机制从某种意义上说都是为发展。市场机制体现效率，运用市场机制主要是利用它能高效配置资源的特点，目的在于推动整体经济发展；共益机制注重公平，运用共益机制重点在于保障每个人的基本需求，同时也有利于经济发展。市场机制和共益机制都鼓励科技创新。在市场机制中，企业都希望通过科技创新等手段来提高竞争能力；而共益机制则是从全社会角度出发，通过运用财税政策等手段，来鼓励研发和科技创新。其次，两大机制相互补充。市场机制在资源配置中起基础性作用，但由于垄断、信息不对称、外部性等因素，市场会失灵，分配也会失衡。在市场失灵的领域，其相关活动就需要政府或社会组织来承担，分配失衡的状况则需要政府或社会组织来调节。再次，两大机制互相促进。市场经济的高效、有序运转离不开法律规范、政府管理的有力保障。市场经济是法治经济，市场经济必须建立在健全的法制基础之上，市场规则需要以法律等形式确定，市场秩序需要政府维护。另外，道德对市场机制也有润滑和净化作用，在一个讲究诚信、遵守商业道德的经济环境中，交易成本相对较低，交易活动容易实现。同时，市场机制对共益机制也有促进作用。在许多市场经济国家，公共部门在提供公共产品和服务的过程中时常会引入市场机制，以此提高效率，降低成本，改进公共管理。

从福利经济学角度看，市场机制与共益机制也是关联的，两者都是福利形成机制，都有利于增进社会总福利。实现全民宽裕就是要使每位居民只要愿意并努力，其福利水平就能达到一定宽裕水平。按照福利多元主义的观点，居民福利不仅仅来自政府，还来自于市场、民间组织、家庭等。在家庭以外，市场、政府、民间组织构成了福利三角来源①，三方与居民

① 彭华民：《福利三角：一个社会政策分析的范式》，《社会学研究》2006 年第 4 期。该文认为，福利三角的概念是伊瓦思（Evers）借鉴罗斯（Rose）的福利多元组合理论后提出的，后来又有不少专家学者就此进行了相关论述。笔者在此借用这个概念，并进行了一些改动。

都有联系，且三方会形成互动（详见图2－3）。市场是福利的初始创造者，它体现了自主和效率，居民通过提供生产要素并按要素贡献从市场获取福利。政府作为公共组织，运用公权力建立社会福利制度，集中部分社会财富，主要是为所有民众提供公共服务，并向缺乏或丧失劳动能力者提供福利，它体现的是公平和保障。民间组织作为志愿者是非正规福利的核心，向有关个体或群体提供帮扶，体现的是友爱和互助。在上述福利来源中，市场是各项福利的基础，社会总福利不可能脱离市场而无限扩大，政府以及民间组织是福利的重要提供和促进力量，他们借助共益机制帮助居民降低对市场提供福利的依赖。各方提供的福利份额是相互影响的，彼此间存在互补和一定的促进关系。妥善处理福利三角关系，能够做到在保障每个居民基本福利的前提下使社会总福利最大化。

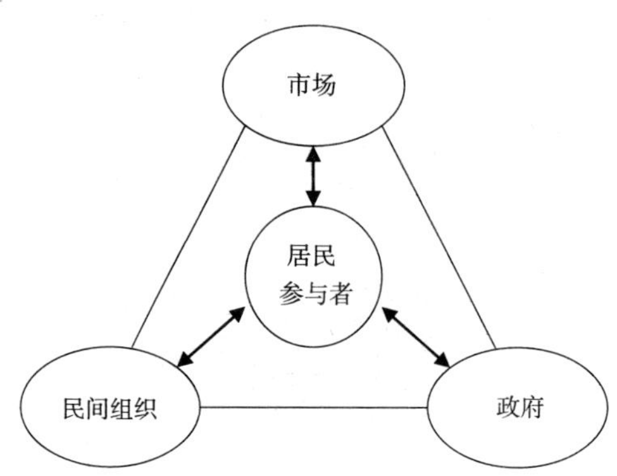

图2－3　福利三角与居民的关系

那么，如何实现市场机制与共益机制的耦合，来共同推动全民宽裕呢？最重要的是充分发挥市场机制与共益机制各自的作用，并实现两者的有机结合。在不同发展阶段，两种机制在经济社会发展中所起的作用不一样。当一国经济处于起飞阶段时，社会生产力比较落后，社会物质财富相对不足，需要充分激发市场经济及其经济个体的生产积极性，应强调市场机制在资源配置和收入分配方面的主导作用。共益机制在此阶段由于社会财富总量规模的调节效果不显著，只能作为补充。当一国的物质财富积累到一定程度，经济进入稳定发展阶段后，市场经济的基本秩序已经形成，社会财富总量已达到具备进行大规模二次分配的存量水平，此时共益机制可以也应当成为调节收入分配差距、维护社会稳定的主导力量。实际上，正如前面所说，市场机制与共益机制是相互补充、互相促进的关系，共存共生，既对立又统一。

全民宽裕的实现离不开发展，因此应保证市场机制在资源配置中的基础性作用。实现全民宽裕是社会发展在全面小康基础上向基本现代化的迈进，由于经济发展已达到一定水平，因此在保证市场机制有效配置资源的基础上，应更突出共益机制的作用。综合而言，在实现全民宽裕的过程中，以及未来经济社会的长远有序良好发展过程中，市场机制和共益机制二者缺一不可，不能偏废，应将市场机制和共益机制作为推动经济社会发展的两个轮子，实现“双轮驱动”。中国特色社会主义市场经济中的社会主义尤其要依靠共益机制去促进，整个国民经济的健康协调发展要注重发挥好市场机制与共益机制的协调作用，从而使中国全体民众真正实现宽裕生活。

三、全民宽裕的实现机制与“黄金分配规律”

市场机制与共益机制的耦合状况可以通过有关分配关系的调整进行调节。分配关系是有关各方利益决定的机制，是经济运行的核心问题。分配关系处理得好坏，直接影响经济运行效率，直接体现社会是否公平。在经济运行中，一些重大的分配关系，如政府与企业、政府与个人、中央与地方的分配关系等，对于调动有关各方的积极性，进而对国民经济的运行和发展都起着十分关键的作用。如何科学合理地处理各种分配关系，把握好这些分配关系的“度”，将重要的分配比例保持在合理区间范围内，非常重要。

分配问题的核心不在于成果出来之后如何分配，而在于利益主体间的分配关系事先如何确定，从而如何引导相关主体的行为。那么，政府与企业、政府与个人、中央与地方间等分配关系合理的“度”应如何把握呢？长期观察表明，在许多国家政府与企业、政府与个人、中央与地方等分配比例关系中，总体变化都趋向“黄金分割率”附近。经研究，以“黄金分割法”作为处理众多社会分配关系的“度”来把握，有其内在的合理性与科学性，这个“度”可称为“黄金分配规律”。[①]

黄金分割率是古希腊数学家欧多克索斯（Eudoxus）于公元前4世纪第一个系统研究建立起的比例关系理论[②]。黄金分割又称黄金比，是一种数学上的比例关系，应用时一般取0.618[③]。也就是将一线段长设为100，按“黄金分割法”分成61.8长与38.2长两部分，其中61.8部分占整条线段的比，等于另一部分即38.2占61.8部分的比，比值均为0.618。黄金分割具有许多有趣的性质，呈现出严格的比例性、艺术性、和谐性，蕴藏着丰富的美学价值，人类对它的实际应用非常广泛。黄金分割不仅在数学中扮演着神奇的角色，在美学、艺术、音乐、建筑、生物、自然等领域也都可以找到它的踪迹。1953年，美国数学家基弗运用黄金分割法提出了优选学，这是非常著名的例子。20世纪70年代，我国著名数学家华罗庚将黄金分割法应用于科学实验中，借此可以减少实验次数，快速找到合理的配方和合适的工艺条件。

黄金分割率之歌

歌唱你神奇的比率，
0.618与0.382之比；
你的发现古老伟大，
你的亮点多方昭示。
科学优选彰显妙用，
艺术唯美诠释真谛；
公平分配合理支撑，
生活康愉规律所依；
自力借力加强增力，
实践理论追随踪迹。
啊！你虽神奇而不神秘，
遵循金率更多和谐而立！

黄金分割比例不仅是自然界中，而且是社会经济活动中众多比例关系都可以共同遵守的黄金分配法则。自然界中的美妙法则内含于社会分配关系的合理诉求之中。在社会分配领域，“黄金分割率”即61.8%与38.2%的运用，具有较强的合理性与科学性，确实呈现规律性现象。第一，体现合理差异。黄金分割形成的是不相等的两部分，两部分有大有小。这种大小差异往往是活力的体现，它能产生结构的力量，推动事物向前发展。第

① 参见江建平：《试论社会分配关系中的“分配金率”》，《财政研究》2009年第9期。

② 公元前6世纪，古希腊的毕达哥拉斯学派研究过正五边形和正十边形的作图，现代数学家们推断当时毕达哥拉斯学派已经触及甚至掌握了黄金分割。公元前300年前后，欧几里得撰写《几何原本》时吸收了欧多克索斯的研究成果，进一步系统论述了黄金分割，成为最早的有关黄金分割的论著。

③ 黄金分割率的比值是 $(\sqrt{5}-1)/2 \approx 0.6180339887\cdots$ 根据定义，黄金分割率等于自身倒数减1，即：$(\sqrt{5}-1)/2$ 的倒数为 $2/(\sqrt{5}-1)$，而 $2/(\sqrt{5}-1)-1=(\sqrt{5}-1)/2$。

二，区别轻重主次。黄金分割形成的两部分有主有次，犹如矛盾的主要方面和次要方面，主要方面起主导作用，次要方面起辅助作用，并对主要方面形成一定约束。毛泽东在《矛盾论》中精辟论述道："在复杂事物的发展过程中，有许多的矛盾存在，其中必有一种主要的矛盾，由于它的存在和发展，规定或影响其他矛盾的存在和发展"。并指出"矛盾着的两方面，必有一方面是主要的，他方面是次要的。其主要的方面，即所谓矛盾起主导作用的方面。事物的性质，主要地是由取得支配地位的矛盾的主要方面规定的"。在分配关系中也存在矛盾，矛盾双方也有主要方面与次要方面之分，主要方面对整体利益起主导性作用，次要方面对整体利益起着从属或辅助性作用。第三，趋向关系协调。黄金分割形成的两部分相差并不太大，两者都非极端，大者占整体的大部分，小者也达大者的大部分，小者并非很小，其协调的"度"非常微妙。

上述这些特性对于处理有主次之分的重大分配关系问题，如政府与企业的分配关系以至企业集团内部总部与分公司的关系等，是非常重要的。起主导性作用的一方，所得利益份额应占大头，起从属性作用的一方所得利益份额应占小头，但也不能太小，这才符合利益各方本来应有的作用和地位，这是处理好有主次之分的分配关系需要把握的大原则。违背了这一原则，就是不合理、不科学的，就会造成不和谐。这条大原则的基本精神就是"作用大、得益大"，只有这样才能有益于解决好分配机制所要解决的第一大问题——效率问题。同时，分配关系双方是整体利益中互为依存的统一体，虽说次要方居于从属被动地位，但它是整体利益不可缺少的一部分，它与矛盾的主导方从利益关系上来说既是对立的也是统一的。因此，在保证主导方利益的同时必须统筹兼顾好从属方利益。兼顾好从属方利益，乃是保证效率要求的前提下体现公平的必然要求。

那么，利益主导方应占多大份额才能与其作用和地位相匹配呢？尽管具体情况不尽相同，但在有明显主次作用之分的情况下，利益双方博弈的结果，往往会趋于一个合理比例——"黄金分割比"。因为，如果平均分配利益，即按1∶1的关系处理，就明显不能体现主导方的作用和地位，会影响劳动效率；如果利益差距较大，双方如按三七开的关系处理，从属方所得份额就会显得过小，会影响其应有利益，反过来也会制约主导方作用的发挥；如果按四六开的关系处理，利益双方所得份额开始趋向合理；如果在此基础上再对双方所占份额作些适当微调，以致与“黄金分割”的比例一致，就会比较理想，双方感觉都会更好。这就说，利益分配关系达到这一规律性的程度，各方心理上都可接受，双方关系趋于协调。黄金分配规律如此神奇之处真是妙不可言。

从国内外诸多实践看，不少国家处理有关分配关系确实与“黄金分配规律”相符。如美英两国的个人所得税税率的演变。美国个人劳动所得税开始于1860年南北战争期间，最初的税率为1%—7%，到1979年最高税率达到70%，后来经过多次减税，到2006年最高税率调整为35%。而英国个人所得税的最高边际税率从1988年至今就一直稳定在40%。不论是35%还是40%，从总体上观察其实都接近于黄金分割率38.2%。据有关统计资料，近年来OECD（经合组织）国家中有许多其税收收入占GDP的比重在30%—40%之间（详见表2－2），1990年平均水平为33.8%、2000年为36.1%、2006年为35.9%。若加上非税收入，政府总收入占GDP的比重又有提高。德国、澳大利亚、加拿大、西班牙、英国、美国等国2006年财政收入占GDP比重平均为39.5%（详见表2－3），与“黄金分割率”38.2%相差不大，也就是说居民及企业收入所占份额接近61.8%。

表2－2　1990—2006年OECD国家税收收入占GDP比重

国家	1990年	2000年	2006年	国家	1990年	2000年	2006年
加拿大	35.9%	35.6%	33.3%	冰岛	30.9%	37.2%	41.5%
墨西哥	17.3%	18.5%	20.6%	爱尔兰	33.1%	31.7%	31.9%
美国	27.3%	29.9%	28.0%	意大利	37.8%	42.3%	42.1%
澳大利亚	28.5%	31.1%	30.6%	卢森堡	35.7%	39.1%	35.9%
日本	29.1%	27.0%	27.9%	荷兰	42.9%	39.7%	39.3%
韩国	18.9%	23.6%	26.8%	挪威	41.0%	42.6%	43.9%
新西兰	37.4%	33.6%	36.7%	波兰	—	31.6%	33.5%
奥地利	39.6%	42.6%	41.7%	葡萄牙	27.7%	34.1%	35.7%
比利时	42.0%	44.9%	44.5%	斯洛伐克	—	33.8%	29.8%

续表

国家	1990 年	2000 年	2006 年	国家	1990 年	2000 年	2006 年
捷克	—	35.3%	36.9%	西班牙	32.5%	34.2%	36.6%
丹麦	46.5%	49.4%	49.1%	瑞典	52.2%	51.8%	49.1%
芬兰	43.5%	47.2%	43.5%	瑞士	25.8%	30.0%	29.6%
法国	42.0%	44.4%	44.2%	土耳其	14.9%	24.2%	24.5%
德国	34.8%	37.2%	35.6%	英国	36.1%	37.1%	37.1%
希腊	26.2%	34.1%	31.3%	OECD 国家平均	33.8%	36.1%	35.9%
匈牙利	—	38.0%	37.1%				

资料来源：http://www.oecd.org/dataoecd/48/27/41498733.pdf。

表 2－3　部分国家 2006 年财政收入占 GDP 比重①

国家	财政收入	GDP	财政收入占 GDP 比重
德国	10176	23222	43.8%
澳大利亚	3637	10031	36.3%
加拿大	5997	14463	41.5%
俄罗斯	108607	267811	40.6%
西班牙	3963	9810	40.4%
南非	6435	17275	37.3%
英国	5459	13019	41.9%
美国	44853	131947	34.0%

注：表中“财政收入”和“GDP”以各国本币计量，单位是“亿本国货币”。

资料来源：各国 GDP 数据取自国家统计局网站的“国际统计数据 2007”，http://www.stats.gov.cn/tjsj/qtsj/gjsj/2007/t20080626_402488355.htm；其他数据根据财政部科学研究所等所发表的《中国财政体制研究》有关资料计算得到，参见《经济研究参考》2011 年第 9 期。

另据国际货币基金组织（IMF）的有关资料，各国中央或联邦政府财政收入占该国政府财政收入总额的比重有高有低（详见表 2－4），平均为

① 由于数据来源不同，表 2.2 中税收收入占 GDP 比重与表 2.3 中财政收入占 GDP 比重的相关数据可能不完全一样。

70.3%，其中国土面积较大、政府层级较多的国家，该比重相对较低，2006年美国是56.6%、俄罗斯是72.8%、加拿大是47.1%、澳大利亚是74.2%，四国平均为62.7%，也在“黄金分割点”附近。

表2-4　部分国家2006年中央财政收入占全部财政收入比重

国家	中央政府收入	政府收入总额	中央政府收入占比重
德国	6759	10176	66.4%
澳大利亚	2698	3637	74.2%
加拿大	2824	5997	47.1%
俄罗斯	79052	108607	72.8%
西班牙	2700	3963	68.1%
南非	5506	6435	85.6%
英国	5003	5459	91.6%
美国	25384	44853	56.6%

注：表中“中央政府收入”和“政府收入总额”以各国本币计量，单位是“亿本国货币”。

资料来源：转引自财政部科学研究所等：《中国财政体制研究》，《经济研究参考》2011年第9期。即根据IMF，*Government Finance Statistics Yearbook 2007* 和《国际统计年鉴（2008）》计算得到。

需要说明的是，不能机械地理解和运用“黄金分割率”。数学上的“黄金比”是一个定数，而实践中分配关系的处理会受到诸多因素的影响。因此，在确定分配比例时，不能简单只认61.8%或38.2%，而是要根据实际情况合理选择适当数值。

从上述分析可以看出，许多分配关系的合理比例都与“黄金分配规律”有一定关系。而要形成合理的分配关系，促进全民宽裕，必须妥善发挥市场机制和共益机制的作用，使二者有效耦合，形成双轮驱动效应，兼顾效率与公平。实践已充分证明，国民经济运行过程中用市场机制来配置资源，能够适应经济活动本来的需要，能够充分体现活力，能够不断提高效率。但市场机制也有负面的影响，需要用与市场机制互补的共益机制来配置一部分社会资源，以克服市场机制本身不可避免的缺陷。市场机制涉及生产力发展的基础，应在资源配置中发挥主导作用，而共益机制利于维护先进生产力和扩大民众受益面，应在资源配置中发挥不可或缺的调节作用。两者之间的耦合比例在有关具体分配关系的处理中基本可遵循“黄金分割率”的要求。

实际上用黄金分割比例处理分配关系，在很多场合下是十分恰当的，它能够合理统筹兼顾矛盾对立同一体双方应有的利益。中国自古有“物生有二”的传统哲学命题。“物生有二”是事物最基本的存在形式，说明事物具有两个方面。但两方面的地位、作用不是全然并列的，而是一种主从关系，也就是引导事物发展、变化的主导方面和从属方面，两者犹如阴阳之合，公私之补，互为裨益。两者达到黄金分割比例的关系，会使人们普遍有认同感和平衡感，进而产生和谐感。解决好分配问题，关键在于双方的利益矛盾该如何合理处置。若按其内在的科学比例关系，就能够发挥好分配机制的有效作用。过去人们通常用粗略的方法确立两者分配关系，一方面是由于没有充分认识其内在的合理比例关系，另一方面也由于过去的计算手段尚不适于精细化。将来随着人们的认识水平越来越高，社会各方面管理越来越趋于精细化要求，借助现代计算手段，有的分配关系可精确处理到真正的“黄金分割比率”，即0.618比0.382。

第三章　全民宽裕的资源与人口可循环机制

前面章节论述了通过发挥市场机制和共益机制的相互耦合作用，促进经济增长和财富的合理分配，从而实现全民宽裕。全民宽裕既体现在物质消费上的基本富足有余，同时也体现在精神愉悦的幸福生活，因而必将消费大量的物质资源，作为提供物质和精神消费品的基础。与小康社会相比，全民宽裕更加体现为全体国民生活水平的提高，即要求每位社会成员都不低于一个基本宽裕的生活水准，因此人口因素将是影响全民宽裕的一项重要因素，无节制、过快的人口增长会极大地增加实现全民宽裕社会的难度。而且，由于资源的稀缺性、地球承载力的有限性，甚至会影响达到宽裕社会目标的可能性。因此，本章从资源和人口对全民宽裕的影响出发，首先通过全面认识人类赖以生产和生活的资源局限性，提出合理使用自然资源，促进人类社会可持续发展；其次，通过分析和研究人类社会婚姻进化史、中国历史上的人口总量衍变以及新中国成立以来的人口发展情况，提出人口可持续发展的生育机制，并给出了相关数学模型的证明。

第一节　资源有限的全面认识

改革开放以来，我国经济实现了举世瞩目的发展。然而，成就的取得是建立在大量资源投入消耗和环境损伤基础上的。随着经济总量的不断扩大，经济社会发展同人口、资源、环境的矛盾日益显现出来。资源瓶颈的实质是供给满足不了需求，出现供给缺口，其原因除了我国资源存量方面人均拥有量多数品种低于世界平均水平、资源分布不均衡、资源品位低、开发难度大等客观因素外，还有我国经济增长中存在开发利用量大、资源利用率不高、缺乏资源保护等方面的因素。减轻资源环境瓶颈压力，需要转变经济增长方式和经济发展模式，利用好国内国际两种资源。人类只有一个地球，地球上的资源是有限的，因而正确认识地球上资源的有限性，对于人类转变经济发展方式，提高资源利用效率，促进人类社会可持续发展，具有十分重要的意义。

一、不可再生资源有限

人类社会的发展离不开经济活动。经济发展需要社会资本和自然资本的支持。社会资本包括生产性资本、人力资本和知识资本。自然资本是指自然资源和自然环境，包括土地、大气、水、森林、草地、各种矿物资源、各种生物资源等有生命和无生命的物质和环境。自然资源和环境在经济发展中的作用是基础性的，任何一个国家和地区的经济发展都离不开资源和环境的支持。自然资源按照传统的分类方法分为不可再生资源（可耗竭资源）和可再生资源（不可耗竭资源）。

先来探讨不可再生资源的有限性。不可再生资源由于其不可再生性，即消耗多少就损失多少，因此不可再生资源的稀缺程度（有限性）直接由资源的消耗量与资源的拥有量计算而得。不可再生资源又可以分为可回收和不可回收两类。

1. 不可回收的不可再生资源（主要指煤炭、石油、天然气等化石能源和矿产资源）

截至2008年底，中国的石油探明储量为148亿桶，占世界石油探明储量的1.11%，人均石油探明储量仅11桶，是世界平均水平的5.61%；天然气探明储量为2.46万亿立方米，占世界天然气探明储量的1.31%，人均天然气探明储量仅为0.18万立方米，占世界平均水平的6.61%；煤炭探明储量1145亿吨，占世界煤炭探明储量的13.86%，人均煤炭探明储量为84.61吨，约为世界平均水平的70%。中国的石油、天然气、煤炭相对于世界平均水平都是不足的[①]。再从资源可开采年限来分析（具体数据见表4－1），全球石油、天然气和煤炭的已探明储量也是有限的，按照目前的开采量，也分别只够开采47年、63年和119年；我国能源更加紧张，可开采年限更短，分别只有11年、29年和38年。现在能源已成为人们日常生活中不可缺少的支撑，更何况要实现全民宽裕，社会所需要的能源量巨大，因此能源问题已经成为关系我国能否实现可持续发展的关键性、基础性、战略性问题。我国要高度重视能源安全，从战略角度谋划，大力发展可替代能源。

表3－1　2009年世界及中国能源情况表

能源品种	地区	探明储量	产量	可开采年限
石油（亿吨）	世界	1804.3	38.2	47年
	中国	20.1	1.89	11年
天燃气（万亿立方米）	世界	187.5	2.99	63年
	中国	2.46	0.085	29年
煤炭（亿吨）	世界	8260	69.4	119年
	中国	1145	30.5	38年

资料来源：《BP世界能源统计2010》。

2. 可回收的不可再生资源（主要指金属矿产资源）

我国主要金属矿产资源中，锌和锡储量较高，2007年的储量分别为4250.81万吨和152.25万吨，占世界总储量的23.62%和24.96%。而铝土矿和镍矿占世界总储量的比重较低，2007年的储量分别为7.5亿吨和299.16万吨，仅占世界总储量的3%和4.47%。从人均资源占有量来看，我国锌和锡的人均资源储量要优于世界平均水平，2007年人均储量分别达到31.41千克和1.13千克。而其他基本金属的人均资源占有量都要小于世界平均水平，2007年中国铝土矿人均储量为554.73千克，仅为世界平均

① 梁进社、王红瑞、王天龙：《中国经济社会发展的资源瓶颈与环境约束》，《经济研究参考》2011年第1期。

水平的15.15%。根据2004年至2007年我国基本矿产资源的储量和消费量与国际上相关指数的比较，我国铁、铜、铝土矿、铅、锌、镍和锡都呈现相对稀缺状态。

二、可再生资源有限

可再生资源分为临界性资源和非临界性资源。临界性资源指的是资源使用超过一个临界点，即资源消耗超过其再生能力时，就会由可再生资源转变为不可再生资源，如生物资源、土壤、蓄水层中的水等；非临界性资源指的是按人类的时间尺度来看是无穷无尽，也不会因人类利用而耗竭的资源，包括太阳能、风能、潮汐能、气候资源等。

1. 临界性资源

这里所指的临界性资源主要包括水资源、耕地资源、森林资源和草地资源。

水是人类日常生活和生产活动中不可缺少的资源，用水量的多少也是人类生活水平的重要标志。随着我国经济的迅速发展和人民生活水平的不断提高，对水的需要迅速增长。中国水资源比较丰富，常年实际可再生水资源达28291亿立方米，居世界第五位。但水资源人均占有量少，2007年中国人均实际可再生水资源总量为2125立方米，不及世界人均占有量的1/3，居世界第122位。并且水资源在空间分布上不平衡的特性非常显著，83%的水资源集中在占全国耕地38%的长江流域及其以南地区，而黄河、淮河、海河、辽河等流域，耕地占全国42%，水资源却仅占9%。因而从全国范围来看，水资源紧张的状况也很明显。

中国的耕地资源、森林资源和草地资源与世界其他国家相比，也是稀缺的。2007年中国耕地资源总量为14603万公顷，仅次于美国和印度，居世界第三位，但人均耕地占有量为1.58亩，尚不及世界人均耕地占有量的一半，居第133位。森林面积达20540万公顷，占世界森林资源总量的5.22%，居世界第五位，而人均森林面积仅2.31亩，仅为世界平均水平的1/4，位居世界第140位。永久草甸和牧草地总面积为4亿公顷，占国土面积的40%以上，约占世界草地资源的11.84%，位居世界第一位，但人均草地资源仅为4.49亩，不及世界平均水平的60%，居世界第84位。

2. 非临界性资源

这里所指的非临界性资源主要包括水能、风能、太阳能。

构成水能资源的最基本条件是水流和落差，流量大、落差大所包含的能量就大。我国国土辽阔，河流众多，且大部分位于温带和亚热带季风气候区，降水量和河流径流量丰沛；地形西部多高山，东部则为江河的冲击平原，在高原与平原之间又分布着若干次一级的高原区、盆地区和丘陵区，地势的巨大高差，使大江大河形成极大的落差，如径流丰沛的长江和黄河等落差均有4000多米，这使得中国的水能资源非常丰富，不论是水能资源蕴藏量，还是可开发量，均居世界第一位。根据2000年全国水力资源复查结果，中国理论水能资源蕴藏量共60829亿千瓦时/年，占世界水能资源蕴藏量的14.62%。相对于总量资源的丰富，中国人均水能资源并不富有，2008年中国人均水能技术可开发电量仅为世界平均水平的79.39%。

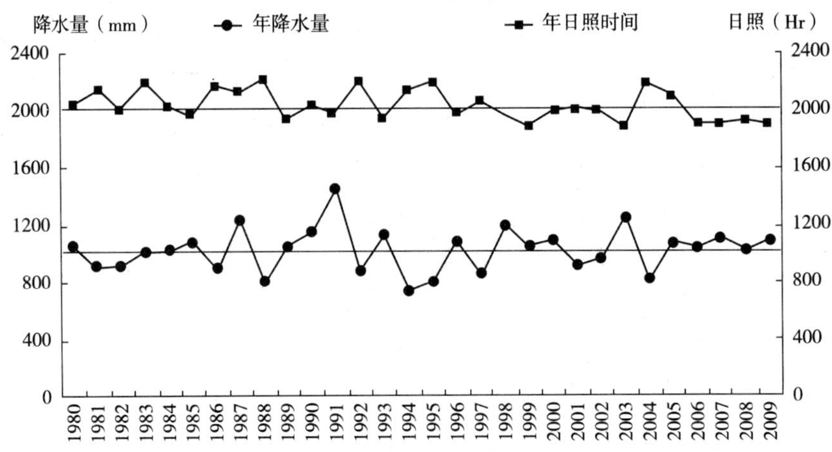

图3-1　1980—2009年江苏省降水量及日照时间情况

可再生资源也是有限的。不可再生的自然资源的数量是有限的，这是自然资源的基本特点之一。可再生资源能不断更新生长，循环再现，为什么说它数量也是有限的呢？除了上面提到的水资源、耕地资源、森林资源和草地资源等临界性资源，如果超出它们的再生产能力，也就是超过临界点，则会转变为不可再生资源。另一方面，这种局限性是指任何自然资源在一定的时间和空间范围内，其数量是有一定量的、也是有限的。例如达到地球大气上界的太阳辐射量为 8.24 焦/平方厘米·分；长江多年平均年径流量为 1 万亿立方米左右等，每年都有一定限度。从江苏日照时间和降雨量来看也是如此，江苏省域平均日照为 2000 小时左右/年，平均降水量为 1000mm 左右/年（见图 3－1）。

三、现有资源的合理使用与新能源的开发

人类的发展离不开资源的支撑。作为经济快速发展的大国，我国能源需求很大。改革开放以来，随着经济快速增长，中国对能源的需求量迅猛增加。据统计，1978 年中国消耗的能源仅 5.7 亿吨标准煤，到 2008 年达 28.5 亿吨标准煤。另据英国石油公司（BP）的《世界能源统计年鉴》资料，2009 年，中国超过美国成为世界最大的能源消费国，中国的能源消费量占全球的 19.4%，超过了美国占全球 19.36% 的水平。有专家预测，到 21 世纪中叶，如中国经济达到中等发达国家水平，人口控制在 15 亿以内，基准情况的能源消费量将达到 78 亿吨标准煤；如按现有的能源结构和开采能力推算，需要 75 亿吨煤炭、11 亿吨石油，煤炭缺口 30 亿吨、石油缺口 9 亿吨，排放的温室气体也大量增加①。

通过以上的分析发现，许多资源在我国是稀缺的，即使是与其他国家相比相对比较丰富的资源，也是有限的，按照目前人类资源使用的强度（这种强度随着各国经济的发展还在逐步提高），这些资源在几十年或者几百年内将消耗殆尽。但是人类社会还要生存下去。人类必须改变、调整当前的生活方式，一方面尽量延长现有资源的使用时间；另一方面，通过科学技术的不断创新，寻求新的解决办法。知识的力量是无穷的，人类的智慧力量是无穷的。相信人类一定能找出资源短缺的解决方法。中国在实现全民宽裕的过程中，不仅要积极引导低碳消费，减少能源消费，迫切需要解决的是要开发和使用替代能源特别是可持续使用的清洁能源，这是人类社会可持续发展的基础。

---

① 戴彦德、朱跃中、白泉：《中国 2050 年低碳发展之路——能源需求暨碳排放情景分析》，《经济研究参考》2010 年第 26 期。

怀着对人类智慧的崇敬心情，我们认为人类在可使用资源枯竭之前，一定会寻找到一种替代办法解决资源短缺问题。这种信心是建立在物理学“物质不灭、能量守恒”的基本定律上的。但是实现技术上的彻底突破，需要时间、人力、资源的长期投入，这将是一个漫长的过程。在这个过程当中，人们能做什么呢？

事实上，可做的事情很多，一方面是提高资源的利用效率，增加可回收的不可再生资源的重复使用率，减少不可回收的不可再生资源的使用比例，延长资源耗尽时间的到来，为技术创新、技术突破赢得时间。另一方面是大力开发可再生能源，按照社会必要成本原理，集中必要的人力、物力、财力投入到可再生能源的开发利用中去。

（一）合理使用资源，提高资源利用效率

我国的资源储备并不充沛，增加进口并不能从根本上解决问题，并且受制于人。要寻找除依赖进口以外的其他策略来保护自然资源，如提高不可再生资源的使用效率。不可再生资源的最优使用分为三个方面：

一是减少生产过程上的资源消耗量。它可分为技术上的和经济上的两种方法。技术上的方法取决于技术创新，减少每单位产出中不可再生资源的消耗。经济上的保护方法主要在于重新配置资源，增加可替代再生资源的使用量，减少不可再生资源使用量。

二是增加可回收的不可再生资源的重复使用率。目前，资源性产品的价格主要以开采资源的成本为基础决定，这个价格并没有反映资源的稀缺性，也就是说资源的定价没有考虑长远可持续性。国家应提高资源的价格。方法可以是提高资源税税额，使得资源价格能反映出资源的稀缺性。资源价格提高后，资源的重复使用才能有利可图，资源价格越高，资源回收使用率越高，虽然产品的成本会上升，但从长久来看有利于国家的可持续发展，价格高了生产者才会想方设法节约使用资源。

国家因提高资源价格而所得的收益主要用于可再生资源。全民宽裕社会要求社会上每一个人都能享受最基本的宽裕生活，对于一些由社会共益机制提供收益的成员组织来说，政府可以调动他们参加相应的劳动，比如说参与到资源回收的活动中，政府从资源税中获得的收益可以支付他们的劳动报酬，对整个社会来说增加劳动的投入，减少了资源的消耗，而劳动投入是可持续性的，因而有利于节约资源。

三是减少不可回收不可再生资源的使用比例。能源等化石矿产的使用是不可回收的，亿万年形成的石油、煤、天然气等资源使用后就消耗掉了。因此，为应对一次性能源的消耗，必须采取可替代的能源方式，提高水能、风能、太阳能等可再生能源的使用比例。

通过上述三种方法，实现不可再生资源最优使用，对石油、矿产等不可再生的资源，开采量应尽量减少到最小，同时也能满足社会经济发展的需要。节约开采对资源的持续使用作用是非常巨大的，在资源使用量定量时，如果资源重复使用率达到50%，原生资源开采量可下降一半，如果资源重复使用率达到90%，资源开采量可下降90%，反过来说，资源开采年限可延长10倍。

不可再生能源使用原则：必须尽量少用，哪怕多用一些劳动力资源，多花费一些成本，来增加可再生能源开发，也要减少不可再生能源使用量。因为现在的不可再生资源成本是不完全的，在核算时只考虑现期成本，未考虑长期成本和稀缺性成本。

中国可持续发展的主要标志：国内粮食和能源基本保持自给，少量品种上可以全球调剂，而且能源方面应尽快大幅度减少煤炭、石油等化石能源的消耗，尽量利用可再生能源。

现代生活中的吃、穿、住、用、行都离不开煤炭和石油资源，不能仅仅将它们作为燃料简单地燃烧掉，多少亿年形成的能源需要尽量延长其对人类的服务效用。作为代际资源，煤炭、石油尽量多留给后人，作为今后化肥与化纤等产品的生产原料，来满足人类社会的长期生存与发展需要。

（二）采取多项政策措施，积极开发利用可再生能源

由于技术、地理位置、经济因素等，一些可再生能源的成本相对于化石能源较高。如在荒漠地带、海滩潮汐带、群山深处利用太阳能、风能等，单靠市场的力量无法大规模采用。国家应支持可再生能源的发展，在技术研究、技术开发等方面给予支持，争取早日取得更大的技术突破，降低可再生能源使用成本。目前，可以通过价格调整来支持可再生能源发展。要从生态建设、可持续发展以及长远社会成本角度重视可再生能源，对可再生能源给予特殊定价保护，而对传统的采用化石能源的行业，可适当征收可再生能源发展基金，作为支持可再生能源发展的资金来源。可再生能源的成本是人类当前应当承担的社会必要成本，可从多方面合理分摊开发利用可再生能源成本：一是在水电和火电中加价筹集资金；二是税收减免；三是土地免费或低价供地；四是现时常规核电过渡；五是增加政府科研经费的投入；六是国家财政预算专门设立可再生能源专项资金，并不断增加；七是成立可再生能源社会募集基金会；八是发行可再生能源彩票（可将我国现在的体育与福利彩票合并，留一支彩票用于开发再生能源）；等等。通过上述方式，增加可再生能源的研发投入，寻求技术突破，降低可再生能源的生产成本，增加可再生能源的竞争性，提高可再生能源使用比例。

面对当今世界的重大课题之一——清洁能源，政府可以也应当大有作为。进入21世纪以来，能源问题更加成为各国关注的焦点。一方面，化石燃料消费需求大幅攀升，能源供给的可持续性问题日益突出。另一方面，传统能源的温室气体排放导致全球气候变化问题日益突出。许多国家为此积极采取措施，努力开发和推广清洁能源。例如，德国政府为推行清洁能源，出台了一系列有关绿色能源、生态能源使用的鼓励政策①。该国对利用再生能源发电方面给予财政补贴政策，允许电网按每度54.53欧分收购，而市场的消费电价却只有15欧分，两者差价39.53欧分通过适当提高销售电价等措施消化，政府保证这一政策20年不变。据德国政府官员分析，这是一个非常好的办法，虽然政府补贴巨大，但效果却十分明显。一是鼓励二次能源的再利用，有利于节约能源和保护环境；二是无需政府支付全部补贴，部分补贴由电力公司支付，因为电力公司烧煤排放的二氧化碳需要治理，企业理应花钱（视同补贴）治这些二氧化碳；三是采用隐性补贴的方式，政府允许电力公司适当提高电价，由老百姓多付一部分电费，实际上是通过老百姓多缴税收的方式，将财政补贴转移给电力企业；四是保证电力企业的长期利益，由于电力设备使用寿命为25年，超过政府规定的折旧年限15年，从长期角度看可以保证投资者有钱可赚。除此之外，德国还

① 江建平、刘小川：《德国辅佐经济和谐发展的公共财政政策及其借鉴》，《江海学刊》2006年第4期。

实施了 10 万户屋顶工程，旨在将太阳能利用率由 2005 年左右的 3% 提高到 20%。为此，国家复兴银行提供无息贷款，地方政府也给予财政扶持。

（三）加大科技投入，通过技术突破解决人类能源问题

在实现中国全民宽裕的进程中，仅仅采用传统的能源消费方式是不现实的，无法支撑人类可持续发展。必须通过加大科技投入，通过全球科技工作者的艰苦努力，取得技术上的突破，找到取之不竭的能源。如果人类掌握可控核聚变技术，并用于发电，核聚变所需氘广泛存在于海水中，足够人类使用上百亿年，比太阳的寿命还要长。从人类技术进步角度看，新能源的前景是非常广阔的，是大有希望的。

近年来国际上可再生能源技术已经取得了一定的突破，为解决能源问题提供了较有希望的方案。

据 2011 年 1 月 4 日《参考消息》报道，中国科学家在核燃料再处理技术上取得突破，这一技术成果使得中国能够对核燃料实现循环利用，中国已探明的铀资源从大约能使用 50 年到 70 年变成足够用上 3000 年。目前中国计划大力推进核电的发展以减少对煤的依赖，正在运行的核电机组有 12 台，装机容量 1015 万千瓦。中国设定的目标是，到 2020 年中国核电运行的装机容量将达到 4000 万千瓦。但中国政府表示，由于更快的核电发展是实现减排目标更为可行的办法，所以这一目标将翻一番，达到 8000 万千瓦。

同一天《参考消息》还报道，美国用非食物纤维素生成燃料氢。来自美国弗吉尼亚理工大学、橡树岭国家实验室和佐治亚大学的研究人员把 14 种酶、1 种辅酶、非食物纤维素原料和加热到摄氏 32 度左右的水混合，制造出纯度足以驱动燃料电池的氢气。研究人员使用从木屑分解的纤维素原料，不过也可以使用废弃的庄稼秸秆和柳枝稷。研究人员认为，如果把每年生物质产量的一小部分——2% 到 3%——用于由糖转化为氢气的燃料电池车，那么人们就可能实现交通燃料的自给自足。

2012 年 10 月 4 日新华网报道：中国国土资源部发布官方数据表明，中国大陆地下深处干热岩资源巨大。2009 年至 2011 年，国土资源部在系统收集中国基础地质、地热地质、水文地质、城市地质、石油地质等已有资料的基础上，对 287 个地级以上城市浅层地温能、12 个主要沉积盆地地热资源、2562 处温泉区隆起山地地热资源、3000 米至 10000 米的干热岩资源潜力进行了重新评价。这一最新评价认为，中国浅层地温能资源量相当于 95 亿吨标准煤，每年浅层地温能可利用资源量相当于 3.5 亿吨标准煤。如全部有效开发利用则每年可节约标准煤 2.5 亿吨，减少 CO_2 排放 5 亿吨。全国沉积盆地地热资源储量折合标准煤 8530 亿吨，每年可利用的常规地热资源总量相当于 6.4 亿吨标准煤，如全部有效开发利用每年可减少 CO_2 排放 13 亿吨。中国大陆 3000 米至 10000 米深处干热岩资源总计相当于 860 万亿吨标准煤，是中国目前年度能源消耗总量的 26 万倍。地热能是一种具有广泛潜力且清洁、零碳排放资源。人们较熟悉的浅层地温能，是地球浅表层数百米内的土壤砂石和地下水中蕴藏的一种低温热能。而在当今钻井工艺可及的深度上，温度高得多的深层地热能或热岩资源储量惊人。美国麻省理工学院报告估计，仅开发美国大陆地表下 3000 米到 10000 米之间 2% 的地热资源，就可以供应相当于全美年总耗电量 2500 倍的电能。与风能、太阳能等可再生能源的不稳定不同，地球内部从未片刻停止过灼烧。

通过科学技术的突破，人类能够解决自身的能源问题。现在主要依靠石油和煤炭等传统能源消费结构很快要转变，未来将形成以核能、风能、太阳能、地热能、生物质能等新能源为主的能源消费结构。人类要尽量减少将石油和煤炭作为能源来使用，更多地将它们作为工业生产的基础原料，将它们作为人类物质供给的来源，满足人类长远发展的需求。

第二节　人口生育机制变革实践

——从婚姻制度演变谈起

一、人类婚姻家庭进化史

谈到人类的生育，首先要研究人类婚姻家庭的发展规律。恩格斯在其专著《家庭、私有制和国家的起源》中深刻揭示了人类社会婚姻家庭发生发展的一般规律，对婚姻家庭史的发展作了明晰论述，今天读来，还不禁为他深邃的思想和精辟的论述所感动。

《家庭、私有制和国家的起源》一书是在马克思去世以后，由恩格斯根据其遗作，结合恩格斯对美国历史学家摩尔根《古代社会》作品的研究而撰写的一本专著，书中用唯物史观来阐述摩尔根等人的成果。

关于人类社会的婚姻家庭发展，恩格斯是从唯物史观的直接生活的生产和再生产发展角度来阐述的。婚姻家庭的发展规律完全由生产力的发展过程所决定。《家庭、私有制和国家的起源》第一版序言就提出了关于两种生产的观点，“历史中的决定因素，归根结蒂是直接生活的生产和再生产。但是，生产本身又有两种。一方面是生活资料即食物、衣服、住房以及为此所必需的工具的生产；另一方面是人类自身的生产，即种的繁衍。一定历史时代和一定地区内的人们生活于其下的社会制度，受着两种生产的制约：一方面受劳动的发展阶段的制约，一方面受家庭的发展阶段的制约”。[①] 这个唯物主义的基本原理贯穿全书，并突出地体现在家庭史发展的论述中。马克思和恩格斯早在《德意志意识形态》一书中就已指出，家庭“一开始就纳入历史发展过程”，并提出人类最早的历史活动的三个方面，第一是生产满足日常生活所需要的物质资料；第二是“满足需要的活动和已经获得的为满足需要的工具又引起新的需要”；第三是“每日都在重新生产自己生活的人们开始生产另外一些人，即增殖，……也就是家庭”。“从历史的最初时期起，从第一批人出现时，三者就同时存在着，而且就是现在还在历史上起着作用”。[②]

《家庭、私有制和国家的起源》第二章“家庭”，对人类社会婚姻制度的发展作了详尽的描述和划分，从杂乱无序的婚姻状态，走向相对明确对象的婚姻关系。大致包括了群婚阶段（包括血缘家庭，以及后来发展的普那路亚家庭）、对偶制家庭阶段，最终形成专偶制家庭阶段。这三种婚姻形式大体上与人类发展的三个主要阶段相适应。群婚制是与蒙昧时代相适应的，对偶婚制是与野蛮时代相适应的，专偶制是与文明时代相适应的。

① 《马克思恩格斯选集》第4卷，人民出版社1995年版，第2页。

② 《马克思恩格斯选集》第1卷，人民出版社1995年版，第79—80页。

在野蛮时代的高级阶段，在对偶婚制和专偶制之间，插入了男子对女奴隶的统治和多妻制。

恩格斯同意摩尔根的意见，他认为从杂乱的性关系的原始状态中，大概很早就发展出了以下几种家庭形式，而每一种婚姻家庭形式的变化，都是自然选择的结果。因为采用更高等级婚姻制度的氏族，比其他氏族繁育的下一代更强壮、更聪明，因而新的婚姻制度显示出强大的生命力：

1. 血缘家庭——这是家庭的第一个阶段

在这里，婚姻集团是按照辈份来划分的：在家庭范围以内的所有祖父和祖母，都互为夫妻；他们的子女，即父亲和母亲，也是如此；同样，后者的子女，构成第三个共同夫妻圈子。而他们的子女，即第一个集团的曾孙子女们，又构成第四个圈子。这样，这一家庭形式中，仅仅排斥了祖先和子孙之间、双亲和子女之间互为夫妻的权利和义务（用现代的说法）。同胞兄弟姊妹、从（表）兄弟姊妹、再从（表）兄弟姊妹和血统更远一些的从（表）兄弟姊妹，都互为兄弟姊妹，正因为如此，也一概互为夫妻。这种家庭的典型形式，应该是一对配偶的子孙中每一代都互为兄弟姊妹，正因为如此，也互为夫妻。

2. 普那路亚家庭

如果说家庭组织上的第一个进步在于排除了父母和子女之间相互的性关系，那么，第二个进步就在于对于姊妹和兄弟也排除了这种关系。这一进步，由于当事者的年龄比较接近，所以比第一个进步重要得多，但也困难得多。这一进步是逐渐实现的，大概先从排除同胞的（即母方的）兄弟姊妹之间的性关系开始，起初是在个别场合，以后逐渐成为惯例，最后甚至禁止旁系兄弟姊妹之间的结婚，用现代的称谓来说，就是禁止同胞兄弟姊妹的子女、孙子女以及曾孙子女之间结婚；按照摩尔根的看法，这一进步可以作为“自然选择原则在发生作用的最好说明”。

3. 对偶制家庭

某种或长或短时期内的成对配偶制，在群婚制度下，或者更早的时候，就已经发生了；一个男子在许多妻子中有一个主妻（还不能称为爱妻），而他对于这个女子来说是她的许多丈夫中的最主要的丈夫。在这种越来越排除血缘亲属结婚的事情上，自然选择的效果也继续表现出来。用摩尔根的话来说就是："没有血缘亲属关系的氏族之间的婚姻，生育出在体质上和智力上都更强健的人种；两个正在进步的部落混合在一起了，新生代的颅骨和脑髓便自然地扩大到综合了两个部落的才能的程度"。①

4. 专偶制家庭

如上所述，它是在野蛮时代的中级阶段和高级阶段交替的时期从对偶制家庭中产生的；它的最后胜利乃是文明时代开始的标志之一。它是建立在丈夫的统治之上的，其明显的目的就是生育有确凿无疑的生父的子女；而确定这种生父之所以必要，是因为子女将来要以亲生的继承人的资格继承他们父亲的财产。专偶制家庭和对偶制不同的地方，就在于婚姻关系要牢固得多，这种关系现在已不能由双方任意解除了。

自此，文明社会人类婚姻制度进入了"一夫一妻制"时代，目前绝大多数国家的法律确定婚姻方式为"一夫一妻制"。一夫一妻制是人类社会进化的产物，也是最有生命力的婚姻制度。关于这一点，温哥华的不列颠哥伦比亚大学的人类学家 Joe Henrich 认为，"如果一个社会的内部规范能够更有效地改造、限制、加强和压制个体心理中的不同方面，使自身有利于社会作为一个整体与其他社会竞争，那么这样的社会将淘汰那些缺少对整体有利的内部规范的社会。一夫一妻制的流行以及仍将继续流行，很可能是因为实行一夫一妻制的社会更具竞争性，一妻制似乎能将男人的精力引入正规，导致更低的犯罪率，更高的人均 GDP，并为其子女带来更好的生活"。②

他的中心论点是：一妻多夫的社会几如凤毛麟角，而且非常短命。一夫多妻制也对社会本身极其不利。找不到妻子的男人在竞争的驱动下将变得对社会和他们自己越来越危险。很多数据显示，在其他因素相同的条件下，与已婚男人相比，未婚男人更有暴力倾向，更容易沦为罪犯。最可怜的是那些贫穷和没受过教育的男人，他们在妇女的自由市场上完全没有成功的希望，而这个市场的赢家却可以获得任意数目的女人，只要他们能够应付得过来。

---

① 《马克思恩格斯选集》第 4 卷，人民出版社 1995 年版，第 44 页。

② 《一夫一妻制与一夫多妻制优劣比较》，http://article.yeeyan.org/view/132217/122295。

然而即使是那些妻妾成群的赢家，也会因为一夫多妻制而扭曲自己的行为。因为整个社会都疯狂地为女人而竞争，这使得女人变成了高价物品而不是可爱尤物。因此男人们，无论是作为父亲、丈夫还是兄弟都不得不更小心翼翼地看管她们。同样的竞争使得越来越年轻的新娘进入婚姻市场，因为在一夫多妻制的社会，新娘总是供不应求。另外，男人们对每个妻子及其子女的投入将会减少，这不仅是因为还有其他妻子和子女分享他的资源，而且也是因为他还需要不停地努力去迎娶更多的新娘回家。

Henrich 还说，这些因素有助于解释一夫多妻制流行的国家在经济上的明显失败，包括低储蓄率、高出生率和低人均 GDP。既然一夫多妻制如此糟糕，那么反过来证明了一夫一妻制婚姻的优势，只不过这种优势不是那么显而易见，人们不大容易察觉罢了。

“一夫一妻”制在现实生活还存在以下好处①：

一是有利于稳定婚姻关系和家庭关系。在一夫一妻制中，夫妻两方的结合必须是双方自愿的结合，是不被别人所强迫的，丈夫和妻子自由地结合在一起。这是现代婚姻法所赐予的夫妻双方的最基本的权利。现代法律中的一夫一妻制原则要求双方要有深厚的感情基础，相互忠诚。一夫一妻是双方彼此的相互深爱对方，因而婚姻和家庭关系比较稳定。正如李光耀所说“家庭是社会稳定的基石”，一夫一妻制促进了家庭的稳定，也有利于社会的发展。

二是有利于社会自动管理性别比例，保证人口持续健康发展。实行“一夫一妻制”，是以男人和女人数量上大致相等为前提的。虽然现在性别比例有些失调，但是，一旦性别比例失调，生男好还是生女好，夫妇就会自我掂量，对儿女的未来进行考虑比较，从而做出明智选择，达到自觉调整。

三是有利于经济增长。家庭是私有制的产物，一夫一妻确定了严格的人与人之间的关系，有利于财富的代际继承。在父权社会，由于一夫一妻的建立，男主人创造的财富，除了用于家庭的消费外，很大部分可以投入再生产。而一夫多妻制，男主人为了迎娶更多的妻子，会将财富用于娶

① 《趣话“一夫一妻”制的六大绝妙好处》，http://blog.sina.com.cn/jiecao。

妻，而且还会有更多的后代需要抚养，因此，用于再生产的资金必然减少，社会生产力发展会受到制约，社会资本积累速度会下降。

二、我国人口生育机制变革实践

上一段描述了婚姻和家庭的进化史，人类最终进入了以一夫一妻制为主体的社会发展阶段，建立了稳定的家庭关系，承担起人类自身繁殖的重担。下面来考察我国历史上人口总量的衍变，并进而寻找可持续发展的人口生育机制。

（一）我国历代人口总量衍变

中国的人口数量，现存最早的一项全国性和分政区户口统计数为西汉元始二年（公元2年）的5959万人（《汉书·地理志》），此前只留下零星的人口数字。清光绪三十四年（1908年）实施了第一次全国人口普查，民国期间也做过多次人口调查，但直到1953年全国人口普查，我国才通过科学的普查，获得了除台湾、港澳地区以外的准确人口数字，普查结果表明1953年6月30日中国人口（含台湾省、国外华侨和留学生）一共有601938035人。

原国家计生委曾根据有限的资料推测全国历代人口数情况，这里再结合其他专家学者撰写的相关资料，对我国历代人口情况作一个简要分析。

1. 我国历代人口基本情况

公元前5000年，新石器时期，出现了原始农业，全国人口大约在493万人。此后随着人类新工具的采用和耕作技术的提高，人口不断增加，到公元前340年，战国初期人口达到3000万人。此后诸侯之间混战不断，到公元前221年秦始皇统一六国建立秦朝时，人口只剩下2000万人。再到项羽灭掉秦国，刘邦建立西汉时，公元前202年，人口下降到1300万人。此后社会基本稳定，人民安居乐业，人口大量增加，至西汉末公元2年，人口增加到约6000万人。此后再到东汉公元157年，人口达到顶峰7200万人①。

从公元184年黄巾起义爆发到公元265年三国末期近80年时间里，人

① 葛剑雄：《中国历代人口数量的衍变及增减的原因》，《党的文献》2008年第2期。

口大量损失，估计达到65%，仅存2500万人。4世纪初的西晋晋惠帝永康元年约有3379万人。此后南北分裂，北方进入十六国时代，南方进入南北朝时代，一直到隋朝建立之前，人口波动较大，既有大量增长的年代，又有下降较快的年代。公元609年隋炀帝大业五年人口才恢复到5542万人。

表3-2　中国历代人口推测数

时间（公元纪年）		人口数（万人）	时间（公元纪年）		人口数（万人）
公元前5000年	出现原始农业	493	860年	唐懿宗咸通元年	6700
公元前340年	战国初期	3000	960年	五代十国末期	3979
公元前221年	秦朝初期	2000	1110年	宋徽宗大观四年	11946
公元前202年	西汉初期	1300	1207—1223年	南宋金章宗泰和七年—南宋宁嘉宗十六年	12540
2年	西汉平帝元始二年	5959	1351年	元惠宗至正十一年	9730
157年	东汉桓帝永寿三年	7200	1566年	明世宗嘉靖四十五年	16480
265年	三国末期	2500	1661年	清世祖顺治十八年	8490
300年	晋惠帝永康元年	3379	1691年	清圣祖康熙三十年	11023
368—407年	十六国东晋中后期	3128	1751年	清高宗乾隆十六年	20560
520年	南北朝中期	5240	1805年	清仁宗嘉庆十年	33218
581年	南北朝末期	4430	1851年	清文宗咸丰元年	43216
609年	隋炀帝大业五年	5542	1874年	清穆宗同治十三年	35890
624年	唐高祖武德元年	2274	1912年	中华民国元年	44294
755年	唐玄宗天宝十四年	8775			

资料来源：国家人口计生委整理。

隋末的战乱，造成人口降幅60%，到唐初唐高祖武德元年2274万人。至安史之乱前的公元755年，人口达到8775万人，超过东汉桓帝永寿三年7200万人的人口最高值，达到新的高峰。唐后期和五代的战乱导致人口锐减，至公元960年五代十国末期人口下降到3979万人。

北宋时期人口持续增长，我国人口第一次超过 1 亿人，宋徽宗大观四年（公元 1110 年），人口已达到 11946 万人，到 13 世纪初期南宋时期人口增长到 12540 万人。此后蒙古灭金和西夏造成空前浩劫，北方人口损失大半，到元惠帝至正十一年（公元 1351 年），人口才恢复到 9730 万人。此后，明朝建立，人口进入稳定增长期，到明朝中后期嘉靖四十五年（公元 1566 年）人口增长到 16480 万人。但明末的天灾人祸和清初的残酷战争，人口下降 50%，清世祖顺治十八年降到 8490 万人。康熙三十年（公元 1691 年）人口再次超过 1 亿人，达到 11023 万人。此后历经康乾盛世，到乾隆十六年（公元 1751 年）人口首次超过 2 亿人，达 20560 万人。此后到咸丰元年（公元 1851 年）人口创造了 43216 万人的新纪录。太平天国起义和清朝的镇压，导致南方人口稠密地区人口大量减少，一直到 1912 年，人口才基本恢复到 1851 年水平，总人口 44294 万人。

2. 我国历代人口数量变化的特点

一是人口增长缓慢。从公元前 5000 年到公元 2 年，平均人口每年只增加 1 万人。从公元前 2 年到 1912 年，人口从 5959 万人，增加到 44294 万人，年均增长只有 1. 03‰。

二是人口增加呈现出阶段性，表现出波浪式增长的特征。从公元前 5000 年到西汉公元 2 年，人口逐步增长第一次达到 6000 万人台阶。下一个峰值出现在唐朝公元 755 年，人口达到了近 9000 万人。在第三个阶段，人口经历下降后，于宋朝公元 1110 年增加到近 1. 2 亿人。第四个阶段经过宋、元、明，到清代十八世纪中期人口达到 2 亿人。第五个阶段，从 1751 年至 1851 年这 100 年间，人口增加 1 倍，达到 4. 32 亿人。此后几十年，由于政治、经济原因，人口未能显著增加，到 1912 年辛亥革命爆发时，人口微弱增加到 4. 43 亿人。

三是人口数量大起大落。从历史数据看，某些年份急剧增长与某些年代迅速下降交替出现。急剧增加的时代，如西汉初期、七世纪到八世纪的盛唐、十七世纪下半叶清代，人口年均增长 7. 8‰、10. 4‰和 8. 7‰，远高于平均增长 1‰的数据。但在人口锐减的年份，下降速度惊人。秦朝初年到西汉初年短短 20 年时间内，人口从 2000 万人下降到 1300 万人，年均下降 22. 4‰。东汉公元 157 年到三国末期公元 265 年，人口从 7200 万人下降到2500万人，年均下降9.8‰。个别年份，人口下降幅度更惊人。

3. 影响人口增长的主要原因

纵观中国历史人口发展情况，最强烈、最直观的感受就是战争、动乱因素对人口的负面影响，而清明的政治环境，王朝初期统治者轻徭薄赋的政治制度，促进了生产力的发展，人口增长较快。

一是农业生产影响。我国东部有广阔的平原、众多的河流、土地肥沃、水源丰富，有相当好的农业生产基础条件。中部地区也有相当数量的盆地和河谷平原，适应农作物生长。随着农业开发利用面积的增加、农业耕作技术的提高，农业生产力的逐步发展，为人口增加提供了较好的基础。

二是战争的影响。战争对人口具有最明显的杀伤力，造成大量人员的死亡和伤残，直接影响农业生产的发展和人类自身的繁殖。人口大量死亡和残疾，社会丧失了农业生产者，同时大量的农民当兵，在减少农业生产者的同时，还增加了粮食的直接消费者，使得粮食供应更加紧张。大量人员背井离乡当兵后，必然会减少配偶的生育机会。而士兵死亡后，则彻底减少了女性生育机会。

三是政治制度的影响。历史上，许多王朝刚刚建立初期，从前朝灭亡中吸取教训，基本上采取政治清明、轻徭薄赋的政策，让老百姓休养生息，农业生产得到发展，人口也逐渐增长。如西汉“文景之治”、唐代“贞观之治”、清代“康乾盛世”等等。

四是传统习俗的影响。中国人受几千年儒家的影响，“不孝有三、无后为大”的观念深入人心，传统观念一直鼓励人们早生育、多生育，所谓“多子多福”，因而造成人口生育率较高。同时，农村里还有“养儿防老”的习俗，不生出儿子不罢休。

五是社会经济发展水平的制约。由于总体上生产力水平低下，农民生产资料不足，卫生条件较差、医疗条件匮乏，人口死亡率也较高，高生育率并未带来人口高增长率。

纵观我国人口发展史，可以看出，人类社会的可持续发展需要建立在稳定的政治环境、自然环境、生产力的不断发展、较好的医疗条件等多种因素之上。历史证明，几千年的中国发展史并没有达到可持续发展的条件，因而在发展中，人口数量大起大落，给人类社会带来了极大的痛苦。

（二）新中国成立以来人口发展情况

新中国成立以来，我国人口增长情况发生了显著的变化，从解放前的高出生率、高死亡率、低增长率，转变为高出生率、低死亡率、高增长率，再转变为低出生率、低死亡率、低增长率。

从表3－3可以看出新中国成立后人口自然增长率的变化趋势，大致也有四个阶段：（1）1949—1970年，经历了一段爬坡的过程，人口自然增长率从15‰上升到25‰以上，是较为高速的人口增长阶段。1958—1963年的增长低谷是非正常的，并不能说明问题的实质；相反地，从当时的社会经济状况和人口状况来说，高速增长才是反映实质的特征。（2）1970—1980年，人口增长开始急剧下降。（3）1980—1990年，人口增长出现了比较明显的波动和回升现象。（4）进入1991年后，人口增长稳步下降和减慢，一直延续到2008年。

表3－3　1949—2008年全国主要人口数据

单位：万人、‰

年份	年末总人口	出生率	死亡率	自然增长率	总和生育率	年份	年末总人口	出生率	死亡率	自然增长率	总和生育率
1949	54167	36.00	20.00	16.00	6.14	1979	97542	17.82	6.21	11.61	2.75
1950	55196	37.00	18.00	19.00	5.81	1980	98705	18.21	6.34	11.87	2.31
1951	56300	37.80	17.80	20.00	5.70	1981	100072	20.91	6.36	14.55	2.61
1952	57482	37.00	17.00	20.00	6.47	1982	101654	22.28	6.60	15.68	2.86
1953	58796	37.00	14.00	23.00	6.05	1983	103008	20.19	6.90	13.29	2.42
1954	60266	37.97	13.18	24.79	6.28	1984	104357	19.90	6.82	13.08	2.35
1955	61465	32.60	12.28	20.32	6.26	1985	105851	21.04	6.78	14.26	2.20
1956	62828	31.90	11.40	20.50	5.85	1986	107507	22.43	6.86	15.57	2.42
1957	64653	34.03	10.80	23.23	6.41	1987	109300	23.33	6.72	16.61	2.59
1958	65994	29.22	11.98	17.24	5.68	1988	111026	22.37	6.64	15.73	2.52
1959	67207	24.78	14.59	10.19	4.30	1989	112704	21.58	6.54	15.04	2.35
1960	66207	20.86	25.43	-4.57	4.02	1990	114333	21.06	6.67	14.39	2.31

续表

年份	年末总人口	出生率	死亡率	自然增长率	总和生育率	年份	年末总人口	出生率	死亡率	自然增长率	总和生育率
1961	65859	18.02	14.24	3.78	3.29	1991	115823	19.68	6.70	12.98	2.24
1962	67295	37.01	10.02	26.99	6.02	1992	117171	18.24	6.64	11.60	2.05
1963	69172	43.37	10.04	33.33	7.50	1993	118517	18.09	6.64	11.45	1.94
1964	70499	39.14	11.50	27.64	6.18	1994	119850	17.70	6.49	11.21	1.82
1965	72538	37.88	9.50	28.38	6.08	1995	121121	17.12	6.57	10.55	1.86
1966	74542	35.05	8.83	26.22	6.26	1996	122389	16.98	6.56	10.42	1.77
1967	76368	33.96	8.43	25.53	5.31	1997	123626	16.57	6.51	10.06	1.75
1968	78534	35.59	8.21	27.38	6.45	1998	124761	15.64	6.50	9.14	1.74
1969	80671	34.11	8.63	26.08	5.72	1999	125786	14.64	6.46	8.18	1.74
1970	82992	33.43	7.60	25.83	5.81	2000	126743	14.03	6.45	7.58	1.74
1971	85229	30.65	7.32	23.33	5.43	2001	127627	13.38	6.43	6.95	1.74
1972	87177	29.77	7.61	22.16	4.94	2002	128453	12.86	6.41	6.45	1.74
1973	89211	27.93	7.04	20.89	4.53	2003	129227	12.41	6.40	6.01	1.74
1974	90859	24.82	7.34	17.48	4.16	2004	129988	12.29	6.42	5.87	1.74
1975	92420	23.01	7.32	15.69	3.58	2005	130756	12.40	6.51	5.89	1.74
1976	93717	19.91	7.25	12.66	3.24	2006	131448	12.09	6.81	5.28	1.74
1977	94974	18.93	6.87	12.06	2.85	2007	132129	12.10	6.93	5.17	1.74
1978	96259	18.25	6.25	12.00	2.73	2008	132802	12.14	7.06	5.08	1.74

资料来源：国家人口计生委整理。

我国人口增长率变化较大，可从政策层面分析主要影响原因，以便清晰地看到社会主义制度、计划生育政策和经济社会发展不同的历史作用。从图 3－2 中，我们知道：新中国成立初期的死亡率快速下降引起人口增长率的变化，20 世纪 70 年代初期的出生率大幅下降也引起人口增长率的变化，这是两次意义重大的转变。但显然，70 年代前，出生率已经有下降趋势。进入 80 年代以后，出生率下降的空间实际上已经不大，进一步的下降只会是一个缓慢和渐进的过程。

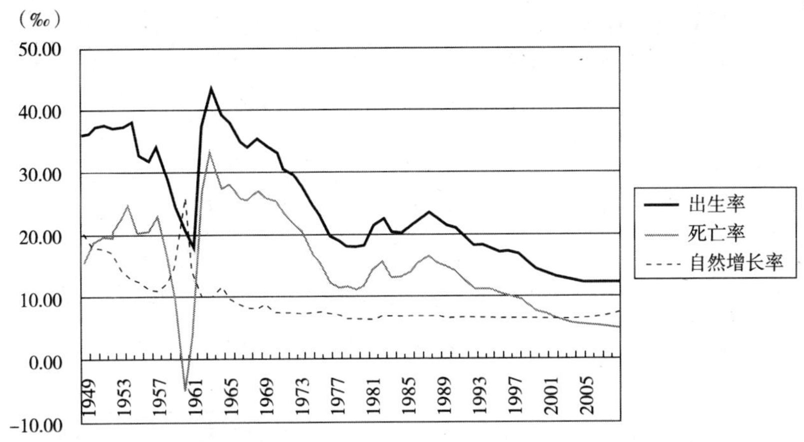

图 3－2 1949—2008 年全国人口出生、死亡、自然增长率情况

我们就可以通过表 3－3 来总结一下新中国成立以来中国人口增长在不同阶段转变的特点①：

其一，制度型转变。在 1950—1973 年，死亡率从 18‰下降到 7‰，而出生率则从 37‰下降到 28‰。这是死亡率下降主导型的人口增长阶段。由于当时死亡率的下降与社会主义制度的确立、农村合作医疗制度的建设大有关系，所以称这一阶段的人口增长的变化为“制度型转变”。

其二，政策型转变。在 1973—1980 年，则恰恰相反，出生率的下降幅度要显著大于死亡率的下降幅度，出生率从 28‰下降到 18‰，死亡率则从 7‰下降到 6.3‰。这一阶段是人口增长的加速阶段，是出生率下降主导型的人口增长阶段。由于其时出生率的大幅度下降与我国大力推行的“晚、稀、少”（晚：晚结婚，男不得早于 25 周岁，女不得早于 23 周岁；稀：两胎间隔 4 年左右；少：最多生两个孩子）生育政策大有关系，所以称这一阶段的人口增长的变化为“政策型转变”。

其三，发展型转变。1980 年以后是人口增长的趋缓阶段，也是趋向人口转型完成阶段。其时死亡率的变动相对稳定，差不多在 6.5‰的水平上

① 张翼：《中国人口控制政策的历史变化与改革趋势》，http://www.wyzxsx.com/Article/Class4/200705/19024.html。

波动，出生率则比较缓慢地下降，出生率从18‰下降到12‰。其间，改革开放为人口控制创造了日趋良好的社会经济环境，社会的生育控制也在不断地完成自身的变革。越是到后期，越是清晰地展现出综合型“发展”的威力。所以称这一阶段的人口增长的变化为“发展型转变”。

1950年至今中国一直处于人口增长转变的过程当中。20世纪70年代生育率下降的政策效应相当显著，80年代以后政策效应趋向弱化，虽然在具体工作中离不开社会制约机制，但实际上社会制约机制的功效已发挥到极致。特别是到了90年代，社会进步大背景下的利益导向机制的作用开始日趋重要。

在三个阶段的划分中，第一阶段的死亡率率先下降可以视为制度变革的产物。新中国成立之初国泰民安，医疗卫生条件大有改善，死亡率明显下降，特别是婴儿死亡率下降很大。到50年代后期，出生率也有了缓慢的下降趋势。第二阶段的出生率下降属于典型的“政策型”，是通过政策的力量压下来的，但政策的功效毕竟不是万能的，生育率的下降存在着难以逾越的社会文化边界。这样，到了第三阶段，进入80年代以后，“一胎化”的生育政策由于缩小和限定了生育决策的空间，结果导致了大量的文化边界上的生育观念和生育政策的冲突，在80年代人口增长出现了比较明显的波动和回升现象。但进入90年代后，出生率稳步下降，死亡率平稳中略有下降，这一时期可以将人口出生率和死亡率的下降归类为“发展型”。换句话讲，没有社会经济多方面的发展并触动人们的价值观念和生育态度，出生率的进一步下降将是难以预期的。

我国人口转变最独特的地方就在于引入了强有力的人口政策因素，从而干预了自然的人口转变过程，使之速成。但为此也付出了沉重的代价，例如出生婴儿性别比的升高、偏高问题，家庭养老功能的弱化问题，独生子女素质发展的失衡问题，人口统计数据的失真问题，干群关系的紧张问题，如此等等。

第三节　现代文明人口生育机制建树

人口数量及其生育繁衍机制直接影响到人均可拥有的自然资源禀赋，要实现所有人都能够达到宽裕生活，人类必须理性而有节制地建立能够长期可持续的繁衍机制。中国现有人口众多，人均资源相当少，尤其要采用科学合理的生育政策。生育权是人类的基本人权，应当予以尊重和保护。每个家庭都有生育的权利，延续后代是公民平等权利的重要组成部分，也是人类种群持续发展的基本前提，每个家庭具有生育权也符合社会的整体需要。

人类崇尚自由，在人类社会发展进程中，通过自由选择的方式，人类选择了一夫一妻制，作为婚姻和家庭的主要形式固定下来。正如前文所述，因为“一夫一妻制”的社会更具有竞争力，更具有社会发展的活力，优胜劣汰，自然选择的法则，确定了人类社会长期稳定的婚姻和家庭形式是“一夫一妻制”。那么，在人类自由选择的过程中，生育后代的数量又将会如何确定呢?

一个文明社会生育机制的建立，与人们对自由及约束关系的认识相关。自由的确非常重要，这是对事物正确认识的前提。但自由民主总是有结果的，这个结果就是人们对某一事物或行为充分探讨后达成的共识。而这些共识往往需要用法律、规章或制度合约的形式明确起来，由人们共同遵守，从而形成必要的约束。可以说自由与约束是对立统一的。对自由而言，现实生活中会通过自由民主达到约束。如果实际情况发生大的变化，可再通过自由民主讨论的方式，形成新的共识，并产生新的律制要求。人类自由生育的结果可能会产生人口爆炸，社会无法承受，人类现实历史中的人口发展，已经证明了这一点。人类自有史以来就没有像近100多年来这样高速地、持续地增长过。人类花了好几十万年的时间，战胜了不知多少困难，千辛万苦，到1830年世界总人口增加到10亿人。可是随着划时代的工业革命的到来，人类只用了100年，即到1930年就增加了第2个10亿人；增加第3个10亿人，从1930年到1960年，只用了30年。增加第4个10亿人，从1960年到1976年，只用了16年。增加第5个10亿人，从1976年至1987年，只用了11年。因此，对生育自由的限制就是必需的，而这种限制的结果是制定出需要共同遵守的行为准则，称之为生育机制方面的法律制度或政策规定。有了这样的制度和规定，人们既可以满足个性化的生育需要，满足人们的生育愿望，同时也满足了人类社会的总体需要，即人类社会的可持续发展。人类社会在不断发展中，制度和规定也有一个逐步完善的过程，人们在制度和规定的限制下，仍然可以探索新的生育机制，然后，形成一个更完善的生育机制。

那么，从全社会的角度考虑，满足人口可持续发展的生育制度应该是一个家庭生育几个孩子为好？这是一个值得高度重视的问题。因为每个家庭平均生育孩子的数量，对人口总量的影响很大，经过测算在特定的生育模式和死亡模式下，如果每个家庭平均生育三胎，长期下去55年左右人口数量就翻一番；如果每个家庭平均生育四胎，长期下去32年左右人口数量就翻一番。这意味着人均资源存量在不同的人口繁衍机制下会产生急剧变化。

那么，到底实行怎样的人口繁衍机制才是可持续的呢？不同的国家因资源禀赋不同、历史背景不同以及人文理念不同，所采取的对策措施则不同。但是无论是国家的影响还是民众自己的作为，其结果总体都应保持在长期可持续的低生育状态，这应当作为一个基本态势。在我国现阶段根据具体国情采取了比较严格的计划生育政策，这对迅速改善我国人口与资源相适应状况，从而提高民众生活水准起到了巨大的政策效应，必将促进全体中国人民奔向文明宽裕。

未来中国的生育政策，可探讨稳定在一个长期可持续的方式上。笔者认为，可以考虑建立这样的家庭生育机制，即“每个家庭育龄夫妇在三胎以内自由选择”。根据发达国家家庭平均生育情况和我国现代年轻人的生育观念预测，如果在“三胎以内自由选择”，结果可能是，大多数庭会选择生育两个孩子，其余部分家庭中，多数家庭生育三个孩子，少数家庭生育一个孩子，个别家庭不生。这样人口总量保持基本稳定，长期中略微有所增长。从经济发达的欧洲和北美生育水平看，这些发达国家放开生育，生育水平却自然比较低。从1970年到2005年，每名妇女生育孩子的数量都集中在1.0—3.0的区间范围。到了本世纪初，每名妇女生育孩子的数量都集中在2.0的水平。① 我们将“三胎以内自由选择”机制下的可能生育情况，按“黄金分割率”进行了测算，即61.8%的家庭生育两个孩子，其余家庭再分别按61.8%和38.2%生育三个孩子和一个孩子，不生育的家庭忽略不计，则人口的繁衍系数为2.09（即每对夫妇一生中平均生育2.09个孩子），这与发达国家总和生育率2.1—2.2非常接近。按此2.09系数和所有人平均寿命80岁测算，人口总量经过100年仅增长14.58%（实际可能是根据人口自然更替率原理，由于各种非正常死亡因素影响，在2.09的生育系数下人口基本没有增长）。而我国人口从1949年5.4亿增加到1986年10.8亿，仅仅用了37年就翻了一番。

人类文明历史的进步，在婚姻制度上已经有了很好的体现。“一夫一妻制”已经成为绝大多数国家的法律。同样，“三胎以内自由选择”的家庭生育机制也将成为人类文明进步的重要典范。这无论是对民众本身，还是对社会资源条件都是负责任的标志。至于各个国家实际情况不同，在不同的时期可以采取不同的政策，但可通过长周期来调控，即在相当长的一段时间内或者鼓励多生三胎、或者鼓励多生一胎，进行总量调节。

我国现行计划生育政策起到了非常重要的积极作用，但人口多这一最基本国情没有根本改变，人口对经济社会发展压力沉重的局面没有根本改变，人口与资源环境关系持续紧张的状况没有根本改变，低生育政策拟长期坚持。特别是人们受封建时期多子多福观念的影响比较长，尤其农村的习俗影响大，所以中国的人口政策拟在相当一段时间内，可先选择30年内实行“两胎以内自由选择”的生育机制（生育两胎可维持人口总量稳定不再增长，甚至略有下降）。然后视经济社会发展状况再过渡到“三胎以内自由选择”的生育机制，从而使人口总量进入长期良性可持续发展的轨道，进而为民众都能长期享受宽裕生活水准奠定良好的人口总量基础。

为了证明以上的结论，这里构造了人口增长模型，通过模型的演算，

① 数据来源于联合国秘书处经济和社会事务部人口司编写的《*World Fertility Report 2007*》。

揭示出不同的生育率情况下长时期内人口增长的规律。以下是人口增长模型的有关情况。

一、人口增长模型的主要情况

（一）条件假设

为了构造模型，设定了一些基本符合实际情况的条件。假定条件如下：

1. 人均寿命 SM = 80 岁。

2. 女性生育年龄段 25—39 岁，生育时间段 SN = 15，生理学上育龄妇女年龄范围在 15—49 岁，考虑到实际生活中妇女生育年龄主要集中在 25—39 岁范围内，采用了生育时间段为 15 年。通过模型测算发现，影响模型结果的主要是育龄妇女的总和生育率（即平均每个妇女在育龄期生育的孩子数）。

3. 初始人口在各年龄段均匀分布，主要是便于测算，也是一种理想状态。

4. 初始人口总数 80 个单位，即每个年龄人口数为 1 个单位，其中，男性和女性各占一半。

（二）模型构造

根据条件假设，可构造出以下人口增长模型：

1. 每年新出生人口 = 女性生育年龄段 25 至 39 岁人数 × 每对夫妇生的胎数/15。

2. 1—79 岁年龄段人口自然增长 1 岁。

3. 80 岁的人口自然消亡。

（三）模型结论

经过 200—300 年的人口增长情况的测算，可以得到下列结论：

1. 每对夫妇生 4 胎，人口翻 1 番为 32 年。

2. 每对夫妇生 3 胎人口翻 1 番为 55 年。

3. 每对夫妇平均生 2.09 胎，第一个百年人口增长 14.58%（采用前述众人平均按“黄金分割率生育方式”测算）。

4. 每对夫妇平均生 1 胎，每过 32 年人口减少 50%。

二、人口增长模型的证明

通过以上分析得知，在上述条件下，如果每对夫妇生育4个孩子，长期来看，人口数大约32年翻一番，那么，这是否是一个普遍的结论，是否从数学上可以证明这个结论。

根据上述构造的模型，进行了模型测算，主要采用逐年计算的办法，计算出在上述假定条件下，从第1年至第500年人口增长情况，得出每一年总人口增长情况，计算结果见图3－3。

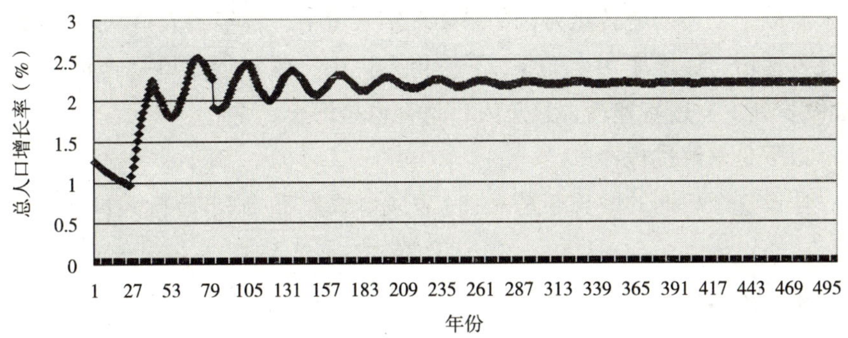

图3－3 第1年至第500年总人口增长情况

在图3－3中，横轴是年份，纵轴是总人口增长率。从第1年至第500年人口增长绝对值看，总人口增长率基本上是收敛的，计算结果表明增长率基本上收敛到2.2%，也就是说，经过500年的发展，人口增长率会保持不变，趋于一个常数。

从测算出的第500年分年龄人口增长情况分析，每个年龄段人口之间也是呈现一个稳定的增长率，如图3－4第500年分年龄人口增长情况。在图3－4中，横轴是第500年时每一岁年龄，纵轴是某年龄人口增长率。

图3－4中，某年龄人口增长率＝（某年龄人口/大一岁年龄人口－1）。从图中可以看到，随着年龄增加，后出生人口增幅围绕2.2%波动，并且波幅逐步减少，后出生的人口比前一年出生人口增长2.2%。

某年龄人口增长率与总人口增长率是一致的，都是2.2%。

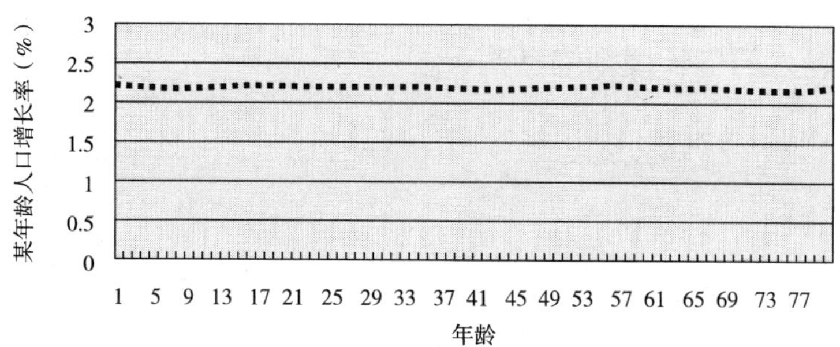

图3－4　第500年分年龄人口增长情况

所以，上述问题转化为，如果某一年人口中，各年龄人口从80岁到1岁逐岁递增，递增率为 c，那么下一年人口中，各年龄人口是否仍然呈现从80岁到1岁逐岁递增，且总人口是否也是增长 c？

以下是求解过程：

假设这个长期的增长率是 c，80岁人口数为 a，则各年龄人口数如下：

	1岁	2岁	3岁	………	80岁
某一年人口	$a(1+c)^{79}$	$a(1+c)^{(80-2)}$		………	a
下一年人口	?	$a(1+c)^{79}$	$a(1+c)^{78}$	………	$a(1+c)$

在考虑下一年人口中，只要考虑新出生人口，即年龄是1岁的人口，其余年龄人口可直接得到。

根据公式：每年新出生人口＝女性生育年龄段25至39岁人数×每对夫妇生的胎数/15

$$新出生人口=a[(1+c)^{55}+\cdots\cdots(1+c)^{42}+(1+c)^{41}]\times 4/30$$

$$=a(1+c)^{41}[(1+c)^{15}-1]/c\times 4/30$$

如果新出生人口仍然呈现递增情况，则

$$新出生人口=a(1+c)^{80}$$

令 $a(1+c)^{41}[(1+c)^{15}-1]/c\times 4/30=a(1+c)^{80}$

问题转化为求解这个高阶方程。高阶方程没有简单的可以有表达式的解，但是可以通过迭代法来求解这个方程，每次迭代产生一个 C_n，再次迭代产生一个 C_{n+1}，如果对于任意一个极小值 p，都可以求出 C_n、C_{n+1}，使绝对值 $(C_n-C_{n+1})<p$，则 C_n 为方程的近似解。

通过以上计算方法，得出上述方程解，$c=0.022038$

也就是说，新出生的人口比上年新出生的人口增长（$1+c$）倍，因而下一年总人口也增长（$1+c$）倍。

$$(1+c)^{32}=2.00884$$

因此，人口每过32年增长1.00884倍，大致是1倍。

三、人口增长模型应用

（一）用同样的分析方法，可以求出在每对夫妇生育2.09胎（采用生育金率方式生育）的情况下，$c=0.001362$。

$$(1+c)^{100}=1.1458$$

人口每过100年增长14.58%。

（二）用同样的分析方法，可以求出在每对夫妇生育3胎的情况下，$c=0.012799$。

$$(1+c)^{54}=1.98728$$

$$(1+c)^{54.5}=1.99996$$

$$(1+c)^{55}=2.01271$$

人口每过54.5年增长0.99996倍，大致是1倍。

（三）用同样的分析方法，可以求出在每对夫妇生育1胎的情况下，$c=-0.021296$。

$$(1+c)^{32}=0.50216$$

人口每过32年减少50%。

（四）用同样的分析方法，可以求出在每对夫妇生育5胎的情况下，$c=0.029298$。

$$(1+c)^{24}=1.9998$$

人口每过24年增长0.9998倍，大致1倍。

通过以上的分析，找到了一种可持续的生育机制，即“三胎以内自由选择”的机制。在这种生育机制下，人口总数呈现平稳并略有增长的态势。全民宽裕的社会应是可持续发展的社会，人口可持续发展也是重要的条件之一。很难想像在人口数量急剧变化的情况下，能够达到全民宽裕的发展阶段。

目前，我国仍然要实行严格的“以一对夫妻只生一个孩子”为主要内容的生育政策。但是人口再生产有一个较长的滞后性，因而要未雨绸缪，提早作出应对。

第四章　全民宽裕的产出效率机制

全民宽裕的前提是生产力的充分发展。经过几十年的发展，我国已经积累了雄厚的生产力发展基础，未来通过市场机制与共益机制的共同作用，特别是通过科技和管理活的智慧要素的进步，我国有能力为全体民众提供宽裕的商品和服务。

第一节　物质进步的本源
——历史发展进程的“三维分析法”

一、经济增长的“三维分析”

民众宽裕的基础在于能够享有所必需的物质条件。而物质的创造离不开三大要素：一是劳动；二是资本；三是属于活的智慧要素的科技和管理。

人类社会一切经济产出和消费都离不开人的劳动。劳动是社会的根基，劳动是财富的源泉。无论社会经济发展如何变化，社会需要发挥人的劳动功能是永恒的。然而，劳动的功效随着时代的进步则会不断有所提高。将来到了再高级的社会阶段，人们的劳动仍不可缺少，只是劳动的方式会发生很大变化，劳动的效能会有普遍的提升。

除了人的劳动外，人类生产活动还需要劳动资料和劳动对象，即物质资本。劳动资料包括生产工具和机器设备。劳动对象可分为天然存在的劳动对象和经过人类加工过的劳动对象。物质资本是人类生产和其他生产要素的物质基础与载体，只要人类的生产活动存在，它就存在，具有不可替代性。但从人类生产发展的历程来看，与劳动要素相比，它在生产中的重要性呈下降趋势，它的很多功效与作用被人类的发明创造所取代。在一定技术和管理条件下，人类用更少的资本（自然资源与劳动产品）投入，能够实现相同或更多的产出。在现代经济中，金融资本更号称是现代经济的血液，起到连接、聚合各种生产要素的作用。

人属于高级动物，与其他动物最大的区别在于人善于利用工具进行劳动。可以想象在远古时代的自然经济条件下，人们凭借自身五官四肢和头脑等身体功能，就能够简单利用自然界的树枝、石头、泥土等自然物，进行采摘、狩猎、渔取、掘洞、搭建、火烧等活动，过上维持生命活动的最起码的生活。然而，其他动物，即使是很凶猛的动物，都不会利用工具去行动。它们只会用体力、肢力、牙力等去寻觅食物，求得生存。许多动物在自然生存中培育了适应环境的能力，如沙漠中的骆驼。有的动物培育了防身功能，如刺猬的刺。但它们没有能力利用自然界的物质作为工具使用。特别需要指出的是，人不仅善于利用工具，还善于不断发明出能够解决实际问题的新的有用工具，这是人类更高层次的智慧。人类社会正是随着劳动工具的变革而不断推向前进的。人类社会标志性的进步无不是由于劳动工具的突破而载入史册的。火的发现和利用，使人类初步摆脱了蛮荒生活；文字及印刷技术的发明，使人类社会开始步入文明交流时代；蒸汽机的发明，开创了工业社会的新纪元；电的发明，给人类唤来了新的光明和动力；飞机等飞行器的发明，使人类摆脱了地球的束缚，探索广袤的宇宙；计算机和网络的发明，使人类正迈向信息化和数字化的时代。现代劳动几乎没有不利用一定工具的，虽然程度不同，但是多多少少都在利用。所有工具，都是科学技术的结晶。人们利用工具劳动实质上是在利用不断积累的知识成果。历史证明科学技术是提高劳动生产效率的核心要素。

人类劳动功效与劳动组织管理方式也有着密切关联性。最基本的有效组织方式就是劳动分工合作。亚当·斯密指出："劳动生产力上最大的增进，以及运用劳动时所表现的更大的熟练、技巧和判断力，似乎都是分工的结果”。[1] 劳动分工是人类在维持自身生计中逐渐认识到其作用，而后自然形成起来的，并在劳动实践中不断细分。在没有物品交换行为之前，劳动分工已经在家族中间开展。例如，男耕女织，男子更多地从事外部力气活，女子更多地从事比较轻便的活，在原始的社会生活中不失为较好的分工合作。在当时生产生活背景下，分工的责任只需由家族成员中富有经验的长辈便可负责，不需要社会性管理活动参与其中。而随着分工逐步延伸展开，分工所产生的劳动成果逐渐增大，除了劳动者家族成员消费以外，有了在不同家族之间或者不同地区、不同部落之间交换的必要，这种交换活动大大提高了社会的劳动效能。人类开始物物交换、互通有无、互相交易的行为，这有力地推动了社会文明进步。有了交易行为的发生，社会中各种利益关系自然变得复杂起来，交易媒介的确定、交易方式的运用、交易行为的公平等，就需要社会中比家族或者比部落更大范围的管理活动存在。

随着社会的变迁，人世间多元利益的局面越来越复杂。从大的利益主体发展变化看，自然出现以地方为单元的利益主体，乃至以国家为单元的利益主体。从小的利益主体发展变化看，最小核心利益单元逐渐由家庭及其个人构成，家庭单元也越来越小型化。从更具活力的利益主体看，通过劳动合同或契约建立起来的各种各样的企业，是组织程度较高的劳动者集合体，是现代文明非常有意义的产物，每个企业都有着强烈的利益追求，而且与社会民众的利益息息相关。在社会有众多利益关系的局面下，所需要的社会性管理显得越来越重要，因为管理是维护和提高劳动效能的必要保证，也是处理各种利益关系的重要方式。从各社会利益主体本身来讲，尤其是企业主体，其内在的管理万万不可缺少。所以，管理是推动社会历史发展的又一关键要素。如果说科技是硬技术，管理则是软技术，两者都是智慧的结晶。

综上所述，劳动、资本、科技与管理是社会生产力发展的三大要素。其中劳动是最基本的要素，资本是物质基础要素，科技和管理都是人的智

[1] ［英］亚当·斯密：《国民财富的性质和原因的研究》上卷，郭大力、王亚南译，商务印书馆1997年版，第5页。

慧要素，对提高劳动效能有着不可或缺的作用。一个国家、一个地方一定时期内的劳动总产出成果，正是由这三大要素相互作用的结果。必须承认的是，包括土地在内的自然力的作用是不可少的，这三大要素是在自然环境所赋予的条件下进行的，但从人类主导作用的角度分析，可以主要考察这三维要素对劳动成果的决定性作用。为了便于形象地理解，可用人类三要素产出成果立体效能图进行描述（见图4－1）。

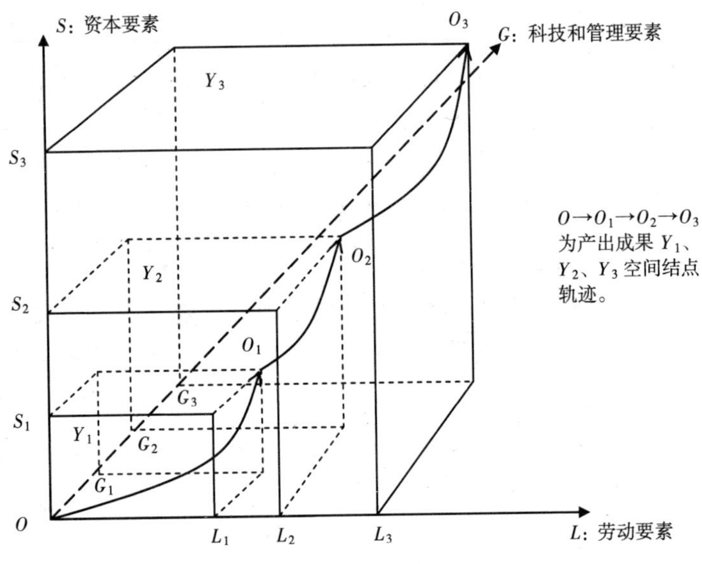

图4－1　三要素产出成果立体效果图

上图横坐标 L 代表劳动要素，纵坐标 S 代表资本要素，深度坐标 G 代表科技与管理要素，原点 O 代表自然环境条件。劳动、资本、科技和管理三大方面的投入决定着劳动总产出成果。

一定时期内的产出可用三维坐标内的长方体表示，决定长方体大小的三条边分别代表这一定期内劳动投入、资本投入、科技运用与管理介入的三要素，从而决定这一期劳动产出的长方体成果。随着投入要素的不断增加，长方体的体积越来越大，代表社会产出成果越来越大。如图中三个长方体的体积依次增大，即 $OO_3 > OO_2 > OO_1$。各长方体与原点相对应的最远顶点形成了各时期社会产出成果结点的空间轨迹，其结点与原点越远，说明产出成果越大。在社会进步的条件下，社会产出成果总是不断增大的，因此产出成果结点的轨迹是向着广阔空间不断发展的，而且是无限扩展的。产出成果结点在横坐标上的位置越长，说明运用的劳动力越多；该结点在纵坐标上的位置越高，说明运用的资本投入量越大；该结点在深度坐标上的位置越远，说明运用的科技与管理要素越广。

用函数公式，可将劳动产出成果的“三要素”作如下进一步分解：

$$\sum_{i=1}^{n} Y_i = \sum_{i=1}^{n} L_i S_i G_i = L_1 S_1 G_1 + L_2 S_2 G_2 + L_3 S_3 G_3 + \cdots + L_n S_n G_n$$

上式中 Y 代表国内生产总值，也就是一个国家或地区一定时期中的总产出成果，L 代表劳动力要素投入，S 代表资本要素投入，G 代表科技和管理要素投入，i 代表国民生产总产出中不同行业的构成部分。整个社会的产出成果是由各行业内细分劳动者集合体的劳动成果组成的。故各劳动集合体的劳动效能状况直接关系着社会整体劳动效能。

在现实中，虽然科技和管理要素与劳动要素、资本要素不一样，很难用确切的数量指标来衡量，但它们的作用是确确实实存在的，而且它们的价值弥足珍贵。某一时期的总产出所发生的比较明显的变化，往往就是其中一项因素发挥了非同寻常的作用。

二、“三要素”的内涵及相互关系

社会生产效能“三要素”合成之后威力巨大，决定着国内经济总的产出，关系着广大民众达到宽裕状态的经济基础。在国家与国家之间、地区与地区之间、甚至同类企业之间也都可从“三要素”的有效整合方面分析查找存在的差距，进而寻求努力的方向。所以，对劳动效能“三要素”深入分析是十分必要的。

（一）关于劳动要素

劳动要素是人类社会最宝贵的资源，劳动资源运用充分，发挥出潜在的能量，则会创造出巨大的财富。马克思主义经济学认为人类的活劳动是创造价值的源泉，它是剩余价值的唯一来源，它的神奇之处在于它能创造出超过自身价值的剩余价值。现代西方经济学的人力资本理论的一个核心观点认为，在经济增长中，人力资本的作用大于物质资本的作用。

全体民众要享有更多更好的经济成果，从事更加有意义的活动，其基本前提是所有的劳动资源能够发挥有益的作用。每个人都能成为有用的劳动资源，他或她出生后就开始在成长过程中进行自觉或不自觉的锻炼与学习，逐渐培育自身的劳动能力。在工作年龄时段，除了极少数人的身体原因外，每个人都能够发挥出一定的劳动能量。并且经过教育或职业技能培训，绝大多数人都能胜任一定职业岗位的工作。正因为人人都能够从事劳动，自然人人都享有劳动的权利。从人之常态心境来看，劳动也已经越来越成为自身的需要。因为人有所事才能达到安心、放心和宽心的充实状态，才能感受到劳动果实的悦趣。当一个人无所事事时，反而会产生无聊、空虚、迷茫之感，有的人还会出现异常行为。人的宽裕生活的基本要求是有一个良好踏实的心境，而有了合适的劳动职位，人就容易形成良好的心境。总体看，人们普遍具有参与工作的强烈的内在愿望，这是人类社会进步所具有的不竭潜能。为此，社会需要创造更多更合适的劳动工作岗位，使人们拥有更充分的劳动机会，发挥出众人的劳动能量，进而推动社会经济不断发展，推动民众生活品质和幸福指数不断提升。

特别值得关注的是，在众多劳动者中总会有一些杰出的人才，这犹如一片森林之中常会有数棵突兀而出的参天大树，他们所具有的勤奋和天赋禀性使他们能够从事更加复杂、更加艰难、更加富有统领性和创造性的劳动，能够为社会增添更多更有益的财富，这又是人类劳动中具有特别价值的资源。这些人的劳动需要得到社会共同的尊重，使他们能够充分发挥出特有的才能。同时，这些突出人才的作用必须要依靠广大劳动者的合力方能收效。

（二）关于资本要素

按照马克思主义经济学的观点，资本是一种可以带来剩余价值的价值，它在资本主义生产关系中是一个特定的政治经济范畴，它体现了资本家对工人的剥削关系，具体物化为货币、实物等。在西方经济学和中国日常经济核算中，人们有意或习惯性地撇去了资本的阶级属性，泛指一切投入再生产过程中的货币及其等价物，包括自然赋予的和人类创造的两种。

所谓物质资本，是指长期存在的生产物资形式，如机器、设备、厂房、建筑物、交通运输设施等。在传统的产业经济中，物质资本占据主导地位，知识经济到来以后，劳动要素（人力资本）的重要性越来越重要，物质资本开始退居次要的位置。但劳动（人力资本）、科技与管理要素对物质资本的替代作用是有限度的，物质资本在经济增长中发挥不可完全替代的重要作用。主要表现为以下几点：

1. 物质资本是其他生产要素的物质基础

首先，其他生产要素虽然不是全部但大部分要以物质资本为附着物。人力资本附着于人体，对物质资本的附着性不明显。科技与管理要素通常附着于一定生产设施、设备、材料等，后者承载前者已有知识存量，尤其是生产工具的水平是科技与管理要素积累的物质体现。其次，其他生产要素必须与物质资本要素相配合才能发挥作用。高素质的劳动者必须与高素质的物质资本相结合才会有高效率的生产，自然界中再好的资源没有人力借助于一定的物质资本加以开发利用，也是处于闲置状态，资源优势不可能自动转化为产品优势和经济优势；社会科技与管理要素存量再大的社会，没有人力在一定的环境下，借助于物质资本从事生产性活动，也不可能有经济的增长和发展。

2. 物质资本总体上的不可替代性

物质资本是实现经济增长的物质基础和条件。人类进入工业社会后，很多资源首先用来改进生产手段，然后再用新的生产手段生产出生活消费品，从而使生产效率和生活消费品产出持续大幅度增长。人类社会发展到今天，仍然在沿着这条迂回生产的线路前进，且用于生产新的生产手段方面的资源呈现出持续上升的趋势。随着高新技术的发展，新的、高效率的生产手段不断产生，未来的社会，生产生活消费品的活动将变得越来越简单而又轻松。

3. 物质资本在生产中的有限替代性

假定在一定的环境资本和社会资本条件下，运用物质资本和人力资本两种要素生产一定量的产品。既可以用多量的物质资本、少量的人力资本生产，又可以用少量的物质资本、多量的人力资本来生产。这两种生产方式的产出相等。这就是说，在实际生产中，物质资本与人力资本之间有一定的有限替代性。

4. 投资于基础设施和公用事业公共物质资本的直接福利性

基础设施和公用事业的物质形态表现为道路、桥梁、水源、卫生设备、通讯、广场、休闲地等。这类物质资本虽然不是全部，但至少有一部分可以直接供人们消费，提高人们的生活质量。例如，通畅的道路、通讯条件的改善可以使人们相互之间的交往更加便捷；优良的水源和卫生设施能够减少人们的疾病和提高健康水平；休闲场所的建设可以供人们更好地开展体育、文艺活动和业余消遣等等。随着这类物质资本的积累，人们的福利必定得到增进，这本身就是经济发展的重要内容之一。

（三）关于科技与管理要素

人类的生产活动是社会化的集体活动，作为应用与整合劳动要素和资本要素的平台与手段，科技与管理要素是整个生产活动不可或缺的重要组成部分。

1. 科技要素

人们劳动的普遍效能状况关键取决于科技要素。科技的作用首先是延伸劳动者的身体功能。各种仪器设备是科技的结晶，它们在力量、能量、数量，以及速度、温度、精度等等方面帮助完成人们在劳动中所希望达到的结果。其次，科技的作用在于更好地利用资源，并克服资源不足的矛盾。科学的发展，能够对自然界的物质特性和变化规律更好地认识，进而通过技术的发明，利用自然物有益的功能为人类服务。在资源有限的客观状况下，科学技术对资源的综合利用率可不断提高，并寻找出新的可用品。其三，科技的作用还在于防范和制止各种危害、差错或负面影响。物之利往往附之弊，欲用其利，需克其弊。在人类劳动生产活动中，往往会产生行为缺陷，也需要一定的仪器设备帮助克服。其四，与科技相映衬的创造性劳动，如工艺艺术，使劳动成果更具光彩。如果说科学技术的劳动是化无为有、化繁为

创新之歌

创新，人类活动的美妙特征
创新，是创意的实现，而创意源于需求之本
啊！是知识的力量，实践的力量，管理的力量
让物的特性，人的特长，凝聚创意的新生
创新，赋予产品质感和品位
创新，赋予服务舒畅和入微
创新，赋予机制活力和振威
创新，赋予艺术高超和美伦
啊！源源不断的创意
激发源源不断的创新
创新，让劳动更增效
让世界更增辉！

简的话，工艺艺术的劳动则化凡为美、化俗为贵。

科学技术的功用说明，将一部分有能力的劳动者投身到科研活动中是非常值得的，可以获得大众劳动效能的普遍提升。同时，社会一旦有了更好的科技成果，就需要在保障研究与开发者必要利益的基础上尽快让优良成果为人类服务，使社会公众得到普遍享用。社会文明进步很大程度上取决于人类社会创优、集优、扩优以及普优的实际进程。

2. 管理要素

人们的劳动效能实际能够产生作用的状况，在很大程度上还取决于管理要素。通过管理机制的完善，激发出人的劳动效能，是管理功能最基本的效用。由于各种不同的人所处的岗位不同、所担当的责任有轻有重，需要有适合的管理机制才能发挥作用，而共同的管理要点是：明确任务目标和责任，给予完成任务履行责任的基本条件，并赋予相应的权利，然后是严格考核，奖罚分明。

管理活动在社会经济发展过程所起的作用是不可估量的。我国改革开放一开始，邓小平针对原来计划经济体制下劳动者无积极性、企业事业单位无积极性、地方无积极性等弊端，提出了加强责任制、与物质利益挂钩、扩大企业和地方自主权等重要思想原则，并实施了一系列改革措施，产生了巨大的社会效应，各个方面的活力明显增强，社会生产力得到很大解放。

现实社会经济生活中，众多的矛盾和问题可以通过管理方式的改革与完善加以克服。不管是微观事物，还是宏观大局，特别是事关民众劳动成果的更大产出，以及民众劳动成果的合理分享，都可以在一系列管理机制上进行完善性的改革，改进不足的方面，使广大民众真正过上比较合心意的宽裕式生活。

上述三要素四个组成部分有如下关系：劳动是创造财富的源泉；资本是创造财富的工具；科技在增量财富的生产上发挥的作用从无到有且越来越大，到了后工业化阶段，它发挥着关键性作用；管理是把上述三个因素如何组合起来发挥各自最大作用的粘合剂。如果说科技属于硬件科学，管理则属于软件科学，二者成为人类经济活动的的智慧要素。值得注意的是社会分工越细、社会越发达，管理的作用也会越来越大。

第二节 中国生产要素效率发展的轨迹

新中国成立以来，我国经济增长取得了显著的成就。但在财富增长过程中，更注重经济增长的数量即经济总量的增长，具体表现就是偏重经济的增长速度。以不变价计算，2010 年的 GDP 是 1952 年的 94.94 倍。对于一个大国而言，这一长期的高速增长，在全球范围内是极其少见的。我国经济在高速增长的前期，对于迅速壮大国力、增加就业、提高居民收入水平、维持社会稳定等功不可没，但到后期，也逐渐暴露出要素利用效率不高、资源浪费严重、生态环境遭破坏等问题，从本质上讲，就是经济增长的质量问题。

众所周知，经济增长是由投入要素决定的，投入要素的数量、质量以及要素间组合配置的效率直接决定了经济增长的质量。各种要素之间如何配比利用无疑应当作为经济增长质量的一个重要指标。

一、全要素生产率是衡量经济增长质量的重要指标

对要素生产率进行分析，不仅是探求经济增长源泉的主要工具，而且是确定经济增长质量的主要方法。这里讲的要素生产率包括两个方面：一方面是资本和劳动这两大基本要素的生产率；另一方面是人们常说的综合要素生产率，又称全要素生产率，主要是衡量科技和管理要素等的作用。在实际分析时，经常使用劳动生产率、资本产出比率和全要素生产率来评价经济增长质量的高低。

1. 劳动生产率

一个国家或者一个地方甚至一个企业的劳动资源利用状况，由所利用的劳动者人数、每人平均劳动时间以及每人平均社会劳动生产率决定。劳动生产率是指劳动者的生产效果或能力。它的水平由科技和管理要素所发挥作用的状况决定。劳动生产率不仅是影响经济增长数量的重要因素，同

时也是影响经济增长质量的一个重要因素。以全社会为单位来计算生产单位产品所耗费的社会平均必要劳动量就是社会劳动生产率，这是最为常用的指标。劳动生产率的提高，意味着活劳动和物化劳动的节约，归根到底是活劳动的节约。经济增长质量的目标既是提高产品和服务的品质，又是提高经济效益，而劳动生产率的提高与经济效益有着必然的联系，劳动生产率的提高是经济效益提高的必备条件。

2. 资本产出比率

如果说劳动生产率反映的是劳动的使用效率，那么资本产出比率反映的就是资本的使用效率，而资本产出比率的倒数即为单位资本的产出量。所以说，这一指标从资本的角度出发反映了经济效益与要素使用效率的关系。

3. 全要素生产率

20 世纪 50 年代，美国经济学家索洛提出了具有规模报酬不变特性的总量生产函数和增长方程，在此基础上提出了全要素生产率，并把它归结为是由技术进步而产生的。全要素生产率是指由各要素（如资本和劳动等）投入之外的技术进步和能力实现等导致的产出增加，是剔除了有形要素投入贡献后得到的残差，故也称为索洛残差。经济增长理论认为技术进步及管理的改进可以改变生产要素的组合，提高生产率。反之，若没有技术进步与管理的提升，则经济增长将受到资本收益递减规律的限制。所以，引入技术与管理要素，提高技术与管理在经济增长过程中的贡献率，将会提高其他要素生产率，从而促进经济增长质量的改善和提高。全要素生产率是分析经济增长源泉的重要工具，同样也是衡量经济增长质量的重要指标。全要素生产率可以分析各种因素（投入要素增长、技术进步和能力实现等）对经济增长的贡献，识别经济是投入型增长还是效率型增长，从而对经济质量做出正确评价。

二、中国经济增长过程中要素生产率及经济增长方式分析

经济增长方式分为两种，主要根据影响经济增长的三大类要素在经济增长中所起作用的大小来划分。如果经济增长主要依赖生产要素在原来技术水平基础上的数量扩张，即劳动、资本、土地等生产要素投入量的增

加，则称为粗放型的经济增长方式；如果经济增长主要依靠技术进步、规模经济、结构优化、科学管理等全要素生产率的提高来推动，则称为集约型的经济增长方式。经济增长方式的转变就是由粗放型的经济增长方式向集约型的经济增长方式转变，经济增长质量的提高是以要素生产率的提高为前提的。

显然，一定时期要素生产率的高低决定了经济增长方式的状态。如果要素生产率持续达到一定的数量界限，则可能意味着经济增长方式的转变与经济增长质量的提高。因此可以说，要素生产率的高低是反映经济增长质量好坏的一个主要方面。

1. 劳动、资本单要素生产率的统计描述

在分析经济增长质量，即分析经济增长过程的效率变化时，使用单要素生产率的概念是最早的分析手段之一。从应用的简便性来说，全社会劳动生产率和资本产出比率能够粗略地勾勒出宏观经济效率的状态。

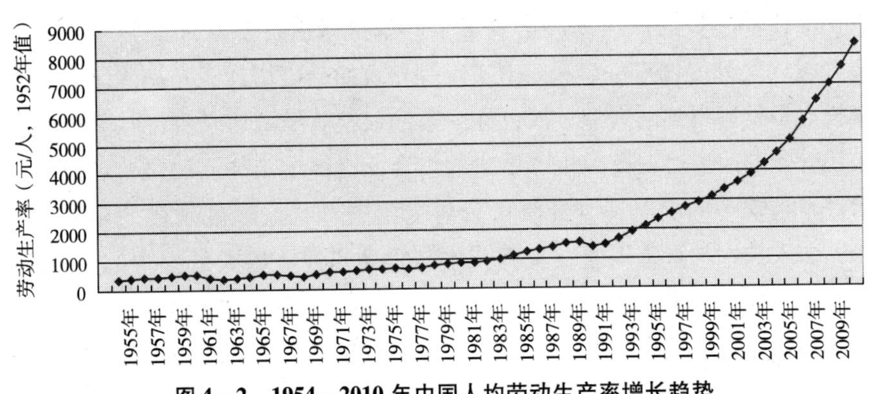

图 4－2　1954—2010 年中国人均劳动生产率增长趋势

劳动生产率可以正向地反映经济增长过程中劳动力使用效率的提高。我国劳动力使用效率，即劳动生产率＝GDP（1952 年不变价格）/年均从业人数，在逐年增加，由 1954 年的 374 元/人增长到 2010 年的 8400 元/人，净增长了 28 倍。从新中国成立初期到 1983 年，中国人均劳动生产率始终低于 1000 元/人；上升至 2000 元/人，用了 10 年时间，再上一个千元的台阶用了 5 年，2000 年后至 2010 年，接连越过六个千元台阶，中国劳动生产率的提升呈现加速的态势。

资本产出比率的状况及其变动反应了经济增长过程中社会资源的利用状态，利用本书核算的资本和产出数值，可以对新中国成立以来的资本产出比率（=年均资本存量/GDP（1952 年不变价格））进行描述。为更准确反应出边际资本的产出效应，再引入投资乘数，投资乘数 = 国民收入的变化/投资的变化 = $\Delta Y/\Delta K$①。1954—2010 年中国资本产出比率和投资乘数的变化特征见图 4 - 3。

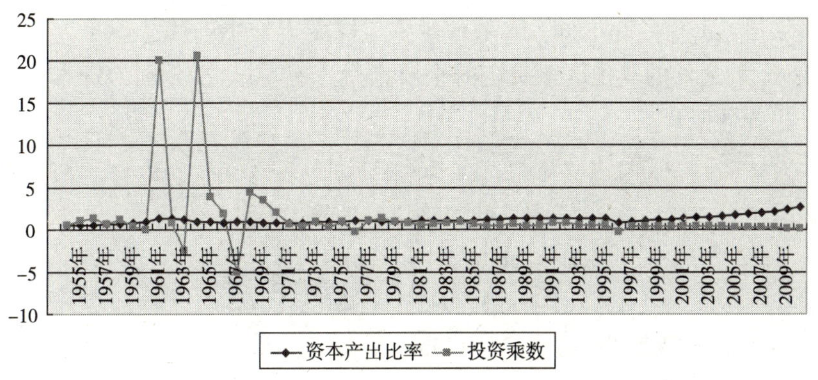

图 4 - 3　1954—2010 年中国资本产出比率和投资乘数比较

改革开放以后，资本产出比率的发展趋势呈现 1980—1996 年、1997—2010 年两段特征，发展趋势都是逐步走高，尤其是后一段的增幅较大，2008—2010 年年均超出了 2，这说明其利用效率呈现下降趋势。投资乘数反应的是边际变化，除极个别年份外，两者走势基本上相符。

① 这里以 1952 年的商品零售价格指数为 100，然后换算出 1952—2010 年的商品零售价格平减指数，分别对 1952—2010 年间的支出法 GDP 及固定资产投资数据进行平减，得出模型（4.1）及其推导衍生式子所用的产出数据。由于中国不存在真实资本存量数据，我们将平减后的固定资产投资流量数据按永续盘存法构造物质资本存量：$K_t = (1-\varphi)K_{t-1} + I_t$，其中 K_t 和 I_t 分别是 t 期的资本存量和当期投资，φ 是资本存量的年折旧率，根据我国实际情况，假定资本存量的年折旧率为 10%。本研究设定基期年为 1952 年，基期年的资本存量按以下国际常用方法计算（Griliches，1979；Coe 和 Helpman，1995，Baffes 和 Shan，1998）：$K_0 = I_0/(g+\varphi)$，g 为平减后 1952—2010 年间固定资产投资的真实年均几何增长率，我们测算为 12%。

2. 要素生产率估计和经济增长基本模型

在不同的假设下生产函数和经济增长方程对基本要素投入和全要素生产率及对经济增长贡献的测算所得结论是不同的。通过采用 Hicks 型中性技术进步生产函数来导出中国经济增长方程，原因有二：一是数据相对可得性，二是其假设不存在规模经济，使增长速度方程推导相对简单。在具体的方程选用上，采用最普遍的 AK 函数，应用时间序列线性回归的方法估算中国经济增长速度方程。以下为经济增长速度方程的简要推导过程。

$$Y_t = A(t)k_t^{\alpha}L_t^{\beta} \tag{4.1}$$

这里，A（t）指时间 t 的某种函数，以考虑外生的趋势现象，基本上反映 K、L 之外的其他因素决定的全要素生产率。α、β 分别为资本、劳动力产出弹性系数。

对（4.1）式两边取对数，有 $\ln Y_t = \ln A(t) + \alpha \ln k_t + \beta \ln L_t$，对上式两边做全微分变换，可得到常见的经济增长速度方程。

$$\frac{dY_t}{Y_t} = \frac{d(A(t))}{A(t)} + \alpha\frac{dK_t}{K_t} + \beta\frac{dL_t}{L_t}$$

对离散时间序列函数而言，可得出下等式：

$$\frac{\Delta Y_t}{Y_t} = \frac{\Delta A(t)}{A(t)} + \alpha\frac{\Delta K_t}{K_t} + \beta\frac{\Delta L_t}{L_t}$$

最终得到经济增长速度方程如下：

$$g_t = a_t + \alpha kf_t + \beta lf_t \tag{4.2}$$

其中，g_t 表示某年产出的增长率，kf_t、lf_t 分别为 t 年 α、β 资本存量投入、劳动力投入的增长率，a_t 为全要素增长率。

将（4.2）式两端分别除 g_t，便得出各要素对经济增长的贡献为

$$1 = \frac{a_t}{g_t} + \frac{a_t kf_t}{g_t} + \frac{\beta_t lf_t}{g^t} \tag{4.3}$$

（4.3）式等号右侧三项分别表示为 t 年的全要素生产率、资本投入贡献率、劳动投入贡献率。

注意到三年自然灾害及调整与“文化大革命”初期国民经济发展的不正常波动，在此引入虚拟变量 $d1$ 来分析。

$d1 = \{1$ 1961—1964 年及 1967—1968 年，0 1953—2010 年中其他年份$\}$

以1953—2010年中国经济增长数据作为研究对象，对于运用时间序列回归测算法而言，符合有的学者主张数据长度应在50个以上的要求，对确定要素投入与产出之间的函数关系，求出各变量（要素投入与产出）的均衡增长路径比较理想。引入虚拟变量对经济波动较大出现指标值变异年份进行烫平，但并不破坏各投入要素和产出的时间序列数据的质量，以使模型能基于原始数据得出反映经济事实的要素投入与产出增长结果的分析。在下面的计算中，如无特殊说明，一般情况下都未对中国要素投入的时间序列数据进行修正。

3. 模拟的结果

运用Eviews6.0软件包通过不同形式的试算及经济意义比较，得出1953—2010年间中国的无生产规模约束的生产函数拟合结果如下：

$$\ln Y_t = 1.928 + 0.651\ln K_t + 0.67\ln L_t$$
$$(9.72)^{***} \quad (11.67)^{***} \quad (3.28)^{***}$$

$R^2=0.987$，修正后 $R^2=0.986$ $F=198.5$。因此，在规模收益不变的情况下，将中国生产要素投入的产出弹性正规归一化，则有：$\alpha=0.49$，$\beta=0.51$。

推导出1954—2010年中国经济发展速度方程为：

$$g_t = a_t + 0.49kf_t + 0.51lf_t$$

据此，推算出1954—2010年间，资本投入、劳动投入、全要素生产率的增长率及对经济增长速度的贡献度，具体结果见表4-1。

表4-1 1954—2010年中国要素生产率增长率及其贡献率

单位:%

年份	产出增幅	资本投入增幅	劳动投入增幅	全要素生产率增幅	资本投入贡献率	劳动投入贡献率	全要素生产率贡献
1954	4.21	14.65	2.19	-4.08	170.37	26.52	-96.89
1955	6.85	11.81	2.27	-0.10	84.52	16.92	-1.44
1956	15.02	19.82	3.09	3.74	64.63	10.49	24.88
1957	5.06	13.05	3.27	-3.00	126.38	32.97	-59.36

续表

年份	产出增幅	资本投入增幅	劳动投入增幅	全要素生产率增幅	资本投入贡献率	劳动投入贡献率	全要素生产率贡献
1958	21.25	27.53	11.90	1.69	63.47	28.56	7.97
1959	8.82	28.46	-1.61	-4.31	158.15	-9.28	-48.87
1960	-0.32	22.87	-1.12	-10.96	-3509.87	178.79	3431.08
1961	-27.32	-1.38	-1.12	-26.08	2.47	2.09	95.44
1962	-5.61	-5.29	1.25	-3.66	46.17	-11.36	65.19
1963	10.21	-2.93	2.82	10.21	-14.08	14.07	100.01
1964	18.26	0.75	4.11	15.79	2.01	11.49	86.50
1965	17.03	4.33	3.37	13.19	12.46	10.08	77.45
1966	10.73	6.19	3.96	5.68	28.25	18.82	52.93
1967	-5.70	1.31	3.39	-8.07	-11.29	-30.28	141.57
1968	-4.09	-0.99	3.57	-5.42	11.87	-44.60	132.73
1969	16.89	4.99	4.10	12.35	14.49	12.40	73.12
1970	19.40	11.34	3.63	11.99	28.63	9.55	61.82
1971	7.05	11.89	3.45	-0.54	82.67	24.96	-7.63
1972	3.77	9.40	0.66	-1.18	122.32	8.90	-31.22
1973	7.86	8.71	2.23	2.46	54.29	14.45	31.26
1974	2.31	8.10	1.96	-2.66	171.83	43.22	-115.05
1975	8.69	9.66	2.14	2.87	54.48	12.55	32.97
1976	-1.62	7.19	1.74	-6.03	-217.51	-54.95	372.46
1977	7.62	6.45	1.40	3.75	41.46	9.36	49.17
1978	11.67	8.72	1.97	6.39	36.61	8.60	54.79
1979	7.57	7.66	2.17	2.71	49.53	14.63	35.84
1980	7.84	10.15	3.26	1.20	63.45	21.20	15.36
1981	5.24	8.85	3.22	-0.74	82.74	31.32	-14.06
1982	9.06	11.76	3.59	1.47	63.60	20.22	16.18
1983	10.85	12.29	2.52	3.55	55.50	11.84	32.66
1984	15.18	14.74	3.79	6.02	47.60	12.74	39.65

续表

年份	产出增幅	资本投入增幅	劳动投入增幅	全要素生产率增幅	资本投入贡献率	劳动投入贡献率	全要素生产率贡献
1985	13.47	17.50	3.48	3.12	63.67	13.17	23.16
1986	8.85	17.10	2.83	-0.97	94.70	16.29	-10.99
1987	11.58	16.20	2.93	2.15	68.53	12.89	18.58
1988	11.28	13.86	2.94	2.99	60.20	13.28	26.52
1989	4.06	6.50	1.83	-0.06	78.40	22.99	-1.38
1990	3.84	5.54	17.03	-7.56	70.74	226.18	-196.91
1991	9.18	7.72	1.15	4.81	41.23	6.37	52.40
1992	14.24	12.54	1.01	7.58	43.16	3.61	53.22
1993	13.96	18.63	0.99	4.33	65.37	3.62	31.01
1994	13.08	15.85	0.97	4.82	59.38	3.78	36.84
1995	10.92	12.83	0.90	4.18	57.56	4.22	38.22
1996	10.01	-31.89	1.30	24.97	-156.12	6.63	249.49
1997	9.30	21.80	1.26	-2.03	114.88	6.92	-21.80
1998	7.83	19.17	1.17	-2.16	119.94	7.62	-27.56
1999	7.62	18.74	1.07	-2.11	120.54	7.17	-27.71
2000	8.43	15.83	0.97	0.18	91.99	5.85	2.15
2001	8.30	14.79	1.30	0.39	87.28	8.01	4.71
2002	9.08	14.73	0.98	1.36	79.48	5.50	15.02
2003	10.03	15.22	0.94	2.09	74.40	4.77	20.82
2004	10.09	17.20	1.03	1.13	83.58	5.22	11.21
2005	10.43	19.20	0.83	0.60	90.18	4.06	5.76
2006	11.65	20.55	-1.12	2.15	86.46	-4.89	18.43
2007	13.04	20.25	0.46	2.88	76.11	1.79	22.10
2008	8.95	19.66	0.32	-0.85	107.63	1.84	-9.47
2009	9.11	21.57	0.35	-1.64	116.00	1.96	-17.95
2010	10.80	22.74	0.37	-0.53	103.15	1.73	-4.88

三、新中国经济增长方式的特征和经济增长质量

从表4－1所列示的资本存量、劳动力及全要素生产率的贡献来看，可以将1954—2010年中国经济的发展分为改革开放前后两个阶段，并得出相应阶段的特征。

1. 改革开放前各要素对经济增长的贡献（1954—1977年）

三要素对经济增长贡献率处于较大起伏期，这和新中国成立后由乱转治、社会主义改造完成及前两个五年计划实施（这中间有1957—1958年大跃进、1960—1962年三年自然灾害）有关，资本投资增量、人力资源投入波动较大，全要素生产率由于同它们之间的线性关系，导致它的贡献率波动过大，应该说这一时期较大幅度的增减变动并不能说明科技、知识创新有某种趋势性的变化。1963—1977年间除了1967、1968、1976年外，三种要素贡献率处于相对稳定期，但显示全要素生产率贡献过大，超过1的贡献率难以令人信服，毕竟整个过程处于经济调整和“文化大革命”时期。不容忽视的是，改革开放前，不论是劳动力还是资本的投入增长以及由此带来的经济增长率的提高，都为改革开放后我国经济的起飞奠定了基础。

2. 改革开放后各要素对经济增长的贡献（1978—2010年）

这个阶段总的特征是资本增长率与贡献率是经济增长的第一动力，33年间有24个年份资本投入的经济增长贡献率大于60%，其中1997年以后，其年均经济增长贡献超过了90%，投资型增长的特征表现特别明显。劳动增长率与贡献率与改革开放前比，明显呈下降趋势。1990年的巨变是国家调整了统计口径所致，从其他年份来看劳动增长率与其经济增长贡献率长期呈下降态势。其中劳动投入的经济增长贡献率在8%以下，与资本的强势相比，处于绝对的弱势。而全要素增长率与经济贡献率作为增长的残差，没有体现出理想当中持续走高、走强的势头，呈现出紊乱的特征，与理论预期及现实经济增长中科技与管理要素突飞猛进的发展有些不符。从国际比较来看，发达国家的全要素生产率增长对经济增长的贡献率高达60%—70%，一些新兴工业化国家的贡献率也超过了50%，而我国的全要素生产率增长对经济增长的贡献却远远小于这一比率，且多年来全要素生产率

的增长很不稳定，波动较大。出现这种情况的主要原因在于我国的经济增长方式一直以数量扩张型为主，使得整个系统投入产出的效率极其低下。

综合以上对新中国成立以来劳动生产率、资本生产率、全要素生产率及各个要素对经济增长的贡献，可以看出，我国 30 多年的改革开放，经济增长在数量上发生了根本的变化，但是我国经济增长质量的改善却不容乐观。

可以说，我国经济增长质量总体上趋于好转，但没有摆脱资本驱动经济增长的路径依赖。改革开放 30 多年来，我国科技得到了巨大的发展，创新在经济增长中的作用越来越大，但是不能忽视的是，由粗放式的增长方式向集约式的经济增长方式转变并没有真正完成，各要素的效率并没有得到充分发挥，我国经济发展质的提高并没有实现。我国经济增长质量总体上与发达国家和新兴工业国家存在明显的差距，缩小这种差距的关键在于经济发展方式的转变，这也是中国经济能否顺利实现持续起飞和新世纪宏伟目标的关键。

通过上面的分析可知，我国要在今后的经济发展中注重在质的方面提升，需要提高要素生产率，主要是提高以技术为代表的全要素生产率，而这一切又归结为经济发展方式的转变，即由传统的粗放型增长方式向集约型或内涵式的经济增长方式转变。这种集约型或内涵式经济增长的主要动力并非来源于社会资源的投入，而是来源于技术进步和创新。这种更具潜能并且质量更高的发展方式，对我国在经济增长方面实现质的提高将发挥持续地推动作用。

第三节　知识经济条件下生产要素变化及组合的新趋势

一、知识经济时代“四方合力”的社会化高效组合机制

知识经济（Knowledge Economy、Knowledge Based Economy）亦称智能

经济，知识经济的缘起与新经济增长理论有关。20 世纪 80 年代，在世界经济增长主要依赖于知识的生产、扩散和应用的背景下，美国经济学家罗默和卢卡斯提出了新经济增长理论。罗默把知识积累看作经济增长的一个内生的独立因素，认为知识可以提高投资效益，知识积累是现代经济增长的源泉。卢卡斯的新经济增长理论则将技术进步和知识积累重点投射到人力资本上。他认为，特殊的、专业化的、表现为劳动技能的人力资本者才是经济增长的真正源泉。这些研究，使人们对知识与经济的关系产生了全新的认识。1996 年，OECD（经合组织）发表了题为《以知识为基础的经济》的报告。该报告将知识经济定义为建立在知识的生产、分配和使用（消费）之上的经济。其中所述的知识，包括人类迄今为止所创造的一切知识，最重要的部分是科学技术、管理及行为科学知识。

有关知识经济的主要观点有：知识经济是与农业经济、工业经济相对应的一个概念，它以知识为基础，是一种新型的富有生命力的经济形态；知识化（智能化）是继工业化、信息化为主要内容的现代化发展的第三个阶段；创新是知识经济发展的动力，教育、文化和研究开发是知识经济的先导产业，教育和研究开发是知识经济时代最主要的部门，知识和高素质的人力资源是最为重要的资源。知识经济的兴起对人类的生产、生活及社会组织与管理形态产生变革性的影响。就宽裕型社会建设而言，知识经济时代企业自力、政府给力、社会借力、行业群力“四方合力”的社会化高效组合必将产生巨大的生产力。

（一）企业自力：指企业自身的主动性、开拓性

企业是市场经济最重要的微观主体。在商品经济社会，企业作为一种组织形式，它一般以营利为目的，依法从事生产、流通和服务等满足社会需要的经济活动，通过提供产品或服务换取收入。它是社会发展的产物，因社会分工的发展而成长壮大。科斯 1937 年在《企业的性质》中第一次提出交易费用的概念，指出企业之所以是商品经济发展到一定阶段的产物，是因为企业能作为在某种状态下替代市场的一种交易费用较低的资源配置主体。

在市场经济条件下，企业是实行自主经营、自负盈亏、自我发展、自我约束的法人实体和市场竞争主体。企业要在竞争中生存并获得发展的最主要途径就是不断地追求技术进步与创新。

熊彼特的创新理论认为，所谓创新就是要“建立一种新的生产函数”，即“生产要素的重新组合”，就是要把一种从来没有的关于生产要素和生产条件的“新组合”引进生产体系中去，以实现对生产要素或生产条件的“新组合”，熊彼特称之为“企业”；以实现这种“新组合”为职业的人们便是“企业家”，作为资本主义“灵魂”的“企业家”的职能就是实现“创新”，引进“新组合”。熊彼特对企业、企业家的这种独特的界定，其目的在于突出创新的特殊性，说明创新活动的特殊价值；而实现这种“新组合”的目的是获得潜在的利润，即最大限度地获取超额利润。熊彼特认为，“创新”是资本主义经济增长和发展的动力，没有“创新”就没有资本主义的发展。如果把资本主义理解为市场资源的配置方式的话，追求创新的规则对所有的市场经济下企业都是适用的。

（二）政府给力：是指政府所赋予的法制和政策氛围和行政服务

政府作为一个社会上层建筑的集中体现，从其诞生之日起就与其生产力物质基础紧密相关。马克思主义的生产力、生产关系与上层建筑的经典理论认为，生产力是基础，生产关系与上层建筑必须适应生产力的发展，否则，就会引发生产关系与上层建筑的变革与革命，使其适应生产力的发展；而生产关系与上层建筑适时与恰当的变革也会促进生产力的解放和发展。

政府对生产力的影响是全方位的，它对经济发展起促进作用还是阻碍作用取决于政府自身对经济发展的职能定位。生产力及社会发展的不同阶段，不同性质政府的经济职能是不一样的。进入资本主义社会以后，西方国家政府的职能一直处于不断演进当中，关键是如何处理好政府与市场之间的关系问题。美国兰德公司的研究报告《市场或政府——权衡两种不完善的选择》（查·沃尔夫主持完成）的结论是：既要使政府在改善和扩展市场中发挥作用，又要利用市场力量改善政府功能。也就是说，利用政府弥补市场缺陷，利用市场克服政府失败。市场有失灵，政府也有失灵，政府失灵表现为国家对经济干预过度造成市场进一步失灵，也表现为国家对经济干预不足使市场无法正常运行；政府只能干预市场根本性失灵，不能干预市场非根本性缺陷；政府要利用市场去干预经济。

当代资本主义国家政府职能的演变存在逐步扩大趋势。特别是第二次世界大战以来，西方国家政府职能迅速膨胀。因为社会经济迅速发展，社会公共事务不断增加，为满足较高的社会发展需求，政府活动也随之增加，符合“瓦格纳法则”预测①。发达国家逐步地抛弃自由资本主义的思想，增强了政府的宏观调控与综合协调职能。各国政府普遍加强宏观调控和综合协调部门，建立和完善综合协调机制。各国政府普遍重视计划手段与经济手段、法律手段的综合运用。一方面，政府通过制定指导性计划，对国民经济发展前景做出预测，向社会经济组织提供政府经济政策和市场发展前景的综合信息；另一方面政府通过预算调控、货币金融调控、物价调控等经济手段及法律手段，对市场进行调控，以保证市场的正常运行和竞争的公正性、合法性。

随着中国经济体制由计划经济向市场经济的转变，中国政府的职能也发生了重大变化。按照中国特色社会主义市场经济的要求，中国政府以政企、政事、政府和社会职能分开为重点转变政府职能，政府将不属于自己的职能逐步交还给企事业单位及社会中介组织等，以防止政府职能的“越位”；将属于自己的职能逐步收归政府，避免政府职能的“缺位”，实现政府与其他非政府组织之间的职能重新调整与组合，通过这样的职能转变，找准政府在社会公共事务管理中的位置。政企分开是政府职能转变的关键，也是政府机构改革成功的必要条件，从20世纪90年代开始，中国开始了大规模的国有企业改革与改造，几经调整，基本建立起了现代企业制度，也形成了一定规模的新国有经济。与此同时，政府的管理方式也发生根本性的变化：由微观管理转向宏观管理、由直接管理转向间接管理、由以产品为对象的部门管理转向以行业为对象的行业管理、由主要依靠行政手段管理转向主要依靠经济、法律手段管理、由单纯管理转向管理服务。中共十六届三中全会对我国各级政府职能进行了明确界定，即“经济调节、市场监管、社会管理、公共服务”。政府管理内容因时制宜地调整变化是发展中国特色社会主义市场经济和实现政府职能优化及管理科学化的

① 19世纪德国经济学家瓦格纳认为，为满足较高的社会发展，政府活动也必然随之增加。他的这一论断被称为“国家活动不断增加的法则”，该法则不断被世界各国的发展历程所证实。

客观要求。

根据国家创新体系理论中新熊彼特主义者——弗里曼提出的“政府的科学技术政策对技术创新起重要作用”理论，政府的主要职责应该是通过科技创新政策来构建一个完整的创新生态，通过这个完整的创新生态，最大限度地集聚国内外优质研发资源，形成持续创新的能力和成果。针对当前我国创新动力、创新能力、创新资金不足的问题，政府在政策架构上需要做的有：完善促进自主创新的财政、税收、科技开发及政府采购政策；完善风险分担机制，大力发展风险投资事业，加大对自主知识产权的保护与激励；健全创新合作机制，鼓励中小企业与大企业进行技术战略联盟，实施有效的产学研合作，推进开放协同创新；重构为创新服务的金融体制，发展各类技术产权交易，构建支持自主创新的多层次资本市场。

案　例

2009 年，龙芯低成本电脑列入首批国家级自主创新产品，常熟市委市政府全力支持，率先首购 1 万台龙梦电脑，在全市教育和农村信息化领域率先应用，在全国起到了示范作用。江苏省政府首购 15 万台龙梦电脑，价值 4 亿 1 千万元，2010 年在全省 5000 所农村中小学全面推广应用。

（三）社会借力：借助社会方方面面的资源为企业的发展服务

一个生产组织是为社会服务的，其发展离不开其自身所处的社会环境。对于一个生产组织，如企业而言，其自身的资源是极其有限的，以其自身的资源与能力无法实现超越常规的发展。但是，一个好企业却是善于利用外部各种资源，以市场或政府目标为平台或纽带，在自身条件不具备的条件下，可以借助外部条件获得发展。利用他人、他企、他地、他国的优势发展自己。这方面的例子在江苏三十多年改革开放的发展中不胜枚举。在上个世纪七八十年代，苏南乡镇企业就是利用了上海的“星期日工程师”、给国有企业做配套等发展起来的，并最终形成苏南乡镇企业自己的特色与优势，也就是所谓的“苏南模式”；上个世纪九十年代开始，江苏尤其是苏南地区抓住上海浦东开发和国际产业转移的机遇，大量引进国际资本发展外向型经济，成功地打造成为中国世界工厂的重要基地之一；进入新世纪后，针对世界工厂存在的问题，江苏在全国率先寻求突破，大力提升传统产业和发展新兴产业，由以往的“招商引资”到现在的“招才引智”，大批由高智力人才所带来高新科技和创意企业初具规模，并表现出潜在而又广阔的发展前景，使中国经济与世界经济发展节拍更加紧密。

借力发展的核心是企业。地方组织自己要有良好的主导意识和组织推动意识，主动利用他人的优势，同时给予被利用者必要的优惠，使他们既有用武之地又有经济上的适当利益。在这方面江苏的案例也很丰富，从上世纪九十年代开始的苏南苏北早期的挂钩帮扶，到新世纪后两地合建开发区，实现符合市场规律的合作共赢。2006 年，无锡市政府推出“530 计划”更是新时期地方政府借力发展的一个典型案例。

案　例　无锡的“530 计划”

为了推广海外归来科技人才创业成功经验，2006 年无锡市政府出台了《市政府关于引进领军型海外留学归国创业人才计划的实施意见》，计划在 5 年内引进 30 名海归领军型创业人才，称为“530”计划。在政府的推动下，无锡市引进的“530”项目呈几何级数增长。截至 2011 年 12 月，无锡共有注册落户“530”企业超过 1500 家。截至 2010 年，无锡已累计引进海外归国人才超过 6000 名，其中不乏“重量级”人物，远远超过了 5 年引进 30 名“海归”领军人才的预期。而在 2005 年之前，无锡引进的海外留学人才总量仅 500 名左右。人才带来的集聚效应很大。无锡不仅吸引了大量“海归”人才创业，也招来不少美国、丹麦、日本等国的海外研发团队，形成了海外智力和人才的双重集聚。无锡给予这些最高端的人才提供最高端的服务，“530 计划”的项目人才，无锡提供 100 万元创业启动资金、100 平方米工作场所、100 平方米住房公寓；提供不低于 300 万元风险投资和不低于 300 万元的商业贷款担保。

从企业的实践层面借力发展方面也有很多典型案例。

1. 组织联合攻关

在当今社会分工日益细化的大背景下，产业、学术机构和科研机构有着不同优势和运转特点，发达国家及中国的发展经验也一再地表明，通过产学研相结合实现自主创新，被当今社会大多数人认为是比较可行的路径。江苏的吴江万工集团、扬州顺大集团、镇江丹阳恒神集团在这方面都有较为成功的实践。

案　例　万工集团的产学研相结合之路

从1976年一个资产不足1000元的缝纫机零件厂，到生产缝纫机整机，到2005年自主研发并生产WG2000型喷气织机，2008年研制出了提花机，再到2010年自主研制成功WG2100型高速喷气织锦机，万工集团成为震撼全球纺织机械制造行业的翘楚企业，不仅走出2008年金融危机的阴影，迎来新的黄金发展期，并不断走向“高、大、强”。万工企业成功的背后，是它多年不懈地专业化努力，企业引领者敏锐的市场判断，以及产学研结合创新机制等方面的成功融合。万工集团的产学研之路的特色在于，它重点在三个体系上下功夫：一是资本和工艺设备投入体系；二是科技项目攻关责任激励体系；三是项目管理和工艺流程改进体系。该企业精益求精不断对新产品挑毛病，只要还有可能导致公司产品质量和市场信誉的瑕疵存在，公司就不仓促扩张市场，而是立足技术可靠、服务完善和可持续发展，直到产品成熟完善才推入市场。谈及多年来万工的转型发展，集团主席周平认为，“企业只有转型发展，才能持续发展；只有加快产品创新，才能实现转型升级”。

2. 整体收购办法

整体收购是企业扩张与重组的一种重要方法。被收购企业对收购企业而言，从产业关联上看，可能是相同产业的相同门类或不同门类，也可能是关联产业，收购可以实现规模扩张、专业能力的提升。美国人在这方面成功的案例非常多。中国在此方面也有成功的案例，上汽集团通过与南汽的重组，获得南汽拥有的英国罗孚公司的技术、名爵品牌、卡车和商务车的生产线及其南汽所有的销售渠道。江苏省本土企业沙钢集团，在资产收购与重组方面也有较为成功的实践。

案　例　沙钢集团的资产重组

2006年以来，在国家产业政策的框架下，沙钢大力推进“先近后远，先易后难，先内后外”的并购战略，先后对江苏淮钢、河南安阳永兴钢铁、常州鑫瑞特钢等实施并购联合、资产重组，并成为江苏永钢集团公司的大股东。2010年，沙钢集团共完成炼铁2506万吨，炼钢3012万吨，轧材2860万吨，销售收入1786亿元，是中国最大的民营钢铁企业。2011年4月，沙钢股份借壳ST张铜成功上市交易。

3. 产学研合作办法

由于社会专业化分工深化，实体产业、学术基础研究与应用技术研究在组织机构上泾渭分明，但在市场经济的条件下，三者的联合是实现共赢的一个必然结果。作为转型经济体，中国的科技体制与产业联合之路并不平坦，有很多体制性障碍亟待改革加以破除。江苏梦兰集团与中科院计算所合作的龙芯产业，走出一条现实的产学研合作之路。

案　例　梦兰集团的龙芯产业

江苏梦兰集团是一个以纺织业为核心的大型企业集团。她拥有全国纺织行业榜首的中国最具影响力和最具价值品牌，进入中国家纺行业“十强”、中国纺织行业“百强”、中国大企业“500强”行列，走过了30多年的奋斗历程。

作为企业转型与多元化的一部分，梦兰集团与中科院计算所等单位合作，2004年创建“梦兰龙芯产业化基地”，在实践中探索建立起“以企业为主体，以市场为导向，政府引导推动，产学研相结合”的科技创新机制，经过7年多的艰苦创业，梦兰龙芯产业化基地在原有中科梦兰、中科龙梦公司基础上，通过重组成立了注册资本达1.5亿元的江苏龙芯梦兰科技股份有限公司。公司具备先进的研发生产设备和条件，拥有一支由200名优秀拔尖人才组成的研发团队，建成院士工作站、博士后科研工作站等，研制开发了梦兰龙芯低成本计算机、迷你PC计算机、一体机和集群计算机（万亿次计算机）四大系列十余款填补国内空白的新产品，获得15项国家发明及实用新型专利。龙芯电脑凭借高性能、高安全性，低成本、低功耗的优势，凭借所搭载的国产软件灵活、适用的优势，已成功进入国内教育信息化、农村信息化、政务办公等领域，先期投放的龙芯梦兰电脑已成功进入北京、江苏、贵州、四川、甘肃、陕西、江西等十三个省市，并走向俄罗斯、巴西、委内瑞拉、法国等国际市场。

4. 成果转化办法

由于市场经济发展的成熟度与转型经济体制的关系，中国科技成果转化率低是困扰中国发展的一大问题。不少企业依托既有的市场优势，积极推进自有科技成果的转化，并积极参与行业技术标准的制定，使企业一度发展较快。

案　例　尚德企业的爆发式发展

2001年1月，施正荣博士作为主要创始人成立无锡尚德公司，主营太阳能电池业务。尚德公司作为一家高科技企业，注重科技的投入与科技创新。公司在无锡尚德光伏技术研究院的基础上，还在德国、日本、澳大利亚设立了3个海外研发中心，专攻基础研发和产业化。时至2010年，尚德已握有20多项拥有自主知识产权的核心技术，申请专利125项，其中发明专利56项。虽然2012年尚德等光伏企业受到出口市场变化的影响，但尚德作为一个新兴产业曾经的领跑者作用应当予以肯定。

5. 高端装备集成办法

集成创新作为创新的三大形式之一，在企业界有广阔的应用空间。中国作为世界制造工厂，高端装备云集，如何消化吸收，如何走出“引进、淘汰、再引进”怪圈，成为全国上下广为关注一个老大难问题。江苏吴江恒力集团通过盘活高端装备走自主创新之路的办法，有一定的现实启示作用。

案　例　吴江恒力集团

从1994年创业开始，江苏恒力集团有限公司的设备升级、更新就没有停止过，恒力抓住每一次升级和更新的机会发展和壮大自己，从而使恒力不断地跨越自己，不断地发展到一个新的水平上。2011年，恒力集团不仅是全球最大的织造企业，也是全球最大的超亮光丝和工业丝生产基地。企业名列“中国化纤行业竞争力排名”第一，产品品牌价值居全行业首位。

在聚酯化纤生产方面，恒力集团已拥有全套原装进口熔体直纺设备，配置德国吉玛、巴马格、日本TMT公司一流的聚酯、纺丝、加弹设备，年纺丝产能120万吨，拥有高速加弹机249台，业务涉足聚酯切片、涤纶民用长丝、涤纶工业长丝等诸多领域，技术水平、产能、品牌价值均位居全国乃至世界前列。在织造方面共有12000套喷水织机、喷气织机，8500台倍捻机及其配套设备，在全国纺织业处于领先地位。

在集团科技创新战略的指引下，企业不断加大科技投入力度，加快自主创新步伐，仅2010年织造企业就有6000多个新品种投放市场，其中的30%属于自主研发。企业自主研发的多种实用新型面料获得国家专利，多项产品荣获国家免检产品、国家纺织流行面料奖、产品开发贡献奖。与此同时，集团加紧了生产设备的自主研发的步伐。2008年初，恒力集团自主研发了3个系列的喷水织机，打破了喷水织机由日本和欧洲等国家和地区长期垄断的历史。从此，恒力在科技创新的道路上大踏步地前进。2010年12月，恒力集团申报的“高品质熔体直纺超细旦涤纶长丝产业化”项目被列为“国家火炬计划项目”。2011年1月，恒力化纤20万吨纺丝聚酯项目正式投料。该套设备是由恒力化纤自行设计、安装、调试的，这一项目的成功开发，显示了恒力集团在科技开发方面的实力。

在恒力的发展历史上，科技创新伴随企业壮大和成长的全过程。作为创新的基础，恒力还通过“引进来和走出去”的办法使企业拥有了一批有实力的科研团队。2008年以来，恒力先后与东华大学、苏州大学等多所高等院校合作建立了恒力产学研基地。与此同时，成立“恒力国际研发中心”，聘请德国、日本、韩国和中国台湾等地的资深专家，组成国际研发团队，并在德国法兰克福、日本大阪等地建立了恒力研发中心。

（四）行业（企业）群力：指企业内及企业间的团结合作精神

在经典的计划经济理论中，相关行业之间、企业之间存在一定比例关系，强调上下游之间的协调与团结。而传统经济理论认为市场经济存在企业内生产的计划性与整个社会生产无计划性的矛盾，但现实市场经济发展却能找到大量的反例。1990年迈克·波特在《国家竞争优势》一书首先提出用产业集群（Industrial Cluster）一词对集群现象的分析。波特通过对10个工业化国家的考察发现，产业集群是工业化过程中的普遍现象，在所有发达的经济体中，都可以明显看到各种产业集群，它对区域企业竞争力的提升具有非常重要的意义。产业集群是指在特定区域中，具有竞争与合作关系，且在地理上集中，有交互关联性的企业、专业化供应商、服务供应商、金融机构、相关产业的厂商及其他相关机构等组成的群体。产业集群的核心是在一定空间范围内产业的高集中度，存在资源集聚效应、分工效应、空间交易成本的节约效应（包括运输成本、信息成本、寻找成本以及合约的谈判成本与执行成本节约）、学习与创新效应、竞争与合作效应、品牌与广告效应以及协同与溢出效应等七种效应，可有效地提高规模经济效益，提高产业和企业的市场竞争力。现实经济中的产业聚集区现象及其规模效应，其背后就是行业间、企业间的互惠互利关系，是一种符合市场经济规律的团结合作，它是市场自发形成的。另外在现实生产中，还存在一个方兴未艾的产业——循环经济产业，它的产业链形成就是上下游行业、企业之间以市场为纽带协作关系，上游的废料与副产品是下游的生产原料，上下游之间的合作，实现了社会资源的合理利用。

二、知识经济下社会生产的新型态

以上对知识社会的概念与特征作了简要的概述，结合宽裕型社会建设，这里有必要对知识社会下社会生产的新形态再做如下说明。

1. 新型的社会生产方式

生产技术的重大变化总会导致人们的生产活动方式的变化。如同以往蒸汽、电气等革命性技术变革一样，知识社会也形成了带有自己烙印的新生产方式。它表现在：一是资源利用智力化。知识经济是以人才和知识等智力资源为资源配置第一要素的经济，节约并更合理地利用已开发的现有自然资源，通过智力资源去开发富有的、尚待利用的自然资源。二是资产投入无形化。知识经济是以知识、信息等智力成果为基础构成的无形资产投入为主的经济，无形资产成为发展经济的主要资本，企业资产中无形资产所占的比例大幅提升，无形资产的核心是知识产权。三是刚性生产方式正在变化为柔性生产方式，它使得企业可以根据市场变化灵活而及时地在一个制造系统上生产各种产品，企业生产的产品既可有规模也可个性化。四是大规模集中性的生产方式正在转变为规模适度的分散型生产方式，中小型企业及个人获得了巨大的发展空间。五是从实物生产为主转变为实物、虚拟服务产品生产并重，知识和信息生产成为社会生产的重要方式，知识服务型企业激增。六是企业发展虚拟化。知识经济时代，企业发展主要是靠关键技术、品牌和销售渠道，通过许可、转让方式，把生产委托给关联企业或合作企业，充分利用已有的厂房、设备和职工来实现。

2. 新兴产业的兴起与产业结构演进

知识社会将会形成一批新兴产业，并促进新的产业结构的形成。一是作为一个时代的主要标志，知识利用形成产业化经济。知识密集型的软产品，即利用知识、信息、智力开发的知识产品所载有的知识财富，将大大超过传统技术创造的物质财富，在全社会总产值中的比重迅速上升，并成为整个社会最重要的支柱产业。二是传统产业普遍实行技术改造，降低生产成本、提高劳动效率，而通过信息技术对传统能量转换工具的改造，使传统产业与知识产业之间的边界越来越模糊，整个社会的产业结构处在不断的变化过程中。三是在知识社会智能工具的广泛使用进一步提高整个社会的劳动生产率，物质生产部门效率的提高进一步加快整个产业结构向服务业的转型，知识社会将是一个服务型经济的社会。

3. 新的交易方式产生

分工和专业化是经济增长的主要动力，它推动人类社会的发展。有分工就会有交易，知识社会中智能技术的扩散使得交易方式出现新的变化。一是智能技术的发展促进市场交换客体的扩大，知识、信息、技术、人才市场迅速发展起来；二是智能技术的发展所带来的现代化运输工具和信息通讯工具使人们冲破地域上的障碍，使得世界市场开始真正形成；三是智能技术提供给人们新的交易手段，电子商务成为实现交易的基本形态之一，这也扩展市场交易的空间，当前 B2B（business to business）、B2C（business to consumer）、B2B2C（business to business to consumer）等商务模式方兴未艾。

4. 新型就业形态与就业结构的出现

从波拉特统计体系来看，社会经济活动可以划分为四大产业部门，即农业、工业、服务业和信息业。随着社会经济形态的演进，劳动力人口依次从农业部门流动到工业部门，在工业化后期，农业人口和工业人口又流向服务业部门，在工业社会向信息社会转型的过程中，信息技术的发展催生一大批新的就业形态和就业方式，劳动力人口主要向信息部门集中。传统雇佣方式受到挑战，全日制工作方式朝着弹性工作方式转变。知识劳动者的增长是社会形态由工业社会向知识社会转变的重要特征。与此同时，知识经济也在拉大人均收入差距的水平。这对发达国家与发展中国家，发达地区与落后地区之间而言，是知识经济带来的负面效应之一。这也是在知识经济时代，必须掌握第一流知识和信息，占领经济制高点的重要性、紧迫性之所在。

5. 新的社会组织管理结构

在不同的社会形态下，不同的生产力基础形成与之相适应的组织管理结构。工业社会的生产组织形式是以企业为单元的社会化大生产，形成以政党及代议制民主为特征的社会宏观管理体制；在知识社会中，智能技术极大地促进文化、知识、信息的传播，为人们充分表达意愿提供技术条件，促进民众的民主意识、民主观念和民主要求的提高。同时，传统的管理层垄断信息的局面被打破，丧失从垄断信息到垄断决策管理权力的优势，传统的科层制所固有的或衍生的理性化、部门分割的管理体制将受到冲击，工业社会所形成的代议式民主正在受到挑战。在知识社会，社会组织管理中的代议式民主、间接民主开始向参与民主、直接民主演变，由传统的金字塔型组织管理结构向网络型的组织管理结构转变。

三、科技与管理创新多方面的激励

科技与管理作为资本与劳动之外的重要生产要素，对经济增长起关键作用。中国改革开放的总设计师邓小平在上个世纪的80年代初就高瞻远瞩的提出“科学技术是第一生产力”的科学论断。而要发挥科学技术的第一生产力作用，必须要有完备的激励与保护制度，其中最为关键的是知识产权的保护制度。美国著名学者Jones（2001）认为，发明得到知识产权保护可能是触发工业革命的原因，它导致现代经济增长。但由于知识创新具有极强的外溢性，如果单纯的依靠市场机制，其投入与其所得之间不匹配，知识产权的所有人无法获得超额利润的回报，整个社会形成不了创新致富的大环境。而知识产权制度，通过国家的介入可实现创新回报在个体和社会之间的平衡，是创造和保持经济长期增长的关键因素。2009年，美国奥巴马总统在执政之初，就提出《政府的创新议程》，把促进竞争性市场、催生有效率的企业视为政府支持创新体系的重要特征和基石。竞争性市场和一个企业承担创新风险的健康环境在促进创新方面起到至关重要的作用。但是在过去的十几年中，伴随着全球快速进入一个“以知识为基础”的经济时代，当前各国现存适应工业社会需求的专利制度面临巨大挑战。如美国现行的专利制度成形于1952年，美国专利和商标局（The Patent and Trademark Office，PTO）如今面临1952年无法想象的现实情况。比如是否给人类基因、互联网广告工具颁发专利等。此外，专利申请评估必要的信息可能来自世界上任何国家，并且可能是专家也不很熟悉的思维认识，如此等等使得美国专利和商标局的工作日益艰巨。美国专利和商标局当前积压了70万件无法检验的专利申请。对于那些依靠专利来吸引风险资金的成长中企业而言，拖延颁发专利对他们带来很大的压力。美国各界认为当务之急是推进专利和商标管理机构的改革。

以知识产权保护制度为核心的科技与管理创新多方面的激励机制，就是要保护发明创造者获得丰厚的收益，营造全社会尊重知识、尊重人才、尊重劳动、尊重创造的氛围。在现实实践当中，一个直接的问题是如何保护科技进步第一发明团队、第一开发企业、第一使用单位的利益。在此方面，江苏省突出对以上三个第一主体奖励。在对第一发明团队支持方面，《江苏省科学技术进步条例（修订草案）》规定：在省属高等学校、研究开发机构主要利用财政性资金资助的科学技术项目所形成的职务成果，以技术转让、股权投入等方式实施转化，可以将转让取得净收入的不低于百分之三十、最高不超过百分之七十用于一次性奖励职务成果完成人和为职务成果转化做出重要贡献的人员，或者将职务成果形成股权的不低于百分之三十、最高不超过百分之七十奖励给职务成果完成人和为职务成果转化做出重要贡献的人员。对首先开发利用专利的企业，江苏通过设立重大科技成果转化资金方式给予一定的扶持。对首先购买使用者，江苏通过政府采购等方式给予必要的支持。

第五章　全民宽裕的消费节制模式

宽裕的社会意味着可供消费的产品十分丰富，这是否意味着生活在宽裕的社会中的人们可以无所节制地消费呢？西方发达国家在进入现代化过程中消费增长极快，消费所带来的资源过度消耗，环境污染等问题也凸显出来，因此并不能就此认为只要有足够的产品就可以进行无节制的消费。宽裕社会的消费应当是丰富的，也应当是理性的和有节制的。

第一节　消费社会的来临

20 世纪以来，西方社会的基本结构出现了重大的变化。从以生产为主导的社会转向了以消费为主导的社会。消费是“连接经济和文化的社会活动”，是经济生活、文化生活和社会生活的连结点与交汇地。消费既是经济领域与日常生活领域进行交换和沟通的渠道，也是“资本与日常生活实践相结合的领域”。[①] 作为一种生物性需求，消费并非一成不变，它的内涵、形态与特征和人类社会的文明进程息息相关，经历了由低到高、由简单到复杂、由野蛮到文明的进化过程，正如艾利亚斯所认为的那样，生活方式的文明化使得人类的消费行为和社会从根本上摆脱了动物性，摆脱了茹毛饮血的野性消费习惯，也正是消费成为文明人区别于动物和“野蛮

---

① Lee, Martyn J. (1993), *Consumer Culture Reborn: The Cultural Politics of Consumption*, London: Routledge.

人”的显著标志之一。[①] 物质生产的技术化过程不但是某一个历史时期一般消费水平和消费层次的决定性因素，而且也是决定具体消费需要的主要条件之一。[②] 或者正如鲍德里亚所言，“需要只不过是生产力在个人层次上的理性系统化的最高级形式”，“需要和消费事实上是生产力的有组织的延伸”。[③] 以现代为基点，人类消费的变化大致经历了三个阶段：前工业社会阶段、工业社会阶段、后工业社会阶段。在农业占据主导地位的前工业社会经济时代，有限的生产力只能满足人们的刚性生存需要消费，以匮乏消费、温饱消费为主。工业社会的到来意味着人类生产力的一次大解放，对人类消费来说也意味着全民性的小康社会成为可能。后工业社会的到来使得人类社会真正走进了大众消费社会阶段，不仅使全民宽裕水平的消费成为可能，并使强调个人品味和风格的消费方式成为时代的趋势。

一、从生产到消费——经济增长动力的争论

在古典经济学看来，消费是生产的“附庸”，主要是为了生产和生活需求而去耗费物质的一种行为。按照罗斯托的说法，这正是“现代社会”处于“起步阶段”的发展要求，即发展生产是第一位的，要提倡勤俭节约，不能为所欲为地消费，消费是存在手段，而非生活目的。那么，何谓消费？经济学认为，消费是对物质产品和服务的消耗和使用，用以满足人们的需要和欲望。[④] 马克思在《〈政治经济学批判〉导言》中提出了“生产的消费性”和“消费的生产性”：就前者而言，生产的双重消费表现为对劳动者生命力的消费与对生产资料的消费；就后者而言，通过消费，如吃喝，主体生产了自身。[⑤] 显然，马克思指出了资本主义社会中生产与消费的辩证性关系。

但是，这种辩证性关系在资本主义发展不同阶段表现出不同的形态，如在前工业社会以及工业社会初期，“消费”是一种否定性消耗，积累更

① Elias, Norbert (1978), *The Civilizing Process*, *Vol.* 1: *The History of Manners*, Oxford: Blackwell.
② 王宁：《消费社会学——一个分析的视角》，社会科学文献出版社 2001 版，第 36 页。
③ Baudrillard, Jean (1988), *Selected Writings*, Edited by Mark Poster, Cambridge: Polity Press.
④ 胡金凤、胡宝元：《关于消费的哲学考察》，《自然辩证法》2003 年第 11 期。
⑤ 《马克思恩格斯选集》第 2 卷，人民出版社 1995 版，第 8 页。

多的货币财富才是重商主义关注的核心目标。而大规模的工业革命开启之后，“消费”确立了自身肯定性消耗的新地位。[①] 故在早期工业社会中，支配经济社会运行的基本规则是生产者逻辑，消费内涵于生产之中，正如萨依市场定律（Say's Law Of Market）的核心思想那样：“供给创造自己的需求”。这种源自19世纪初的经济思想意在表达，由于生产本身就能引导消费，故资本主义不会发生任何生产过剩的危机，更不可能出现就业不足。在商品的流通过程中，生产者的生产引起了对其他生产者的商品需求，即某一数量商品的供给带动了一定数量的其他商品的需求，整个经济体系也就达到循环。“供给创造其自身的需求”的循环流程可以自动地处于充分就业的均衡状态：（1）产品生产本身能创造自己的需求；（2）由于市场经济的自我调节作用，不可能产生遍及国民经济所有部门的普遍性生产过剩，而只能在国民经济的个别部门出现供求失衡的现象，而且即使这样也是暂时的；（3）货币仅仅是流通的媒介，商品的买和卖不会脱节。

进入20世纪生产与消费的关系获得了新的表述。以需求主导的工业化阶段的资本主义生产关系，一切生产活动都为了消费，人们必须透过生产某些商品来跟其他人进行交换，得到自己所需要的物品。但是，这种理论有其内在的缺陷，“实际上，人们并不是一有销售就非购买不可。卖和买在时间上和空间上都是分开的……”谁也不会因为自己已经卖，就得马上买。流通所以能够打破产品交换的时间、空间和个人限制，是因为生产者与消费者分裂成卖和买这二者之间的对立。为大萧条开出处方的凯恩斯在宏观层面为现代社会的消费行为提出了国家干预的行动方案。其理论体系是以解决就业问题为中心，而就业理论的逻辑起点是有效需求原理。为了解决消费不足问题，凯恩斯提出国家干预市场和刺激消费的政策主张，他的基本观点是：社会的就业量取决于有效需求。所谓有效需求，是指商品的总供给价格和总需求价格达到均衡时的总需求。当总需求价格大于总供给价格时，社会对商品的需求超过商品的供给，资本家就会增加雇佣工人，扩大生产；反之，总需求价格小于总供给价格时，就会出现供过于求的状况，资本家或者被迫降价出售商品，或让一部分商品滞销，因无法实

① 夏莹：《消费社会理论及其方法论导论》，中国社会科学出版社2007年版，第92—95页。

现其最低利润而裁减雇员，收缩生产。消费需求不足和投资需求不足将产生大量的失业，形成生产过剩的经济危机。因此解决失业和复兴经济的最好办法是政府干预经济，采取赤字财政政策和膨胀性的货币政策来扩大政府开支，降低利息率，从而刺激消费，增加投资，以提高有效需求，实现充分就业。经过凯恩斯主义的洗礼，伴随着第二次世界大战后资本主义经济的长期景气和繁荣，以享乐主义为主要特征的超前消费已经成为西方社会消费伦理的主流价值和规范。[①] 至此，消费作为经济增长的动力全面接管了生产在经济发展中的历史地位，并且伴随着经济全球化进程成为世界范围内的新的意识形态话语。

二、从短缺到普及——大众消费社会的兴起

在现代资本主义的发展史上，在资本积累的早期，资本主义生产的重心放在生产资料的生产上，生产性消费是剩余价值实现的主要途径，生活消费一直处于次要的位置，工人的低工资及其只能满足最基本生存性需要的低消费状况集中体现了当时资本主义经济发展的阶段性特征。但是，当资本主义由自由竞争阶段进入 19 世纪晚期的垄断阶段后，消费者对生活资料商品的有效需求就成为资本主义再生产的关键性条件，而与之相悖的是，长期的低工资和大量失业的状况又严重地影响了工人的消费能力，无法为生活资料商品提供广阔的国内需求市场。

20 世纪初，福特主义的出现极大地缓解了资本主义有效需求不足的根本性矛盾。通过采用规模化、标准化的新型生产制度，不仅使得生产迅速进入到批量生产的阶段，而且促进了工人工资的增长，提升了社会的消费潜力。1908 年。福特在其 T 型汽车的生产中，充分吸取了以“泰勒制”为代表的科学管理原则，并对生产技术进行了重要的革新。这些措施的直接结果之一是汽车的价格大幅度下降，汽车作为一种廉价的家用消费品开始进入美国的大多数家庭，成为生活必需品之一。福特主义是第二次产业革命的核心和象征。除了汽车工业之外，它还扩展到其他家用消费品的生产领域，洗衣机、电冰箱、吸尘器等家用电器也都先后进入标准化的批量生

① 王宁：《消费社会学——一个分析的视角》，社会科学文献出版社 2001 版，第 43 页。

产阶段。作为现代资本积累的成功典范，福特主义的重要意义在于，造就了史无前例的大众消费模式。从前被视为奢侈品的东西在工薪阶层中得到扩散，普通人过去无缘享用的物品则不断升级为必需品，大众带着前所未有的梦想去花费不断增长的工资和劳动外的时间，去充分享受属于个人的愉悦。① 与这一变化相适应的则是广告业、市场营销技术的繁荣以及信用制度的创新。其中，分期付款购物模式的发明对于刺激大众消费起到了有力的推动作用。到20世纪20年代，美国已经步入学者们所称之为的“大众消费社会时代”。

安东尼奥·葛兰西以“福特主义”（Fordism）来描述一种基于美国方式的新的工业生活模式，它是指以市场为导向，以分工和专业化为基础，以较低产品价格作为竞争手段的刚性生产模式。这是资本主义企业从一种粗放型的资本积累战略，向一种以泰勒制劳动组织和大规模生产消费性商品为特征的密集型资本积累战略的过渡。第二次世界大战后西欧各工业国家和日本先后采用这种美国模式，开始了福特主义在世界范围的繁荣时期。其典型特征表现为：② 第一，以生产机械化、自动化和标准化形成的流水线作业及其相应的工作组织，通过大规模生产极大地提高了标准化产品的劳动生产率。第二，劳资之间通过集体谈判所形成的工资增长与生产率联系机制诱发了大规模消费，促进了大规模生产的进一步发展。工资的集体谈判和决定、劳动合同的长期性、最低工资的累进增加机制等成为国内需求的重要来源。第三，凯恩斯主义国家干预政策与福利国家制度，不断熨平经济周期和维持有效需求，调节着大规模生产与大规模消费的良性循环。进入福特主义时代的资本主义工业社会，不仅为大众消费社会的到来创造了丰富甚至过剩的物质基础，而且也为大众消费社会的到来孕育了以中产阶级为主体的消费人群。

20世纪70年代以后，面对福特主义危机，发达资本主义国家开始了向新福特主义和后福特主义转变：前者通过打破福特主义刚性化的劳资集

---

① 莫少群：《20世纪西方“消费社会”研究述略》，《淮阴师范学院学报》2005年第1期。

② 张世鹏：《从福特主义到后福特主义——西欧资本主义发展的历史新阶段》，《欧洲》1996年5月。

体谈判制度，采用弹性化的劳动关系来降低工资上涨的压力，以使福特主义的企业组织能够继续维持下去。后者则是在通过对“第三意大利”和日本“丰田生产方式”的研究和模仿，对福特主义企业组织进行创新，以培养协商机制、劳资合作关系来达到提高生产率和大规模生产多样化产品的目标，适应细分市场以提高边际利润。具体包括建立在中小企业之间动态分工网络的弹性专业化（flexible specialization）模式和以大企业为核心并控制多层次分包企业网络的精益生产（lean production）模式。后福特主义解除泰勒制的劳动分工和严格的管理控制，注重发展有高度专业技能和充分自主控制权的雇佣劳动，生产人员具有足够的自主控制权以便实现对生产过程的快速调整的实践；强调保持与生产相关的活动如设计、营销、顾客服务等的整体一致性，以及缩短产品周期、多功能机器与利用微电子技术发展企业间网络对适应消费者需要变化的重要性。①

从福特主义工业社会向后福特主义的后现代社会的变迁不仅是生产力的一次巨大飞跃，而且同样是社会关系的一次深刻调整。在后现代社会中，消费取代了生产成为时代的新宠。此时，消费已经不再是或主要不再是一种物质行为，而变成了一种生活方式。一种符号消费和象征消费之类的文化行为。“消费，而不是工作，成了生活的世界旋转的轴心”。后现代社会也正式宣告告别短缺的大众消费时代来临。人们为了消费而消费，消费成了存在的理由。鲍德里亚认为消费社会是一个彻底异化的社会，消费逻辑不仅支配着物质产品，而且支配着整个文化、人际关系以至个体的幻象和冲动。在这个生产过剩的消费社会中，当代人的活法是白色的，没有感情介入，没有形而上学冲动，也不可能有理想热忱。“这是一个充斥着白色的饱和的社会，一个没有眩晕及没有历史深度的社会，一个除了自身神话或者不断生产、消费神话之外，没有其他神话立足点的消费社会。只有激进的革命的突发事件和意外的分化瓦解才能打碎这白色的弥撒”。②

① 谢富胜、黄蕾：《福特主义、新福特主义和后福特主义——兼论当代发达资本主义国家生产方式的演变》，《教育与研究》2005 年第 11 期。

② ［法］波德里亚：《消费社会》，刘成富、全志钢译，南京大学出版社 2000 版，第231 页。

三、从需要到需求——消费重心的嬗变

工业革命从根本上了改变了社会阶级关系。在这种新型关系中，新兴的资产阶级以消费的方式把其在经济和政治领域的优势地位在日常生活中进一步合法化，如奢侈消费、炫耀性消费、追逐时尚等都是资产阶级确认自身新身份秩序合法性的重要手段。凡勃伦明确指出，有闲和炫耀性消费都是为了获得荣誉，是为了构建个人身份和提高社会地位，通过浪费性消费获得荣誉。有闲浪费的是时间，而炫耀性消费浪费的则是财物。① 消费方式的竞争促使一个阶级的登场另一个阶级的消亡。桑巴特颠覆了马克斯·韦伯关于现代资本主义诞生与发展的禁欲主义伦理基础，他认为，对于企业经营者来说，禁欲是孕育资本主义的动力之一，但是，对于更为宽广的社会来说，从宗教禁欲下解放出来的、世俗的享受资本主义生产成果的消费同样是资本主义的动力之一。更为重要的是，在资本主义社会，消费已经丧失了其原初的满足需要的目的，而发展成为一种不断满足自身需求的永无止境的过程。在分析15、16世纪欧洲宫廷奢侈的生活方式特点时，桑巴特指出宫廷生活方式已经不仅是财富和成功的炫耀，而且成为世俗成功者实现其理想生活价值的示范，是上流社会身份的标志。中产阶级不择手段对财富的追求，就是因为上流社会生活方式为他们树立了一个“合理”的典范。反过来，新生的富裕的资产阶级的“终极目标毫无疑问是最终为社会上层、绅士或贵族所接纳”。世俗生活中取得财富成功的资产阶级发挥金钱的炫耀性威力成为新贵族实际上想要取得旧贵族那种身份、地位上的认同——社会地位的“合法”标志。他还指出孕育出资本主义的“奢侈本身是非法情爱嫡出的孩子”，“资本主义早期的大城市基本上都是消费型城市”，是奢侈的样板。在城市扩展过程中，奢侈性消费起着重要的支配作用，工业并不是推动大城市发展的内在动力。②

① ［美］凡勃伦：《有闲阶级论——关于制度的经济研究》，蔡百受译，商务印书馆1964版，第54—65页。

② ［德］桑巴特：《奢侈与资本主义》，王小平、何小河译，上海人民出版社2000版，第10—34页。

赫尔曼·卡恩认为，根据不同社会发展阶段人均收入的变化可以把近现代以来的消费革命划分为两个阶段：[①] 第一次消费革命发生在18世纪，由工业革命引发的消费热潮从英国发端，随之遍及世界。其时，生产力的极大解放不仅使得社会上层拥有消费能力，而且从社会中层到社会下层都在不同程度地加入到现代消费者的行列中来。但是，需要指出的是，此时的消费仍然是一种不同于现代消费的有限消费模式。第二次消费革命发生在20世纪，大批量社会生产以及工人的高薪化把整个资本主义社会推向大众消费的阶段。大众消费阶段的进入标志着消费社会的到来。消费不仅普及社会各阶层，而且成为了人们生活的目标。以往节俭的美德已经失去了意义，奢侈消费成了社会的风气。享乐主义成为资本主义的时代主题，它注重游玩、娱乐、炫耀和快乐。这时的消费不再仅仅是一个经济、实用的过程，而且是一个涉及文化符号与象征的过程。消费已经成为人们对生活方式的向往。人们通过消费实践，透过消费模式中的符号使用，建构他们的自我的社会群体认同。这意味着人们的生活、认同感以及自我观念逐渐不再以工作为核心，消费扮演着愈来愈重要的角色。[②]

后现代的消费社会是基于以下假想之上：资本主义的经济发展动力从生产已经转向消费。鲍德里亚认为现代消费的意识形态使大众误以为进入到一个“新时代”，在这个新时代，人及其欲望的正当性似乎最终得到了确立。[③] 丹尼尔·贝尔批判性地发现了大众消费造成的资本主义文化危机，分期付款、信用消费等享乐主义观念彻底粉碎了道德伦理基础，将社会从传统的清教徒式“先劳后享”引向超支购买、及时行乐的糜费心理。[④] 布迪厄在《区分：对趣味判断的社会批评》以及《信仰的生产：符号产品经济研究》等作品中，将现代消费看作是差别和差异策略的游戏，认为在当代资本主义社会中，生活方式和消费品位是由不同阶层的社会地位有等级地排列和决定的。消费既是社会身份建构的手段，也是文化场域内的符号

---

① 杨魁、董雅丽：《消费文化——从现代到后现代》，中国社会科学出版社2003版，第37页。

② 姜继红、郑红娥：《消费社会研究述评》，《学术研究》2006年第2期。

③ ［法］尚·布希亚：《物体系》，林志明译，上海世纪出版集团2001版，第222—223页。

④ ［美］丹尼尔·贝尔：《资本主义文化矛盾》，赵一凡、蒲隆、任晓晋译，三联书店1989版，第113—124页。

斗争的表现方式[①]。费瑟斯通用“地位性商品”这一概念来表述现代社会中的消费性特征，这种地位性商品就是社会身份划分的标志，社会阶级地位和社会身份的争夺表现为对“地位性商品”的争夺[②]。鲍曼宣称：在消费社会中，对消费品的依赖性——即对购物的依赖性——是所有个体自由的必要条件；它尤其是保持不同的自由和“获得身份”的自由的前提条件。与工业化的消费社会相比，进入后工业大众消费时代，消费的社会意义已经有了新的意义与表现特征[③]：（1）用消费构建身份的过程不再强调等级或阶级差异，而是强调品味差异；（2）消费产生了自我感或者群体疏离感，个体的身份定位不再是通过群体间的差异来表现，而是体现为个体间的差异；（3）由消费带来的身份定位具有内在的不稳定性，可以随着消费潮流或者消费倾向的变动而变动。

四、从消耗到循环——绿色消费模式的产生

传统消费模式本质上是一种资源耗竭型的消费模式。在这种模式下，经济系统致力于把自然资源转化成产品以满足人的需要，用过的物品则被当作废物抛弃。随着人口的增多以及人们生活水平的提高，消费规模日益扩大，废弃物不断增多，造成了资源的耗减和环境的恶化。20 世纪 30 年代至60 年代，西方国家发生了一系列严重的环境污染事件，造成巨大经济损失，危害人们的健康和生命安全。发生这些环境污染事件，一个重要根源是不可持续的消费方式：一方面，人们为了满足自己无限膨胀的欲望，肆意掠夺大自然，破坏生态环境；另一方面，人们又不顾及生态环境自身的“净化”能力，对消费所带来的废弃物处理不当，严重污染了生态环境。随着消费主义和享乐主义生活方式对环境和能源造成的负面影响日益突出，以马尔库塞和弗洛姆为代表的西方知识分子对消费主义进行了激烈批判，他们认为，消费享乐主义已经成为消费者的一种“鸦片”，人彻底

① Bourdieu P. (1988), *Distinction: A Social Critique of The Judgment of Taste*, London: Routledge, pp. 128-359.

② ［英］迈克·费瑟斯通：《消费文化与后现代主义》，刘精明译，译林出版社 2000 版，第27 页。

③ 姚建平：《消费认同》，社会科学文献出版社 2006 版，第 20 页。

地成为“虚假的需要”的“消费机器”。[①] 遏制消费享乐主义的绿色主义、生态主义和环境主义运动也开始在全球范围内显露头角，并展示出自己的力量和道德优先性。

消费主义影响下的工业发展造成的生态和环境后果一直是人们长期以来关注的问题。1962 年，美国海洋生物学家蕾切尔·卡尔森（Rachel Carson）经过 4 年时间，调查了滥用化学杀虫剂对环境造成的危害后，出版了《寂静的春天》（*Silent Spring*）一书。在这本书中，卡尔森阐述了农药对环境的污染，用生态学的原理分析了这些化学杀虫剂对人类赖以生存的生态系统带来的危害，指出人类用自己制造的毒药来提高农业产量，无异于饮鸩止渴，人类应该走“另外的路”。1968 年 3 月，美国国际开发署署长 W. S. 高达在国际开发年会上发表了“绿色革命——成就与担忧”的演讲，首先提出了“绿色革命”的概念。从此，“绿色”一词就越来越多地出现在人们面前。1972 年罗马俱乐部提出“增长的极限”，报告提醒世人重视资源的有限性和地球环境破坏问题。以后，越来越多的人们认识到人类应该将自己与自然环境和社会环境协调起来，寻求生态、能源、人口三者协调、健康发展，与大自然和谐共处，建立一个环境优美的“绿色文明”。“绿色消费”就是在这一“绿色运动”中提出来的。1992 年，联合国在巴西里约日内卢召开的有 160 多个国家参加的“环境与发展大会”通过和签署了《21 世纪议程》，明确将不适当的消费模式和生产模式并称为导致环境和生态恶化的主要原因，促使人们不但要关注可持续生产模式问题，而且也要关注可持续消费模式问题，而绿色消费被视为是达成全球永续发展目标之重要工作[②]。

绿色是生命的原色，从人类为了生存栽培植物开始，绿色就代表了生命、健康、活力、对美好未来的追求，哪里有绿色，哪里就有生命。在这里，绿色是一个特定的形象用语，而不仅仅指绿颜色、指有生命的植物，而是指一种自然万物和谐共存的生态环境及其保护和维护、改善。绿色消

---

① 陈学明、吴松、远东编：《痛苦中的安乐：马尔库塞、弗洛姆论消费主义》，云南人民出版社 1998 年版，第 111—238 页。

② 王宁：《消费社会学——一个分析的视角》，社会科学文献出版社 2001 版，第 290 页。

费的提出是对当代人类社会面临的严峻发展回应。进入工业社会之后，人类对自然资源的开发达到了前所未见的程度，对自然资源的破坏也达到了骇人听闻的境地。自然资源并不是无限的。人类与自然的物质变换过程，必须建立在平衡的基础上。由于人类的过度开发，这种不平衡就不断地出现了。正如马克思在《资本论》中讲到资本主义大工业和城市的发展所产生的影响时曾经指出的那样：大工业“一方面聚集着社会的历史动力，另一方面又破坏着人和土地之间的物质变换，……从而破坏土地持久肥力的永恒的自然条件”。现今，这种情况已经更加严重地摆在人们面前，并极大地威胁着人类社会继续发展的前景。

绿色消费是指消费者对绿色产品的需求、购买和消费活动，是一种具有生态意识的、高层次的理性消费行为。绿色消费是从满足生态需要出发，以有益健康和保护生态环境为基本内涵，符合人的健康和环境保护标准的各种消费行为和消费方式的统称。绿色消费包括的内容非常宽泛，不仅包括绿色产品，还包括物资的回收利用、能源的有效使用、对生存环境和物种的保护等，可以说涵盖生产行为、消费行为的方方面面。符合“三E”和“三R”：经济实惠（economic），生态效益（ecological），平等人道（equitable）；减少非必要的消费（reduce），重复使用（reuse）和再生利用（recycle）。通常而言，绿色消费反对攀比和炫耀性消费、反对危害人和环境的消费、尤其反对过度消费。为此，绿色消费主张：一是选择未被污染或有助于公众健康的绿色产品；二是在消费过程中注重对废弃物的处置；三是转变消费观念，崇尚自然、追求健康，在追求生活舒适的同时，注重环保、节约资源和能源，实现可持续消费。自20世纪80年代后半期以来，“绿色消费者运动”席卷了欧美。运动的直接目标是号召消费者选购有益于环境的产品，但是，运动也间接地促使生产者转向制造有益于环境的产品。为此，以消费引导、影响、改变生产成为可能，通过靠消费者来带动生产者，靠消费领域影响生产领域。

第二节　消费的限度

一、消费与资源、环境

消费的发展首先受限于自然资源和环境。自然环境是人类赖以生存、发展生产所必需的自然条件和自然资源的总称，狭义上主要是指人类生存所依赖的环境和条件。自然资源是社会和经济发展必不可少的物质基础，是人类生存和生活的重要物质源泉，为社会生产力发展提供了劳动资料，是人类自身再生产的营养库和能量来源。无论是作为活动场所、环境，还是劳动对象，都要开发利用自然资源。自然资源包括可回收的和不可回收的。可回收的资源是指资源产品的效用丧失后，大部分物质还能够回收利用的可耗竭资源，金属矿产资源属于这类资源。可回收的可耗竭资源的开采储量能够通过一些经济条件的变化而增加。这些经济条件的变化虽然可能具有多种形式，但有一个共同特征，即使以前不具有开采价值的资源变得有开采价值。此外，高价格还会刺激技术进步。技术进步可以提高资源利用率，或是发现新的可替代资源。不过，只有当资源的回收利用成本低于新资源的开采成本时，回收利用才有可能。回收可以提高资源的使用效率，但不可能100%循环利用。只要资源的回收利用率小于100%，资源蕴藏量最后一定会消耗殆尽。

消费经济的发展是以资源消耗为代价的，因此消费必然受到资源环境条件的限制。人类社会的生产过程实质也是对生产资料的消费过程，而生产的产品也最终进入消费过程。人类从环境中吸取资源变成产品，同时又将生产的排泄物返回环境中去。各类自然资源都是社会的自然财富和发展生产的物质基础，构成了生产力的要素。技术条件不发生变化的情况下，消费的限度直接取决于现有资源的总量。

我国水资源总量虽然丰富，但人均水资源量明显低于世界平均水平。

人均水资源量不及世界的三分之一。随着经济的发展和人民群众生活水平的提高，人均用水量在不断增加，未来水资源将更趋紧张。水资源的总量对经济、社会的发展是一种刚性制约因素，水资源量的严重不足和水环境质量的恶化已经成为制约我国居民消费的主要因素之一。

我国土地资源相对贫乏，土地质量较差。土地资源中难以利用的土地面积比例高，境内有流动沙丘 0.45 亿公顷，戈壁 0.56 亿公顷，海拔 4000 米以上难以利用的高山 1.93 亿公顷，难以利用的土地面积达 2.93 亿公顷，占国土面积的 30.68%，耕地资源中质量好的一等耕地约占 40%，中下等耕地和有限制耕地占 60%。国土面积中干旱、半干旱土地大约占一半，山地、丘陵和高原占 66%，平原仅占 34%。而且随着人口的不断增长，工矿、交通、城市建设用地不断增加，人均耕地不断减少。同时，由于人类不合理的生产活动，致使水土流失严重，土地沙化、盐渍化和草场退化面积不断扩大而损失掉大片的良田。

矿产资源是社会存在与发展的重要物质基础，是不可再生的自然资源。一般可分为能源、金属矿物和非金属矿物三大类。我国矿产资源虽然丰富，稀土矿产储量占世界总储量的 90%，素有“稀土王国”之称；钨和钛铁矿探明储量均占世界总储量的 70% 以上；锡、锑、钼、磷、石墨、萤石、重晶石、菱镁矿等的探明储量均居世界第一、第二位。但矿产资源中贫多富少，共生伴生矿多，单一矿少，中小型矿多，大型超大型矿少，铁矿石大型矿床仅占 5.2%，铜矿大型矿仅占 2.6%，其储量却占 58%，磷矿品位大于或等于 36% 的只有 7%，铝土矿中铝硅比大于 7 的不到 20%，世界上许多国家的铝土矿铝硅比都大于 7，有的达到 10。

诸多资源中对消费影响最大的是能源。中国主要能源的证实储量有限，可开采年限均低于世界平均值。随着我国现代化建设步伐加快，国民经济持续快速发展和人民生活水平质量的提高，对能源资源的需求也与日俱增。能源供需矛盾日益扩大。目前我国人均化石燃料资源仅为世界均值的 56%，石油的人均可采储量仅为世界均值的 8%。从能源总量的生产消费情况来看，能源消费总量已由 1978 年的 5.71 亿吨标准煤上升到 2009 年的 30.66 亿吨标准煤。能源也从自给甚至有所富余，转为相当部分依赖进口，特别是石油资源已于 1993 年由净出口国转化为净进口国，且进口量在逐年增长。

消费同样因为环境条件而有限度。环境问题与资源密不可分，水资源、土地资源等同样也是重要的环境要素。自然资源消费主要是人类社会的生产和生活过程对自然资源改造和利用，在这一过程中，生态系统、经济系统、人口系统和文化系统等方面都会受到影响。一些自然资源可以直接供人类消费，如水资源、土地资源等；对不可直接利用的那部分资源，人类经过运输、加工等措施加以开发，最终用于消费。无论是直接消费的资源，还是间接消费的资源，都能给人类带来福利和效益，但同时排放残余物（包括物质和能量）。现代科技对各类资源的利用使得人类的生活极大改善，为人类提供了大量消费品。资源在开发、运输和加工等过程中排放的残余物，一部分经过人们的再加工被人类消费，另一部分则排放到生态环境系统中。当被排放的残余物的数量超过生态环境系统的调节能力（即自净能力或环境容量）时，就产生了生态环境问题。在1989年联大期间通过的具有重大意义的联大44/228号决议中明确指出“全球环境不断恶化的主要原因，是不可持续的生产方式和消费方式，特别是发达国家的这种生产、消费方式”。由于人们开发自然资源大多是进行单项开发与利用，往往忽视自然资源的开发利用对环境造成的影响。在自然资源与自然环境是统一体的前提下，开发任一项自然资源，必须注意保护人类赖以生存、生活、生产的自然环境。对待自然环境的任何组成成分犹如利用自然资源一样，也必须按照利用资源时所应注意的特性来对待自然环境。

二、消费与经济持续增长

经济增长是一个复杂的问题，它受投资、消费和对外贸易等多因素影响。马克思对生产和消费的关系分析得也十分深入，他在《〈政治经济学批判〉导言》中说明生产和消费的关系时明确指出，生产和消费都可以成为起点。消费作为起点，是因为消费提供生产的动机、生产的目的。有消费才有人去生产，只有消费扩大了才能扩大生产，只有消费层次提高了才能提高生产层次。这就明确指出了消费对生产从而对经济发展的拉动力。消费与生产也是一对矛盾，消费层次的提高和消费市场的成熟都受制于生产的发展，而生产的发展也制约着消费层次的提高。

利用扩大内需，刺激消费来推动经济增长的策略，在西方发达国家的发展实践当中长期得到应用，这实际也是福特主义消费社会快速发展的理论来源。回顾中国消费市场的发展，改革开放以前中国长期处于“短缺经济”状态。1978 年到 20 世纪末，居民消费对经济增长的贡献率高于投资；但从“十五”开始，消费贡献率大幅度下滑，投资贡献率则不断攀升。近几年来，国内需求不足对经济增长的影响越来越明显，消费贡献率过低已成为经济增长缓慢的主要原因。消费贡献率是指消费对经济增长的贡献，即在 GDP 增长中消费因素所占的比重。现有我国的增长方式突出投资的拉动力作用，忽视消费的拉动力作用，产生的后果是：一方面供给跟不上投资需求，经济一热就要调控；另一方面产能过剩导致增长效益下降。转向消费拉动型增长方式可以提高增长效益，并且实现经济的持续增长。未来一段时间中国经济增长，一定程度上取决于消费结构和层级的变化提高。

为了推动经济增长可以无限制地扩大消费吗？答案是否定的，即便是为了拉动经济增长扩大消费也应该有一定的限度。比如，为了推动经济持续增长，我国居民消费在经过一定阶段低迷之后，曾于 2007 年消费贡献率再次超过投资，但随后到 2008 年，受国际金融危机的冲击，国内物价开始上涨，通货膨胀的苗头显现，国内宏观经济持续增长的压力增大。导致这次国际金融危机的根本原因正是西方发达国家无节制扩大消费，特别是通过各种金融衍生品刺激房地产消费市场的盲目扩张，超出了社会可承受的范围。以扩大消费需求手段推动经济增长，必须以可转化为居民消费能力的生产能力发展为保障，促进产业结构升级和合理协调社会分配结构，才能使消费与投资实现良性循环，保证国民经济健康运行。

即使经济增长能够保障消费无限制地扩大，地球的资源状况也无法承受如此之快的消耗速度。消费与经济的持续发展之间存在矛盾。西方发达国家自工业革命以来平均每年为 3% 左右的增长率，即使这样的增长要求也仍然是有限资源与环境难以承受的，地球上不可再生资源的绝大部分在工业革命以来的 200 年中消耗掉了，而其中的绝大部分又是在最近的几十年中消耗掉的，可再生资源的生产量也因生态环境的被破坏而大量减少。要使广大发展中国家人民的消费水平达到现有发达国家的水平，同时发达国家人民的生活水平维持不变，地球上的资源将会在很短的时间内消耗殆尽。因此以过度消费满足为目的的经济增长是难以长时间维持的。

三、消费与社会分层

消费水平目前渐渐成为划分社会阶层的重要标准。布尔迪厄对消费与社会阶层的分析和研究十分重要，他将阶层视为在社会空间上的相似位置，以及相似的存在条件和相似的立场，强调人们在社会结构中所处的地位由经济资本和文化资本共同决定的，而消费作为一种表现性实践，是一种体现人们社会地位的符号和象征。所以，人们的消费偏好，反映着阶级品位和生活风格，使他们区别于其他阶层。人类进入现代社会以来，收入、职业、权利等传统的用于区分社会阶层的标准，其作用并不像以前那样明显了。

按照消费水平可以将社会上人群分成多个不同的阶层。其中典型的类型包括：贫困阶层、温饱阶层、宽裕阶层、富裕阶层等。贫困阶层日均消费往往低于1美元，这部分人消费的恩格尔系数在60%以上，还停留在维持基本生存消费阶段。在我国这部分消费者主要集中在农村地区，城市中也有少部分存在。温饱阶层消费的恩格尔系数一般低于60%，高于40%。这个消费群体的消费仍以生活必需品为主，表现出较强的消费欲望，消费的数量较多，但主要购买低档次的耐用消费品。富裕阶层，一般收入较高，消费层次和品质较高，消费的恩格尔系数一般低于30%，他们消费的品位往往能够引发其他阶层的效仿。在中国温饱阶层与富裕阶层之间是宽裕阶层，宽裕阶层涵盖中产阶层。这部分消费者的基本生活消费品已有保障，恩格尔系数一般40%左右，对消费品的需求已由数量增长型扩张过渡到质量提高阶段，在日常消费品、生产资料以及家电产品的需求上，开始对品种、质量、品牌和档次表现出明显的关注。全民宽裕的目标也就是使绝大多数人进入宽裕阶层。

对于消费阶层来讲，近年来最为流行的概念莫过于“中产阶级”了。2010年，亚洲开发银行公布了亚洲中产阶级标准，以消费水平划分，亚行将中产阶级定义为每天消费2至20美元的群体，其中又分为“底层”、“中层”和“高层”三类。按照这个标准，从1990年到2008年，中国增加了8.4亿中产阶级人口，大部分人口都可以划入这个阶层。有的研究机构认为中国的中产阶级并没有这么多，如波士顿咨询公司2011年则发表报告说，到2020年中国中产阶级及富裕消费者数量将从1.5亿增长到4亿以上。其实即使按照亚洲开发银行的标准，新增的8亿人中有4.42亿人口每天消费在2—4美元，属于“底层中产阶级”，一旦遭遇重大危机，他们很容易陷入贫困。

中产阶级的最大特点，就是他们被认为是消费的主力军，既有一定的经济基础，其消费的需求也在不断扩大之中，同时他们的消费品位也易于为更富裕的阶层所引领，而形成社会时尚。西方发达国家的所谓消费社会正是以占大多数的中产阶级社会结构为基础的。在中国，所谓的中产阶级正在成为消费的主力军。中产阶级带动了中国汽车产业和旅游市场。全球奢侈品消费市场疲软，中国的中产阶级开始接手奢侈品。早在2004年，中国奢侈品消费额已经达到了60亿美元，在全球奢侈品消费中的份额已增长至12%。全球四大会计师事务所之一的安永会计师事务所预计，到2015年，中国奢侈品消费将占全球总量的29%，中国将取代美国成为世界第二大奢侈品消费国。

中国的“中产阶级”发展势头迅猛，是否意味着消费市场有着无限的潜力可挖，中国的消费社会即将到来了呢？答案依然是否定的。以消费水平为标准划分的社会阶层依然不能抹杀这些阶层之间存在的收入差距，而这直接影响着居民的整体购买能力。

近年来，我国城乡居民之间的收入差距逐渐拉大，形成了消费能力、消费取向、消费行为不断分化的趋势。早在2005年，国际劳工组织的数据显示，绝大多数国家的城乡人均收入比都小于1.6∶1，美、英等西方发达国家的城乡收入差距一般是在1.5∶1左右。只有三个国家超过了2∶1，我国城乡居民收入比长期在3∶1以上，2010年我国农村居民人均纯收入5919元，城镇居民全年人均可支配收入19109元，城乡居民收入比在3.23∶1。也就是说目前我国占大多数的农村人口购买力与城市人口相差很大。

城乡差距如此之大，城镇不同人群之间收入差距也是如此。2009年国家统计局公布的城镇在岗职工平均工资数据显示，金融业职工工资水平最高，为人均60398元，而占在岗职工大多数的制造业职工，人均26810元，两者也相差两倍多。总体上讲，我国目前在岗职工工资收入差距集中表现为，资本密集型行业与劳动力密集型行业差距过大，垄断性行业与一般行业差距过大。这就决定了我国大多数职工收入水平明显低于少量特定行业的职工，而收入处于两者之间的职工所占的比例很少。社会学中一般把这种社会结构称为“倒丁字型”结构。

这种社会阶层的态势对消费的影响体现在，一方面少部分高收入阶层消费示范效应已对市场产生一定影响，创造了奢侈品和高端消费市场的繁荣的印象，另一方面，对大多数居民而言，传统的消费习惯仍在很大程度上对人们的消费行为仍然起着很大的支配作用。受对未来收入与支出风险预期的影响，消费者的即期消费变得缩手缩脚。这就导致了消费市场供大于求，扩大消费举步维艰。

用丰富的且能够买得起的消费品不断满足居民日益增长的物质和文化需求，是我国经济社会发展的重要目标，但并不意味着可以无限制地扩大消费。建立起类似于西方发达国家那种“消费社会”似乎是一个十分美好的目标，但不得不提的是西方发达国家的消费社会，是以全球生产分工为基础的，分工链条末端是发展中国家中大量拿极低工资的工人。在全球视野下，少数人享受的“消费社会”是以大批人维持极低消费水准为代价的。

四、消费与社会文化

消费不仅仅是对物质产品的消耗，也是一种带有特殊社会意义或者符号象征的社会行为而非经济行为。社会学家们通常更为强调消费的符号象征性，人们对物品的消费已经不再是单纯为了满足自身的生活需求，更加注重消费隐含的意义和表征。在物质和文化的消费形式上，这些意义和象征为不同的消费者再生产出不同的品位，这些品位对于区别消费者所属的群体十分重要，也就是说消费不仅对于经济有作用，对于社会和文化都有十分重要的影响，反之文化和社会的特征对消费也发挥着重要影响作用。

符号或象征的消费既建立在社会差异的基础之上，进而又能强化社会差异，消费的这种特征在现代越来越明显。关于消费的符号象征性的思想可以追溯到凡勃伦 1899 年在其《有闲阶级论》中提出的“炫耀性消费”。

在研究了早期资本主义社会之后，凡勃伦认为，底层阶级消费是为了自身的生存和再生产，而上层阶级消费超越了生存需要，是为了展示生活质量和财富数量的炫耀性消费。传统社会这种炫耀性消费主要存在于社会的上层阶级，以区别于其他阶层。现代社会与之不同，这种彰显阶层特征的炫耀性消费的主体是占据社会大多数的中产阶级。换句话说符号或象征消费的范围随着大多数人的生活步入中产而日益扩大。鲍德里亚认为符号消费是指在消费过程中消费者除消费产品本身以外，还讲求这些产品所象征和代表的意义、心情、美感、档次、情调和气氛，即这些符号所代表的“意义”或“内涵”的消费。

越来越多的人的消费逐步淡化了其物质性功能，而更加侧重于其精神层面的功能，这正是“消费社会”来临时所表现出来的核心特征。《中国青年报》的一项调查显示，80.8%的受访者确认，身边很多人消费的是符号，而非商品本身，其中26.9%的人表示这样的人“非常多”。受访中，“80后”占43.2%；“70后”占37.4%；51.8%的人坦言有过符号消费经历。越来越多的中国人，特别是年轻人感受到符号消费。

比物质消费的精神功能更进一步，直接消费文化产品的文化消费是更高层次消费。文化消费是指用文化产品或服务来满足人们精神需求的一种消费，不仅包括专门的精神、理论和其他文化产品的消费。也包括文化消费工具和手段的消费；既包括对文化产品的直接消费，比如电影电视节目、电子游戏软件、书籍、杂志的消费，也包括为了消费文化产品而消费各种物质消费品，如电视机、照相机、影碟机、计算机等，此外也需要各种各样的文化设施，如图书馆、展览馆、影剧院等。文化消费满足了日益丰富的、高层次的享受和发展的需要。特别是通过接受教育和技术培训等高层次精神文化消费有助于提升消费者的能力，人的价值观的构建、思想品质的塑造、科学文化水平的提高、艺术修养的培育等都有赖于高品位的精神文化消费，使消费的再生产功能更加丰富。

根据国际经验，当人均GDP突破3000美元时，国民会进入重视“精神享受”的阶段，文化消费市场会迅速发展，但这个“国际惯例”在我国却没有出现。2000年至2009年，全国人均生产总值从7858元增长至25575元，翻了3.25倍；同期，人均文化消费从214.18元增长至564.94

元，翻了2.64倍，文化消费的增长速度与经济发展速度并不同步。其中原因恐怕与我国居民整体收入水平低于经济发展水平以及社会保障不够健全有关，相对较低的收入水平以及对未来保障的担心影响了居民的购买力，在物质需求还没有完全满足的情况下，是不可能让居民的文化消费需求得到充分释放的。整体文化消费水平较低之外，我国还存在各群体文化消费水平存有较大差异的情况，而且文化消费由于其再生产的功能比较显著，不同群体文化消费水平差别巨大，进一步影响个人日后的生活机遇和生活质量，同时通过代际的传递效应，影响下一代人的发展。消费在社会文化这个层面上的限度之一，就是避免社会各阶层之间出现过大的文化精神消费水平差异。

消费在社会文化这个层面上的另一个限度就是，避免出现消费社会创造的单向度文化。“单向度”的概念是马尔库塞在研究西方发达工业社会文化后提出的。他认为发达的工业社会采用工业生产的方式产出一切文化精神消费品，创造了形形色色的虚假需求，即由产品及其广告宣传引发的需求，人的真正需求在由此产生的消费欲望的满足过程中被忽略了。充斥于社会各个方面的消费品和广告改变了社会的文化，消费品的性质影响了人们做出判断的标准。人们更倾向于通过结构、功能与操作去判断对象的性质，对现实认知取代了事物的本质理解。

在发达的工业社会里，生产的技术设备和分配的制度机制在起作用，生产设备和制度机制不仅决定着社会需要的职业、技艺和态度，也决定着个人的需要和欲望，它们消除了私人生活和公共生活、个人需要和社会需要之间的对立。技术和制度有助于组成社会控制和社会凝聚的新的更有效的更令人愉悦的形式。发达工业社会的技术成就对精神生产和物质生产的有效操纵，已经在生产性的广告、宣传和管理中被控制和利用起来。用工业化手段和技术生产出来的各种美丽的生活图景，掩盖了生活世界的多样化的本质。通过技术创造出来社会文化被限制在通过生产满足消费——通过消费进一步创造需求的循环当中。在发达工业社会最发达的阶段，统治的作用即管理，在大众消费过度发达的地区，被管理的生活就成为了全体人的好生活，通过消费工业化生产的物质和文化产品，社会以技术合理性为媒介的对立面的一体化，在其全部现实性上体现为一种单向度文化，不可能从根本上消除日益增长的需求与生产力之间的矛盾。

第三节　宽裕生活与合理消费

一、宽裕式消费的节制模式

对个人来说，消费不只是一种仅仅满足物质欲求的行为，还包括许多精神性和个性的东西，受到社会心理、文化传统及其价值观的限制和引导，甚至在某种程度上这些因素左右着人们的需求倾向。据瑞士隆奥私人银行奢侈品市场报告，中国内地奢侈品消费市场将在2014年超越日本及美国，并预料未来10年，内地将贡献40%消费增长到奢侈品市场。之所以能够成为奢侈品市场领导消费者的原因在于：中国45岁以下的奢侈品消费者占73%，对比美国（30%）及日本（19%）高出许多；内地男性消费量多于以上两国；女性花费多于男性①。与之形成鲜明对照的是，和欧美发达国家相比，中国依然是最大的发展中国家，按照2011年11月国务院发布的人均纯收入2300元的最新贫困标准，全国贫困人口总数将超过1亿人。显然，无论是当前的发展阶段还是现实的国情，都告诉我们，在建设全面小康社会的历史进程中，西方式的超前消费、过度消费并不适合我国。在全面建成小康社会以后，应该大力提倡宽裕式的有节制消费模式。

在某种意义上，过度消费也反映出人们在现代化过程中的浮躁心态和文化偏见。如果一个社会把物质消费水平当作个人成就和社会地位的象征，或只通过消费标准为物质消费领域以外的人类活动设定意义，甚至用对物质消费的需求来取代社会评价中应该具有的人文价值判断，那么这绝对是一种狭隘的商人意识，是物性对人性的宰割。正是基于此，我们党明确指出：要全面贯彻落实科学发展观。要坚持以人为本，转变发展观念、

① 《中国内地奢侈品市场3年内将超美日》，中国新闻网，2011年9月28日。

创新发展模式、提高发展质量，把经济社会发展切实转入全面协调可持续发展的轨道。要把节约资源，发展循环经济，保护生态环境，加快建设资源节约型、环境友好型社会，促进经济发展与人口、资源、环境相协调。从一定意义上可以得出这样的结论，提倡宽裕型节制消费模式正是落实科学发展观的题中应有之义。

西方发达国家中，如德国及一些北欧国家也有节制消费的理念。德国有较为深厚的简约消费的传统，主张在满足消费功能性需求的基础上，追求消费品的设计上的和附属功能上的简约。一方面，简约消费是消费品位的重要方面，简约与简单不同，它对于产品的功能性更高，要求消费产品不能粗放，在细节上更加注重合用性和节省性。另一方面，简约消费也倡导消费品的生产和使用在资源、环境消耗上尽量做到节省，尽量凸显消费品的实用价值或是固有文化价值，对于附属于消费品的其他意义和功能则尽量减少，但不乏工艺艺术点缀。由此可见，简约消费不仅仅是在“省钱”的意义上体现，更应该体现理性消费、崇尚自然的人文理念。

全民宽裕需要有节制的消费。具体而言，一方面要采取有效措施来抑制渐趋失控的奢侈型的过度消费。可以从舆论上加强宣传引导，借助于惩罚性税收来提高奢侈消费的成本，限制奢侈性行业的发展。另一方面要在全社会形成崇尚节俭的社会风气。如大力发展公共交通，遏制私家车泛滥带来的城市交通病。

二、全民宽裕下的合理消费

20 世纪 90 年代末，《远东经济评论》曾刊文探讨高消费对亚洲的影响：长期以来以勤劳的道德观著称的亚洲，又多了一个讲奢侈的名声，这使全世界的奢侈品制造商们不胜欢喜。显然，在消费主义的洪流之下，来自西方式的奢侈的生活方式以及对高消费的认同感，正在瓦解人们原有的价值观念，消费主义文化已经成为当代亚洲社会的工业资本主义的意识形态。以“现代化”方式来追赶发达国家的发展中国家，在发展本国经济的同时，也提前催生了本国民众过高的消费欲望，但是，脱离经济发展阶段的非理性消费并非后发国家的福音。对于这些后发国家来说，反对浪费性消费，提倡合理消费，必须要正确认识消费与经济发展的关系。当前，受欧美经济不景气的影响，拉动中国经济增长的对外出口严重受阻，启动内需成为实现经济平稳发展的关键性对策。但是，启动内需切忌病急乱投医，应该把启动内需的重点放在提高中等收入群体的合理性消费上，为低收入群体的刚性需求提供社会安全网，而不是把启动内需转变成对高收入群体奢侈性、过度性消费的补贴或者支持。如，应该把更大的财力与物力投入到像家电下乡、以旧换新这样的惠及普通老百姓日常消费的事项上来，而不应该为中高收入者的购车提供补贴。原因很简单，前者属于真正的消费需求，可以促进生活质量的改善，而后者除了对 GDP 的数字变化有所贡献外，只会进一步加大城市交通压力、导致能源紧张、恶化生态环境。在此，应该特别注意的是，现代社会正在创造一个极其浪费而且具有破坏性的系统，用来做那些本来可以在地方上用小得多成本和消费就可以完成的事情，如城市扩张造成人们对汽车消费的过分依赖。

现代社会的基本特征之一就是人们不断扩展的消费需求在很大程度上受市场的蛊惑与引导。对于个人来说，随着时代的发展和财富的积累，人们的消费需求也在不断变化。但是，总的趋势是，人们消费的不仅是商品的使用价值，而且更重要的是商品的符号象征意义。伴随着信用卡、分期付款等新型支付方式在商业经营中广泛应用，和数十年前西方社会曾经经历的情形一样，中国勤俭节约、以收度支的消费传统也在逐步地被超前消费、透支消费、过度消费等畸形消费文化所侵蚀、取代。肆虐的消费主义的诱惑，再加上软约束甚至无约束的信用卡滥发，直接导致了中国社会出现了一大批信用卡“卡奴”、“月光族”、“啃老族”。研究发现，正是欲望型消费造就了美国最贫穷的群体，他们没有存款，没有额外的收入，一生还贷不止。欲望驱动消费者的冲动，可以给人们带来欢乐和痛苦，也可以带来毁灭。

一般来说，现代社会消费结构的变动趋势表现为：（1）生存消费比重逐步缩小，发展消费和享受消费比重逐渐增大；（2）物质消费比重逐步缩小，精神消费比重逐步增大；（3）日常消费品比重逐步缩小，耐用消费品和服务性消费的比重逐步增大；（4）自给性消费的比重逐步缩小，商品性消费比重逐步增大；（5）物质性消费比重逐步缩小，符号性消费比重逐步上升。当前，消费的致命性缺陷是强调比较消费而不是绝对意义上的消费，人们竞相购买那些可以显示个人身份的炫耀性商品。因此无论是对个人还是对国家，处于全民宽裕阶段的中国社会在倡导合理消费时，应充分遵循现代社会消费结构变化的客观规律。在这里，合理消费指的是在一定消费水平的基础上实现消费结构的优化，以提高消费的效益，注重消费支出各个项目之间的适当比例和相互搭配、消费品供给结构和需求结构的互相适应。其含义有两个层面：对于社会来说，就是要坚持适应于国情国力、生产发展水平和自然资源的消费，在生产发展和劳动生产率增长的基础上既不断改善人们的生活水平，又把消费水平控制在经济、技术和资源、环境等客观条件所允许的界限之内；对于个人和家庭来说，就是要坚持与收入水平和社会风尚相适应的消费，合理安排生存消费、享受消费和发展消费的关系，正确处理物质消费与精神消费的平衡，妥善协调需求性消费与表现性消费的量度，消费水平的提高一般不应超越其收入增长幅度。量力而行是合理消费的基本原则。与此同时，培养健康、文明的消费方式，减少对健康生存无益甚至有害的消费。主要应减少诸如盲目攀比、比阔气、讲排场的炫耀性消费以及大吃大喝和嗜烟、酗酒等不健康的消费行为。

三、全民宽裕下的公平消费

消费具有多重意义：在日常生活层面上，消费构成了人与人的关系；在社会群体层面上，消费支撑着社会组织和机构的存在和运行；在制度文化层面上，消费则保证着相关社会规则的可行性。但是，在由生产者社会向消费者社会转变的过程中，关于资源使用的效率性原则和资源分配的公正性原则已经成为当代一个紧迫的问题。就过度消费而言，其对消费公平性的影响至少表现在三个方面：（1）对不可再生资源的过度使用剥夺了未来一代人的资源使用权；（2）过度消费导致的废气排放以及倾倒在空地上或河流里的垃圾所造成的污染具有外部破坏性；（3）消费资源向少数人的集中加剧贫富分化的鸿沟，“朱门酒肉臭，路有冻死骨”已成全球消费时代的病态。

的确，劳动效率的差别必然导致消费差距，但是，这种差距应体现为一种多样化、梯度化的消费状况，而非严重损害公平的消费原则。经济运行应当注意两个方面的公平，一是经济运行规则的公平，另一是民众基本消费的公平。前者代表起点公平，后者强调结果公平。虽然受上一轮经济循环的结果影响，不同的人在起点上会有差别，但这些差别主要体现在资产拥有程度上，如同经济运行结果导致的收入差别最终主要体现在资产拥有差别上一样，但在基本消费内容上、品质上所有人应当具有基本一致的消费权利，这是结果公平最重要的内容，也是全民宽裕目标所追求的核心内涵所在。

消费公平不仅包括代内消费公平，还应包括代际消费公平。代内消费公平要求任何国家和地区的经济发展与消费水平的提高不能以损害其他国家或地区的利益为代价。全民宽裕、普遍提高消费水平是可持续发展的内在要求。要阻止发达地区、富裕者为追求最大利润和奢侈享受而滥用资源。代际消费公平更是当代人类应该自觉遵循的原则，当代人应承担起在不同代际之间合理分配与消费资源的责任，绝不能只顾本代人的福利，而将子孙后代置于发展的困境甚至绝境之中。

全民宽裕下的公平消费，一方面主张形成合理的消费层次和需求梯度，扩大居民消费需求范围，使消费需求多样化，充分发挥消费需求对经济建设和产业结构优化的推动力作用；另一方面坚持健康的消费伦理，力求在最少耗用资源以及最有效利用资源的前提下，给人带来最大的消费效益和最好的消费效果，在满足人的物质享受、提高人的精神境界的同时，做到人与自然，经济与环境的和谐发展，造福于子孙后代，维持整个人类的可持续的生存和消费。

四、全民宽裕下的绿色消费

绿色消费是指一种以适度节制消费，避免或减少对环境的破坏，崇尚自然和保护生态等为特征的新型消费行为和过程。研究表明，自 20 世纪 80 年代末期以来，全球绿色消费运动逐渐被国际社会所接受，成为公众广泛参与环境和生态保护的消费方式，绿色消费观也应运而生。有关资料统计显示①，有 82% 的德国人和 62% 的荷兰人到超市购物时预先考虑环境保

① 类伟：《绿色经济与可持续发展》，《经济日报》2001 年 3 月 21 日。

护问题；66%的英国人愿意花更多的钱购买绿色产品；80%以上的欧美国家消费者把环保购物放在首位，愿意为环境清洁支付较高的价格。与之相应的是，绿色消费也得到了中国消费者的积极响应。中国社会调查事务所调查显示，有72%的被调查者认可“发展环保事业，开发绿色产品，对改善环境状况有益”的观点；有54%的人愿意使用绿色产品。中国消费者协会的市场调查资料同样表明，约有79%—84%的消费者愿意主动购买绿色食品。显然，与只关心个人消费的传统消费观相比，绿色消费唤醒了公众对社会生活环境利益的关切。随着人们生活水平的不断提高和环保意识的不断增强，作为一种新的消费理念，绿色消费必将逐渐为我国公众所接受。

对于中国来说，倡导全民宽裕下的绿色消费意义尤为重大。(1) 绿色消费有利于优化资源配置，促进经济增长方式的转变。消费者的绿色生活消费需求和生产者的绿色生产消费需求，必将促使企业改变原来的“高投入、高消耗、高污染、低产出”的三高一低的生产模式和管理模式，转向以保护生态环境为中心的绿色增长模式；与此同时，也将带动产业结构的升级换代，使经济增长方式由粗放型增长转向集约型增长。(2) 绿色消费有利于环保产业的发展，增加社会财富和就业机会。环保产业的发展不仅减少环境污染，而且使资源得到反复充分的利用，可为社会增加财富；同时，对社会就业率贡献极大。一些发达国家环保产业的就业人数占全国就业人数的11%，并以3%至10%的速度增长。(3) 绿色消费有利于引进外资，促进国际合作。我国绿色消费需求的增长，在促进环保产业发展的同时，将会带来对环保方面的技术需求和资金投入的增长。(4) 绿色消费有利于建立文明的消费方式。绿色消费不仅仅讲究消费品的安全性、优质性，而且讲究消费环境的优质性，体现了一种高层次、文明化的理性消费观，推动人类物质生活和精神生活不断由低层次向高层次演进，促成可持续发展目标中的可持续消费实现。

绿色消费是一种具有生态意义的高层次的理性消费行为，是一种满足生态需要，有益健康和保护生态环境，符合人的健康和环境保护标准的消费行为和消费方式。绿色消费也是对自己对后代负责任的行为，是人类文明进步的标志。推动绿色消费的可持续发展，改变生产、经营理念和技术，是一件需要全社会共同关注、共同参与、共同促进的重要事情。在绿色消费发展的初期，政府应积极发挥政策引导、鼓励与支持作用。具体而言，可以采取的措施有：(1) 研究制订不同产业绿色品质技术规范。从生产过程、组织管理、经营环境、污染预防、社会监督等方面，研究制订绿色企业评定标准。(2) 制定出台有利于绿色消费发展的价格、税收、信贷、贸易和政府采购等政策，通过补贴和惩罚等选择性的激励奖罚机制，促进企业实现环境成本内部化；鼓励企业采用绿色技术，扩大绿色产品生产。(3) 加强对绿色产品的检验监督。对绿色食品生产厂家进行抽检、监控，对产品质量不合格的厂家限期整改或取消资格。同时加大对“仿绿色”产品或假冒伪劣产品的依法打击力度，消除假冒伪劣产品对资源的浪费和对绿色产品的侵权，规范绿色市场秩序。(4) 建立绿色营销鼓励基金，对评比达标的绿色商业企业给予一定的政策支持。通过基金补贴的方法，鼓励企业降低绿色商品的销售价格，调动消费者购买积极性。(5) 充分发挥各新闻媒体的宣传作用，引导人们改变原来的生产生活方式，推动绿色消费尽快走进消费者的生活，形成发展绿色消费、建设环境友好型社会的浓厚舆论氛围，树立崇尚绿色、环境友好的伦理价值观念。

第六章　全民宽裕的社会劳动开发

劳动力资源的充分利用与劳动高效能开发是全民宽裕社会的重要发展内容。本章将在对国内外相关经典理论凝练与升华的基础上，进一步论证全民宽裕社会劳动资源的开发与充分利用机制。劳动力是全民宽裕社会建设的重要投入要素，充分就业与高额的劳动报酬是全民宽裕社会建设的重要目标。本章从劳动的特性入手，探讨劳动与分配之间的互动关系，进而实证分析劳动力的就业布局与分配现状，以问题导向型方式提出就业岗位的创新在劳动力资源开发与报酬提升中的核心作用。

第一节　全民宽裕社会劳动的特性及其与分配的关系

在全民宽裕状态下，一方面全体居民收入水平较高，相对于可消费的产品，能够拥有比较体面而舒适的现代生活；另一方面，劳动演变为自由劳动（马克思根据劳动所具有手段与目的的双重属性将劳动划分为必然劳动与自由劳动，必然劳动终将转化为自由劳动），不再仅仅是一种简单的谋生手段，而演变成了生命的表现、生活的乐趣，成为人的第一需要①。

从解决温饱到实现小康，再到基本实现现代化是我国经济建设分三步走的战略部署。经过三十余年的改革开放，目前我国已经步入全面小康社

① 江建平：《全民宽裕：基本现代化进程中的民生指向》，《江海学刊》2011 年第 9 期。

会的建设阶段，国内部分有条件的地区已经着手探索基本现代化的建设。通过对国内发达省（市）基本实现现代化考核指标的比较分析后发现，人的现代化是现代化建设的核心内容。收入水平的提高和社会价值的体现是人的现代化的重要考核指标，而这也正是全民宽裕社会的基本特性。劳动是居民获得收入的重要手段，提升劳动报酬不仅能促进居民收入的增长，而且能够推动劳动向着安全、轻便、有序、舒适的方向转换，并最终加快“人人都能劳动、人人都想劳动、人人都要劳动，人人都获得宽裕型劳动成果”的全民宽裕社会的建设。

一、劳动的特性

劳动特性的研究是提升劳动效能、增加劳动报酬的理论基础。随着人类社会的演化与进步，国内外学者结合时代的特征就劳动特性进行了系列的探讨，经典的研究成果主要从劳动与财富、劳动与商品价值、劳动与人的本质等角度展开。通过对经典研究成果的凝练与升华，结合全民宽裕社会的基本特征，这里从四个方面探讨全民宽裕社会的劳动特性。

（一）劳动是财富的源泉和分配的基础

在工业化与信息化程度较高的全民宽裕社会，机器设备承担了原本由人类直接从事的繁重劳动，人类只要付出较少时间的劳动即可创造出大量的社会财富，更多的时间用来满足劳动者的休闲娱乐需求，必然劳动开始向自由劳动转化，劳动看似已经不再是财富的唯一源泉。实则不然，即便科技再进步、装备再现代、管理再规范，也只是提高了劳动的复杂程度和智力资本的要求，劳动仍然是这一系列变化的根本推动要素，其在社会财富创造中的核心地位不会改变，仍然是社会财富的唯一源泉。缺少了人类的劳动，再先进的生产线也不可能无休止地运转下去。人类所付出劳动的多少直接决定了所创造财富的多寡。正如英国哲学家洛克（John Locke）在论证土地与劳动在财富创造中的作用中所提出的，财富的百分之九十九是劳动创造的，土地的作用“几乎是等于零”。[1]

全民宽裕社会虽然物质财富已经比较丰富，但仍远未达到“按需分

① ［英］洛克：《政府论》，刘晓根译，北京出版社2007年版，第76页。

配”的社会状态，劳动仍是财富创造的源泉和国民收入分配的依据。由于各人才能的不同，其劳动所创造的财富也将存在差异，并导致个人在财产占有上的“不平等”,[①] 全民宽裕社会不是弱化劳动创造财富的功能，而是要强化劳动创造财富的作用，同时要全社会就业机会的均等和劳动效率的提高，以全民高效劳动和高额报酬奠定全民宽裕社会的基础。

（二）劳动是衡量价值的尺度

随着全民宽裕社会的稳步推进，社会产品日渐丰富。即便是同类产品生产，由于工业化与信息化程度的差异，单位产品所承载的劳动时间也存在较大差别。在此情形下，劳动是否还是衡量商品价值的真实尺度？在亚当·斯密（Adam Smith）的劳动价值论中，劳动不再是一种特殊的形态，而演变成了一般劳动的概念，并决定一切商品的价值[②]。为标准化的衡量凝结在商品中的劳动时间，斯密还进一步将劳动划分为简单劳动和复杂劳动，在计算商品价值时须将复杂劳动转换为简单劳动并进行累加。

全民宽裕社会的劳动倾向于知识化、信息化、复杂化，劳动者在参与劳动之前需要进行专业化的学习和技能培训，单位时间内凝结了更多的简单劳动，在对商品价值计算时需要将复杂劳动转换成多重简单劳动来衡量。劳动是衡量商品交换价值真实尺度的本质不会改变。与斯密劳动价值论的不同之处在于，简单劳动本身是不断演化的，全民宽裕社会的简单劳动也要借助于机器设备及工具和信息手段来实施，比斯密提出的简单劳动要复杂得多。

（三）劳动是人的本性的体现

在全民宽裕的高级社会阶段，人类生存的物质与能量需求仍然依赖于自然界的给予，而劳动是人与自然界进行物质与能量交换的基本方式。人类从自然界获得产品的过程与其他动物获得食物的过程具有本质区别，全民宽裕社会人类的劳动是一个以自由劳动为目标的有目的、有意识的活动过程，能够根据自己的知识、爱好、兴趣，在尊重自然规律的基础上，创

---

① ［法］卢梭：《论人类不平等的起源和基础》，李常山译，商务印书馆 1997 年版，第 124 页。

② ［英］亚当·斯密：《国民财富的性质和原因的研究》，郭大力等译，商务印书馆 1997 年版，第 26 页。

新并利用各种类型的复杂劳动工具。动物虽然也具有从自然界获得食物的行为，但那是一种在自身需求与环境影响下进行的本能活动，显著区别于人的劳动。

> **劳动之歌**
>
> 风在动 云在动 光在动
> 太阳在动 地球在动 宇宙在动
> 啊！万物恒定不变的是动！
> 分子在动 原子在动
> 大自然因动而生机无穷！
>
> 手可动 脚可动 脑可动
> 感观可动 悟性可动 创意可动
> 啊！人类最大财富是劳动！
> 家庭劳动 社会劳动
> 生活因劳动而幸福续永！

对照马克思在《资本论》中对劳动的定义："劳动首先是人和自然之间的过程，是人以自身的活动来引起、调整和控制人与自然之间的物质变换的过程。人自身作为一种自然力与自然物质相对立。为了在对自身生活有用的形式上占有自然物质，人就使他身上的自然力——臂和腿、头和手运动起来。当他通过这种运动作用于他身体外的自然并改变自然时，也就同时改变他自身的自然，他使自身的自然中蕴藏着的潜力发挥出来，并且使这种力的活动受他自己控制"。① 不难发现，全民宽裕社会的劳动仍然是人类的一种自由自觉的活动，符合马克思给出的劳动的定义，是人的本性的体现。

（四）劳动具有可持续开发性

随着社会的进步，人们将接收更长周期、更专业的教育培训，单位劳动力的效率变得更高。作为社会生产的基本要素，劳动的可持续开发性和效能延展性也表现得更为突出。1899 年克拉克在《财富的分配》中系统阐述了边际生产力分配理论，该理论揭示了在自由竞争条件下，劳动和资本（包括土地）的边际生产力递减规律，即在静态条件下（不发生技术进步），如果资本等其他要素量不变，每一个新增的工人生产的产品增量将越来越少，反之减少工人数量后边际产出将会增加，边际的产出又决定要素的收入水平②。随着科学技术的进步和管理方式的变革，原有的劳动密集型生产方式正逐步被资金与技术密集型生产方式所替代，劳动在生产活动中的投入数量越来越少，根据克拉克的边际生产理论可知，劳动要素投入数量的减少将导致劳动的边际产出增加，劳动报酬也随之上升。可见，

① 《马克思恩格斯全集》第 23 卷，人民出版社 1972 年版，第 201 页。

② ［美］克拉克：《财富的分配》，陈福生、陈振骅译，商务印书馆 1983 年版，第 51 页。

劳动的边际产出并非一成不变，而是一个可以随着生产要素投入组合的变化而变化的变量，通过劳动要素的合理配置，劳动能够得以可持续的开发，劳动报酬也能持续提升。如果说现在的劳动是 A 劳动组合，那么也还有 B 组合、C 组合、D 组合等等，且每一种组合效率可能更大。劳动效率的可持续开发性主要借助于员工素质的提升、科学技术的进步、管理方式的规范等三个渠道实现。

1. 系统的教育培训有助于提高劳动者的综合素质

教育培训是提高劳动者素质最有效的方式之一。为适应科技进步和劳动复杂性的提高，需要借助于教育培训手段提高劳动者科技修养和专业技能，持续开发劳动潜能。在人类社会的早期阶段，劳动主要体现为简单的手工劳作，劳动者只要经过简单的学习和模仿，就能够适应手工劳作的需要；而随着社会进步手工劳作逐步被机器大工业生产所替代，劳动变得繁琐而复杂，演变成多层简单劳动的叠加，劳动者需要掌握足够的专业知识和生产技能才能够适应生产的需要，劳动报酬也有所提高。为适应复杂劳动的需要，必须提高劳动者的综合素质，教育培训作为提高劳动者综合素质的便捷和有效方式，基本得到了全社会的重视。

2. 科技的进步有助于增强单位劳动效能

科技的进步可以提高专业化和自动化水平，部分需要劳动力完成的生产环节被机器设备所替代，劳动力的需求倾向于知识、信息、科技型的高端人才，劳动投入数量减少，劳动的边际产出和劳动收入得以提高。从人类的劳动发展史来看，早期人类的劳动所创造的价值很低，从自然界所获得的报酬仅用于满足基本的生存需求，但仍然食不果腹、衣不蔽体，三次科技革命依次把人类带入了内燃机时代、电气时代和信息时代，人类的劳动也获得了持续性开发，劳动的边际产出和劳动报酬逐步提高，到全民宽裕社会劳动所获得的报酬除能满足人类基本的生存需求外，还能够进一步追求更高层次的社会文明需求。可见科技的进步是劳动效能提高的重要动力源泉，也是提高劳动报酬、建设全民宽裕社会的重要手段。

3. 科学的生产管理有助于强化劳动间的分工协作

生产管理方式的优化是提高劳动效能的又一重要途径。借助于信息化与精细化的管理手段，将生产环节进行科学化分解，便于劳动者进行专业化、集聚化生产，以提高劳动效能和劳动报酬。从国内外经典的理论研究成果来看，泰勒的科学管理、法约尔的现代经营管理、梅奥的行为科学、以及波特的战略管理等理论均论证了生产管理对劳动效能提升的作用，这从侧面论述了劳动在科学的生产管理过程中具有较强的可开发性和效能延展性。从我国的实践经验来看，我国家庭联产承包责任制这一生产组织方式的变革解决了全国人民基本的生活需求，国有企业的改革提高了企业的经济效益，我国东部沿海产业集聚区的劳动效率高于中西部地区，可见，只要生产管理水平得以提高，劳动潜能就能得以开发，劳动效能得以提升，劳动报酬得以增加。

4. 综合开发后劳动价值的测算

劳动作为一种具有较强开发性和延展性的生产要素，单位时间的劳动所创造的价值具有较大的波动区间。尤其是随着教育培训、科技进步和生产管理的持续作用，劳动过程日益复杂，劳动价值持续开发，单位时间内的劳动价值演变成了多重简单劳动价值的叠加，这奠定了全民宽裕社会较高劳动报酬的理论基础。由于综合开发后的劳动融合了多重劳动价值要素，其劳动价值的测算也复杂的多。为进一步测算开发后的劳动价值，可将影响劳动价值的要素分解为基本体力劳动、教育培训、科技进步和科学管理等四种，其劳动效能测算的一般公式见公式（6.1）。

$$M = (L_1 + L_2 + L_3 + L_4)T \qquad (6.1)$$

M 为开发后的劳动效能；

L_1 为简单劳动，也即劳动者付出的基本体力劳动；

L_2 为接受教育培训后提高的单位劳动，体现劳动者自身素质的提高；

L_3 为科技进步和新机器运用提高的单位劳动，体现外部投入要素的增加；

L_4 为生产管理水平提高后的单位劳动，体现为劳动的分工、集聚、协作；

T 为劳动的时间。

从公式（6.1）中可以看出，劳动价值是由四个部分的累加与劳动时间的乘积决定，这也是制定劳动者报酬的基本依据。从人类劳动的演化进程来看，单位时间劳动价值的持续提升可说明公式（6.1）的合理性与科学性。这也为提高劳动效能、增加劳动报酬、建设全民宽裕社会提供可行的思路。

二、劳动的分类

在关于劳动的哲学研究过程中，根据研究目的和需求的不同，通常把劳动按照不同的标准进行分类，其中在理论研究中普遍接受的分类方式有：根据劳动技术水平的差异划分为简单劳动和复杂劳动，根据劳动手段与目的的双重属性划分为必然劳动和自由劳动，根据劳动者对劳动的占有性划分为异化劳动和自主劳动。

1. 简单劳动与复杂劳动

简单劳动和复杂劳动是马克思劳动价值理论中的重要概念。简单劳动，就是指不需要经过任何专门培训，一般劳动者都能胜任的劳动。马克思主义的劳动价值论就是以简单劳动为基础的。复杂劳动是指需要经过专门培养和训练、具有一定文化知识和技术专长才能胜任的劳动。复杂劳动与简单劳动之间只有量的差别，没有质的区别。从本质上说作为决定价值的劳动，它们都属于抽象劳动，都是劳动者劳动力消耗量，从外在形式上表现为劳动技能水平的差异。复杂劳动和简单劳动在同一时间内所创造的价值是不同的，往往一小时的复杂劳动创造的价值可以是一小时简单劳动的若干倍，少量的复杂劳动等于多量的简单劳动①。复杂劳动和简单劳动是两个相对的、动态的概念，随着科学技术的发展及其在生产中的应用，原有的复杂劳动将逐步向轻便、舒适、简易的方向转换，转变成简单劳动，导致整个社会简单劳动的标准动态提高。

2. 必然劳动和自由劳动

按照劳动内在包含的手段与目的的双重属性，可以把劳动划分为必然劳动和自由劳动。赫伯特·马尔库塞（Herbert Marcuse）将人类历史的世界分为两个领域②，第一个领域是一切必要的领域和可供支配的对象世界，在这个领域内物质生产与再生产是一个必然过程，所从事的劳动即为必然

① 《马克思恩格斯全集》第23卷，人民出版社1972年版，第58页。

② ［美］马尔库塞：《现代文明与人的困境》，李小兵等译，上海三联书店1989年版。

劳动；第二领域是非纯必要性的领域，是人类目的和理想实现的领域，只是作为目的本身和自我实现的劳动，这就是自由劳动。马克思说："自由王国只是在由必需和外在目的规定要做的劳动终止的地方才开始"。① 随着从"按劳分配"向"按需分配"的转换，人类的劳动不再是纯粹的获取生存发展资料，劳动的外在目的性减弱，而演变成人的一种自觉的活动，必然劳动转化成了自由劳动。

3. 异化劳动与自主劳动

马克思在《1844年经济学哲学手稿》中提出了"异化劳动"的概念。在人类早期社会，人的意识和意识对象化的劳动是直接统一的，劳动是自我生命意志的表现，人是劳动过程的主人，是劳动的主体，这样的劳动就是自主劳动。在私有制产生之后，劳动者转变成了生产过程的被动的客体，劳动发生了"异化"，不再归劳动者所有，而归他人所有，这就是异化劳动或他主劳动。如进入私有制社会后工人的活动作为劳动力出卖给了资本家，工人的自主劳动表现为替他人劳动，自主劳动演变成了异化劳动。异化劳动是对自主劳动的异化，而不是对自由劳动的异化。自由劳动是在自主劳动的基础上发展起来，人的意志首先得拥有对自己劳动的控制权，然后才能在意志自由的条件下达到自由劳动。异化劳动是必然劳动在私有制社会的一种表现形式，也必将伴随私有制的消灭而被消灭。是否具有外在的目的性是区分是否是必然劳动的标准，而异化劳动与非异化劳动的区别在于劳动是否被异己的力量控制。

三、劳动决定劳动分配

"各尽所能，按劳分配"是马克思提出的社会主义分配制度。马克思在《资本论》指出："我们假定，每个生产者在生活资料中得到的份额是由他的劳动时间决定的。这样，劳动时间就会起双重作用。劳动时间的有计划分配，调节着各种劳动职能同各种需要的适当的比例。另一方面，劳动时间又是计量生产者个人在共同劳动中所占份额的尺度，因而也是计量

① 《马克思恩格斯全集》第25卷，人民出版社1974年版，第926页。

生产者个人在共同产品的个人消费部分中所占份额的尺度”。[①] 可见，在马克思的分配理论体系下，劳动是社会分配的基本尺度，决定劳动分配的多少。2004 年我国劳动者报酬占国民收入初次分配的比重为 50.8%，2008 年下降为 47.7%[②]，而发达国家这一数据通常保持在 55% 以上。我国劳动报酬在初次分配中比重的持续下降，制约了我国全民宽裕社会的建设，因此有必要进一步深化对劳动决定分配理论的理解。

1. *劳动是衡量劳动报酬的基本尺度*

产品与服务的价值大小取决于凝结于其中的劳动价值，劳动者付出的劳动与其所创造的产品与服务的价值相等。在社会产品与服务还未达到极度丰富的状态下，将劳动作为衡量劳动报酬的基本尺度，多劳多得、少劳少得、不劳不得，有助于鼓励劳动者参与劳动，创造更多的劳动价值与社会财富。如计件薪酬机制中，劳动者每多生产出一个合格的产品，就为社会多创造一份社会财富，也就应该获得与之相对应的一份薪酬。劳动者为了获得更多的薪酬，也会更加努力工作，主动高效创造更多社会财富。

劳动不仅是衡量劳动报酬的基本尺度，还决定劳动者的消费数量和社会财富的积累。在按劳分配的机制下，劳动者根据所提供劳动数量的多少获得相应的报酬，才能获得一定数量的消费品，以维持自身的成长和家庭的供养。当劳动报酬较低以致只能维持自身与家庭的基本生活需求时，劳动者没有多余的时间和资源去获取教育培训等服务产品，家庭也无法获得高质量的物质需求和服务产品。只有在付出足够的劳动，并获得足够的劳动报酬后，社会的消费能力才能提高，才能消费更多的高质量的产品与服务，创造更多高报酬的工作岗位。劳动者的劳动报酬在正常的消费需求之外还会有一定的节余，节余下的收入将转变成家庭储蓄，成为新一轮社会投资的来源。劳动者因收入节余的差异导致劳动者所占有财富的多寡则是自然现象。

由于全民宽裕社会并非是产品与服务特别丰富的社会，劳动还没有完全转化为自由劳动，此时在对社会产品与服务进行分配的时候，劳动仍然

---

① 《马克思恩格斯全集》第 23 卷，人民出版社 1972 年版，第 95—96 页。

② 数据根据《中国统计年鉴（2010）》整理获得。

是最基本最有效的衡量尺度，表现为按劳分配。除能够有效衡量劳动报酬外，劳动也是决定全民宽裕社会消费水平和储蓄水平的重要因素，高质量的劳动可以获得高额的劳动报酬，带来高层次的社会消费以及节余丰裕的社会财富。

2. 劳动报酬将随劳动效能的提高而持续上升

根据劳动特性的研究发现，劳动具有较强的可持续开发性和延展性。随着教育培训的完善、科技的进步与管理的规范，劳动者在单位时间内所创造的劳动价值将持续提升。由于劳动是衡量劳动报酬的基本尺度，劳动者报酬也随劳动效能的提升而持续提高。为适应劳动复杂程度的逐步提高，劳动者自身的教育培训和消费层次的提升不可避免，在提高劳动者专业技能和人文素质的同时，也会提高劳动力再生产的成本，这需要增加劳动者收入以维系劳动力资源再生产的平衡。劳动者报酬的提升是一个循序渐进的过程，随社会劳动潜能的逐步开发而在不同行业间依次延伸，最终达到各种产品和服务岗位上的劳动者都能分享较高劳动报酬的结果。

由于不同行业特性的差异，各行业劳动效能和报酬提升的方式也存在差异。有的是通过对现有劳动过程的升级而提高劳动效能，如借助于科技和管理提高劳动的边际产出；有的是通过对现有劳动过程的转型，而转向高价值、高效能的劳动，如借助于对落后产品的淘汰，将现有劳动者从产业链低端转到高端环节，保持整体的先进；有的是平添新的劳动机会，如借助于新产品或服务的开发、招商引资等手段创造更多劳动机会，将处于闲散状态的劳动资源调动起来以提高全社会的人均劳动效能；有的无法直接提高劳动效能，但随着社会劳动效能的普遍提升也将分享到较高的劳动报酬。如教师作为高质量的、关系人类社会进步的劳动岗位，以教书育人为本职工作，其劳动效能难以实现跨越式提高，但当全社会劳动报酬提升后教师的劳动报酬必须及时跟进社会整体收入水平的提高。

随着全社会劳动效能的整体提高，全社会产品与服务更为丰富，整体劳动报酬也持续提高，最终全社会进入居民最低收入水平达到一定宽裕水平以上且收入仍将持续增长的全民宽裕社会。但对照近年来我国劳动报酬占初次分配比重的状况可以发现，虽然近年来国内劳动效能得到了较快提高，但劳动报酬的占比却持续下降，说明我国劳动报酬存在较大的提升空间。

四、分配反作用于劳动开发

分配的内涵不只在于一般意义上对最终劳动成果的安排，还在于通过对劳动成果的制度性安排影响人们的劳动经营行为和结果[①]。在一次分配的市场经济制度下生产要素具有自发的最优配置功能，当特定的分配制度付之实践后，劳动力资源在不同行业优化配置和自由流动，不仅能够促进全社会劳动者报酬的整体提升，而且促使社会产品与服务趋向于高质化、多样化、个性化、时尚化。劳动分工越来越细，原有的就业结构得以优化。虽然市场机制在调整就业结构的过程中作用显著，但单纯的市场手段有时也会存在一定的缺陷，需要政府行政手段的适当介入。在市场手段和政府行政手段的共同作用下，充分开发劳动力资源，提高劳动效能和劳动报酬效果会更好。总之，劳动力的开发与利用要以市场自发的调节与配置为主，以政府手段的调控与安排为辅，如果按照黄金分割法来划分市场与政府在劳动资源开发中的责任，市场调节约承担 61.8% 的责任，政府调控约须承担 38.2% 的责任。

1. *劳动报酬能够自发调整劳动资源的行业配置*

劳动报酬状况影响劳动资源的行业流动，进而影响行业布局。在自由竞争的市场条件下，劳动报酬的行业差异转变成劳动力行业流动的势能，差异越大，势能越大。在劳动报酬差异的势能作用下，劳动要素为获得最优的市场回报而自由流动，从低报酬行业向高报酬行业流动，导致低报酬行业就业规模缩小，边际生产力提高，劳动报酬上升。同时，大批劳动力流向高报酬行业，并推动该行业的扩张，最终促使不同行业劳动力报酬全面提升，并逐步趋于平衡。刘易斯（Lewis）认为发展中国家一般存在着性质完全不同的现代工业和自给农业两种经济部门，即所谓的“二元经济结构”。[②] 在这种二元经济结构中，农业劳动力将不断流向现代工业部门。农业部门生产落后，劳动边际生产力较低，农业部门劳动力所获得的劳动报

① 江建平：《我国经济转型中的分配思想演进》，中国财经出版社 2006 年版，第 5 页。

② ［美］阿瑟·刘易斯：《二元经济论》，北京经济学院出版社 1989 年版，第 149 页。

酬相应较低，而现代工业部门的劳动边际生产力较高，劳动报酬相对较高，为了获得均等的劳动收入，劳动力必然从低报酬的农业部门向高报酬的工业部门流动。

较高的劳动报酬将拉动新兴产业的快速成长。埃斯瓦让在传统两部门经济模型中引入服务业，并将服务业作为工业生产的投入品，随着劳动者报酬的增加，劳动者对服务产品的需求增加，进而促进劳动力流入服务业部门，推动了服务业部门的扩张①。相对于农业和工业部门，服务业成为新兴部门，劳动者只有在获得足够高的劳动报酬，并对农业和工业部门所创造的产品获得了满足后，才会增加对服务业产品的需求，并扩大服务业市场。如在改革开放前，国内大部分劳动者收入水平较低，甚至温饱都难以解决，对文化演艺等服务产品的需求非常小，而随着改革开放的推进和劳动者报酬的提升，劳动者在衣食住行等物质需求获得满足后还能有一定的财富节余，此时精神需求得以提高，劳动者对文化演艺服务的需求增加，导致文化演艺市场规模的扩大和劳动者的流入。

2. 科学的分配机制有助于创造更多的劳动岗位

在自由的市场经济制度下，初次分配领域劳动力报酬是影响劳动力资源流动的重要因素，并最终实现劳动力资源的最优配置。但单纯依靠市场的自发调节作用，劳动力在行业中优化配置的周期通常较长，且充满诸多不确定性，甚至会产生短期的盲从效应，导致劳动力资源配置失衡、劳动力收入下降、社会不稳定因素提升，尤其对于一些投资数额较大、回收周期较长、预期风险复杂的行业，单凭市场手段的调节，劳动力资源很难流入。

为有效破解市场经济自发调节的弊端，挖掘劳动潜能，提高劳动开发利用效率和劳动报酬，可以借助于政府政策机制和行政组织的调控手段，创造更多的工作岗位。政府可调控的劳动力有效利用空间是巨大的。城乡基础设施建设、污染治理和环境维护、再生能源基础条件建设、基础科学研究的推进、优良科学技术的普及、产品品质的保证体系维护、社会安全

① 参见 Eswaran(2002),"The Role of the Service Sector in the Process of Industrialization",*Journal of Development Economics*,68,401-420。

体系的维护、文化艺术的开发和文体活动的开展、民众身心健康的促进，组织开发荒山荒漠，等等，都可以开发有效的社会劳动力利用途径。为了符合实际需要和经济能力的可能，在开发这些有效劳动需求的过程中，应当区分轻重缓急，特别是要建立完善有关可行的机制。

譬如，为真正实现对企业污染的治理，需要改变简单的“谁污染谁治理”的原则。因为企业的污染固然企业负有自然，但污染治理后良好环境众人都可受益。因此仅靠企业治污，容易使企业产生不自觉的行为，形成对立局面，或者不上设施治理，或者不运行或少运行。实践中这种现象非常普遍。甚至当地政府为了追求现实发展，对此现象持容忍态度。为此，需要建立必要的科学合理的治污机制。首先要支持治污技术的开发及其明确的达标标准；其次要建立违法违规的严厉处罚制度；再次由政府与企业合力投入，保证污染治理设施的建设和运行。依据不同产业特点政府与企业的投入比例可不同，但对较严重的污染治理项目，按照“黄金分割率”的比例，政府可承担大头，企业承担小头，而运行费用政府承担小头，企业承担大头。这既体现公共环境维护的政府责任与企业责任，又能够确保污染治理的到位。为了使地方政府有这样的积极性和能力，国家可统一开征环境保护税并从财政收入中安排资金，给地方适当支持。考虑到不增加我国企业税负，开征环境保护税的同时，可以适当降低现行流转税的税负。针对不同的社会必要需求，类似政府与企业合力投入污染治理的方式可以有许多，都是可以发挥政府的调控作用，一方面解决经济社会中的实际问题，另一方面开发一部分劳动力资源。特别是随着经济社会的发展，各类经济技术标准可以不断调整提高，以推动整个社会进步，而这样做也有利于劳动力资源更加充分地运用。经济技术标准的提高应当成为整个经济管理机制持续改革的重要内容。

总之，在全民宽裕社会，劳动既是社会整体发展之需，也是劳动者生活与身心愉悦之需，并且借助于科技的进步与管理的创新可将劳动化繁为简、化危为安、化重为轻，已经成为社会发展与个人生活不可缺少的活动。因此在通过市场机制充分组织运用劳动力资源的基础上，政府也可以大力组织开发劳动力的资源，使得整个社会劳动力能够得到充分的对社会来讲更有效的运用。

第二节 三次产业就业结构的演变规律及我国就业趋势

科学的劳动就业结构是提高劳动者收入的基本前提，是构建全民宽裕社会的现实途径。劳动就业结构的科学筹划需建立在对产业发展周期、劳动就业现状与规律科学认知的基础上。

劳动力分布状况通常与经济发展阶段具有密切的关联性。随着国家经济与社会的进步，各产业的地位与作用将作动态调整，即各产业都将经历初创、成长、成熟和衰退及维持阶段的产业周期。在不同的产业周期内劳动力的投入数量也将同步周期性波动。弗农（Vernon）探讨了产品的生命周期理论，克拉克（Clark）等学者在产品生命周期理论的基础上，进一步探讨了劳动力从农业向制造业再向商业及服务业转移的过程。我国经济和社会发展的经验表明，除了经济增长速度外，在既定的经济总量下，产业结构也是决定就业规模的重要参数，对扩大就业容量有着十分重要的影响。因为不同的产业结构，就业弹性系数和新增就业岗位存在着较大的差异①。改革开放以来我国产业间就业结构发生的巨大变化，主要是农业劳动力向二、三产业转移，其转移规模相当于同期绝大部分新增劳动力已成功转入非农产业就业②。当然，在开放的市场中，汇率的变动也是影响就业结构的重要原因之一③。这里一方面通过对美国、日本、新加坡等国家三次产业就业结构的分析，揭示三次产业就业结构可能的演变规律。另一方面结合我国的实际国情，采集我国 1978—2009 年我国三次产业就业人数和比例，对我国三次产业就业人数和比重的演化趋势进行实证分析。

---

① 夏杰长：《我国劳动就业结构与产业结构的偏差》，《中国工业经济》2000 年第 1 期。

② 范剑勇、颜燕、王加胜：《改革以来就业结构变动及其对经济增长的贡献》，《宏观经济研究》2001 年第 9 期。

③ 居励：《汇率变动对工资和就业结构影响的实证分析》，《世界经济研究》2007 年第 9 期。

一、美国、日本、新加坡劳动力分布状况

劳动力在三次产业间的分布状况反映了一个国家或地区经济发展的层次。劳动力在三次产业的分布结构，又称为三次产业劳动力结构，指三次产业劳动力之间的相互联系和数量比例关系。从国内外的实证数据来看，三次产业就业结构存在着内在的规律性。

1. 美国三次产业劳动力分布状况

19 世纪初期美国开始步入工业化进程，南北战争之后在较短的时间内从一个农业国变成了一个工业国，工业产品大量增加，劳动者从农业生产部门大规模向工业部门转移。第二次世界大战后美国的就业人口从战前 1935 年 3977.2 万人增加到 1979 年的 9325.7 万人。这些劳动力以不同的比例分别就业于有形产品生产部门（制造业、采掘业、建筑业、农业）和服务部门（运输业和公用事业、批发和零售贸易、金融、保险和房地产业、服务行业以及政府部门）。随着科技革命的深入发展和经济结构的变化，就业人口部门结构也发生了很大的变化。美国三次产业就业结构变化情况如表6－1 所示。根据表 6－1 进一步绘制美国三次产业就业结构变化趋势图，见图6－1。

表 6－1　美国三次产业就业结构一览表

单位:%

年份	1820	1900	1940	1950	1960	1970	1980	1985	1990	1995	2000	2005	2007
第一产业	73	38	18	12.2	9.1	4.4	3.6	3.1	2.9	2.9	2.6	1.6	1.4
第二产业	12	28	34	32.7	34.2	33.1	30.7	28.3	26.4	24.2	23.1	20.6	20.6
第三产业	15	34	48	55.1	56.7	62.5	65.7	68.6	70.7	72.9	74.3	77.8	78

资料来源：《美国统计年鉴 2011》；《美国统计摘要 1992》，第 392 页；刘庆唐主编《劳动就业概论》（劳动人事出版社 1986 年版）。

从已掌握的数据资料来看，美国第一产业就业人口比重呈单调下降的态势，1820 年第一产业就业比重高达 73%，而后在三次产业革命浪潮的推动下，第一产业劳动力就业比重持续下降，2007 年仅占 1.4%。图 6－1 中

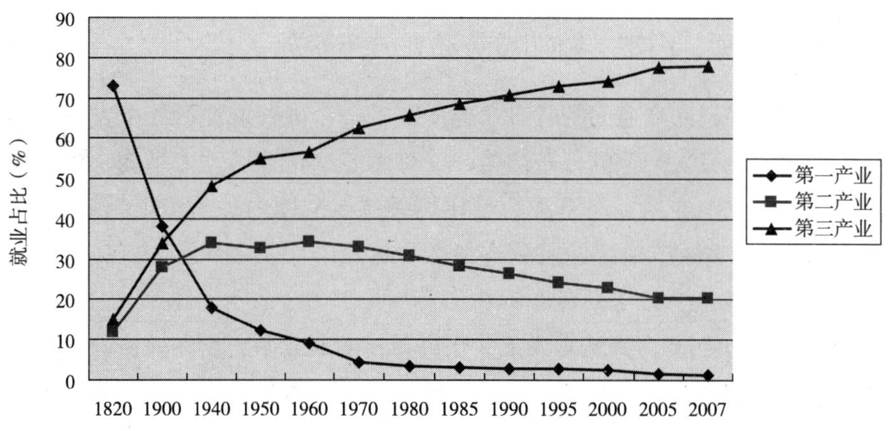

图6－1　美国三次产业就业结构变化趋势图

第一产业的就业比重曲线仅表达了农业社会向工业社会演化阶段的劳动力比重逐步下降的一段曲线。

美国第二产业就业人口比重呈先上升后下降的倒“U”形态势。1820年第二产业就业人口比重仅为12%，随着第一、二次产业革命的推进，美国第二产业在国民经济中的地位逐步上升，20世纪中叶就业人口比重超过30%。而后随着第三次产业革命的深入，信息技术在第二产业中得以广泛运用，大批就业人员从第二产业中分化出来，2009年第二产业就业人口比重下降到17.59%。图6－1比较完整的表达了美国第二产业劳动力就业人口比例伴随着第二产业的生命周期呈现出引入期、成长期、成熟期、衰退期的基本规律。

第三产业的产生与扩大是生产力提高和社会进步快速发展的必然结果，其发展是现代化经济的一个必要特征。第三产业的发展有利于提高第一、二产业生产的社会化和专业化水平，优化生产结构，缓解就业压力，对于促进国民经济的持续健康发展具有重要的战略意义。从图6－1中可以看出，美国第三产业就业人口比重一直呈上升态势，在1820年美国尚处于农业经济社会时，第三产业就业人口比重仅为15%，而后随着社会分工的细化，涌现出一系列专业化的服务生产部门，第三产业增加值也持续上升，2008年高达103623亿美元，占GDP的77.47%，就业人口比重高达80.91%。

美国作为先行的发达国家，经历了农业社会、工业社会、信息化社会的发展历程。基础产业也经历了从农业、工业到服务业的演化历程。从表6－1中还可以看出，第三产业具有很强的GDP创造能力和劳动力吸纳潜力。这也为我国解决富余劳动力的就业问题提供了借鉴。

2. 日本三次产业劳动力分布状况

1868年日本明治维新推翻了德川幕府的封建统治，铺平了工业化道路。日本最初的近代工业由国家经营，以军事工业为基础，以纺织工业为重点。在1872—1892年间，纱厂增加1.4倍，纱锭增长了47倍。甲午战争后，日本获得了中国2.3亿两白银赔款，并获得了在中国进行资源开采、销售产品、开设工厂的特权，加速了日本工业化进程。1903年日本的工业资本比1894年增加了2.7倍。至20世纪初，日本已经基本完成了工业革命。随着日本工业化进程的加快，劳动力资源开始从农业生产部门向工业生产部门转移。从19世纪末至今，日本三次产业就业结构演变情况如表6－2所示，根据表6－2的数据绘制出日本三次产业就业结构变化趋势图，见图6－2。

表6－2　日本就业结构变化一览表

单位：%

年份	1873	1900	1940	1960	1975	1980	1985	1990	1995	2000	2005	2007
第一产业	88	71	45	33	13	10.4	8.8	7.2	5.7	5.1	4.4	4.2
第二产业	4	13	26	29	36	35.3	34.9	34.1	33.6	31.2	27.9	27.9
第三产业	8	16	29	38	51	54.3	56.3	58.7	60.7	63.7	67.7	67.9

资料来源：世界银行编《1984年世界发展报告》；刘庆唐主编《劳动就业概论》（劳动人事出版社1986年版）；世界银行网站数据整理。

从表6－2和图6－2中，可以看出日本第一产业就业比重从19世纪末至今一直呈下降趋势。尤其是从1873年到1975年期间第一产业就业比重快速下降，劳动力由第一产业流向第二产业和第三产业，在20世纪50年代中期以后日本近20年的高速增长期内，农业剩余劳动力向工业的转移贯

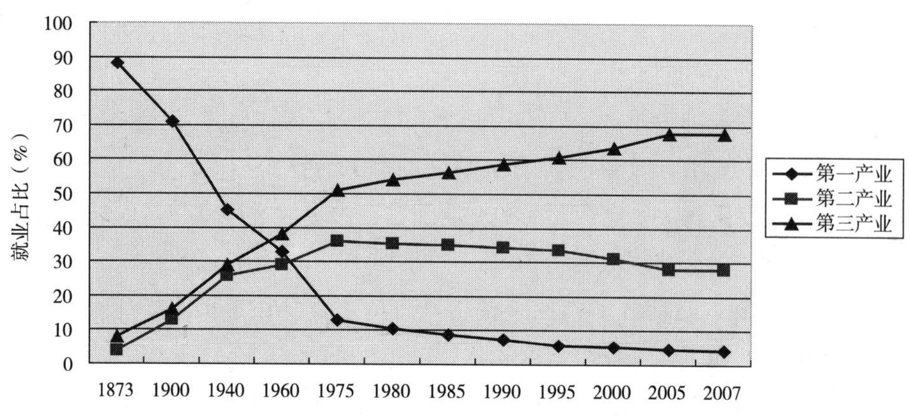

图6－2　日本三次产业就业结构变化趋势图

穿了整个时期，并对日本这一阶段的经济发展起到了重要的支撑作用。1975年之后第一产业就业人数渐趋稳定，劳动力向第二产业的转移开始停滞，但仍有一定量的劳动力净流出。

日本第二产业所吸纳的劳动力比重呈现出明显的倒“U”形。在19世纪末工业化的初期阶段，日本第二产业迅速发展，尤其20世纪中叶的日本经济高速增长期内，第二产业劳动力就业比重短期内大幅增长，从1960年的29%跳跃到1975年的36%。而后第二产业就业人口比重步入了一个相对平缓的下降期，从1975年到1995年20年间这一比重基本保持平稳，仅下降了不到3%。但随着第三产业的快速发展，1995年至2005年的十年间大批劳动力开始向第三产业的转移。从图6－2的整体趋势来看，日本第二产业劳动就业人口比重也经历了一个比较完整的生命周期。

日本第三产业就业比重的演变规律与美国基本一致，从图6－2中可以看出，也是呈单调上升的趋势。自明治维新以后日本第三产业的比例迅速上升，第二次世界大战期间发展相对滞缓，第二次世界大战后随着日本经济的复苏，第三产业得到了迅速发展，其就业比重也从1965年的38%上升到了1975年的51%。而后日本第三产业进入了一个相对平缓的持续增长期，第三产业就业比重也呈现平稳增长的趋势，至2007年日本第三产业就业比重已经高达67.9%。

日本三次产业的发展与美国的整体趋势基本一致，每一产业都有一个引入、成长、成熟、衰退及维持的生命周期，与其相伴而生的是就业比重相应演变。

3. 新加坡三次产业劳动力分布状况

1965 年新加坡独立后成为一个没有资源，依赖转口贸易的国家。经过多年努力，其经济发生了巨大变化，从以转口为主的单一经济结构转变为以制造业为主的多元经济结构，成为东南亚地区富有、先进的国家。20 世纪 60 年代以后，新加坡经济飞速发展，连续八年增长率超过 10%。20 世纪 80 年代初，新加坡被誉为亚洲四小龙之一，成为东南亚地区的贸易中心和金融中心。当今新加坡经济发展模式已经转向信息化与人力资本化，经济体系转向高科技创业、基础研发、生命科学、环境和水资源技术研发、数字媒体等。新加坡的经济结构日益优化，第一产业不足 1%，制造业在 25%—28%之间，服务业占 GDP 的 70%左右，其中金融和商业服务业接近 30%。随着新加坡经济发展模式的演进，三次产业就业比重也不断演化，具体见表 6－3。根据表 6－3 数据绘制的新加坡三次产业就业结构变化趋势图，见图 6－3。

新加坡经济发展历史虽较短，但表 6－3 和图 6－3 中描述出了一个发达经济体三次产业就业结构的基本状况。从图 6－3 中可看出，截至 2007 年，新加坡第三产业就业比重已经高达 76.2%，成为新加坡吸纳劳动力的重要领域；第二产业劳动力吸纳人数从 1960 年的 52%下降到了 2007 年的 22.6%；第一产业仅吸纳了 1.1%的就业人口。

表 6－3　1960—2007 年新加坡就业结构变化一览表

单位：%

年份	1980	1985	1990	1995	1998	2001	2004	2007
第一产业	1.3	0.7	0.4	0.2	0.9	0.9	0.8	1.1
第二产业	35.7	35.2	37.9	31	29.5	25.8	24	22.6
第三产业	62.6	63.7	61.7	67.9	69.6	73.3	75.2	76.2

资料来源：世界银行编《1984 年世界发展报告》；根据世界银行网上数据整理，http：//data. worldbank. org. cn。

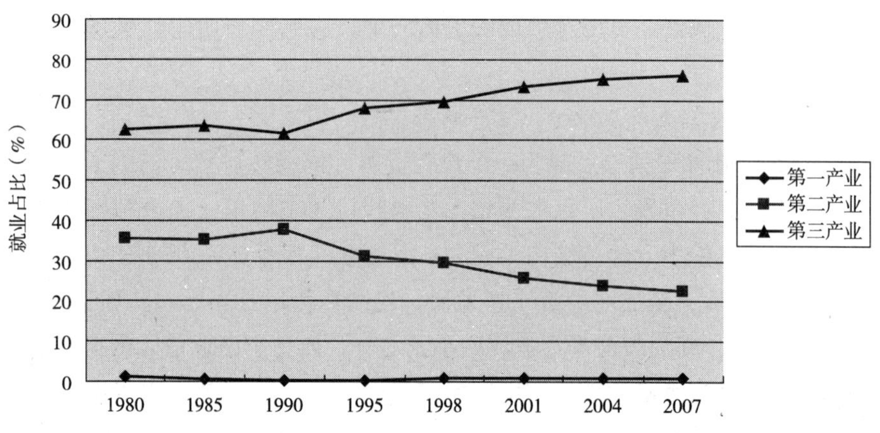

图 6－3　新加坡三次产业就业结构变化趋势图

二、劳动力产业分布的基本规律分析

根据对美国、日本、新加坡等国劳动力就业的三次产业分布探析，不难发现这三个国家三次产业就业比重的演变趋势具有很强的一致性。根据比较分析，三次产业就业分布主要存在以下三大基本规律。

1. *劳动力的生产性产业就业比重呈先升后降的变化周期*

熊彼特（Schumpeter）认为产业不是一直处于静止的均衡状态，而是像生物体一样遵循生命周期性规律①，而后包括沃森（Wasson）②、安德森（Anderson）③在内的相关研究领域的学者也提出了类似的产业周期理论。虽然各学者对生产性产业生命周期阶段的划分存在差异，但总体来说这些产业生命周期理论都包括四个时期，即初创期、成长期、成熟期和衰退期。与产业发展生命周期相伴而生的是产业就业比重的周期性变化，在产业初创期所容纳的就业比重较低，随着产业进入成长期，更大比重的就业人员被吸纳进来，当产业进入成熟期后所吸纳的劳动力比重达到最大，而

① Schumpeter J. A. (1942), *Capitalism, Socialism and Democracy*, New York: Harper and Row.

② Wasson C. R. (1974), *Dynamic Competitive Strategy and Product Life Cycles*, St. Charles, IL: Challenge Books.

③ Anderson C. R., Zeithaml C. P. (1984), "Stage of the product life cycle, business strategy, and business performance", *Academy of Management Journal*, 27(1): 5-24.

后产业进入衰退期所容纳的劳动力比重也开始下降，最后以一定量维持。

2. 现代产业体系下的就业结构呈三二一的趋势

克拉克（Clark）运用三次产业分类法总结了劳动力在三次产业中，从农业向制造业再向商业及服务业转移的变化规律，即克拉克法则①。库兹涅茨（Kuznets）在继承克拉克研究成果的基础上，从劳动力结构和部门产值结构展开研究，进一步透析了产业结构随经济发展的变化规律，丰富和发展了克拉克法则②。美国和日本产业体系演进的历史进程与克拉克法则描述的状况基本相符。在现代产业体系下，大量的劳动力从第一、二产业向第三产业转移，第一产业的就业比重最小，最终形成三二一的产业就业结构。

3. 第三产业是吸纳多余劳动力的重要渠道

富克斯（Fuchs）利用统计资料对服务部门和生产部门进行比较发现，服务业就业比重随着经济发展水平的提高而上升，且具有大量吸纳劳动力的潜力，在经济发展的各个阶段，服务业就业基本均维持上升趋势③。丹尼尔（Daniel）以富克斯和克拉克理论为基础提出了经济发展可以分为前工业社会、工业社会和后工业社会三阶段理论，并认为“后工业社会”以服务为主，就是服务化社会，且服务化社会的服务业就业将不断扩张④。结合实证分析结果，不难发现第三产业已经成为各发达国家吸纳多余劳动力的主要渠道。

美国、日本、新加坡三个国家三次产业就业结构表明：在工业社会的成长期，第三产业就业比重开始大幅攀升，并在较短的时期内成长为最大的劳动力吸纳行业。美国在20世纪初第三产业就业比重超过第一、二产业，并将这一优势逐步扩大，2007年美国第三产业就业比重已经高达78%，如图6－1所示；日本在20世纪中叶第三产业就业比重开始领先，2007年日本第三产业就业比重已经达67.9%；新加坡自1980年以来第三产业就业比重一直领先，2007年高达76.2%。

---

① Clark(1957), *The Conditions of Economic Progress*, Macmillan, 3rd edition.

② Kuznets(1941), *National Income and its Composition, 1919－1938*, New York: NBER.

③ Fuchs, V. R. (1968), *The Service Economy*, National Bureau of Economic Research, MIT Press.

④ Daniel Bell(1974), *The Coming of Post-industrial Society*, Heinemann Educational Books Ltd..

三、劳动力产业分布规律原因分析

随着社会的进步，人的物质生活和精神生活逐步从低级向高级演变，对社会产品的需求沿“农产品—工业品—服务品”的规律演化，劳动力的产业分布也呈规律性变化。在对劳动力产业分布三大规律分析的基础上，进一步从生产技术革新、劳动技术替代率和市场规模拓展等三方面剖析产业分布规律存在的原因。

1. 生产技术的革新

生产技术的革新导致三次产业容纳的劳动力数量沿“一、二、三”产业依次推进。在农业社会，人们劳动的主要目的是获得足够的农产品，解决温饱问题，农业容纳了大量的劳动力。随着农业生产技术的进步，农业生产效率大幅提高，只需要少量的劳动者即可获得足够的农产品，维持人类正常的生产经营活动。此时人类的需求不再停留在温饱层次，而是要提高生活质量，增加对工业产品的需要。此时劳动力开始从第一产业向第二产业转移。到工业社会后期，随着先进的电子信息技术的应用，即便大规模的生产活动也只需要少量劳动通过控制程序即可完成，大量的劳动力再次从第二产业解放出来，导致第二产业就业比重先升后降。此时，人们对物质产品的追求转变为对服务产品的追求，于是劳动力再次向第三产业转移。

2. 劳动技术替代率

劳动技术替代率与就业容量呈反比。服务产品生产的劳动技术替代性很弱，因为是人对人提供的服务。随着社会的进步人类对服务产品（包括生产性服务和生活性服务）的需求日益增加，对劳动力的需求数量也必然同步上升，使其成为最大的劳动力吸纳产业。工业产品劳动的技术替代性很强，尤其随着计算机技术的应用，具有较高智能的生产设施已经能够替代相当部分原来由劳动者从事的生产环节，大批的技术员工从生产线上解放出来，导致第二产业劳动力的需求数量日趋下降。同样，随着现代农业生产技术的运用，少量的农业就业人员即可生产出满足社会需求的农产品，导致第一产业就业比重很低。

3. 市场规模可拓展性

市场规模可拓展性与就业比重呈正比。服务产品市场具有很强的可拓展性，随着社会文明程度的提高，越来越多的人们进入到服务产品消费市场，导致市场规模扩大。并且，人们对服务产品的需求具有很强的新鲜感，服务提供者需要不断进行产品创新以满足人们的需求，拓展服务产品的消费类型并做大市场，由此导致第三产业就业人数快速增加。工业品市场的可开拓性与较高的劳动技术生产替代率，导致劳动力需求数量维持在一定水平。

四、我国三次产业就业现状与趋势分析

在对三次产业就业结构规律分析的基础上，结合我国三次产业就业结构数据，下文简单分析我国三次产业结构分布现状，探讨我国三次产业就业的基本趋势。

（一）我国三次产业就业的现状分析

为实证分析我国三次产业就业结构的现状，从《中国统计年鉴 2010》采集到 1978—2009 年我国的三次产业就业数据，并计算出各年份三次产业就业比重，具体数据如表 6－4 所示。

表 6－4　我国三次产业就业人数及结构一览表

年份	第一产业		第二产业		第三产业	
	就业人数（万人）	占比（%）	就业人数（万人）	占比（%）	就业人数（万人）	占比（%）
1978	28318	70.53	6945	17.30	4890	12.18
1979	28634	69.80	7214	17.58	5177	12.62
1980	29122	68.75	7707	18.19	5532	13.06
1981	29777	68.10	8003	18.30	5945	13.60
1982	30859	68.13	8346	18.43	6090	13.45
1983	31151	67.08	8679	18.69	6606	14.23
1984	30868	64.05	9590	19.90	7739	16.06

续表

年份	第一产业		第二产业		第三产业	
	就业人数（万人）	占比（%）	就业人数（万人）	占比（%）	就业人数（万人）	占比（%）
1985	31130	62.42	10384	20.82	8359	16.76
1986	31254	60.95	11216	21.87	8811	17.18
1987	31663	59.99	11726	22.22	9395	17.80
1988	32249	59.35	12152	22.37	9933	18.28
1989	33225	60.05	11976	21.64	10129	18.31
1992	38699	58.50	14355	21.70	13098	19.80
1993	37680	56.40	14965	22.40	14163	21.20
1994	36628	54.30	15312	22.70	15515	23.00
1995	35530	52.20	15655	23.00	16880	24.80
1996	34820	50.50	16203	23.50	17927	26.00
1997	34840	49.90	16547	23.70	18432	26.40
1998	35177	49.80	16600	23.50	18860	26.70
1999	35768	50.10	16421	23.00	19205	26.90
2000	36043	50.00	16219	22.50	19823	27.50
2001	36513	50.00	16284	22.30	20228	27.70
2002	36870	50.00	15780	21.40	21090	28.60
2003	36546	49.10	16077	21.60	21809	29.30
2004	35269	46.90	16920	22.50	23011	30.60
2005	33970	44.80	18084	23.85	23771	31.35
2006	32561	42.62	19225	25.16	24614	32.22
2007	31444	40.84	20629	26.79	24917	32.36
2008	30654	39.56	21109	27.24	25717	33.19
2009	29708	38.09	21684	27.80	26603	34.11

资料来源：《中国统计年鉴2010》，中国统计出版社2010年版。

根据表6-4，可以计算出我国三次产业劳动力投入占比，并绘制出

1978—2009 年我国三次产业劳动力就业人数及占比变化趋势图，如图 6 - 4、图 6 - 5 所示。

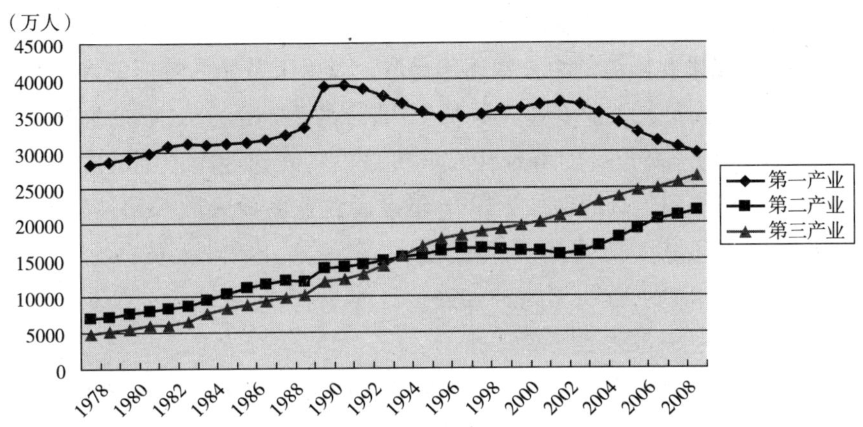

图 6 - 4　我国三次产业劳动力就业人数总量变化趋势图

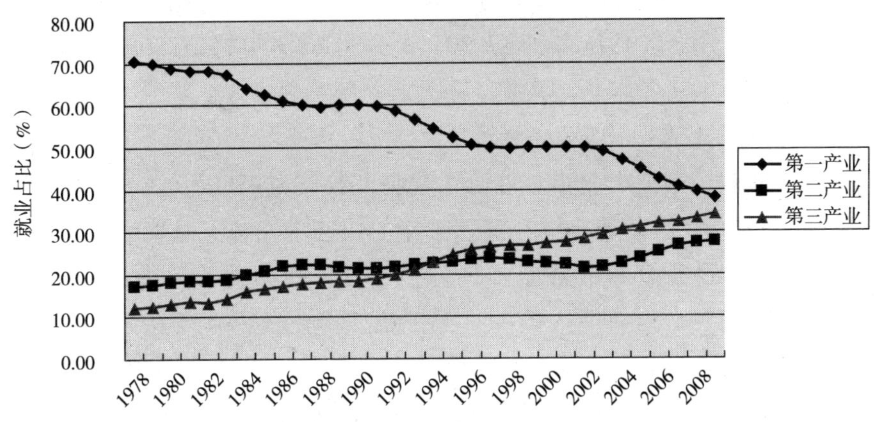

图 6 - 5　我国三次产业就业结构变化趋势图

随着我国经济改革的深入、技术的进步以及经济全球化趋势的增强，我国产业结构持续优化。第一产业增长相对缓慢，第二产业增长平稳，第三产业突破以商贸、餐饮为主的单一发展格局，加速了金融、保险、研发咨询等行业的发展。与产业结构持续优化相伴而生的是三次产业就业结构也不断优化。从表 6－4 的数据和图 6－4、图 6－5 中可以看出，1978—2009 年我国三次产业就业人数整体变化趋势是：第一产业就业人数先增后减，第二产业就业人数平稳上升，第三产业就业人数快速增长。

1. 第一产业就业人数先增后减

1978 年以来我国劳动力人数逐年递增，以手工劳作为特征的农业吸纳了大量的就业人员，农业就业人数从 1978 年的 28318 万人增加到 1991 年 39098 万人的历史高点；随着现代农业机械设备在农业生产中的应用，以及第二、三产业用工量的增加，1991 年以后农业就业人数开始逐年递减，2009 年农业就业人口下降为 29708 万人，第一产业就业人员占比从 1978 年的 70. 53% 缩减到 2009 年的 38. 09%。

2. 第二产业就业人数平稳上升

改革开放以来，第二产业逐步成长为我国国民经济的支柱产业，并使中国成为“世界工厂”，期间吸纳了大量的劳动力，就业人数稳步增长。1978 年我国第二产业就业人数仅为 6945 万人，到 2009 年这一数字已经高达 21684 万人，就业人数增长了约 3 倍。从图 6－5 来看，第二产业就业人数占比逐年上升，从 1978 年的 17. 30% 上升到 2009 年的 27. 80%，增长了十个百分点。

3. 第三产业就业人数快速增长

1978 年我国第三产业相对落后，就业人数仅为 4890 万人，占我国就业人口的 12. 18%。随着我国经济三十年的快速增长和人民生活水平的快速提升，国内服务业的市场需求日益扩大，劳动力就业人数急速增加。1994 年之前第三产业就业人数一直低于第二产业，1994 年达到 15515 万人，首次超过第二产业就业人口总数，2009 年就业人数达到 26603 万人，占国内就业人口的 34. 11%，在吸纳第一产业剩余劳动力方面发挥了重要的作用。

4. 三次产业就业结构的变迁与劳动力的区域集聚

三次产业就业结构的变迁还影响了劳动力的区域分布状况。在改革开放初期国内倾斜性产业政策的作用下，形成了东高西低、南高北低的非均衡经济发展格局，工业和服务业集聚于东南沿海地区。国内产业非均衡的布局现状导致中西部农业富余劳动力向沿海地区流动，形成了我国特有的

“民工潮”现象，使东部地区演变为劳动力集聚高地。

（二）我国三次产业就业趋势分析

从我国劳动力分布分析中不难发现，随经济发展阶段的变迁，三次产业就业结构也随之调整。对照三次产业就业结构演变的一般规律和我国劳动就业结构趋势图（见图6－4），可以预测在未来一段时间内我国三次产业就业结构演变的一般趋势。

第一产业就业比重仍然处于快速下降的区间。农业在国民经济中的比重正逐年下降，从美国、日本、新加坡的第一产业就业比重的演变趋势来看，多年来均处于单调下降态势。从图6－4中可以看出我国第一产业就业比重也是在持续下降，但与发达国家相比较，比重仍然偏高。2009年就业比重超过38%，而美国、日本、新加坡的这一比重分别为1.4%、4.2%、1.1%。即便考虑到我国是农业大国的基本国情，第一产业就业比重在未来一段时间内也会有20%左右的下降空间，就业比重在三次产业中将转为最低。

第二产业就业比重呈先上升后下降的态势。从第二产业就业比重的演变趋势来看（见图6－4），我国第二产业就业比重上升态势明显，但在2009年就业比重仍然最低，说明我国目前相当于第一产业而言，第二产业还有发展空间。结合三次产业就业的一般规律，可以预见随着我国工业化进程的加快，第二产业就业结构将呈平稳上升态势，其趋势曲线将与第一产业曲线相交后到达某一高点，而后将呈缓慢下降态势，就业比重维持在第一产业、第三产业之间。

第三产业就业比重呈单调上升态势。在图6－4中，第三产业就业比重已经连续多年呈单调上升态势，虽然2009年已经超过了34%，但与发达国家相比较比重仍然偏低。美国、日本、新加坡这一比重分别为78%、68%、76%。从第三产业就业比重的一般演变规律来看，在未来几年内我国第三产业就业比重的演变曲线将与第一产业曲线相交后（见图6－4）继续呈单调上升态势。结合发达国家的经验判断，我国第三产业就业比重至少还将提高20%左右，就业比重在三次产业中将转为最大。第三产业就业比重大幅上升，将成为大量吸纳第一、二产业转出劳动力的根本渠道，这也为我国多余劳动力的就业提供了可行性路径。

第三节 全民宽裕社会劳动效能的差异及其提升机制

创造社会财富、衡量商品价值、体现人的本性、具备可持续开发性是劳动的四大基本特性。高效能的劳动与高水平的报酬相互促进、螺旋上升，提高劳动报酬在我国居民收入中的比重，提高劳动效能是加快我国全民宽裕社会建设的重要内容。随着经济社会的进步，社会需求越来越广，劳动分工越来越细，发展的不平衡性也越来越明显[①]。从国民收入分配的实际状况来看，不同行业、不同区域劳动所获得的收入分配存在较大差异，即劳动效能不尽相同。部分相对落后区域与传统行业劳动效能较低，所取得的劳动报酬也处于较低水平，成为制约全民宽裕社会建设的重要瓶颈。因此，揭示劳动效能差异存在的基本特征、运行机理和主要影响因素对建设全民宽裕社会很有必要。

近年来关于劳动效能差异的研究引起了国内外学者的关注。代表性的学者和观点有：多林格尔（Doeringer）和皮奥里（Piore）提出了二元劳动力市场理论，他们认为劳动者个人的工资率或收入水平取决于就业所在的劳动力市场[②]；克鲁格（Krueger）和萨莫斯（Summers）用效率工资理论对行业收入差异进行了分析[③]；佩德罗斯（Pedros）和马丁斯（Martins）提出，行业收入差异反映了行业间劳动力质量的差异，高收入行业中拥有更大比重的高质量劳动力[④]。在借鉴这些经典理论的基础上，这里将密切

① 江建平：《我国经济转型中的分配思想演进》，中国财经出版社2006年版。

② Doeringer Peter B., Piore Michael J. (1971), *Internal Labor Markets and Manpower Analysis*, Lexington, Mass.

③ Alan B. Krueger & Lawrence H. Summers(1988), "Efficiency Wages and the Inter industry Wage Structure", *Econometrica*, 56(2): 259-293.

④ Pedro S. Martins(2004), "Industry Wage Premia: Evidence from the Wage Distribution", *Economics Letters*, (83): 157-163.

结合我国地域广阔、行业复杂的特点，对我国劳动效能的行业差异和区域差异进行分析，并进一步探讨差异存在的原因，有针对性地提出促进我国劳动效能提升和劳动报酬增长的路径。

一、劳动效能的行业差异分析

效能是指事物所蕴藏的有利作用，是系统完成特定任务目标和达到预期结果的程度。劳动效能是指充分利用劳动力资源去实现目标，即做正确的事的能力和效益。从行业统计数据来看，一方面由于不同行业的资金、技术、设备等投入强度均存在一定的差异，另一方面不同行业内劳动者自身素质也存在特定的差异，因此不同行业间劳动效能也必然存在差异。这里借助近年来《中国统计年鉴》的统计数据，对我国一、二、三产业人均GDP和行业人均工资报酬进行比较分析。

1. 三次产业人均 GDP 行业差异分析

依据中国统计年鉴，可整理出 2000—2009 年我国三次产业人均产值（见表 6－5），并根据表 6－5 绘制我国三次产业人均产值变化趋势图（见图 6－6）。从表 6－5 和图 6－6 中可以明显看出三次产业人均产值的演化趋势，第一产业人均产值最低，在全国人均 GDP 水平之下，且与第二、三产业的差距有逐步扩大的趋势。第二产业人均产值最高。第三产业相对较低，但仍高于全国人均 GDP。以 2009 年为例，我国第二产业人均产值高达 72698 元，增长趋势明显；第三产业就业人均产值为 55498 元，增长趋势比较平稳；第一产业就业人均 GDP 为 11857 元，约为第二产业的七分之一、第三产业的五分之一，增长趋势并不显著。从数据的分析结果不难看出，三次产业间人均产值差异非常明显，说明我国劳动效能并未达到最优区间，尤其第一产业劳动效能显著偏低，有待大幅度提高。

表 6－5　2000—2009 年我国三次产业人均产值一览表

单位：元

	2000 年	2001 年	2002 年	2003 年	2004 年	2005 年	2006 年	2007 年	2008 年	2009 年
第一产业	4146	4322	4485	4756	6071	6600	7383	9104	10994	11857

续表

	2000 年	2001 年	2002 年	2003 年	2004 年	2005 年	2006 年	2007 年	2008 年	2009 年
第二产业	28088	30405	34155	38836	43679	48440	53950	60997	70588	72698
第三产业	19530	21931	23660	25680	28057	31517	35977	44689	51071	55498

资料来源：《中国统计年鉴 2010》，中国统计出版社 2010 年版。

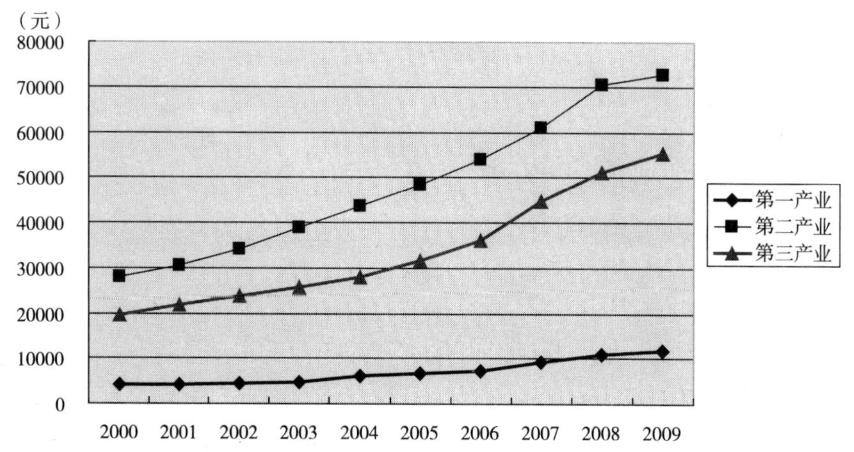

图 6－6　2000—2009 年我国三次产业人均产值变化趋势图

2. 城镇单位就业人员平均工资行业差异分析

依据对《中国统计年鉴》（2004—2010 年）的数据整理，形成了按行业分城镇单位就业人员平均工资一览表（见表 6－6），并根据表 6－6 的数据绘制了城镇单位就业人员平均工资行业差异雷达图（见图 6－7）。从图 6－7 中可以看出，不同年份中我国 19 大行业人均工资差异曲线基本相似，说明 19 大行业人均工资差异状况基本稳定。其中，金融业、信息传输计算机服务和软件业、科学研究技术服务和地质勘查业等三大行业人均工资处于领先位置；农业、住宿餐饮业、建筑业等三个行业等人均工资处于较低层次。以 2009 年城镇单位就业人员平均工资为例，最高的金融业人均工资为 60398 元，最低的农业人均工资为 14356 元，农业人均工资收入不及金融业人均收入的四分之一。可见，以工资收入反映出的农业劳动效能相对较低。但另一方面，从工资的增幅来看，2009 年同比 2008 年农业人均工资增幅为14.3%，在19个行业中排名第二，仅次于教育15.8%的增幅。总之，从表6－6和图6－7中可以看出，经过多年的优化与调整，虽然以农业为代表的低收入行业人均工资增幅有所上升，但国内劳动工资行业差异仍然较大。

表6－6 2003—2009年按行业分城镇单位人均工资

单位：元

按国民经济行业分组	2003年	2004年	2005年	2006年	2007年	2008年	2009年
农、林、牧、渔业	6969	7611	8309	9430	11086	12560	14356
采矿业	13682	16874	20626	24335	28377	34233	38038
制造业	12496	14033	15757	17966	20884	24404	26810
电力燃气及水的生产和供应业	18752	21805	25073	28765	33809	38515	41869
建筑业	11478	12770	14338	16406	18758	21223	24161
交通运输仓储和邮政业	15973	18381	21352	24623	28434	32041	35315
信息传输计算机服务和软件业	32244	34988	40558	44763	49225	54906	58154
批发和零售业	10939	12923	15241	17736	20888	25818	29139
住宿和餐饮业	11083	12535	13857	15206	17041	19321	20860
金融业	22457	26982	32228	39280	49435	53897	60398
房地产业	17182	18712	20581	22578	26425	30118	32242
租赁和商务服务业	16501	18131	20992	23648	26965	32915	35494
科学研究技术服务和地质勘查	20636	23593	27434	31909	38879	45512	50143
水利、环境和公共设施管理业	12095	13336	14753	16140	19064	21103	23159
居民服务和其他服务业	12900	14152	16642	18935	21550	22858	25172
教育	14399	16277	18470	21134	26162	29831	34543
卫生社会保障和社会福利业	16352	18617	21048	23898	28258	32185	35662
按国民经济行业分组	2003年	2004年	2005年	2006年	2007年	2008年	2009年
文化体育和娱乐业	17268	20730	22885	26126	30662	34158	37755
公共管理和社会组织	15533	17609	20505	22883	28171	32296	35326

资料来源：2004—2010年《中国统计年鉴》，中国统计出版社。

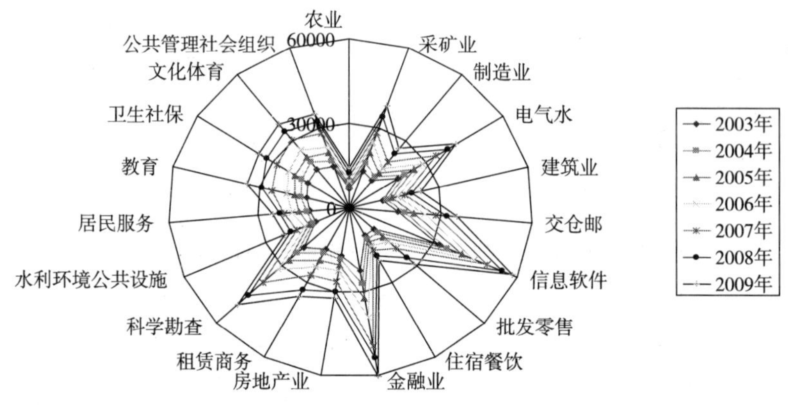

图6－7　按行业分城镇单位人均工资雷达图

二、劳动效能的区域差异分析

无论是国际层次上的各国家之间，还是国内层次上的各地区之间，劳动生产效能的空间差异都普遍存在。美国1988年劳动生产率最高的州比最低的州高出三分之二；而德国1992年最高5个地区的劳动生产率是最低5个地区的1.14倍。作为发展中国家的中国而言，改革开放初期的倾斜性发展战略导致了东中西部区域经济的非均衡发展，直接结果是劳动效能存在巨大的区域差异，致使我国成为世界上少数几个工资差距最为悬殊的国家之一。人均国内生产总值直接反映劳动的产出效率，居民收入反映劳动者提供劳动后所获得的回报，劳动报酬是居民收入的重要组成部分，人均国内生产总值和居民收入不仅是反映劳动效能的两项重要指标，而且是全民宽裕社会建设的重要内容，因此可采用这两项指标来分析劳动效能的区域差异。

为科学反映我国不同区域的社会经济发展状况，为党中央、国务院制定区域发展政策提供依据，中国国家统计局根据《中共中央、国务院关于促进中部地区崛起的若干意见》、《国务院发布关于西部大开发若干政策措施的实施意见》，将我国的经济区域划分为东部、中部、西部和东北四大地区。我们以东部、中部、西部和东北四大地区为数据样本，对各区域人均国内生产总值进行比较分析。其中，东部包括：北京、天津、河北、上海、江苏、浙江、福建、山东、广东和海南；中部包括：山西、安徽、江西、河南、湖北和湖南；西部包括：内蒙古、广西、重庆、四川、贵州、云南、西藏、陕西、甘肃、青海、宁夏和新疆；东北包括：辽宁、吉林和黑龙江。

1. 我国分地区人均国内生产总值差异分析

依据2003到2010年《中国统计年鉴》，整理出2003—2009年我国按区域人均国内生产总值，见表6－7。其中2003年和2004年的东部地区与中部地区的数据根据各省（市）相关数据计算获得，其他数据直接采集于《中国统计年鉴》。并据表6－7绘制出2003—2009年全国分区域人均国内生产总值走势图，见图6－8。

表6－7　按区域分人均国内生产总值

单位：元

	2003年	2004年	2005年	2006年	2007年	2008年	2009年
东部地区	16865	20359	23768	27567	32283	37213	40800
中部地区	7391	9025	10608	12269	14754	17860	19862
西部地区	6306	7728	9338	10959	13212	16000	18286
东北地区	12078	14091	15982	18277	21573	25955	28566
全国平均	9101	10561	14185	16500	20169	23708	25575

资料来源：根据2004—2010年《中国统计年鉴》整理。

我国四大经济区域人均国内生产总值差异明显。从表6－7的数据和图6－8的趋势中可以看出，以全国人均国内生产总值曲线为界，东部地区与东北地区在全国均线的上方，而中部地区和西部地区在全国均线的下方。东部地区近年来人均国内生产总值一直处于领先地位，这得益于国家改革开放倾斜政策的影响，国民经济在短期内取得了快速增长；东北地区作为我国老工业基地，产业基础优势明显，其人均国内生产总值处于第二位；中部地区与西部地区人均国内生产总值演变趋势基本一致，处于低位状态，但中部地区又稍高于西部地区。

我国四大经济区域人均国内生产总值差异呈扩大趋势。从图6－8中可

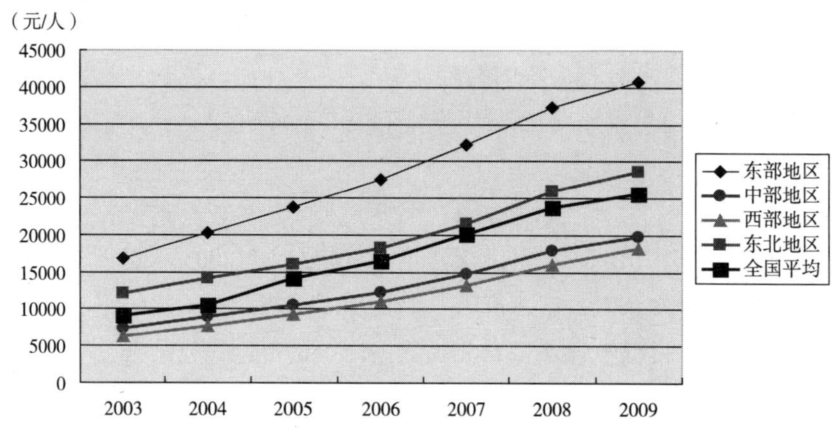

图 6－8　按区域分人均国内生产总值变化趋势图

以看出，五条曲线形成了一个从左到右由窄变宽的图形，说明起始阶段区域间差异较小，而随时间的推移区域间差异逐步扩大。2003 年西部地区人均国内生产总值为 6306 元、东部地区为 16865 元，西部地区落后于东部地区 10559 元；2009 年西部地区为 18286 元，东部地区为 40800 元，西部落后于东部 22514 元，差额增加为 2003 年的两倍。东部地区不断发挥领先起跑的优势，人均国内生产总值呈加速上升态势，与其他三大经济区域差距不断扩大，其他三大经济区域人均国内生产总值虽也有所上升，但整体趋势比较平缓。中部与西部地区人均国内生产总值变化步调基本一致，中部一直略高于西部。

2. 我国分地区居民收入差异分析

劳动报酬是我国居民收入的重要组成部分，对于我国农村居民来说劳动报酬几乎是收入的唯一来源，对于我国城镇居民来说劳动报酬也占收入的 65% 以上。因此这里将采用地区居民收入差异来反映劳动效能差异，并指出全民宽裕社会中劳动者报酬方面存在的主要问题。借助于《中国统计年鉴》整理出 2003—2009 年我国按区域分城镇居民可支配收入和农村居民纯收入一览表，分别见表 6－8 和表 6－9，其中 2003 年和 2004 年东部地区和中部地区的数据根据各省（市）相关数据求平均值获得，其他数据直接采集于《中国统计年鉴》；并据表 6－8 和表 6－9 绘制出对应的趋势图，见图6－9和图6－10。

表6－8　按区域分城镇居民可支配收入

单位：元

	2003年	2004年	2005年	2006年	2007年	2008年	2009年
东部地区	10678	11874	13375	14967	16974	19203	20953
中部地区	7101	7886	8809	9902	11634	13226	14367
西部地区	7205	8031	8783	9728	11309	12971	14213
东北地区	6981	7775	8730	9830	11463	13120	14324
全国平均	8472	9422	10493	11759	13786	15781	17175

资料来源：根据2004—2010年《中国统计年鉴》整理。

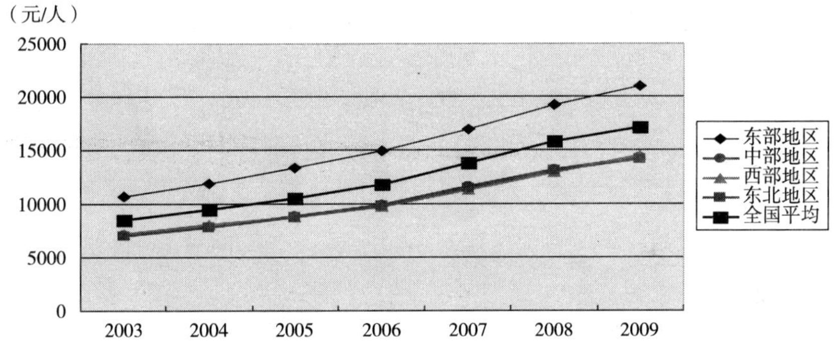

图6－9　按区域分城镇居民可支配收入变化趋势图

我国分区域城镇居民收入两极分化明显。我国东部地区经济市场化水平较高，城镇居民收入水平持续领先，成为高端收入的一极；而其他三个区域城镇居民收入水平整体趋势一致，形成低端收入的另一极，从图6－9中可以看出，三条曲线几乎重叠。以2009年为例，中部、西部和东北地区城镇居民可支配收入分别为14367元、14213元和14324元，三个区域中最大差距仅为154元，而同期东部地区城镇居民可支配收入为20953元，约为其他三个区域的1.5倍。

表 6 –9　按区域分农村居民人均纯收入

单位：元

	2003 年	2004 年	2005 年	2006 年	2007 年	2008 年	2009 年
东部地区	4283	4691	4720	5188	5855	6598	7156
中部地区	2370	2693	2957	3283	3844	4453	4793
西部地区	1966	2192	2379	2588	3028	3518	3816
东北地区	2681	3122	3379	3745	4348	5101	5457
全国平均	2622	2936. 4	3255	3587	4140	4761	5153

资料来源：根据 2004—2010 年《中国统计年鉴》整理。

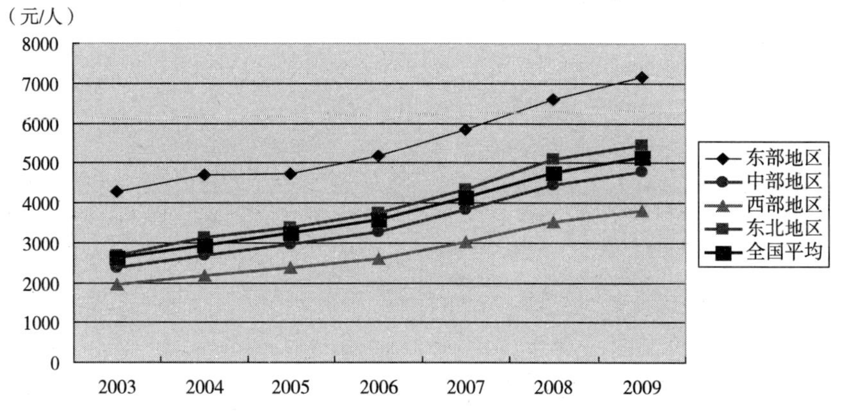

图 6 –10　按区域分农村居民人均纯收入变化趋势图

我国分地区农村居民人均纯收入差异平稳。从图 6 –10 中可以看出，五条曲线形成的图形，左右两端基本同宽，各区域农村居民人均纯收入变化趋势基本一致，这是由于农业基础性强、产品生产周期较长、类型相对比较单一、价格相对比较稳定，导致农村居民人均纯收入差异也相对平稳。四大经济区域农村居民人均纯收入也比较明显，从高到底分别为东部地区、东北地区、中部地区和西部地区，东部与东北地区农村居民人均纯收入处于全国均线之上，中部与西部地区处于全国均线之下。东部地区较为发达的工业经济传导到农业经济，带动了当地农村居民人均纯收入的上升，2009 年人均纯收入高达 7156 元；东北地区土地肥沃、地广人稀，适合于农业机械耕作，人均农业产出效率较高，地区农村居民人均纯收入也相对较高；中部地区经济相对落后，小农耕作的方式占农业生产主流，产出效率较低，地区农村居民人均纯收入也较低；西部地区不仅农业生产方式落后，而且土壤贫瘠、水利落后、自然条件恶劣，导致农业产出效率最低，地区农村居民人均纯收入也最低，2009 年人均纯收入仅为 3816 元。

三、劳动效能差异存在的原因分析

劳动效能的不断提升是社会不断进步的主要标志。劳动者所介入的行业不同、参加劳动的区域不同，其劳动产出也存在差异。通过对产业间和区域间劳动效能的比较不难发现，专业化分工、集聚式作业和精细化劳动管理是影响劳动效能差异的三大主要因素。

1. 专业化分工

亚当·斯密认为分工是国民财富增进的源泉[①]。专业化分工是将复杂劳动过程分解为简单生产劳动组合过程，并根据劳动者特点的不同将劳动者都安排在适当的领域中积累知识、创新技能，从而不断地提高效能。

从我国劳动效能行业差异分析的部分可以看出（见表 6－5）：首先，2000—2009 年第二产业人均 GDP 一直处于领先位置。随着科技的进步与经济的快速发展，第二产业的专业化分工程度日益深化，从国家统计局的统计口径上看，不仅存在具体门类的内部细分，如食品制造业、纺织业、医药制造业等，而且在不同门类内部还存在更为精细的按产品规格型号的专业化分工。专业化的细分给第二产业带来了生产技术的快速改进和劳动生产率提高，最终的结果表现为较高水平的人均 GDP。其次，第一产业人均 GDP 产出水平较低。我国农业多年来长期停留在自给自足的小农经济生产方式，农户之间的协作以及专业化的农业配套服务水平较低，个体农户需要独立完成农业生产中的大部分生产环节，不仅制约了农业生产的熟练化，而且限制了农业科技创新，导致我国农业生产效率长期低水平徘徊。再次，第三产业人均 GDP 产出水平处于第一、二产业之间。我国第三产业是近年来才大规模发展起来的后发产业，专业化分工相对低于第二产业、

① 亚当·斯密：《国民财富的性质和原因的研究》，郭大力等译，商务印书馆 2007 年版。

高于第一产业，高于农业、低于工业，其劳动效能也介于两者之间。

2. 集聚式作业

马歇尔最早对产业空间集聚现象进行研究，他使用了“集聚”的概念去描述地域的相近性和企业、产业的集中，他认为集聚能够对生产力产生正的外部效应。空间集聚有助于劳动力在一定范围内的自由流动，能够有效满足企业供需双方的需求，从而提高经济的运行效率①。美国的硅谷、德国的鲁尔地区、意大利的中小企业群、印度的班加罗尔等产业集聚区域的劳动效率均高于同行业的其他区域。

我国劳动效能的区域差异也非常明显。从小的区域范围来看，近年来我国涌现出了一批具有较强空间积聚特征的产业集群，产业集群内部企业间具有很强的行业关联性，劳动力自由流动，人均工资及人均 GDP 明显高于集群外区域。从前面分析的劳动效能区域差异结果可以看出（具体见表 6－7），我国东部地区人均国内生产总值明显高于东北、中部和西部地区，究其原因不外乎，东部受惠于改革开放初期国家政策，产业相对发达，吸纳了大量中西部劳动力，形成东部劳动力集聚区。集聚式作业不仅可以促进产业纵向与横向的专业化分工，而且能够加快积聚区内知识的交流与创造，最终导致较高的劳动效率，而其他三个区域劳动的集聚特征较弱，其劳动效率也相对较低。

3. 精细化管理

人、财、物是企业最基本的三大生产要素。在劳动力成本相对较低的时期，作为生产企业更多的精力集中于“财”和“物”的管理，而对“人”这一生产要素的管理通常被忽视了。当经济形势发生新的变化后，国内后人口红利时代即将到来。“民工荒”浪潮已经连续多年冲击东南沿海区域。劳动力成本持续推高，如何对劳动力要素进行精细管理，已经成为企业控制经营成本、提高劳动效能、扩大经济效益的重要途径。

近年来，我国部分企业引入了现代企业管理制度，通过加强对劳动力的管理来控制成本。特别是知识型新兴行业，尤其重视对劳动力的精细化管理，这一类型企业的劳动效能通常处于同等条件下行业领先地位。如科

① ［英］马歇尔：《经济学原理》，商务印书馆 1997 年版。

学勘探、信息软件等行业，人均 GDP 和人均工资收入水平较高（具体见表 6－6）。相反，部分人员富余、劳动力管理相对落后的行业劳动效能偏低，如农业、餐饮住宿、建筑等行业管理粗放、专业技能要求较低，人均 GDP 和人均工资均处于低水平徘徊，如表 6－6 所示。可见，精细化劳动管理的推广和应用是提升劳动效能的又一个重要影响要素。

四、劳动效能提升机制

通过对劳动效能的产业差异与区域差异的分析后发现，劳动效能的差异普遍存在，且部分行业或区域劳动效能很低，具备很大的提升空间。总体上看，劳动力资源具有可以“加、减、乘、除”的特点，管理机制不行或有特殊遭遇可能发生“减”或“除”的情况，但是人类管理和技术的进步常常使得劳动力资源发生“加”或“乘”的情况。这里在探讨影响劳动效能主要影响因素的基础上，进一步讨论劳动效能的提升机制，以期通过机制的创新与优化，激发社会劳动潜能，将人类本性懒的一面在科学的管理与良好的善待中化解，以同样单位的劳动力投入获得更高产出，普遍提高劳动报酬，奠定全民宽裕的物质基础。

1. 市场机制

在具有中国特色的社会主义市场经济体制下，劳动力要素的配置主要依赖于市场机制完成，以加快推进劳动力资源在区域间、产业间的自由流动和竞争。

通过强化劳动力资源市场自由流动的调节机制，打破劳动力资源的地区封锁和行业分割，鼓励劳动力资源向高效能的产业或区域流动，调节供需、优化配置，推进现代产业体系的构建与劳动力的区域集聚。这有利于专业化劳动市场的形成、劳动力区域集中和现代管理理论与方法的应用，提高劳动效能，增加劳动者收入。另外也有助于迫使劳动力流出的产业或地区加快产业转型升级，提高劳动力要素的边际产出，缩小与其他产业或区域之间劳动效能的差距，普遍提高劳动收入。

启动劳动力要素之间的市场竞争，可以使劳动力要素面临物竞天择、优胜劣汰的局面。劳动力要素需要持续地参加各种专业的学习培训，以提高自身的行业适应能力与竞争能力。这有助于形成学习与创新的环境，推进劳动力专业技能的提升与专业化分工，普遍提高劳动效能。

2. 责任机制

劳动者都是社会的基本组成单位，不仅要从社会中谋取物质与精神所需，更要为社会做出力所能及的贡献，做好自己份内的工作，尽到一个劳动者所应承担的社会责任。因此健全劳动者责任机制，明确其岗位职责、完善绩效管理的评估与考核机制，以制度的方式实现对劳动效率效果的约束，不失为提高劳动效能的有效途径之一。

明确的责任安排有助于将社会上千头万绪的工作与各类劳动者对等联系起来，做到事事有人管、人人有责任。以制度约束的方式强化劳动者的工作积极性、弱化劳动者偷懒的本性，全面提高劳动者工作效能。如企业可以实行员工岗位责任制度，员工有义务按照作业指导书进行规范操作，对自己操作的产品负一对一责任，同时赋予员工提出产品的改进意见或改进措施的权利，如此一来可以更好的提高劳动的规范程度和劳动效能。

3. 激励机制

激励是提高劳动效能的又一重要途径，激励水平越高，员工积极性越高，组织生产力也就越高。20 世纪初期开始，很多学者对激励机制理论进行了研究，代表性的学者与观点有马斯洛提出的需要层次论①、奥德弗提出的 ERG 理论②、赫茨伯格提出的双因素论③、斯金纳的强化理论④。美国哈佛大学威廉·詹姆斯在《行为管理学》中提出，按工时计酬的分配制度仅能让员工发挥 20%—30% 的能力，如果收到充分激励的话，员工能力可以发挥 80%—90%⑤。可见，有效的激励机制能够有效激发劳动者积极性和创造性，进而提高劳动效能。

劳动效能的激励方式是多元化的，但总体而言可以划分为物质激励与

---

① A. H. Maslow(1954), *Motivation and Personality*, p. 35. New York: Harper and Row.

② Alderfer, C. P. (1972), *Existence, Relatedness, and Growth; Human Needs in Organizational Settings*, New York: Free Press, p. 18.

③ ［美］弗雷德里克·赫茨伯格等：《赫茨伯格的双因素理论》，张湛译，中国人民大学出版社 2009 年版，第 98 页。

④ Skinner B. F. (1938), *The Behavior of Organisms: an Experimental Analysis*, New York: Appleton Century Crofts, p. 302.

⑤ 马作宽：《组织激励》，中国经济出版社 2009 年版，第 2 页。

精神激励两类。物质激励主要作用于人的物质需求的满足，主要包括工资、奖金、入股、各种形式的津贴及实物奖励等，精神激励主要作用于人的精神需求的满足，主要包括得到尊重、赞美和理解等。根据劳动者社会责任的完成状况，对符合社会及组织需求的劳动行为给予正向的物质或精神激励，以强化这一行为，达到持续发扬这种行为的目的；对不符合社会及组织需求的劳动行为给予负向的物质或精神约束，以弱化这种行为，达到能够减少或消除这一行为的目的。

五、就业岗位的创新

就业岗位的创新是提高整体劳动效能以及劳动边际产出的基本渠道。社会劳动组织的动力源泉主要有市场和政府两种手段，据此也可以将劳动岗位创新的基本路径分为市场调节机制和政府引导机制两种。

1. 市场调节机制

对于能够依靠市场自发调节形成的岗位，要充分尊重劳动市场的演变规律，创新有助于劳动市场演变的服务机制，推动劳动层次的提高和劳动效能的提升。从人类劳动的发展历史来看，就业岗位“从农业向工业再向服务业”转换的基本规律是确定的。当前我国劳动就业呈“一、三、二”的格局，第一产业容纳劳动力比重最大，第二产业最小，正处于向“三、二、一”格局转型的关键时刻，第一产业就业比重将大幅下降，第三产业就业比重将大幅上升。因此，在我国劳动就业岗位的创新中，要顺应第三产业即将井喷式增长的基本趋势，转变社会服务理念和劳动者就业观，借助于市场调节力量创新更多的服务就业岗位。

大力发展生产性服务外包。劳伦斯（Lawrence）和芬卡特拉曼（Venkatraman）认为政府、行业、企业三个层面都具有发展生产性服务外包的源动力①。政府在经济周期和经济增长潜在趋势的推动下，希望企业通过签订服务外包合同，实现自身基础设施管理的合理化；由于竞争压力的日益加重，使第二产业的企业愿意与重要的第三产业 IT 供应商建立密切的贸

① Loh Lawrence & Venkatraman(1992),“Determinants of Information Technology Outsourcing: A Cross-Section”, *Journal of Management Information Systems*, 9(1).

易伙伴关系，从而达到减压的目的；企业为追寻竞争优势使企业愿意把非关键性服务业务外包出去，从而推动服务外包业务的发展。在自由竞争的市场环境下，政府、行业、企业发展服务业的动力强劲，信息技术、商业流程、知识流程、招聘流程等方面的专业性服务行业应运而生。不仅促进了生产流程的专业化分工、整体提高了社会劳动效能，而且大量地创新了专业服务岗位，成为吸纳劳动力的重要渠道。因此，要顺应市场自我调节的规律与发展趋势，制定适合于生产性服务外包产业发展的政策措施，规范并促进生产性服务外包产业健康发展。

加快推进家庭服务社会化。家庭是社会的基本组成单位，承载着人类基本的生活服务功能，当然这一承载功能也随社会的进步与市场经济的推进而逐步弱化。在相对落后的社会状态下，人们以家庭为单位男耕女织、自给自足，在家庭范围内几乎完成了人类生活的全部服务环节；随着社会的进步和市场制度的完善，人们的生活节奏加快，职业化程度提高，缺少足够的时间和精力从事家庭服务工作，原来由家庭承担的部分服务活动开始剥离，并转由专业的服务机构承担，不仅将家庭成员从繁琐的家庭活动中解放出来，而且提高了家庭服务专业化程度和服务质量。与家庭服务社会化相伴而生的是一批家庭服务机构和服务岗位的诞生。当前我国社会正处于转型期，家庭服务业发展方兴未艾，养老服务、家政服务、社区照料服务、病患陪护服务等专业服务机构应运而生，并成为重要的劳动力吸纳行业。当然我国家庭服务业总体上还处于起步阶段，家庭服务业的发展与城乡居民日益增长的家庭服务需求还不相适应，需要有规范的市场管理体制和制度约束，引导社会化的家庭服务活动在市场经济体制下向专业化、规范化、高效化的轨道发展。

创新文化艺术。随着我国经济的增长和社会文明的进步，国内精神消费逐步兴起，文化艺术消费市场迅猛膨胀。文化艺术不仅成为机构投资与高端人士青睐的对象，也成为普通百姓日常生活的一部分。作为一个知识密集型和劳动密集型的产业，文化艺术是劳动者个性化创造的产物，不能进行大规模标准化生产，其劳动者的市场需求弹性较大，吸纳劳动者就业的潜力无穷。如布艺与陶瓷两种文化艺术产品，已经成为现代居家装饰的基本组成部分，与之相关的艺术设计、制造、配送、艺术修养培训等完整的文化艺术产业链逐步形成，催生出一系列的就业岗位。可见，文化艺术市场的扩张已经成为当前市场经济发展的必然，加大推进文化艺术产品的创新，依靠文化艺术市场自我演化机制，将有助于大规模创新就业岗位。

2. 政府引导机制

政府作为社会的组织者和管理者，有责任在力所能及的范围内优化社会劳动岗位的设置、提高劳动效能和劳动报酬。近年来我国承办了奥运会、世博会等一系列的大型国际活动，充分体现了我国政府的组织与协调能力。同样，在我国劳动岗位的创新与劳动效能提升的工作中，政府的引导与规范作用不可小视，需要政府直接参与到相关的活动中。

主动参与项目开发。对于一些投资数额大、收益率低、回收周期长的开发项目，单靠市场的自我调节通常很难得以实施，需要政府在其中发挥主导作用，提供足够的政策和财力保障。例如，以城乡一体化建设创新劳动岗位。加快推进产业向园区集中、农民向城镇集中、居住向社区集中，建设城乡一体化的基础设施和公共服务，将农村处于隐性失业状态的农民转变成产业工人。如张家港市永联村经过多年的发展，走出了一条居住方式城镇化、生活方式市民化、生产方式产业化、就业方式多样化、管理方式规范化、收入方式多元化的新农村发展道路，村民就业率高达95%以上。又如，以荒山荒漠的开发创新劳动岗位。我国地域广阔，区域间自然条件差异较大，存在大片不适合于生产经营活动的荒山荒漠等土地资源，对这类土地资源的开发虽然需要耗费大量劳动资源，但可增加社会财富，创新就业岗位。

实施积极的就业政策。要妥善处理现行政策与法律规定的衔接，对政策进行完善和规范，明确政策支持对象和内容，提高就业政策的实施效果。进一步完善小额担保贷款政策，进一步拓宽贴息资金的使用渠道，从贴息资金中安排部分资金支持完善担保基金的风险补偿机制和贷款奖励机制，进一步加大对符合条件的劳动密集型小企业的支持力度。扶持就业困难人员就业，对各类企业招用就业困难人员，签订劳动合同并缴纳社会保险费的，在相应期限内给予基本养老保险、基本医疗保险和失业保险补贴。严格控制过度加班，加强对用人单位遵守劳动保障法律法规情况的监督检查，重点检查职工工作时间、休假时间、工资支付等情况，加大对过度加班的惩罚力度，以释放更多的工作岗位。

六、我国就业岗位创新的资金保障

无论是市场自我调节还是政府引导下的就业岗位创新，都需要足够的财力支持。为加快建立以市场为导向、以扩大就业和提高报酬为目标的社会体系，需要设置相应的专项资金，实现对岗位创新项目的支持与引导。专项资金的主要来源可包括很多方面，主要有六个方面：

1. 国家财政中安排一部分

高效的财政安排有助于提高财政资金使用效益，发挥财政拨款的宏观调控和导向作用，促进经济建设和社会事业的协调发展。提高劳动就业率和报酬也是国家财政资金使用的重要方向。在就业岗位开发项目中，可安排一定规模的专项支持资金用于促进城乡一体化建设、再生能源基础设施建设、产业转型升级、荒山荒漠的开发等。

2. 国有企业利润中筹集一部分

国有企业由国家出资建立，代表全民的投资行为，其所获得的利润理应取之于民用之于民。创新就业岗位，提高劳动边际产出和劳动报酬，是一项有助于提高全民福利的工作。因此，从国有企业利润中筹集一部分资金结合有关开发项目，作为劳动岗位创新的专项资金，是符合国有企业利润分配与使用原则的，应该成为就业岗位创新专项资金的重要来源。

3. 彩票发行中筹集一部分

彩票发行本身具有扩大融资渠道，促进消费，增加税收，提供就业机会的功效。彩票市场所筹集到的资金主要用于社会福利、公共卫生、教育、体育等社会公益事业，得到国内外政府和国民的认同。当前我国彩票市场已经初具规模，在解决我国公益事业的资金瓶颈中发挥了重要作用。遵照彩票发行的筹集资金的基本用途，可以在现有彩票发行中直接筹集或者发行专项彩票筹集一部分资金用于就业岗位的创新。

4. 消费者市场加价一部分

针对与国民经济发展和人民生活关系重大的商品、资源稀缺的商品、自然垄断经营的商品、重要的公用事业和公益性服务的价格，政府可以实行政府指导价或者政府定价。在定价中针对不同的行业分布设定一个合理的加价幅度，补充就业岗位创新专项资金。

5. 货币发行中筹集一部分

货币发行可以带来发行方收益，通过铸币税等，政府财政可筹措部分资金。合理的货币发行是国家宏观调控的重要财力保障，有助于提高经济中的有效需求，刺激经济增长。就业岗位创新资金的设立有助于促进就业，也是国家宏观调控的重要内容，因此可以从货币发行中筹集一部分资金，专项用于就业岗位的创新支持。

6. 各单位增加安排文化艺术专项经费

随着社会文明程度的提高，文化艺术活动已经成为人们生产生活的重要组成部分。企事业单位除进行正常的生产经营活动外，还是基本的社会集体组织团体。通过一系列文化艺术活动的安排，可以提高企业的文化氛围、员工的艺术修养和企业凝聚力。各企事业单位应当随着经济社会的发展，适当增加安排文化艺术专项经费，由此促进文化活动的丰富，从而增加社会就业机会。

第七章　全民宽裕的劳动报酬增长机制

要实现全民宽裕的社会目标，提高广大劳动者的劳动报酬水平是一个关键性的问题。而要提高劳动者的劳动报酬水平，就需要分析现阶段影响我国劳动报酬水平的主要因素，实证分析我国劳动报酬初次分配与再分配的现状或存在的主要问题，进而研究普通劳动群体的收入增长机制。

第一节　影响我国劳动报酬水平的主要因素

一、社会经济发展水平和不同行业、企业的发展经营状况

1. 劳动报酬的水平取决于社会经济发展水平

在整个社会经济发展水平较低的条件下，全社会生产出的财富比较有限，相应的可用于个人分配的部分也就有限；在社会经济发展水平不断提高的条件下，全社会生产出的财富日益丰盛，相应的可用于个人分配的部分也就越来越多。例如，在我国改革开放初期的1978年，我国城镇单位就业人员平均工资只有615元，而到2010年已经提高到36539元，30余年增长了58倍之多。劳动报酬水平的提高主要得益于我国劳动生产率的提高和国民经济的快速发展。1979—2010年期间，我国的劳动生产率得到较快的提高，国内生产总值平均增长速度达到9.9%，国内生产总值的总量从1978年的3645亿元增加到2010年的401202亿元，国民经济总量增长了109倍之多，国民财富的蛋糕做大了，劳动报酬水平的提高就有了坚实的

物质基础。

2. 劳动报酬的水平受不同行业劳动生产率水平的影响

在不同时期，不同行业的劳动生产率水平和行业的景气度是不同的，一般来说，劳动生产率水平和行业景气度比较高的行业，劳动报酬的水平就高些；反之，劳动报酬的水平就低些。例如，据《中国统计年鉴》数据，2010 年，按行业分城镇单位就业人员平均工资，收入最低的行业分别为：农、林、牧、渔业，人均工资为 16717 元；住宿和餐饮业，人均工资为 23382 元等。收入最高的几个行业分别为：金融业，人均工资为 70146 元；信息传输、计算机服务和软件业，人均工资为 64436 元；科学研究、技术服务和地质勘查业，人均工资为 56376 元；电力、燃气及水的生产和供应业，人均工资为 47309 元等。多年来，我国人均工资水平最低的行业和最高的行业基本保持这样的格局。从数据看，如果排除垄断因素的影响，劳动报酬水平低的行业，由于拥有的资本和技术等生产要素含量较低，劳动生产率水平相对较低，且大都为行业景气度不高的传统行业；劳动报酬水平高的行业，由于拥有的资本和技术等生产要素含量高，劳动生产率水平相对较高，且大都为行业景气度较高的新兴行业。

3. 劳动报酬的水平还受企业经营状况影响

在市场经济条件下，即使在同一个行业里，不同企业的经营能力会有很大的差别：经营能力强的企业能够创造出更高的利润水平，并且有能力不断扩大生产经营规模，进而拥有规模经济的低成本竞争优势，企业盈利多了，在正常情况下，企业职工的劳动报酬水平就会比较高；而经营能力弱的企业创造出的利润水平较低，它们大都只能维持简单再生产，企业盈利少了，企业职工的劳动报酬水平就会比较低。

二、对外开放和国际分工格局

在一个国家实行对外开放策略以及参与国际分工的条件下，其在国际分工中的格局会影响劳动报酬的水平。改革开放以来，我国大力发展外向型经济，作为发展中国家在参与国际分工的过程中，主要是承接经济技术发展水平较高的发达国家向发展中国家的产业转移，形成世界制造业基地。虽然这种发展模式有利于引进先进技术、扩大就业、促进经济增长等，但是对提高劳动者收入水平客观存在一些不利的影响。因为，在这种产业转移的国际分工格局中，发达国家控制着关键的核心技术而处于产业价值链的高端，发展中国家则主要通过向发达国家购买先进技术进行生产而处于产业价值链的低端，因此产品生产中的大部分收益归发达国家所有。相对来说，发展中国家从产品生产中只能得到很少的收益，在这种情况下，劳动要素价格往往被低估，劳动者收益提高的空间就要受到限制。

劳动力资源过剩，使我国在发展外向型经济中以发挥劳动力低成本比较优势为主。改革开放以来，引进的外资约有70%流向了劳动密集的制造业，以劳动力低成本为比较优势的中国制造业只能处在世界产业价值链的低端。中国的产品之所以能够在国际市场上低价竞争，就在于中国的劳动力廉价。世界劳工组织的统计分析指出：如果把中国的劳动力成本定为1.0，一些国家和地区的劳动力成本分别是，香港为4.6，印度为2.5，韩国为2.6，南非为3.4，日本为2.9，美国为2.6[①]。中国工人的工资和福利几乎被压到最低水平，而工作时间和劳动强度也几乎达到最高水平，劳动力价格被严重低估，使劳动力再生产难以持续，所以才会有近些年来持续出现的东南沿海地区的“民工荒”等现象。

发展经济学对外向型经济模式（或出口替代模式）的经验研究称这种现象为“肤浅的发展”，即当出口替代是由外国纵向联合的跨国公司进行投资时，在出口加工产品时，东道国（或地区）的厂商发展成为非熟练劳动密集的技术知识的重要供给者，发展中国家和地区对跨国公司的基本吸引力，显然是他们的非熟练劳动的工资极低。从表7－1可见，在国外和在美国国内加工或装配美国材料的工人平均每小时的报酬最高相差18.2倍（中国台湾），最少也要相差4.2倍（墨西哥）。在这种场合，他们的比较成本在于从事不熟练劳动的专门化，其工资必须保持比较低，同时从国外进口“一篮子”投入（物质的和无形的）。由于技能与技术、资本、部件及其他货物在国际上是可以流动的，而不熟练劳动则不能流动（或最好是不流动，因为涉及大量的社会成本），跨国公司会被诱使去加强这种“国

① 李军鹏：《质疑“初次分配注重效率、再分配注重公平”》，《中国经济时报》2004年4月29日。

际探源”，使其不熟练劳动来源多样化，以保证供给。这样一种发展过程的“肤浅性”是由于下列原因造成的：所用劳动的类型一般代表着工人阶级中最软弱、最没有组织的部分，从而限制了增加劳动收益的可能性。如果工资上涨，外国投资者就会转到别国去，因为他们的位置利益是从存在低工资产生的①。近些年来，这种现象在我国的东南沿海部分地区已经出现，当我国保护劳动者合法权益的新劳动合同法颁布实施时，一些外国投资者已经将投资项目向劳动力成本更低的国家，如越南、泰国等转移。这种状况客观上制约了我国劳动报酬水平的提高。

表7－1 不同地区加工或装配工人平均每小时报酬比较表

加工部件及地区		当地平均每小时报酬（美元）	美国平均每小时报酬（美元）	美国是当地报酬的倍数
消费用电子产品	中国香港	0.27	3.12	11.6
	荷兰	0.53	2.31	4.4
	中国台湾	0.14	2.56	18.2
公司机器部件	中国香港	0.30	2.92	9.7
	墨西哥	0.48	2.97	6.2
	南朝鲜	0.28	2.78	10.1
	新加坡	0.29	3.36	11.6
	中国台湾	0.38	3.67	9.8
半导体	中国香港	0.28	2.84	10.3
	牙买加	0.30	2.23	7.4
	墨西哥	0.61	2.56	4.2
	荷属安的列斯群岛	0.72	3.33	4.6
	南朝鲜	0.33	3.32	10.2
	新加坡	0.29	3.36	11.6

资料来源：摘选自杨敬年著《西方发展经济学概论》第491页，天津人民出版社1988年版。

① 杨敬年：《西方发展经济学概论》，天津人民出版社1988年版，第490—492页。

三、收入分配制度

收入分配制度对劳动者的劳动报酬水平有着决定性影响。在我国传统的计划经济体制下，按劳分配原则未能真正贯彻，平均主义的泛滥曾极大地挫伤广大人民群众的劳动积极性，传统的分配制度成为制约国民经济增长的制度瓶颈。中国的经济体制改革就是从收入分配制度改革入手的。改革开放以来，社会主义市场经济的发展，使我国已经基本确立了符合市场经济发展要求的收入分配制度。中共十七大报告指出："合理的收入分配制度是社会公平的重要体现。要坚持按劳分配为主体、多种分配方式并存的分配制度，健全劳动、资本、技术、管理等生产要素按贡献参与分配的制度，初次分配和再分配都要处理好效率和公平的关系，再分配更加注重公平"。这是我国现阶段收入分配制度的权威和经典表述。收入分配制度对人们收入水平的影响主要表现为以下方面：

1. 对劳动、资本、技术、管理等生产要素的财产权利的持有状况，影响着人们的收入水平

我国现行收入分配制度的核心是按生产要素的贡献参与分配，而生产要素参与收入分配的依据在于生产关系，在法律上则表现为产权关系；生产要素参与收入分配是要素所有权或产权在经济上的实现形式。马克思指出："消费资料的任何一种分配，都不过是生产条件本身分配的结果。而生产条件的分配，则表现生产方式本身的性质"。① "分配关系本质上和生产关系是同一的，是生产关系的反面"。② 所以，分配关系是由要素所有权以及人们在经济活动中的地位和相互关系决定的，财产权利是收入分配的前提条件和经济依据。在现行的收入分配制度下，若单位要素生产率相同，人们拥有的劳动、资本、技术、管理等生产要素的数量越多，所获得的收入就会越多；反之，所获得的收入则会越少。进一步来看，人们持有多少生产要素既取决于自身的努力，也取决于自身以外的多种因素；由人们自身努力形成的要素持有差别及其所引起的收入差距应当是合理的，它

① 《马克思恩格斯选集》第3卷，人民出版社1973年版，第13页。

② 马克思：《资本论》第3卷，人民出版社1975年版，第993页。

有利于促进经济效率的提高，而由人们自身以外因素所造成的要素持有上的差别，往往是收入分配不公平的重要来源。

2. 政策因素会影响人们的收入水平

在按生产要素的贡献参与分配的制度条件下，政策因素也会影响或改变不同群体对生产要素的持有状况，进而影响人们的收入水平。

例如，近年来，我国的航空、烟草、金融、电信等垄断行业与其他行业相比收入畸高，已经成为社会的诟病，垄断行业就是依靠政府权力对重要的资源行业拥有垄断地位，所以能获取高额垄断利润。全国工商联公布的“2010 中国民营企业 500 家”排行榜显示，中国 500 家最大的民营企业利润总和还不如中国移动和中国石油两家国有垄断企业巨头。由于现行分配制度还没有正确区分垄断行业的正常经营利润和垄断利润，因此一部分垄断利润转变为垄断行业的职工收入。收入高的垄断行业的劳动报酬是其他行业的几倍乃至十几倍，由此扩大了垄断行业与非垄断行业的收入差距。国家发展改革委员会就业和收入分配司编辑出版的《中国居民收入分配年度报告（2008）》分析认为，行政性垄断行业的收入有三分之一是靠各类特许经营权获得的。

政策因素亦是我国城乡收入差距扩大的一个重要原因。在我国工业化初期阶段，工农产品的价格剪刀差政策实施，使社会资源更多地流向城市，这种历史形成的城乡要素资源占有差别，客观上成为后来市场经济条件下按要素贡献分配制度运行的前提。长期以来形成的城乡二元结构，使要素资源不能在城乡之间自由、合理的流动，并且在市场机制调节下，要素资源仍然更多地流向经济效率相对高的城市，这就加剧了城乡要素资源占有不公平的矛盾，扩大了城乡收入差距。在这种情况下，社会公共产品资源的分配还长期偏向城市，这就进一步加剧了城乡收入差距的扩大。

例如，我国国土辽阔，区域经济发展的差异较大，长期以来就有东、中、西部之间的差距。改革开放以来，由于东部沿海地区优先实行对外开放政策，使要素资源更多的流向东部沿海地区，政策的累积效应进一步扩大了原有的区域收入差距。例如，1952—1978 年，广东、福建人均 GDP 增长速度分别居全国第 13、第 9 位，山东、江苏、浙江三省接近但是低于全国一般水平，而 1979—1990 年，这 5 个省跃居全国前 5 名，2007 年这 5

个省城镇居民收入水平居于全国前 8 位。近年来，为了缩小区域之间的收入差距，我国实行了西部大开发战略，在一系列优惠政策的扶持下，要素资源正在不断地流向中西部地区，政策的累积效应将逐步缩小中西部地区与东部地区的收入差距。

3. 国民收入分配格局影响人们的收入水平

国民收入分配格局指国民收入在居民、企业、政府三者之间的分配比例及相互关系，它包括初次分配和再分配两个环节。初次分配主要在个人、企业和政府三者间进行，再分配是政府在初次分配基础上通过各种调节手段对初次分配关系进行的调整。在国民收入分配格局中，作为利益主体的个人、企业、政府三者之间各自所得的比重也有个协调的问题，如果国民收入分配长期偏向政府和企业，那么在这种总量格局下，个人收入的总量就会受到挤压，个人的收入水平就难以保持与国民经济发展水平同步增长，居民收入水平的提高就会受到影响。

4. 不同所有制或经济类型单位的劳动用工制度和分配制度影响着人们的收入水平

我国的体制改革虽然已走过了 30 多年的历程，但是在劳动制度方面的改革进展不快，我国的国有企事业单位和民营企业在劳动制度上仍有较大差别。主要表现在：国有企事业单位的劳动用工和职工收入比较稳定，劳动福利保障条件较好；而民营企业，特别是中小民营企业的劳动用工和职工收入不如国有企业稳定，劳动福利保障条件也相对较差，这就形成不同经济类型单位职工之间的收入水平差距。并且，即使在同一类型单位（主要是国有单位）内部，存在着多种级别和多种身份的劳动用工，例如，在企业内部职工分配中，经营管理者年收入一般是普通职工工资的 10 到 15 倍；在企业职工中，农民工工资也只是城市正式工的 30% 左右①，同工不同酬的现象普遍存在，这就形成不同职工之间的收入水平差距。

四、劳动力市场供求状况

在市场经济条件下，劳动、资本、技术、管理等生产要素的价格形成

① 王天义：《提高劳动报酬是深化收入分配改革的关键》，《工会博览》2011 年第 6 期。

要受到要素市场供求关系的影响。从劳动力市场来看，当某类劳动要素求大于供时，该劳动要素的价格就会上升，表现为较高的劳动工资水平；反之，当某类劳动要素供大于求时，该劳动要素的价格就会下降，表现为较低的劳动工资水平。

现阶段，我国的劳动力市场供求状况，从总体上看是供大于求，从局部来看是结构性的供求不平衡。一般来说，为数众多的普通劳动者基本上处于供大于求的状况，而紧缺的高端人才或拥有特殊技能的劳动者等则处于求大于供的状况。为此，少数高端人才的收入水平就会因为劳动要素的稀缺而得到较快提高，广大普通劳动群体的收入水平的提高就会因为劳动要素的过剩而受到影响。中国目前大约有1.5亿农民工在城市工作，每年还有至少几百万农民工继续进入城市，在经济高速增长、人均GDP不断提高的情况下，劳动力市场的充分供给压制了工资水平的上升，这也是近年来我国广大普通劳动群体收入水平难以实现较快增长的重要原因之一。

五、转移性收入

国民收入分配包括初次分配和再分配两个环节，初次分配和再分配水平共同决定了个人的收入分配水平。转移性收入主要来源于政府的再分配，再分配是政府在初次分配基础上通过各种调节手段对初次分配关系进行的调整。转移性收入主要包括社会救济、低收入补贴、社会保障等。转移性收入分配应当按照社会公平原则进行，它实现高收入向低收入的转移，有效地保障贫困者和低收入者的收入水平，缓解社会贫富差距的矛盾，促进社会的和谐稳定。

六、价格因素

劳动者获得劳动报酬后要满足自己的消费需求，还要通过市场购买才能实现，如果物价不稳定，或者出现通货膨胀的情况，劳动者到手的劳动报酬就会跟着缩水，其实际收入水平和生活水平就会因此而下降，特别是对中低收入群体的影响比较大。因此，在经济发展过程中，为了保障广大中低收入群体的收入水平和生活水平不受影响，政府要善于运用宏观调控手段来保持全社会物价的稳定。

以上论述的几个方面，既是影响我国劳动报酬水平的主要因素，也成为研究提高广大劳动群体劳动报酬水平的主要着眼点。

第二节　我国劳动报酬初次分配与再分配的实证分析

改革开放30多年来，我国城乡居民的收入水平和生活水平得到较快的提高。1978年到2010年，城市居民人均可支配收入从343元增加到19109元，农村居民人均纯收入从134元增加到5919元，分别增长了54.7倍和43.2倍。在城乡居民收入增长的基础上，城乡居民的消费支出也较快增长，1978年到2010年，城镇居民人均消费性支出从405元增加到13471元，农村居民人均生活消费支出从138元增加到4382元，分别增长了32.3倍和30.8倍。人均储蓄存款余额从1978年的21.88元增加到2010年的22619元，30余年增长了1032.8倍。收入的增长使城乡居民的生活质量有了较大的改善，从恩格尔系数来看，1978年到2010年，城镇居民家庭恩格尔系数从57.5下降到35.7，农村居民家庭恩格尔系数从67.7下降到41.1，城镇居民家庭生活已经从改革初期的温饱水平走向全面小康水平，农村居民家庭生活已经从改革初期的贫困水平奔向小康水平。这些数据充分说明，我国城乡居民已经从改革开放中得到了实惠。

在城乡居民的收入水平和生活水平得到较快提高的同时，我国在收入分配方面还存在着较多的问题，主要问题有以下方面：

一、国民收入初次分配不够合理

1. 劳动者收入增长速度慢于企业收入和政府收入

国民收入分配主要由劳动者（居民）收入、企业收入和政府收入三部分组成。虽然我国劳动者收入逐年增长，但是增长速度慢于企业收入和政府收入。我们以规模以上工业企业利润代表企业收入，以财政总收入代表政府收入，以城乡居民收入代表劳动者收入，从表7－2中可见，2002年以来，企业收入增长速度最快，除了2008年和2009年受世界金融危机的影响增长速度仅为个位数外，其余大多数年份均在20%以上，最高的年份已经接近50%；政府收入增长速度其次，大多数年份均保持在20%左右的增长速度，最高的年份已经达到30%以上；而劳动者（居民）收入增长速度最慢，大多数年份仅达到个位数，甚至低于国民经济的增长速度，但是，企业收入和政府收入的增长速度基本上都大大高于国民经济的增长速度。

表7－2　2002—2011年中国企业、政府、居民收入增长情况比较

单位:%

	2002年	2003年	2004年	2005年	2006年	2007年	2008年	2009年	2010年	2011年
国内生产总值增幅	9.1	10.0	10.1	10.4	12.7	14.2	9.6	9.2	10.4	9.2
规模以上工业企业利润增幅	20.6	42.7	42.5	17.4	31	36.7	4.9	7.8	49.4	25.4
财政收入增幅	15.4	14.9	21.6	19.9	22.5	32.4	19.5	11.7	21.3	24.8
农民人均纯收入增幅	4.8	4.3	6.8	6.2	7.4	9.5	8.0	8.5	10.9	11.4
城镇居民人均可支配收入增幅	13.4	9.0	7.7	9.6	10.4	12.2	8.4	9.8	7.8	8.4

资料来源：根据相关年份《中华人民共和国国民经济和社会发展统计公报》整理。2004年、2005年规模以上工业企业利润比上年的增长率，因为数据缺失只能选取国有企业数据为代表。

2. 劳动收入在国民收入初次分配中的比重偏低

从国民收入初次分配的总量和结构来看，收入分配长期偏向于政府和企业，而居民收入或劳动收入的增长滞后、比重偏低。据有关部门的课题研究，1992—2007年，国民总收入增长了8.44倍，在国民收入初次分配中，政府收入增长了9.36倍，企业收入增长了10.36倍，居民收入增长了7.66倍；从分配结构来看，1992—2007年，政府所得比重从15.53%上升到17.05%，上升了1.52个百分点，企业所得比重从19.06%上升到

22.95%，上升了3.89个百分点，居民所得比重从65.41%下降到60.00%，下降了5.41个百分点①。这组数据显示，十多年来，政府收入和企业收入的增长速度都高于居民收入增长速度，且超过国民总收入的平均增长速度；在初次分配格局中，政府收入和企业收入比重都在上升，居民收入比重却在下降。

根据《中国统计年鉴》，从收入法核算地区生产总值的项目结构看，我国劳动报酬在初次分配中的比重也是不断下降的，在2002年以前，劳动者报酬在初次分配中的比重均在50%以上，2003年为49.62%，之后下降到50%以下，2007年进一步下降到39.74%；与此同时，反映资本净收入的营业盈余在初次分配中的比重2002年为19.36%，到2007年快速上升为31.29%，在这期间，反映政府收入的生产税净额在初次分配中的比重也有上升，2002年为14.04%，到2007年上升为14.81%（见表7－3）②。从表7－3数据可见，在劳动者报酬快速下降的同时，资本的收入（营业盈余）却快速增长，劳动要素收入与资本要素收入的关系是此消彼长的关系。

将这种情况与国际进行比较，表7－4是美国历史中国民收入初次分配的一个案例，表中的劳动收入为雇员报酬，资产收入包括利息、租金和公司利润，业主收入包括非公司性的农业和非农业经营者。美国在1870—1984年的百余年间，劳动报酬在国民收入初次分配中的比重逐年上升，从1870—1880年的50.0%上升至1980—1984年的74.3%，提高了24.3个百分点；同期，美国的资产收入、业主收入呈逐步下降趋势，资产收入从23.6%下降至18.2%，业主收入从26.4%下降至7.5%。如果以人均GDP水平大致相同时间段来比较，2007年我国的人均GDP为2575美元，与1956年美国的人均GDP为2590美元可以为大致相同时间段，从表7－4可见，1955—1959年，美国的劳动报酬在国民收入初次分配中的比重为68.6%，2007年，我国的劳动报酬在国民收入初次分配中的比重为

① 常兴华、李伟：《我国国民收入分配格局的测算结果与调整对策》，《宏观经济研究》2009年第9期。

② 袁国敏：《我国劳动份额变动的宏观影响因素分析》，《山东财政学院学报》2012年第1期。

39.74%，我国比美国低28.9个百分点，显然，我国GDP中劳动报酬的份额甚低，与其差距很大。

表7-3　我国1993—2007年收入法GDP构成

单位:%

年份	劳动者报酬	固定资产折旧	生产税净额	营业盈余
1993	50.62	11.65	13.82	23.90
1994	51.20	11.91	13.63	23.26
1996	53.40	12.80	12.57	21.23
1997	52.79	13.63	13.16	20.42
1998	53.14	14.47	13.40	18.99
1999	52.38	15.07	13.54	19.01
2000	51.38	15.40	14.16	19.06
2001	51.45	15.72	14.08	18.76
2002	50.92	15.67	14.04	19.36
2003	49.62	15.90	14.29	20.19
2005	41.40	14.93	14.12	29.56
2006	40.61	14.56	14.16	30.67
2007	39.74	14.16	14.81	21.29

资料来源：1993—2004年的数据系根据《中国国内生产总值核算历史资料1952—2004》的数据计算所得，2005—2007年的数据系根据2006—2009年《中国统计年鉴》的数据计算所得。

表7-4　美国1870—1984年以要素成本计算的劳动、资产和业主收入

单位:%

时期（年）	劳动收入	资产收入	业主收入
1870—1880	50.0	23.6	26.4
1880—1890	52.5	24.5	23.0
1890—1900	50.4	22.3	27.3
1900—1909	55.0	21.4	23.6
1905—1914	55.2	21.9	22.9

续表

时期（年）	劳动收入	资产收入	业主收入
1910—1919	53.2	22.6	24.2
1915—1924	57.2	21.8	21.0
1920—1929	60.5	21.9	17.6
1925—1934	63.0	21.2	15.8
1930—1939	66.7	17.0	16.3
1935—1944	64.7	18.4	16.9
1940—1949	65.4	17.1	17.5
1950—1954	67.0	17.9	15.1
1955—1959	68.6	18.2	13.2
1960—1964	69.3	18.9	11.8
1965—1969	70.3	19.2	10.5
1970—1974	73.4	16.6	10.0
1975—1979	72.9	17.6	9.5
1980—1984	74.3	18.2	7.5

资料来源：[美] 阿塔纳修斯·阿西马科普洛斯编：《收入分配理论》，赖德胜等译，商务印书馆1995年版，第232页。

与国际上一些发达国家和发展中国家进行比较，我国劳动报酬在GDP中的比重都是偏低的。2007年，我国的劳动报酬占GDP的比重为39.74%，美国为55.81%，英国为54.5%，瑞士为62.4%，德国为48.8%，南非为68.25%。2006年，韩国劳动报酬占GDP的比重为45.4%，俄罗斯为44.55%，巴西为40.91%①。

3. 劳动收入偏低原因

近年来，导致我国劳动报酬在GDP中的比重偏低的因素是复杂的，经过分析主要有以下几方面原因：

第一，市场经济稀缺规律的作用使我国稀缺的资本等要素处于绝对优

① 宋晓梧：《完善市场经济体系提高初次分配比重》，《经济参考报》2011年2月9日。

势地位，而普通劳动者则处于不利地位。多年的改革使我国的社会主义市场经济体制已经基本确立，市场机制在我国的资源配置中发挥着基础性作用。在竞争性市场上，供给和需求共同决定价格。价格是交换商品或服务所必须支付的代价。价格既是引导资源配置的信号，又是决定要素所有者收入分配的工具。当供求力量可以自由发挥作用时，价格乃是稀缺程度的度量①。即在商品或劳务市场上，越是稀缺价格就越高；反之，越是过剩价格就越低。稀缺规律决定着市场价格，也决定着要素收入分配水平。我国的基本国情是人口基数大，劳动力资源丰富，13 亿人约有 8 亿劳动力，特别是普通劳动力供过于求，而资本相对来说是稀缺要素，我国作为发展中的大国充满了投资机会。稀缺规律的作用决定了资本的收益高，劳动的收益低，由此拉大了资本所有者与劳动力所有者的收入差距。并且，丰富的劳动力资源在结构上失衡，管理、技术、创新型等高素质人才稀缺，而普通劳动力大量过剩，同样，稀缺规律的作用决定了高素质劳动力的收益高，而普通劳动力的收益则低，由此拉开了劳动者之间的收入差距。这是市场经济稀缺规律在我国国情条件下发生作用的结果。

第二，我国依靠投资和出口拉动经济增长的方式使资本处于更加有利的地位。投资是我国长期以来经济增长的主要动力，随着最终消费率的不断下降，近年来我国经济增长的动力主要来自于投资和出口，投资和出口对国内生产总值增长的贡献率在 50% 以上，投资和出口成为拉动经济增长的主要动力，增加了对国内外资本的双重需求，无疑使资本处于更有利地位。这意味着，我国的普通劳动者不仅相对于国内资本而且相对于国外资本均处于不利地位。劳动力资源过剩使我国的出口以发挥劳动力低成本比较优势为主。中国劳动力廉价的实质是对我国劳动力资源的透支消耗，将我国的出口主要建立在发挥劳动力低成本比较优势的基础上，是难以持续的。最终会影响我国的综合国力。

第三，我国劳动关系的转型及其现代劳动制度的不健全，使普通劳动者处于弱势地位。改革开放以来，随着社会主义市场经济的发展，我国的劳动关系形态正在从传统的计划经济体制向市场经济体制转变。当前，我

① ［美］斯蒂格利茨：《经济学》，中国人民大学出版社 2000 年版，第 65 页。

国劳动关系的市场化已经基本完成，劳动关系基本面的特征已演化为劳资关系，其主要特征为：（1）在劳动关系的性质上，由国家作为全社会代表的利益一体化的劳动关系，转变为企业和劳动者两个独立的利益主体所构成的，以资本为核心、以劳动为从属的雇佣劳动关系。（2）劳动关系的运行机制逐步由以政府为主体的行政手段的控制，转变为以企业为主体的市场机制的调节，表现为劳动关系的归属企业化和劳动关系的规范契约化。（3）在市场化条件下，劳动关系双方的利益差别、利益分化乃至利益冲突会不断扩大和加强。国有企业经营管理者在劳动关系中的地位和权力不断增长，他们拥有对劳动者的雇佣和辞退、劳动条件和工资报酬标准的确定、劳动管理和奖惩等权力，在非公企业中经营管理者的这种权力更大。企业经营管理者已成为一个具有特定的社会地位、权力和利益的社会阶层①。强势资本拥有劳动关系主动权的同时，在产权改革中劳动者对公有资产所有权的变化以及在非公企业中，普通劳动者主要凭借自身的劳动力挣钱，他们事实上处在从属的雇佣劳动地位。体制转型时期的制度真空使劳动者的一些基本权益不能得到有效的制度保障，他们对自身收入分配等权益几乎没有发言权，导致劳资矛盾和冲突时有发生。据2006年1月全国人大常委会检查《劳动法》实施情况的报告，劳动关系中存在的问题主要有：劳动合同签订率低、期限短、内容不规范；最低工资制度没有得到全面执行，拖欠工资现象时有发生，工资正常增长机制尚未形成；超时加班现象比较普遍，劳动条件差；社会保障覆盖面窄、统筹层次低，欠缴保险费现象严重；劳动保障监察力度不足，劳动争议处理周期长、效率低。显然，在我国“强资本弱劳动”的市场经济条件下，现代劳动制度的缺失使普通劳动者的权益得不到有效保护而更趋弱势。

第四，重视效率、轻视公平的思想认识和一些做法，在客观上助长了“强资本、弱劳动”现象的发展。我国在发展社会主义市场经济的初期阶段，为了尽快改变生产力落后的状况，打破分配中的平均主义，需要在公平与效率两者兼顾的前提下偏重于效率，所以实行“效率优先，兼顾公平”的原则。但是在具体实行过程中，“效率优先，兼顾公平”往往变成

① 乔健：《略论我国劳动关系的转型及当前特征》，《中国劳动关系学院学报》2007年第2期。

了重视效率、轻视公平，处在兼顾地位的公平变得可有可无。例如，一些地方政府只关注 GDP 的增长，把保持低劳动力成本作为扩大招商引资、推动经济增长的法宝，对企业违反劳动法规，侵害职工权益的现象视而不见，并且认为这是发展经济、扩大就业必须付出的代价。为了加快发展地方经济，地方政府嫌贫爱富的不在少数，在企业改制、征地拆迁、招商引资等经济活动中，有些政策或措施往往更多地倾向于资本所有者，而对普通劳动者的权益却不能保护。并且，在市场初次分配中资本已经占有强势地位的客观条件下，能够弥补市场失灵、调节收入分配、保障社会公平的政府再分配体系却没有真正建立起来，政府应当履行的公共服务职能迟迟不到位，甚至一度选择了公共服务的过度市场化，医疗、养老、教育等改革变成了政府向市场、社会卸包袱，以致出现看病贵、上学贵、住房难等民生问题。这些做法无疑在客观上助长了“强资本、弱劳动”现象的发展。

二、普通劳动群体收入增长缓慢

与劳动者报酬占 GDP 比重长期偏低相联系的，是我国普通劳动群体的收入增长缓慢。

普通劳动群体主要包括：农村居民、企业中蓝领职工、城市中就业岗位不稳定的灵活就业人员等。普通劳动群体大多文化水平不高，主要从事体力或单一技能的简单劳动，工资较低，并且工资是其主要生活来源，处于社会的底层，是弱势群体中的主要成份。

1. 农村居民收入增长相对较慢

我国农村居民的人均收入长期以来一直低于城镇居民的人均收入。例如，1978 年、1990 年、2000 年、2005 年、2010 年，城镇居民家庭人均可支配收入分别是农村居民家庭人均纯收入的 2.56 倍、2.20 倍、2.79 倍、3.22 倍、3.23 倍；2010 年，农村居民家庭人均纯收入为 5919 元，城镇居民家庭人均可支配收入为 19109 元，前者比后者低 13190 元。城乡收入差距的形成与我国长期以来就存在的城乡二元结构有关。改革开放以来，虽然城乡居民的收入都在增长，但是，农村居民人均收入增长速度长期低于城镇居民人均收入增长速度。例如，1991—2010 年，农村居民人均收入年平均增长速度为5.8%，城镇居民人均收入年平均增长速度为8.2%，前者比后者低2.4个百分点；2000—2010年，农村居民人均收入年平均增长速度为7.0%，城镇居民人均收入年平均增长速度为9.7%，前者比后者低2.7个百分点①。这样，城乡收入差距就难以在短时期内缩小。

农民收入的主要来源是家庭经营收入和工资收入，工资收入主要来源于农民外出打工的收入。受传统劳动就业制度的影响，农民工和城镇职工同工不能同酬。据国家统计局公布的资料，“十一五”期间，与城镇职工工资水平的增长速度相比，农民工的工资增长微弱，2005年农民工人均年收入为8520元，仅相当于城镇单位在岗职工年平均工资的45%。2009年中国城镇单位在岗职工月平均工资为2728元，而农民工月平均收入只有1417元，仅相当于城镇单位在岗职工月平均工资的52%。农民工不仅工资低，而且超时劳动现象较为普遍，每天工作长达12小时的情况不少，因此他们的实际收入水平还要低；如果加上他们与城镇单位在岗职工福利待遇方面的差距，他们的实际收入水平则更低。

此外，长期以来国家对公共产品的配置“重城轻乡”。例如，中国农村人口占全国人口的70%，但国家80%的公共卫生资源却投放在城市，5亿城市人口享受到的国家公共卫生和医疗投入是8亿农村人口的6倍；义务教育人口的60%在农村，却只有不到25%的教育资源用在农村等等②，城乡公共产品配置的二元化，严重影响了农村居民生活水平和生活质量的提高，使之难以较快摆脱社会弱势群体的地位。

2. 企业一线职工工资普遍偏低

我国企业中蓝领职工大多处在企业一线和低端岗位，他们的工资过低现象比较普遍。一些国有企业的一线职工工资年增长率只有2%左右，扣除价格因素后实际为负增长。不少民营企业甚至将一线职工工资直接与最低工资标准“绑定”，政策不变，工资不调。据全国总工会2005年对10省20市万名职工调查资料，就在国有企业高管年薪制开始推行的2002—2004年，企业职工的工资低于当地社会平均工资者占调查总数的81.8%，

① 资料来源：《中国统计年鉴2011》，国家统计局网站。

② 郎秀云：《农民的发展：新农村建设的价值目标和优先路径》，《江淮论坛》2007年第1期。

低于当地社会平均工资一半者占调查总数的34.2%，低于当地最低工资标准者占调查总数的12.7%[①]。2009年全国总工会的专项调查显示，全国23.4%的职工5年未涨工资，61%的职工认为普通劳动者收入偏低是当今社会最大的不公[②]。据我国制造业大省之一的广东省2010—2011年的一项问卷调查，广东企业一线工人工资在3000元以下者占调查总数的92.04%，其中2000元以下者占调查总数的73.6%，90%以上的一线工人工资低于2010年广东省城镇职工3363元的月平均工资水平[③]。企业一线工人工资偏低的现象在一些民营企业和外资企业中更为突出，职工能否加工资及加多少等，基本由老板说了算，企业普遍缺乏正常的工资增长机制。

3. 城市中的灵活就业人员工资水平很低

我国城市中就业岗位不稳定的灵活就业人员主要包括：个体经营者，企事业单位的临时工，一般服务行业的劳动者，如商业、餐饮业和娱乐业中的服务员，保姆和家政服务员等。近年来这一群体的人数日益增多，他们的工资水平一般在最低工资标准上下。但是，我国最低工资制度不完善，存在的主要问题有：（1）最低工资标准偏低。按照国际惯例，最低工资标准一般相当于社会平均工资的40%—60%，而我国绝大部分省区低于当地平均工资40%的水平。例如，2009年深圳特区内最低工资相当于当地平均工资的27.6%，北京市相当于21.4%，上海市相当于29.2%。据全国总工会的调查，2009年各省会城市的最低工资多数只相当于社会平均工资的30%多一点，2010年以来，各地最低工资有较大幅度的增长，但是多数地方仍未达到国际惯例标准。（2）最低工资增长速度较慢。最低工资增长速度落后于职工平均工资增长速度，例如，2008年与1994年相比，北京、上海、深圳（特区内）的最低工资标准分别增长281%、336%、196%，而同期这三个城市的职工平均工资分别增长584%、434%、311%。2010年以来我国各地最低工资有较大幅度的增长，但是最低工资标准长期偏低和增长缓慢，制约了相当一部分普通劳动群体收入水平的

---

① 《关注收入分配　构建和谐社会》，《中国劳动保障报》2007年4月21日。

② 王灵丽：《全国政协委员张世平披露：两成多职工5年没涨过工资》，人民网河南频道，2010年3月10日。

③ 郑志国：《中国企业分配中的突出问题及对策》，《马克思主义研究》2011年第11期。

提高。

按照联合国的标准，每日收入1美元以下为绝对贫困，2美元以下为低收入。改革开放以来，虽然我国的绝对贫困群体已经大大减少，但是，据有关专家估计，我国现在有1.5亿人口每日收入不足1美元，属于绝对贫困，有31%的人口即4亿多人口每日收入不足2美元，属于穷人①。数据表明，我国的中低收入群体占整个人群的大多数。

我国普通劳动群体的收入水平长期偏低，对我国经济和社会的发展有着多方面的不利影响：

第一，影响劳动力的再生产。按照马克思的观点，工资是劳动力价值或价格的转化形式，劳动力价值应当包括：维持劳动者自身生存所必须的生活资料的价值，劳动者繁衍后代所必需的生活资料的价值，劳动者接受教育和训练所支出的费用三个部分。普通劳动者的收入水平长期偏低，使劳动力的再生产只能勉强维持前两部分的要求，而劳动者接受教育和训练的费用无法得到保证，影响了劳动力素质的提高，难免会出现贫困的代际遗传和贫富差距的扩大。

第二，影响经济发展方式的转变。我国经济增长的动力正在向依靠消费、投资、出口协调拉动转变，受国际金融危机的影响，我国的外需发展受到限制，扩大内需对经济发展方式的转变是关键。但是，近年来在政府扩大内需政策刺激下，居民消费率却持续走低，主要原因是广大普通劳动者的收入水平偏低。研究表明，低收入者有较高的消费倾向但是消费能力不足，高收入者有较强的消费能力却有较低的消费倾向，所以，普通劳动群体的收入水平偏低已经制约我国经济发展方式的转变。

第三，影响社会的和谐稳定。从劳资关系方面看，普通劳动群体的收入低与利润侵蚀工资直接相关。数据显示，从收入法核算的国内生产总值看，在初次分配中劳动报酬占比从1995年的51.4%持续下降到2007年的39.7%，而同期资本所得占比从36.3%持续提高到46.1%②。12年中劳动

① 周新城：《关于分配问题的若干思考》，《贵州师范大学学报》2012年第1期。

② 张玉台：《合理调整收入分配关系》，《中共中央关于制定国民经济和社会发展第十二个五年规划的建议》辅导读本，人民出版社2010年版，第210页。

所得比重下降11.7个百分点，而资本所得比重却提高近10个百分点。“劳弱资强”使劳资关系紧张，近年来我国各地时有发生的群体性事件，劳动争议案件数量快速增加，都是劳资矛盾激化的表现。有关调查显示，70.33%的被调查者对我国目前的收入分配状况表示不满意[①]，这些都不利于社会主义和谐社会的建设。

第四，影响弘扬健康向上的社会风气。按劳分配，多劳多得，勤劳致富是社会主义社会的基本价值观，劳动致富也是我们中华民族的美德。我国改革开放以来，一部分人群已经通过辛勤劳动先富裕起来，他们成为人们追求幸福生活的楷模。但是，近年来，我国普通劳动者的收入水平长期偏低，使人们对劳动致富产生疑问。据有关报道，北方论坛上一条题为“工作40年不如炒房3年”的帖子引发热议，认为当下年轻人通过踏实工作，已很难走上致富道路，就“单靠踏实工作很难致富”为题进行调查，调查中竟然有76.8%的人对此表示认同，仅有14.8%的人明确表示“不认同”。[②] 设想一下，如果大部分年轻人对劳动致富产生疑问，那么我国的社会主义现代化建设还有希望吗？所以，加快提高普通劳动群体的收入水平，防止普通劳动群体被社会边缘化，有利于树立劳动者光荣的社会主义价值观，有利于弘扬社会正气，促进我国经济社会的健康发展。

第五，影响社会公平正义。我国劳动收入在初次分配中的比重持续下降，普通劳动者的工资水平偏低，意味着在经济快速增长的同时，广大劳动者和城乡居民对改革发展成果分享的份额在不断减少，而资本所有者分享的份额在快速增加，劳动者的收入不能与经济发展水平基本同步增长，劳动者的利益被资本侵蚀，收入分配形成了“强资本、弱劳动”的格局，这种利益分配格局影响了广大普通劳动群众收入水平的提高，影响了城乡居民收入水平的提高，这是当前最大的分配不公问题，因为它偏离了劳动是创造价值的唯一源泉的马克思主义的基本观点，偏离了社会主义的公平正义原则。

---

① 常兴华：《“居民收入分配机制”问卷调查分析》，《经济研究参考》2010年第25期。

② 肖舒楠、王琳：《为何76.8%被调查者认为靠踏实工作很难致富》，《中国青年报》2010年6月22日。

三、我国的收入差距持续扩大

1. 基尼系数偏高

当前，我国收入分配领域存在的一个突出问题是收入差距仍在持续、过度的扩大，其重要表现是反映居民收入差距状况的基尼系数偏高。我国的基尼系数在改革开放初期的1981年为0.297，20世纪90年代中期以来收入差距呈不断扩大趋势。根据世界银行统计数据：1995年我国居民的基尼系数已经达到0.415，超过了0.4的国际警戒线；2001年，我国居民的基尼系数上升至0.447，在世界银行所统计的134个国家和地区中居第35位，不仅超过美国（2000年0.405）、日本（1993年0.249）、英国（1999年0.360）等发达国家，也超过印度（1999—2000年0.325）等发展中国家[①]；目前，我国居民的基尼系数上升至0.47，这表明我国的收入差距已经过大，确须予以重视。

2. 我国的城乡收入差距仍在扩大

根据《中国统计年鉴》数据计算，城镇居民人均可支配收入和农村居民人均纯收入之比在1978年为2.57∶1，1983年下降至最低点1.82∶1，以后逐年上升。1997年以来，城乡居民收入差距上升的速度在加快，2002年为3.11∶1，2007年已经达到3.33∶1。如果考虑公有住房补贴和私有住房的估算租金、城镇居民的养老保险和基本医疗保险，以及城乡之间不同的教育受益等因素，城乡居民收入差距更大，有关专家研究计算2002年城乡居民收入比为4.28∶1[②]。在国际上，一国的城乡居民收入差距一般在1.7倍以内，我国的城乡差距达到世界第一。据有关专家测算，我国城乡居民收入差距对总体居民收入差距的影响率大多数在60%以上，2007年达到64.45%[③]。近年来，我国政府已经采取了一系列惠农政策，农民的收入逐年提高，2011年城乡居民收入比已经降至3.12∶1，但是，过大的城乡收入差距在短期内还难以根本扭转。

---

① 世界银行：《2005年世界发展报告》，清华大学出版社2005年版，第258—259页。

② 李实、罗楚亮：《中国城乡居民收入差距的重新估计》，《北京大学学报》2007年第2期。

③ 国家发展改革委宏观经济研究院2008年重点课题组：《促进形成合理的居民收入分配机制》，《宏观经济研究》2009年第5期。

3. 我国不同地区的城乡居民收入差距仍在扩大

中国国土辽阔，区域经济发展的差异较大，长期以来就有东、中、西部尤其是东、西部地区之间的差距，改革开放以来，由于倾斜式发展战略的实施，使东、中、西部地区原来已有的收入差距进一步扩大。根据《中国统计年鉴》数据计算，以西部为1，我国东、中、西部的城镇居民人均可支配收入差距，在改革初期的1981年为1.02∶0.85∶1，1999年扩大至1.35∶0.91∶1，2010年又扩大至1.47∶1.01∶1。数据显示，改革以来我国城镇居民收入主要是东部和中西部地区的收入差距进一步扩大。

以西部为1，我国东、中、西部的农村居民人均纯收入差距1978年为1.20∶1.09∶1，1999年达到1.95∶1.33∶1，2010年为1.84∶1.25∶1。数据显示，改革以来我国农村居民收入主要是东部和中西部地区的收入差距进一步扩大，但是，2010年东部与中西部地区农村居民的收入差距有所缩小。

4. 我国不同行业的收入差距在扩大

根据《中国统计年鉴》数据计算，我国收入最高行业与收入最低行业平均工资的比率，1978年为2.17∶1，到1999年为2.49∶1（金融保险业与农、林、牧、渔业相比），2005年达到4.88∶1的最高值（信息传输、计算机服务和软件业与农、林、牧、渔业相比），2006年开始略有下降，至2010年这一比率还高达4.20∶1（金融业与农、林、牧、渔业相比）；收入最高与最低行业的平均工资绝对差值由1999年的7214元扩大到2010年的53429元，1999—2010年11年间增长了6.41倍。而国际上收入最高和最低行业的平均工资比率通常以2倍左右为正常数值，我国高于国际正常值1倍以上。根据人力资源和社会保障部国际劳工保障研究所提供的资料，2006—2007年收入最高和最低行业的平均工资差距，日本、英国、法国约为1.6—2倍左右，德国、加拿大、美国、韩国在2.3—3倍之间。

5. 我国城镇和农村居民的阶层收入差距在持续扩大

根据《中国统计年鉴》数据计算，1985年我国城镇居民收入最高10%人群和收入最低10%人群的收入差距为2.92∶1，二者的绝对差额为839元；到1999年我国城镇居民收入最高10%人群和收入最低10%人群的收入差距上升到4.62∶1，二者的绝对差额为9467元；到2010年我国城镇居民收入最高 10% 人群和收入最低 10% 人群的收入差距进一步上升为 8.65：1，二者的绝对差额达到 45483 元。1985—2010 年，我国城镇居民收入最高 10% 人群和收入最低 10% 人群的收入差距扩大了 4.73 倍，二者的绝对差额扩大了 53.21 倍。

1985 年我国农村居民收入最高 20% 人群和收入最低 20% 人群的收入差距为 3.70：1，二者的绝对差额为 507 元；到 1999 年我国农村居民收入最高 20% 人群和收入最低 20% 人群的收入差距上升到 5.80：1，二者的绝对差额为 3864 元；到 2010 年我国农村居民收入最高 20% 人群和收入最低 20% 人群的收入差距进一步上升为 7.51：1，二者的绝对差额达到 12179 元。1985—2010 年，我国农村居民收入最高 20% 人群和收入最低 20% 人群的收入差距扩大了 2.81 倍，二者的绝对差额扩大了 23 倍。

6. 我国贫富群体在财富占有上的差距不断扩大

收入差距的持续扩大，使我国贫富群体在财富占有上的差距也不断扩大。在 21 世纪初，我国贫富群体在财富占有上的分化就已经令人触目惊心。根据国家统计局 2002 年发布的《首次中国城市居民家庭财产调查总报告》，城市中 10% 的最富裕家庭财产额占城市家庭财产总额的 45%，而 10% 的最低收入家庭财产额仅占 1.4%。同时，城市居民金融资产出现了向高收入家庭集中的趋势，户均拥有金融资产最多的 20% 家庭的金融资产，约占城市居民家庭金融资产总额的 66.4%，而户均拥有金融资产最低的 20% 家庭的金融资产仅占 1.3%①。

2012 年 5 月 13 日，西南财经大学与中国人民银行联合组织的中国家庭金融调查与研究中心发布的全国首份《中国家庭金融调查报告》中指出，中国家庭储蓄分布极为不均，55% 的家庭没有或几乎没有储蓄，家庭储蓄主要集中在高收入家庭，收入最高 10% 的家庭的储蓄率为 60.6%，其储蓄金额占当年总储蓄的 74.9%；收入最高 5% 的家庭的储蓄率为 69.02%，其储蓄金额占当年总储蓄的 61.6%；收入最高 10% 的家庭的财富占社会财富的比例高达 86.69%，在城市，这一比例更高，达到 89.5%。数据显示，我国家庭财富占有的贫富分化程度在进一步发展。

① 财政部科研所课题组：《财政部报告称中国贫富分化加剧》，中新网，2003 年 6 月 16 日。

据有关专家估计，2009 年我国百万美元以上的富豪人数达 67 万户，居世界第三；资产超过 10 亿美元的富翁人数仅次于美国，名列全球第二。而与此同时，大部分国民确实富得不够，甚至很穷①。

7. 企业高管薪酬与普通劳动者报酬的差距在扩大

在社会不同群体收入差距不断扩大的情况下，近几年来，企业高管薪酬存在的问题日显严重。20 世纪 90 年代，企业负责人收入相当于职工平均工资的倍数，大部分地区出台的办法规定在 6 倍以内。2002 年我国开始推行国有企业高管年薪制，规定高管年薪不得超过职工平均工资的 12 倍，但事实上一些金融、电信、石油、烟草等国企高管薪酬远远逾过这一红线，少数企业高管的薪水甚至达到普通员工平均工资的百倍左右。

企业高管薪酬存在的问题主要表现为以下几点：一是“三高”现象突出，即高管年薪与全国职工平均工资相比，12—50 倍为偏高，50—100 倍为超高，100 倍以上为极高。二是行业间差距拉大，房地产、金融等行业高管年薪收入增长过快，如金融上市公司高管 2007 年平均年薪 351 万元，是同年全国职工平均工资的 140 倍。三是薪酬增降与公司业绩关联度不高，一些经营出现亏损的企业高管年薪照样增长。四是薪酬决定机制有缺陷，存在自定薪酬现象，国家层面监管不力②。与此同时，我国普通劳动者的劳动报酬普遍偏低。

对改革以来出现的收入差距不能一概否定，那些通过辛勤劳动、合法经营、努力贡献而形成的收入差距是公平、合理的；但是那些与要素贡献没有联系或不相符合等等而形成的收入差距则是不公平、不合理的。许多人感觉现在的收入分配并没有真正与其贡献相联系，往往与人们所在的行业、单位所拥有的权力、地位等因素有关。上述分析说明，经济发展所创造的社会财富已向少数人集中。而且，经济越发展，收入越向高收入群体、向发达地区集中。这说明因效率改进而得到的改革发展成果未能公平地让民众分享。

---

① 刘国光：《谈谈国富与民富、先富与共富的一些问题》，《中国流通经济》2012 年第 1 期。

② 《金融危机考验中国——第六届中国薪酬管理高层论坛精彩观点呈现》，《职业》2009 年第 19 期；《解决突出问题，维护劳动者的劳动报酬权益——访人力资源和社会保障部劳动工资研究所所长、著名薪酬问题专家苏海南》，《职业》2009 年第 13 期。

我国收入差距持续扩大的原因是复杂的，从我国的基本国情客观地看：第一，我国长期以来形成的城乡二元经济结构转换的艰难性，是导致收入差距扩大的一个重要原因；第二，我国的国土辽阔，区域经济差异历来就比较大，是导致收入差距扩大的另一个重要原因；第三，改革开放以来的经济体制及其制度变迁，是导致收入差距扩大的一个很重要原因。

从制度变迁的角度来看，机会不平等的收入分配机制是导致分配不公问题的根源。我国已经形成以按劳分配为主体、多种分配方式并存的分配制度，实行劳动、资本、技术和管理等生产要素按贡献参与分配的原则。因此，我国的分配关系是由生产要素所有权及其人们在经济活动中的地位和相互关系决定的。按照现行的分配制度，若单位要素生产率相同，人们拥有的生产要素数量越多，所获得的收入就越多；反之则会越少。人们持有多少生产要素既取决于自身的努力，也取决于自身以外的多种因素；由自身努力形成的要素持有差别所引起的收入差距应当是合理的，它有利于效率的提高，而由自身以外因素造成的要素持有的差别往往是不公平的。在按要素贡献分配的制度条件下，要素本身分配的不公平就是起点的不公平或机会的不平等，这是引起国民收入初次分配不公平的一个制度原因。我国收入差距持续、过度扩大的一个主要原因就在于不同群体对要素资源占有的差别。

我国城乡收入差距扩大的一个主要原因在于城乡要素资源占有的差别。在我国工业化初期阶段，工农产品的价格剪刀差政策实施，使社会资源更多的流向城市，这种历史形成的城乡要素资源占有差别，客观上成为后来市场经济条件下按要素贡献分配制度运行的前提；长期以来形成的城乡二元结构，使要素资源不能在城乡之间自由、合理的流动，这就加剧了城乡要素资源占有不公平的矛盾，扩大了城乡收入差距。

我国地区收入差距扩大的一个主要原因也是区域之间要素资源占有的差别。尽管我国国土辽阔，区域经济发展的差异较大，长期以来就有东、中、西部之间的差距，但是改革以来，由于东部沿海地区优先实行对外开放政策，使要素资源更多地流向东部沿海地区，政策累积效应进一步扩大了原有的区域收入差距。

我国行业收入差距扩大的一个主要原因也是行业之间要素资源占有的差别。数据显示，目前的高收入行业主要有两类：一类为新兴产业和高新技术产业，如软件业、计算机服务业等，这类行业拥有最先进的技术要素资源，人力资本水平高，其行业收入高是正常的；另一类是垄断行业，如航空管道运输业、烟草制品业、金融业、电信业等，垄断行业依靠政府权力对重要的资源行业拥有垄断地位，所以能获取高额垄断利润。由于现行分配制度还没有正确区分垄断行业的正常经营利润和垄断利润，因此一部分垄断利润转变为垄断行业的职工收入，由此扩大了垄断行业与非垄断行业的收入差距。

民众所痛恨的权力寻租或腐败的现象也是引起收入分配差距的原因之一。来自于权力部门的寻租人掌控着权力资源，他们将其控制的公共资源卷入市场交易过程进行部门寻租和个人牟利，官商勾结使占有或接近权力资源者在市场交易中占据强势地位，而不占有或远离权力资源者则处于相对弱势地位，其经济利益因不公平交易而受到损害，这也造成居民之间收入差距的扩大，等等。

因此，消除由自身以外因素造成的要素本身分配不公平所引起的收入分配不公，是深化收入分配制度改革的艰巨任务，改革的重点应当是解决机会不平等的制度机制问题。

我国贫富差距拉大对社会的和谐稳定有着负面的影响。近些年来，我国各地时有发生的一些群体性事件，劳动争议案件数量的快速增加，以及广大民众在互联网上表达的诉求等很多就与收入分配不公有关。国家发改委“促进形成合理的居民收入分配机制”课题组于2008年底的专项调查显示，被调查者中占70.33%的人对目前中国收入分配情况表示不满意，表示满意的只占4.85%①，人民群众对收入分配改革充满着期待。贫富差距伴随着社会财富的增长而快速拉大，这不符合共同富裕的改革初衷，说明目前的分配体制存在着需要调整的问题，加快收入分配制度的改革已经迫在眉睫。

① 常兴华：《“居民收入分配机制”问卷调查分析》，《经济研究参考》2010年第25期。

四、公共产品供给短缺和收入再分配调节不足

对于财富的不平等这一市场经济体制中的严重缺陷，现代社会制度是通过政府再分配来弥补的。然而，我国确立了社会主义市场经济体制以来，初次分配中市场机制开始起作用，但是弥补市场失灵、调节收入分配的政府再分配体系却不够完善。曾经在政府应当履行的公共服务职能迟迟不到位的情况下，甚至还选择了公共服务过度市场化的改革举措，医疗、养老、教育、住房等改革的结果变成政府向市场、向社会卸包袱，以致一度出现社会诟病的上学贵、看病贵、住房贵等民生问题，这反映出体制转换过程中我国公共产品供给的严重短缺。

然而，即使是供给严重短缺的公共产品的分配，也没有向社会的弱势群体倾斜，而是向社会的强势群体倾斜。从体制内外来看，那些在政府供职体制外就业的普通劳动者，其养老、医疗等社会保障水平与仍然在体制内的公务员、事业单位职工、垄断国企员工等社会保障水平相比有着很大的差距。从城乡来看，在城乡要素资源占有差距已经很大的条件下，社会公共产品资源的分配仍然偏向城市，农民长期缺乏城市职工普遍拥有的养老、医疗、住房、教育、就业等方面的社会保障或有利条件，占人口20%的城镇居民享受89%的社会保障经费，而占人口80%的农村居民仅仅享受11%的全国社会保障经费。公共产品再分配的这种“逆向调节”，进一步加剧了城乡收入差距的扩大。据有关专家测算，1990年和2000年，“逆向调节”的再分配收入为城乡收入差距分别贡献了36.15和37.60个百分点，而正向调节的再分配支出仅分别贡献了2.86和9.41个百分点；近几年来一系列惠农政策使2007年“逆向调节”的再分配收入对城乡收入差距的贡献下降至30.76个百分点，正向调节的再分配支出贡献上升至10.97个百分点，但是两者的综合效应使再分配机制对城乡差距仍然起促进作用①。

我国再分配“逆向调节”现象，还体现在财富的归集方面，全部个人所

① 国家发展改革委宏观经济研究院2008年重点课题组：《促进形成合理的居民收入分配机制》，《宏观经济研究》2009年第5期。

得税收入超过60%来源于中低收入家庭，占有大多数社会财富的富人却只承担大约三分之一的份额。不该交税甚至应该成为政府补贴对象的中低收入阶层却成了交税的主力，而本该成为交税主力的高收入阶层却往往成为漏税逃税的大户①。毫无疑问，税收的这种“逆向调节”只能加剧已有的贫富差距。

可见，公共产品供给短缺和分配不公，不仅不能调节收入差距，还助长了收入差距的进一步扩大。

第三节　普通劳动群体收入增长的主要路径

从上述实证分析可见，目前广大普通劳动群体的收入水平还比较低，因此，要实现全民宽裕的美好愿景，关键是要较快提高广大普通劳动群体的收入水平，这就需要研究普通劳动群体收入水平增长的主要路径。

1. 实现经济持续健康发展，是提高普通劳动群体收入水平坚实的物质基础

经过若干年小康社会的建设，目前我国已经进入全面建成小康社会的决定性阶段。中共十八大报告提出了确保到2020年实现全面建成小康社会的宏伟目标，为达到此目标要努力实现的新的要求之一是实现经济持续健康发展，转变经济发展方式取得重大进展，在发展平衡性、协调性、可持续性明显增强的基础上，实现国内生产总值和城乡居民人均收入比2010年翻一番。十八大报告在党的重要文件中首次提出我国城乡居民人均收入10年翻一番的宏伟目标，并且在提出城乡居民人均收入10年翻番的同时，还提出国内生产总值10年翻番的宏伟目标，表明国民财富的稳定增长，是城乡居民收入水平提高的坚实的物质基础。

因此，我国要加快经济结构的战略性调整和经济发展方式的转变，

① 袁竹、齐超：《我国再分配逆向调节的成因及对策探析》，《税务与经济》2012年第1期。

将长期以来的以外需拉动为主转变为内外需共同拉动的双轮驱动战略，把通过低廉的生产要素价格，特别是廉价劳动力价格占领国际市场的做法，转变为逐步提高劳动力价格，扩大国内市场需求，实现消费、投资、出口对经济增长的协同拉动，保持国民经济持续、稳定、健康发展。只有做大了“蛋糕”，广大普通劳动群体收入水平的提高才有坚实的物质保障。

2. 加快提高自主创新能力，加快自主品牌建设，加快用高新技术改造传统产业，促进我国产业的升级，提高劳动者收入水平

经验研究表明，劳动报酬比重偏低是工业化初期阶段的产物，因为发展中国家面临资本短缺和劳动力过剩的约束，工业化不得不采取加速资本积累的发展方式，劳动报酬在初次分配中的比重偏低就成为加速推进工业化的前提条件；当工业化进入加速发展阶段，劳动报酬比重会逐步提高，即提高劳动报酬比重是工业化转型的结果①。我国在工业化初期阶段劳动报酬比重偏低反映了这一发展阶段的特点，目前我国正处在工业化转型阶段，因此提高劳动报酬比重问题已经被政府提上日程。我国已明确完成工业化转型要走新型工业化道路，即以信息化带动工业化，以高新技术改造传统产业，使我国三大产业的技术基础从传统技术向现代技术升级。产业技术升级会大大提高企业的赢利水平，这可为提高劳动报酬在初次分配中的比重创造条件。

在承接发达国家国际产业转移过程中，我国已经成为世界加工厂，由于发达国家控制着产品关键的核心技术而处于产业价值链的高端，我国主要通过向其购买先进技术进行生产而处于产业价值链的低端，因此产品生产中的大部分收益归发达国家所有，我国只能从中得到很少的收益。在这种国际分工格局下，劳动要素价格就要被低估，劳动报酬上升空间就要受到制约。目前，我国制造业劳动生产率不到发达国家的1/10，制造业的综合增加值率仅为26.23%，与美国、日本、德国相比分别低22.99、22.12、11.69个百分点。企业创造附加值的能力低下，使得利润空间狭小，能够分配给劳动者的收入也就更加微薄；落后的制造业生产模式，使用着大量

① 黄泰岩：《初次分配制度变动的发展方式解释》，《经济学动态》2009年第6期。

低技能、低素质、低知识含量的劳动力，劳动报酬自然长期处于较低水平。2008年国际金融危机爆发，外需大幅度萎缩，对中国产业升级转型形成“倒逼”机制，经济结构调整和产业升级，为提高普通劳动者收入水平提供了契机。所以，我国要利用工业化转型升级的发展机会，加快提高自主创新能力，加快自主品牌建设，加快用高新技术改造传统产业，促进我国产业的技术升级，增加产品的附加值，为劳动报酬水平的提高赢得较大的发展空间。

要完成这一艰巨任务还必须加快提高我国劳动力素质，建立人力资源强国。要以产业升级转型为契机，通过产业升级带动人力资源升级，为提高劳动者收入奠定智力基础。人才和智力支撑是经济转型最重要的基础，经济转型又在客观上推动和促进劳动者素质的提高。应大力发展技术密集、创新驱动、知识含量高的产业，通过产业升级推动人力资本结构调整，促进人力资源层次升级，通过提高劳动者素质，提升劳动者创造价值的能力，并为最终提高劳动者收入水平创造条件。

3. 实现政府工作目标的转型，加大财政、税收在收入初次分配和再分配中的调节作用

长期以来，我国地方政府以抓经济发展为工作重心，GDP增长水平成为考核地方政府政绩的主要指标，虽然这有利于地方经济的发展，但负面作用是加剧了“强资本弱劳动”的格局。目前，我国正面临工业化转型的阶段，也面临发展方式转型的阶段，为适应发展阶段变化的新要求，政府应当更加重视人的发展，坚持以人为本的科学发展观，将保障公民有尊严的生活、实现社会公平分配作为优先于GDP增长的政府工作目标，唯此地方政府才能承担起保护处于弱势地位的劳动者利益的责任，实现劳动收入在国民收入初次分配中的比重的提高，维护社会的公平正义；同时，适应发展方式转型的新要求，要逐步减少经济建设方面的支出，增加改善民生问题方面的支出，加大财政、税收在收入初次分配和再分配中的调节作用。据《中国财政年鉴》数据，近年来我国经济建设在财政支出中的比重虽有下降，但仍高达30%，而民生方面的投入则显得不足。例如，2008年我国教育、医疗和社会保障三项公共支出仅占财政支出的29.7%，与人均GDP3000美元、3000—6000美元的国家相比，分别低13.0个百分点和

24.3个百分点[①]。增加社会保障方面的支出，可以提高劳动者素质，增强其在劳动力市场的就业竞争能力，从而有助于增加劳动者收入。

要完善个人所得税制度，加强对高收入者的征管力度。目前，我国收入分配领域核心的问题是贫富差距急剧扩大，两极分化趋势明显。我国经济发展的历史表明，由于我国资本原始积累过程中财富来源路径的特殊性，我国富豪积累财富的时间超短。从事财富研究的胡润曾说，在国外，挣一个亿的财富需要15年，把一个亿的财富增加到十个亿需10年时间，而在我国只要3年，比国外要短得多。说明我国富豪的财富积累有超常因素，有必要发挥税收调节作用，遏止贫富差距的扩大，促进财富的合理分配。要加强对那些收入来源较为广泛的高收入的征管力度，开征调节高收入的有关税种，实现高收入向低收入的转移，有效保障贫困者和低收入者的收入水平，以缩小贫富差距，促进社会公平。

在国际上用税收调节贫富差距不乏成功经验，可以为我国借鉴。如美国通过征收遗产税等方式，避免财富在某个家族内部过度集中。美国遗产税征收采用累进税率，即继承的遗产越多，税率越高。但如果捐助慈善事业，则可减免一定的税费。同时美国政府一直加强金融监管，防止富人将财富转移国外。奥巴马政府上台后，更是通过一系列金融改革措施，全面加强对富人的税收征管，集中打击偷税漏税等行为。在欧盟，尤其是北欧国家，往往通过实行高累进税率的个人所得税来实现“抑富扶贫”。2010年欧盟各国在调整个税税率后，其法定最高个人所得税平均税率由2009年的37.1%提高到37.5%（非常接近“黄金分割率”）。这些国家高收入者高税收的政策，使社会成员的收入差距趋于合理均衡。以芬兰为例，在强有力的收入再分配政策下，芬兰形成了以中等收入为主体的稳定的社会结构。目前，中等收入者占全部人口的80%，而富人和穷人的比例都很小。根据联合国开发计划署公布的人类发展指数，包括芬兰在内的北欧诸国历年来都以较低的基尼系数排在工业化国家的前列，属于收入差距很小的国家。除发达国家以外，不少发展中国家也充分运用税收工具调节收入分配，如菲律宾、安哥拉、突尼斯、巴西都开征了遗产税。总之，税收调节

① 岳颖：《收入分配热点问题研究综述》，《求索》2010年第9期。

不仅促进财富均衡分配，有效化解穷者愈穷、富者愈富的贫富分化问题，而且，富人多纳税、穷人少纳税，富人在创造财富的同时，也赢得了穷人的尊敬，避免了分配不公产生的社会“仇富”情绪。

4. 全面推行企业工资集体协商制度，建立相互制衡的企业工资共决机制，保护劳动所得

要提高劳动报酬在初次分配中的比重，就要解决劳资双方拥有权益的不平衡问题，增加劳动者对工资决定等劳动关系权益的话语权。这就要推行企业工资集体协商制度，让劳资双方能平等地进行利益博弈，进而决定利益分配，形成相互制衡的企业工资共决机制。通过推进企业工资集体协商制度，建立正常的工资增长机制，确保企业工资性收入实现“两个协调”：即企业工资性收入总额的增长与企业的利润总额增长相协调；企业平均工资性收入的增长与企业平均利润总额增长相协调。杜绝“只涨利润不涨工资”的现象，保证职工工资收入和福利待遇随着企业经济效益的提高基本同步增长，让员工分享企业发展成果。另外，在整个社会经济的发展过程中，还可以采取“职工收入的提高与产品或服务价格的提高连动”的办法。如职工收入每年增长百分之八，价格每年可增长百分之四左右。因为职工收入占产品或服务的成本在百分之五十左右。这样企业可消化职工收入增长的因素，对企业的利润没有直接影响，社会的购买力也会普遍不断有所提高。在一个社会正常发展阶段，如果一个企业连续三年没有给职工增加收入，就需要考虑调整结构或者增加技术改造，以提高效率和竞争力。

推行企业工资集体协商制度，关键在加强企业特别是非公企业工会组织建设，改变我国目前企业工会组织缺失和力量薄弱的状况，使基层工会真正成为代表工人利益的维权组织，为实行工资集体协商制度提供坚强的组织保证。在工资集体协商中，面对强大的资方，单个企业的工会组织往往显得势单力薄，因此要重视健全及发挥行业性工会组织的强大作用。随着灵活就业人员群体的不断增多，还要发挥行业工会为灵活就业人员维权的作用。实行工资集体协商制度，要保证劳动力价格水平得到真实反映，并且在动态调整的基础上，连续有序地提高劳动者收入。还要借鉴国际经验，普遍实行劳动者对企业利润的分享制度，多途径地提高劳动者的

收入。

5. 政府要加强对市场工资形成机制的宏观调控，加强劳动立法以及对劳动执法的监察力度，保障劳动者合法权益的实现和收入水平的提高

在我国劳动关系市场化已经基本形成的情况下，政府对职工工资的直接调控只涉及财政支出部分，大量面对的则是由企业自主决定的劳动工资关系。为了保护广大劳动者利益，政府必须加强对市场工资形成机制的间接调控，主要包括以下方面：一是健全正常的工资增长机制和支付保障机制，使职工工资增长与国民经济增长水平基本同步。二是完善工资指导线制度，根据宏观经济整体和行业效益增长状况等，定期颁布行业工资标准，为企业工资集体协商提供劳动报酬参考标准。三是完善最低工资保障制度，最低工资标准应是当地最差企业的工资标准，要改变许多企业不顾本企业的经营状况，对外来务工人员或企业一线职工按照最低工资标准给付劳动报酬的状况；要使最低工资标准随着企业效益增长和当地生活水平的提高而提高；在条件具备时还可以实行不同行业的最低工资标准。四是运用法制手段保护广大劳动者的合法权益。当前要根据经济社会的发展变化制定和完善相关的法律法规，使维护劳动者的权益有法可依。五是加强对劳动执法的监察力度，规范资方对劳动者的劳动关系行为等等，切实保障劳动者合法权益的实现和收入水平的提高。

6. 统筹城乡发展，推进城乡一体化建设，通过制度安排解决“三农”问题，增加农民收入

要通过财政、金融等各种渠道加大支农投入，积极推进一系列重大制度改革，通过制度安排解决“三农”问题，统筹城乡发展，缩小城乡差距，切实实现农民收入可持续增长。一是进一步加大财政支农力度，通过财政支出和补贴全力支持农业经济发展和农村社会建设。农业属先天弱质性产业，通过财政政策支持和保护农业，是所有工业化国家消除城乡差距、维护社会公平的必然选择。当前应进一步加大财政支农力度，坚持“多予、少取、放活”原则，扩大公共财政覆盖农村的范围，建立以工促农、以城带乡的长效机制，确保财政支农资金逐年稳定增长；优化财政支农资金结构，重点增加农业科技投入，推动农业生产实现科技化、集约化、规模化；继续加大对农业农村基础设施建设及农村教育、卫生、文化

的投入力度，增加农村公共产品的供给，推进城乡间公共产品服务均等化；对农业生产资料实行价格调控，加大对农民的生产资料价格补贴力度，同时积极探索通过财政补贴等手段，建立各类农产品最低保护价制度。二是积极探索金融支农渠道，全面推进农村金融改革和发展。社会主义新农村建设需要大量的资金投入。据国家统计局分析测算，到2020年新农村建设所需资金量在15万亿—20万亿元左右。尽管近年来财政支农资金保持快速增长，但仅仅依靠有限的财政资金直接投入无疑于杯水车薪。只有充分启动农村金融市场，有效引导金融资本源源流向农村地区，为促进农业现代化、集约化、规模化生产提供资本支持，并有效带动和引导其他生产要素合理流动和优化配置，提高农业和农村资源配置效率，才能够真正促进农民收入的可持续增长，实现建设社会主义新农村的历史任务。当前要采用各种措施，积极引导金融机构增加农村金融供给，推进农村合作金融机构改革和发展，加快建设一大批经营灵活、服务区域、草根性强的微型农村金融机构，综合运用财税杠杆，通过贴息、奖励、风险补偿等方式，覆盖部分涉农信贷风险，全面推进农业保险工作，平滑农业生产的先天性风险，为农村经济发展和农民生活稳定提供基本的保障。三是继续深入推进农村土地流转改革，盘活农民土地资产，保障农民土地流转权益。放活农村土地经营权，推进土地承包经营权流转，能够实现农村生产要素科学、合理的配置，促进农业集约化、规模化生产和经营，同时有效盘活农民的土地、房屋等资产，客观上可增加农民的可支配财产。应继续深入推进农村土地流转改革，积极探索农民土地承包经营权、宅基地、房产等抵押担保的可行性，同时加强监督管理，依法规范土地流转行为，切实保障农民在土地流转中的各种权益。

7. 建立统一、开放的劳动力市场，打破劳动者身份界限，调整劳动力供给结构，增加劳动者收入

我国的劳动力市场仍处于分割状态，劳动力需求方掌握着主动权，他们可以利用供需双方的信息不对称和劳动力市场机制的不健全等缺陷来刻意压低劳动力的工资，使得劳动力市场工资整体处于较低水平。实现劳动力市场的统一和充分竞争，是提高劳动报酬在初次分配中的比重的市场条件，因为合理的工资水平是在市场充分竞争中形成的。要建立统一、开放

的劳动力市场，完善劳动力市场机制，由市场机制调节工资水平，使劳动力的工资水平逐步得到提高。

进一步改革劳动就业制度，取消劳动者的城乡、所有制、不同用工形式等等身份界限，保障劳动者公平就业的权利，贯彻市场经济按劳动要素贡献分配的公平分配原则。打破劳动者身份界限，保障劳动者公平就业的权利，有助于实现社会成员在不同阶层之间的上下流动，改变既得利益群体的利益固化状态，进而缩小社会的贫富差距。

劳动力供大于求是我国的基本现状，但是劳动力供求结构的失衡影响着劳动就业的实现及其工资水平的提高，可以通过调整劳动力供给结构来调节劳动力供求的局部失衡。例如，按照市场需求发展职业培训，提高农民工等普通劳动者的人力资本存量，增强其竞争就业的能力；按照市场需求调整高校专业课程设置，解决大学生就业难的问题等等。特别是在我国经济结构调整和产业升级的过程中，要积极做好高技能人才培训工作，促使经济转型和人力资本结构调整形成良性互动。以往我国低附加值、低技术、高能耗企业的发展，是以大量使用低劳动技能、低员工素质、低知识水平的劳动力为基础，依靠劳动力价格低廉来拉低产品价格。政府应通过政策、资金扶持等方式，围绕产业升级和转型对人才提出的实际需求，积极推动高技能人才的培训和储备，实现人才培训和企业用工之间的对接，既为产业升级转型提供人才支撑，又能通过提升劳动者创造价值的能力来提高劳动者的收入水平。

8. 扶持吸纳就业面广的中小企业发展，扩大就业，增加劳动收入

劳动报酬是广大普通劳动群体的主要收入来源，要提高其收入水平就要积极扩大就业。由于中小企业以劳动密集型居多，具有吸纳就业面广量大的优势，其发展对于增加就业、改善收入分配格局、提高普通劳动者收入水平具有重要意义。统计数据显示，一个国家或地区每千人口拥有的小企业数量，与收入分配和贫富差距成反比。小企业数量越多，则收入分配和贫富差距越小，中等收入人口越多。因此，我国应逐步加大运用税收政策扶持中小企业发展的力度。

9. 深化收入分配制度改革

我国深化收入分配制度改革，要坚持和完善按劳分配为主体、多种分

配方式并存的分配制度，健全劳动、资本、技术、管理等生产要素按贡献参与分配的制度，坚持效率与公平的协调并重、再分配更加注重公平的原则，遏制贫富分化的趋势，努力实现全民宽裕，走共同富裕之路。我国收入分配制度改革会涉及经济、社会、政治等多个方面，收入分配制度改革需要和相关体制的改革协同进行，改革的着力点主要有以下方面：

第一，调整国民收入分配结构，逐步提高居民收入在国民收入分配中的比重。提高劳动报酬在初次分配中的比重，努力实现居民收入增长和经济发展同步，劳动报酬增长率和劳动生产增长率同步提高。这项改革的实质是社会财富分配格局的调整，即对政府、企业、居民三者现有的利益关系进行调整，逐步纠正国民收入分配偏向政府和企业的结构性问题，因此改革会有相当的难度。当前提高居民收入，重点要提高农村居民收入，提高中低收入群体收入，以培育壮大中等收入群体，让广大人民群众共享改革发展成果，促进居民消费增长。

第二，我国收入分配制度改革的重点应当是解决机会不平等的深层次的制度问题。改革要从两大层面入手：一是在基本制度层面，要切实保障社会成员拥有的各项基本权利，主要包括公民合法的生存权、居住权、迁移权、就学权、劳动权、财产权、质询权、诉讼权、环境权等等，为每一个社会成员提供均等的生存和发展机会，公民不分职位和职业差别，其参与经济、政治和社会其他生活的权利的平等是实现社会公平的基础，也是实现社会公正分配的前提条件。二是在体制机制层面，要继续推进市场化改革，打破地方保护主义，建立统一、开放、公平竞争的市场环境，让商品和劳务自由流动，让市场主体自由选择，发挥市场机制在资源配置中的基础性作用；要通过进一步市场化改革打破行政垄断，放宽对民营资本进入垄断行业的限制，促进各类企业公平竞争；国家对垄断行业和资源行业的经营要严格进行监管，进一步提高垄断性国企国有资本经营收益的上缴比例；完善国有资本经营收益的分配制度，建立健全公共资源出让收益的全民共享机制；完善企业内部治理结构，坚决有效遏制国企高管高额年薪的泛滥，等等。

第三，改革行政管理体制，加快政府职能转变，完善对公权的监督机制。改革收入分配制度，提高居民收入在国民收入分配中的比重，自然要减少政府收入，目前政府财政收入的高速增长难以持续，要改革行政管理体制，控制政府行政管理支出并使之在阳光下操作；政府的管理重点应尽快从投资、经营型向服务、协调型转变，在公共管理职能转化过程中，将属于社会经济主体的选择权和要素配置权归还于经济主体，彻底改革传统体制，铲除腐败滋生的土壤；对公共资源开发和公共权力使用的各个环节的监督要制度化和公开化，以防范和杜绝机制性腐败；政府在运用社会利益分配政策工具时，要严格规范自己的行为，克服和避免与民争利的倾向，维护公共利益，坚持社会的公平正义。

第八章　全民宽裕的居民财产性收入

随着全民宽裕目标的逐步推进，民众的收入会不断增加，其财产积累也会有所增加，从而财产收入也将逐渐增多。从发达国家的实际情况看，居民财产收入占收入的比重比较大，而我国目前民众的财产收入总体上看很少，因此需要创造条件，开辟有效途径扩大居民的财产性收入，这也是努力实现全民宽裕目标的重要组成部分。

第一节　财产性收入的内涵、意义及影响因素

改革开放30多年来，我国经历了较长的经济快速增长时期，综合国力稳步提高，居民收入持续增加。收入分配的状况不仅影响生产的效率，而且影响人们的切身利益，从而影响社会的协调与稳定①。中共十七大报告首次出现了“创造条件让更多群众拥有财产性收入”的提法，从此，关于财产性收入的研究在国内学术界引起了广泛的重视。从当前国内研究状况来看，主要是从规范分析视角来设定增加财产性收入的路径，如提高城镇居民收入水平、塑造投资环境、规范资本市场等等。财产性收入与其他收入来源尤其是工资性收入有紧密的联系，也就是说，财产性收入的差异与其他收入差异是一个问题的两个方面，要实现全民宽裕，必须改善不同群体的收入结构，寻找影响不同收入来源的因素，真正建立增加财产性收入

---

① 赵人伟：《收入分配、财产分配和渐进改革》，《经济社会体制比较》2005年第5期。

的基本路径，使更多的低收入和中低收入群体通过拥有财产性收入进入中等收入者的行列，从而实现“花瓶型”的全民宽裕收入分配形态。

一、财产性收入的定义和内涵

关于财产性收入的概念，学者白暴力认为财产性收入是指财产所有人把财产投入到社会生产和社会生活中，通过出让财产使用权所获得的收入。例如，利润、利息、财产增值收益等等①。财产性收入既存在于生产领域中，如利润、股票价值增值、股票红利等，也存在于非生产领域，如房屋租金等。易宪容认为，财产性收入就是以产权契约、金融票据、证券契约形式将“财富”资本化的所得②。根据国家统计局统计年鉴中的定义，财产性收入指金融资产或有形非生产性资产的所有者向其他机构单位提供资金，或将有形非生产性资产供其支配，作为回报而从中获得的收入。主要包括家庭拥有的动产（如银行存款、有价证券）、不动产（如房屋、车辆、土地、收藏品等）所获得的收入，包括出让财产使用权所获得的利息、租金、专利收入；财产营运所获得的红利收入、财产增值收益等。

财产性收入作为一种独立的收入形式，它必然不同于劳动者通过劳动活动所得到的报酬，也不同于劳动者和财产所有者通过自身各种经营活动所得的经营性收入以及二次分配、三次分配所获得的转移性收入。

从基本内涵来看，高敏雪等将产权作为界定财产性收入的标准，认为财产性收入仅仅是财产的所有者转让财产的使用权而获得的报酬，从这个意义上来看，财产性收入与租金的内涵相似③。而财产的所有权转移所获得的收入并不属于财产性收入，它是资产形式的转化而不是财产性收入的获取。陈建东等从我国统计部门的有关年鉴中的定义出发对财产性收入的内涵进行了专题研究，在《中国农村住户调查年鉴》中将财产性收入定义为金融资产或非生产性资产的所有者向其他机构单位提供资金或将有形非生产性资产供其支配，作为回报而从中获得的收入；而在《中国城市

① 白暴力：《让城乡居民收入稳步增长》，人民出版社2008年版。

② 易宪容：《民众拥有财产性收入的背景与条件》，《中国经济时报》2007年11月7日。

③ 高敏雪等：《“群众”所拥有的财产性收入》，《中国统计》2008年第1期。

（镇）生活与价格年鉴》中对财产性收入进行了更为详细的定义，即家庭拥有的动产（如银行存款、有价证券）、不动产（如房屋、车辆、土地、收藏品等）所获得的收入①。其他学者对财产性收入的定义基本上都是在上述两个年鉴的定义范畴之内。财产性收入的内涵还包括财产性收入的具体形态。一些学者认为既有金融财产，即各种类型的存款所取得的利息收入、股票以及类似的产权得到股息、红利，又有专利、专有技术、商标商誉等非金融性无形资产所获得各种特许权使用费，还有自然资源，即出租土地或矿产、水域等等所获得的租金。另外一些学者认为财产性收入的具体形态还包括财产增值收益、保险收益（不包括保险责任人对保险人给予的保险理赔收入）、其他投资收入以及其他财产性收入。

一些学者对财产性收入的基本特征进行了研究。总的来看，财产性收入具有的一般特征表现在：一是拥有财产是获得财产性收入的前提，财产与财产性收入之间是相辅相成的，没有财产，自然没有财产性收入，有了财产性收入，还可以进一步增加财产的总量。二是财产性收入是财产所有人通过行使对自己财产的占有权、使用权、收益权、处置权等权利，而获得相应的收益。因此要获得财产性收入，财产所有人必须具有可以自由支配其财产的权利，即具有私有财产所有权。三是财产性收入不需要通过生产经营获得，只需通过资本市场、房地产市场、收藏品市场等来获得。四是财产性收入具有较高的不稳定性，其波动性要比经营性收入和工资性收入高，容易受市场需求、经济波动和制度调整的影响。从我国的具体情况来看，财产性收入的特征则主要表现在财产性收入伴随经济快速增长而增长，但速度明显慢于经济增长，因此导致其在经济收入分配中的份额不断下降；利息仍然是财产性收入的主要形式，但红利在财产性收入中的地位不断提升；我国从国外获取财产性收入的能力逐渐增强，但 FDI（外商直接投资）的数量远远大于我国的对外投资；从财产收入在部门间的分配来看，企业获取了绝大部分的财产性收入，而家庭住户部门获取财产性收入的比例很小；金融机构部门在净收入和净支出部门之间不断转换角色，其他部门则较为稳定。

① 陈建东等：《我国城镇居民财产性收入的研究》，《财贸经济》2009 年第 1 期。

二、财产性收入的意义

财产性收入对于全民宽裕的意义主要体现在以下几个方面：

第一，让城乡居民拥有财产性收入是全民宽裕的内在要求。全民宽裕意味着绝大多数人要达到中等收入水准。从国际经验来看，中等收入不仅仅指居民拥有相当的收入流量，还更多地指这些居民拥有一定规模的财产存量，以及由此带来的财产性收入。比如，欧美等发达国家国民可支配收入的40%来自于财产性收入，而我国城乡居民财产性收入该比值仅为3%左右，差距是非常之大的。财产性收入占比是一国富裕程度的重要指标。如何让更多的城乡居民拥有财产、获得财产性收入，我们还有很长的路要走。

第二，让城乡居民拥有财产性收入有利于社会和谐稳定。孟子曾经说过“有恒产者有恒心，无恒产者无恒心”，以朴素的语言阐明了财产在社会稳定中的作用。一个社会，如果大部分家庭拥有财产和财产性收入，可以扩充正常收入来源，能够具备较强的抗风险能力，家庭成员也具有更高的安全感，从而更容易达到物质和精神上的宽裕状态。同时，为了使家庭财产保值增值，有资产的人更会用心参与社会建设者。

第三，让城乡居民拥有财产性收入符合其家庭财产理财的需要。贫困和温饱时期，大多数家庭没什么结余，也谈不上财产性收入。随着全面小康社会的建设及未来全民宽裕的建设，越来越多的家庭会有结余。统计数据显示2010年末，居民人民币储蓄存款余额已达30万亿元，人均储蓄存款余额22619元，而且每年还以较快的速度在增加。如此庞大的资产，的确要适当地进行理财运用，不仅可增加居民的收入，还可促进其财产保值增值。

第四，让城乡居民拥有财产性收入是财产收入大众化的需要。目前，收入差距一方面来自于劳动报酬的差距，另一方面，财产性收入的差距也是一个重要原因。小部分家庭因为具备财产数量优势和拥有更多的财产收入渠道，从而更易获得财产收入，因此，也更加富裕。这样的一种循环，极易产生“富者愈富”的马太效应。当前，财产性收入差距的不断扩大，已经成为我国居民收入差距扩大的重要因素。扭转这一趋势，从财产性收入的角度来说，一方面要创造条件，让更多的家庭拥有财产，另一方面，要改革相关的投融资体制机制，让居民的财产能够方便地找到合适的投资增值渠道，从而实现财产性收入的大众化。

三、影响财产性收入的基本因素

许多学者对财产性收入的影响因素做了研究，并以此寻找增加财产性收入的基本路径。一些学者通过实证研究表明，财产性收入与工资性收入高度相关。例如陈建东等对不同收入阶层的城镇居民的工资性收入和财产性收入的关系进行了定量分析，发现两者之间的相关系数为0.87①。同时他们对1990年至2006年我国城镇居民的工资性收入和财产性收入的数量关系进行了分析，两者之间的相关系数为0.94。程学斌等研究发现财产性收入增长受家庭财产、居民个人因素、经济发展、制度安排和投资市场的影响②。孙益贤从市场分割的角度研究了财产性收入，他认为自然的市场分割和人为的市场分割都会对财产性收入的分配产生很大的影响③。宋玉军认为，机会不足是大众居民获得财产性收入的制约因素④。因此，政府的作为就是为大众居民能够拥有财产性收入创造更多的机会。

从已有的研究文献来看，绝大多数学者研究财产性收入最终归结为增加我国居民财产性收入的路径选择上来。根据学者的不同观点，所提供的路径选择可以分为以下两类：

一类是从制度层面来奠定增加居民财产性收入的制度基础。在具体讨论中，大多数学者都考虑改革当前的劳动收入分配制度，而劳动收入分配制度又包括初次分配和再分配制度，从初次分配制度来看，要优化初次分配结构，“逐步提高居民收入在国民收入分配中的比重，提高劳动报酬在初次分配中的比重”；从再分配的角度来看，要“认真实施修改后的个人所得税法，减轻中低收入者的税负”。因此，在实践中，为“让更多群众

① 陈建东等：《我国城镇居民财产性收入的研究》，《财贸经济》2009年第1期。

② 国家统计局城市司广东调查总队课题组：《城镇居民家庭财产性收入研究》，《统计研究》2009年第1期。

③ 孙益贤：《市场分割对财产性收入分配的影响》，《经济论坛》2008年第8期。

④ 宋玉军：《增加居民财产性收入的机会创造与政府作为》，《统计与决策》2008年第14期。

拥有财产性收入”所进行的制度安排，既要符合市场经济规则，按照劳动、资本等生产要素按贡献参与分配的原则，使掌握一定资本的人获得相应的收益分配；又要符合走共同富裕道路，实现社会和谐，引领人的全面发展的社会主义价值取向。此外，法律制度建设在保证和规范居民财产性收入存量方面具有重要作用，对于中等收入群体，要在增加他们收入的同时更好地保护他们的财产。同时，金融制度也是提高财产性收入的制度保证，通过金融制度，实现人与资源的优化配置，提高整体国民经济效率，继而提高广大居民消费后剩余资财投资金融市场所获得的增殖。除此之外，还要推行增加居民财产性收入的其他制度创新。现在银行储蓄量越来越大，而通过利息的方式获得的财产性收入较少，甚至银行实际利率为负，保值增值都成问题。这既不利于提高广大群众收入水平，也可能会有损民众创造财富的积极性，需要对普通居民的有限储蓄给以一定的保值体现。

另一类是建立和完善资本市场，塑造良好的投资环境。许多研究人员认为，资本市场在增加我国居民财产性收入中占有重要地位。首先，从当前我国居民财产性收入的现状来看，人均财产性收入较低，财富存量较少。而资本市场投资带来的利息、股利和红利又是我国居民财产性收入的重要源泉之一，但是资本市场规模狭小、发展不稳定和区域市场发展不平衡等因素又是制约财产性收入的重要因素。其次，保证财产性收入的公平性需要健全的资本市场。因为财产性收入的分配也存在公平性问题，提高财产性收入分配公平度的基本途经在于努力消除我国资本市场的不完善造成的信息不对称，增加资本市场的透明度，降低市场不完善所发生的交易成本。再次，从具体操作层面来看，可以推进“职工持股计划”、充分发挥社保基金特别是养老保险基金作为机构投资者的作用，开发投资连接型养老保险产品，使投保人享有财产性收入，充分发挥股份制及金融中介机构作用，鼓励企业发行小额股票等等。因此，要积极发展并规范资本市场，扩大资本市场规模，拓展投资渠道，是最终提高居民财产性收入的基本保证。塑造良好的投资环境是增加居民财产性收入的重要途经。这些环境包括增加财产存量环境、财产保值增值环境以及通过规范资本市场形成良好的投资理财环境等等。要在健全资本市场的基础上，营造更加公开、公正、公平的投资环境等。同时要努力为财产性收入的拥有者从“少数群众”扩大到“更多群众”创造良好的环境。

财产性收入的经济效应主要表现在两个方面：一是它可以缩小收入群体之间的贫富差距，因为当更多群众拥有财产性收入时，其收入来源多元化，这样就会普遍提高群众的收入水平，缩小收入差距；另一方面，财产性收入也存在“富者愈富、贫者愈贫”的马太效应，从而拉大了社会个体之间的贫富差距。虽然国内学者研究财产性收入经济效应的选择角度较多，但是基本上都是围绕上述两个方面在展开。例如李卫东从社会分化的角度较早地研究了财产性收入问题。他认为收入分化是社会分化的最为重要的表征，财产性收入的差距又是收入差距的主要根源。财产性收入具有积累效应，容易形成“富者越富、贫者越贫”的马太效应。主张控制财产性收入并非要限制财产，而是加强对财产增值课以适当的税收，要做到这一点，就必须使财产性收入逐步公开化，特别是公职人员的财产性收入公开化①。陈建东等通过实证研究表明，财产性收入已成为城镇居民收入新的增长点，财产性收入与工资性收入高度正相关，所以增加城镇居民财产性收入的前提是增加城镇居民的工资性收入②。他们的实证数据还表明，不同收入阶层以及不同地区城镇居民的财产性收入存在着较大差异，这在一定程度上加剧了城镇居民收入的不平等。

其他学者从“创造条件让更多群众拥有财产性收入”的经济涵义角度探讨了财产性收入的“经济效应”问题。如一些学者认为，“创造条件让更多群众拥有财产性收入”的客观依据在于市场经济发展规律和社会阶层结构优化升级规律，它是坚持一部分人先富起来的政策导向下实现全民宽裕目标的新举措，是深化收入分配制度改革，增加城乡居民收入的重要举措。还有些学者认为应当在党的十七大语境下理解“让更多群众拥有财产性收入”，并在中国国情背景下讨论“创造”什么样的“条件”，以及如何去“创造条件”，要防止政策的设计与实施导致贫富差距的加剧。党的十八大报告提出“多渠道增加居民财产性收入”，这是继党的十七大报告

① 李卫东：《社会分化与财产性收入》，《经济问题》1993 年第 11 期。

② 陈建东等：《我国城镇居民财产性收入的研究》，《财贸经济》2009 年第 1 期。

首次确定“创造条件让更多群众拥有财产性收入”之后的又一导向亮点，对切实保障和改善民生、持续扩大中等收入群体来说，具有十分重要的现实意义。

第二节　我国居民财产性收入的发展状况及影响因素

一、我国城镇居民财产性收入的演变状况

自从改革开放以来，我国居民生活水平逐年提高，尤其是城镇居民的生活状况明显改善。居民生活状况的改善主要表现在收入的增加方面。就居民收入结构分析，我国城镇居民的收入表现为以工资性收入占主体、其他收入方式并存的局面。并且工资性收入比重逐渐有所下降，其他非工资性收入比重有所上升。具体数据见表8－1。

表8－1　1990—2009年城镇居民的收入构成

单位：元

年份	平均每人年收入	工薪收入	经营净收入	财产性收入	转移性收入
1990	1516.21	1149.7	22.5	15.6	328.41
1995	4279.02	3390.21	72.62	90.43	725.76
2000	6295.91	4480.5	246.24	128.38	1440.78
2001	6868.88	4829.86	274.05	134.62	1630.36
2002	8177.4	5739.96	332.16	102.12	2003.16
2003	9061.22	6410.22	403.82	134.98	2112.2
2004	10128.51	7152.76	493.87	161.15	2320.73
2005	11320.77	7797.54	679.62	192.91	2650.7
2006	12719.19	8766.96	809.56	244.01	2898.66

续表

年份	平均每人年收入	工薪收入	经营净收入	财产性收入	转移性收入
2007	14908.61	10234.76	940.72	348.53	3384.6
2008	17067.78	11298.96	1453.57	387.02	3928.23
2009	18858.09	12382.11	1528.68	431.84	4515.45

资料来源：国家统计局城市社会经济调查司编：《中国城市（镇）生活与价格年鉴2010》，中国统计出版社2010年版。

1990年我国城镇居民人均年收入为1516.21元，其中工资性收入为1149.70元，经营净收入为22.50元，财产性收入为15.60元，转移性收入为328.41元。2009年我国城镇居民人均总收入为18858.09元。其中，工薪收入为12382.11元，经营净收入为1528.68元，财产性收入为431.84元，转移性收入为4515.45元。在收入的四项基本构成成分中，工资性收入所占的份额为最大，2009年为65.66%；财产性收入所占份额为最小，2009年为2.29%。从1990、2009年的比较来看，2009工资性收入占总收入的比重有所下降，从1990年的75.83%下降到2009年的65.66%，其他三种收入的比重均出现上升。1990—2009年期间人均收入的绝对水平出现大幅度增长，总收入年均增长率为14.19%，其中工资性收入、经营性收入、财产性收入和转移性收入的年均增速分别为13.33%、24.87%、19.10%和14.79%，如表8-2所示。

表8-2 1990—2009年我国城镇居民收入比较

		人均总收入	工资性收入	经营性收入	财产性收入	转移性收入
1990年	金额（元）	1516.21	1149.70	22.50	15.60	328.41
	占比	100.00	75.83%	1.48%	1.03%	21.66%
2009年	金额（元）	18858.09	12382.11	1528.68	431.84	4515.45
	占比	100.00	65.66%	8.11%	2.29%	23.94%
1990—2009年均增速		14.19%	13.33%	24.87%	19.10%	14.79%

资料来源：1990—2009年《中国统计年鉴》，中国统计出版社。

改革开放以来，我国城镇居民收入水平稳步大幅提高，从图 8－1 可以看出，居民可支配收入由 1978 年的 343 元增长到 2009 年的 17174.7 元，大幅度增长。

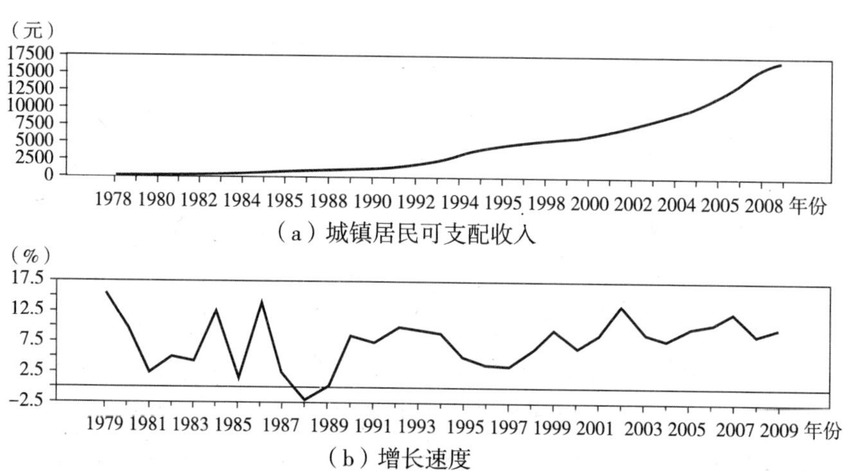

图 8－1　1978—2009 年城镇居民可支配收入和增长速度

如图 8－2 所示，尽管相对于人均可支配收入而言，财产性收入所占比重很小，但近年来的增幅很大，以远高于人均总收入的增幅在增加，已经由 1990 年的 15.6 元增加至 2009 年的 430 余元，我国城镇居民的财产性收入正处于快速增长时期，已成为居民财富增长的新亮点。

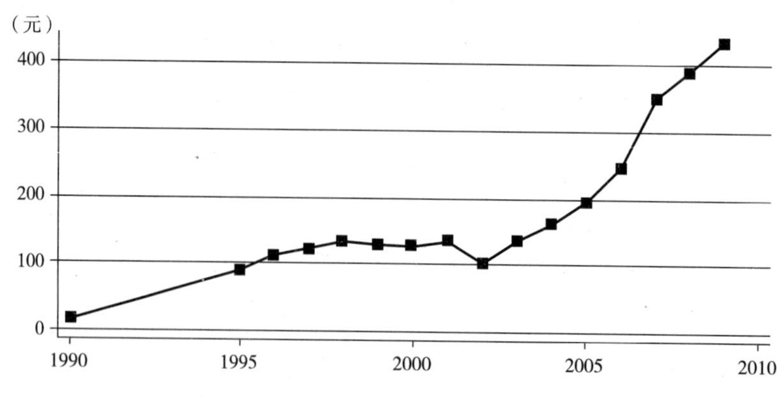

图 8－2　1990—2009 年城镇居民财产性收入变化

工资性收入和财产性收入之间是紧密联系在一起的，财产性收入的形成来自于财产，而财产的形成和积累一般来自于劳动收入的节余。因此，一般情况下，工资收入水平越高，财产收入水平越高，要提高财产性收入水平，就必须提高工资等劳动收入的水平。表 8－3 中列出了 2009 年不同收入等级财产性收入的构成，数据表明少数高收入者获得了绝大多数的财产性收入。财产性收入比人均收入表现出更大的差距。最高收入组和最低收入组的人均财产性收入之比为 36.5∶1，而两者的可支配收入之比仅为 8.9∶1。从财产性收入对不同收入等级的贡献来看，财产性收入对最高收入户的人均可支配收入的贡献率为 4.96%，而对最低收入户的人均可支配收入的贡献率只有 1.2%。高收入家庭的财产性收入增长幅度也明显高于低收入家庭。我们根据表 8－3 绘制了图 8－3，可以看出高收入户与低收入户的落差很大。应该说除了工资性收入对城镇居民收入差距的影响外，财产性收入正在扮演越来越重要的角色。并且，财产增值尤其是金融资产和房产等具备的特点，使增长和规模的扩大往往是几何级数递增，这有可能会使未来不同等级收入群体间的收入差距迅速扩大。

表 8－3　2009 年不同收入等级城镇居民财产性收入构成

单位：元

财产性收入构成	总平均	最低收入户	低收入户	中等偏下户	中等收入户	中等偏上户	高收入户	最高收入户
财产性收入	431.84	63.49	102.94	161.84	239.83	399.82	775.20	2321.94
利息	60.54	7.84	13.70	23.71	41.18	68.26	125.46	262.53
股息与红利收入	76.43	3.21	8.34	21.87	34.80	69.20	147.69	465.61
保险收益	5.53	0.97	2.01	2.22	3.84	5.05	14.73	21.46
其他投资收入	53.73	3.85	2.02	6.16	6.68	23.11	54.86	505.81
出租房屋收入	222.05	41.88	72.00	98.10	145.14	224.51	414.15	1002.80
知识产权收入	0.28	—	—	0.10	0.31	0.26	0.32	1.42
其他财产性收入	13.28	5.74	4.88	9.68	7.89	9.43	17.99	62.32

资料来源：国家统计局城市社会经济调查司编：《中国城市（镇）生活与价格年鉴 2010》，中国统计出版社 2010 年版。

从财产性收入的来源看，不同来源的角色也不一样。从表8－3中可以看出，出租房屋收入、利息、股息与红利收入是财产性收入中最主要的来源。2009年出租房屋收入占财产性收入的比重超过了50%，利息占财产性收入的比重为14%，股息与红利收入占财产性收入的比重为17.7%。显然，这与近几年我国房地产市场和证券市场的发展密不可分。

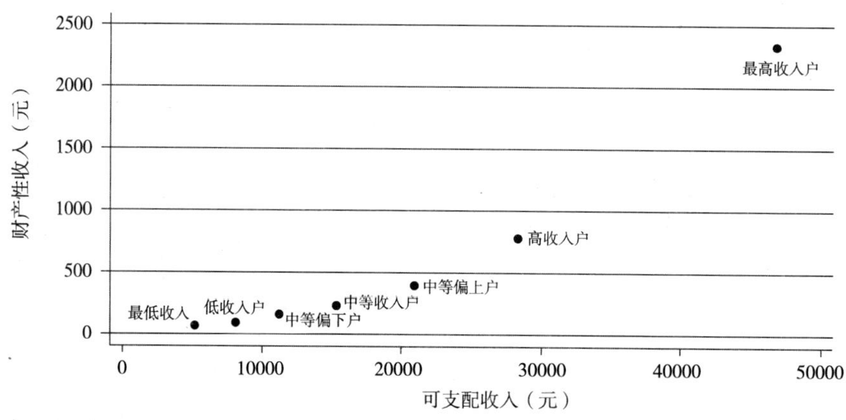

资料来源：国家统计局城市社会经济调查司编：《中国城市（镇）生活与价格年鉴2010》，中国统计出版社2010年版。

图8－3　2009年不同等级可支配收入与财产性收入分布

我们把表8－3转换成图8－4，各类收入群体财产性收入的差距更为直观。最高收入户占有全社会财产性收入的近60%，最低收入户占有全社会财产性收入的不足0.2%。差距非常明显。

居民财产性收入的增长，主要的原因是随着中国经济快速发展，老百姓也积累了越来越多的财富。尤其自20世纪90年代起，居民储蓄增长速度明显加快，2010年末，居民人民币储蓄存款余额已达30万亿元，见图8－5。显然利息收入与可支配收入呈正相关，居民的银行存款与收入又密切相关。投资渠道的拓宽、资本市场容量的扩大是金融资产收益增加的另一主要原因。随着社会公众对理财认识和接受程度的提高，股票和基金成为重要的投资渠道。

相对而言，知识产权收入、保险收益和其他财产性收入对城镇居民的

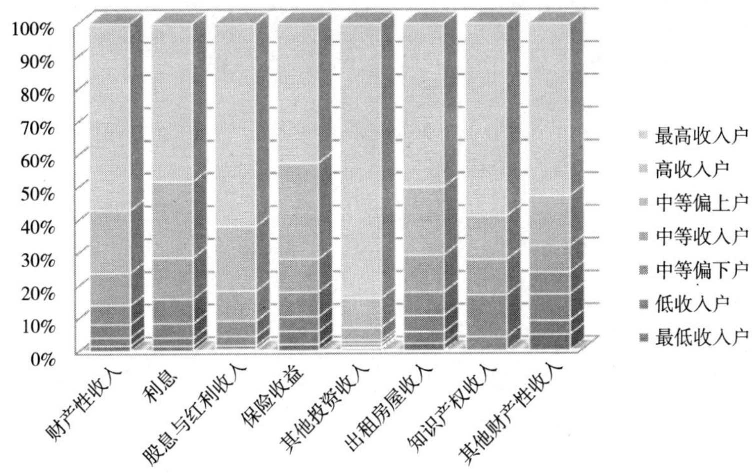

图 8－4　2009 年不同收入等级城镇居民财产性收入构成

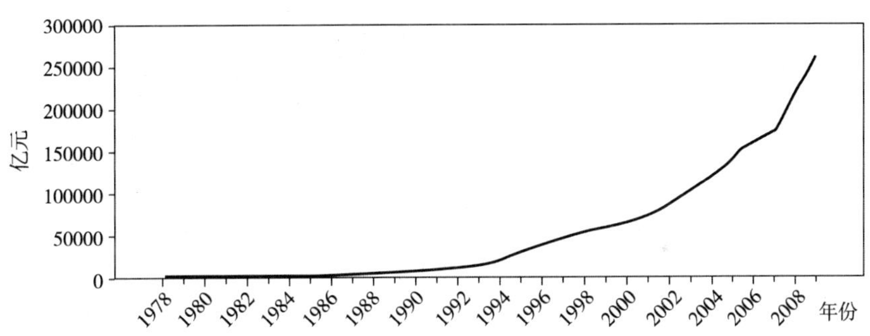

资料来源：《中国统计年鉴2010》，中国统计出版社2010年版。

图 8－5　1978—2009 年城乡居民存款余额

财产性收入的贡献有限，三者总计所占比重还不足 5%。利息收入占城镇居民财产性收入的比重达 14%。其他投资收入所占不高但增长速度较快，如艺术品、邮票和古董等各类收藏品市场的繁荣发展，构成了其他投资收入的主要来源。上述分析表明，要让更多群众拥有财产性收入，应侧重于房屋出租收入、股息和红利收入以及其他投资收入等。

从地域上来看，2009 年人均财产性收入最高的分别是浙江 1415 元、福建 1173 元和云南 1044 元，青海、甘肃和黑龙江则是最低的三个地区，人均尚不足 100 元。造成这种差异的最主要因素是出租房屋收入的差异，其次是其他投资收入的差距。总体来讲，虽然东部沿海经济发达地区人均收入明显高于中西部地区，但人均财产性收入的差异没有那么明显。

二、影响财产性收入的因素

（一）财产性收入与其他收入来源间的关系

正如上文中提到的，不同收入来源之间有交互影响的关系。财产性收入要以工资性收入等为基础。为了准确度量，这里使用向量自回归（VAR）方法，考察家庭收入不同来源之间的关系，财产性收入与其他收入来源间的因果关系，进而通过冲击反应分析，辨别影响的程度。由于统计口径存在变化，数据时期选择为1992—2009年。用Y_1、Y_2、Y_3、Y_4分别表示工资性、经营性、财产性和转移性收入四个变量的对数，分别进行ADF检验，结果如表8－4所示。

表8－4　单位根检验

变量	ADF统计量	检验类型	5%水平临界值
Y_1	－2.899	C，T，2	－3.600
DY_1	－3.720	C，0，2	－3.000
Y_2	－2.629	C，T，2	－3.600
DY_2	－4.603	C，0，2	－3.000
Y_3	－1.622	C，T，2	－3.600
DY_3	－3.124	C，0，2	－3.000
Y_4	－6.461	C，T，2	－3.600
DY_4	－6.292	C，0，2	－3.000

除转移性收入是趋势平稳序列以外，其他3个变量都是I（1）序列。因此经过差分将其转化为稳定I（0）序列。建立的向量自回归模型为：

$$y_t = \mu + l_1 y_{t-1} + l_p y_{t-p} + \varepsilon_t$$

合适的滞后长度可以通过信息准则标准或者F检验获得。鉴于时间序列较短，可获得数据有限，这里取P＝2。进行VAR估计，结果如表8－5所示。

表 8－5　向量自回归估计结果

变量	系数	标准误	系数	标准误	系数	标准误	系数	标准误
方程	DY_1		DY_2		DY_3		DY_4	
L. DY_1	0.891	0.286	－0.097	0.681	3.245	1.024	－0.127	0.206
L2. DY_1	－0.797	0.389	2.363	0.926	－0.471	1.393	－0.656	0.280
L. DY_2	0.033	0.089	－0.635	0.211	0.444	0.317	－0.015	0.064
L2. DY_2	－0.072	0.060	－0.113	0.143	0.590	0.215	－0.128	0.043
L. DY_3	0.036	0.085	0.277	0.203	－0.288	0.305	0.144	0.061
L2. DY_3	0.064	0.067	－0.024	0.159	－0.035	0.239	0.179	0.048
L. DY_4	－0.724	0.355	1.428	0.844	－1.834	1.269	－0.308	0.255
L2. DY_4	0.435	0.270	－1.342	0.642	－0.428	0.966	0.544	0.194
常　数	0.121	0.055	0.095	0.131	－0.039	0.197	0.167	0.040

使用向量自回归的一个好处是可以得知自变量之间的格兰杰因果效应，这里的格兰杰效应是指一旦对因变量的滞后值做了解释，那么自变量就不能为因变量的条件均值提供更多的信息。对约束的检验可以基于 VAR 模型的简单 F 检验进行。结果如表 8－5 所示。

这里只观察财产性收入和其他三个收入来源间的关系，其他的可以依次类推。从 DY_3 方程可以看出，工资性收入和经营性收入的变化都是财产性收入变化的格兰杰原因，尤其是工资性收入的影响在 1% 的水平上有显著影响。但是财产性收入的变化既不是工资性收入也不是经营性收入变化的格兰杰原因，卡方值为 1.5 和 1.9 均远小于 5% 水平上两个自由度的临界值 5.99。从表 8－5 的回归结果方程 DY_3 也可以看出，不同收入来源对财产性收入的影响。工资性收入变动的一期滞后对财产性收入变动的系数为 3.245，经营性收入变动的二期滞后影响系数为 0.590，均在 1% 的水平上显著。其他变量则不显著。因此，工资性收入变动 1% 将导致财产性收入变化约 3%，经营性收入变化 1% 引起财产性收入变化约 0.6%，从一般意义上来讲，要提高财产性收入的根本，还是在于工资性收入的提高。另外，财产性收入的变动是引起转移性收入变动的格兰杰原因，但反之不成立。

表 8-6 格兰杰因果检验

方程	DY_1				DY_2			
排除变量	DY_2	DY_3	DY_4	All	DY_1	DY_3	DY_4	All
Chi2	1.9	1.5	5.4	10.9	14.4	1.9	5.8	63.9
Df	2	2	2	6	2	2	2	6
Prob > chi2	0.39	0.47	0.07	0.09	0.00	0.38	0.06	0.00
方程	DY_3				DY_4			
排除变量	DY_1	DY_2	DY_4	All	DY_1	DY_2	DY_3	All
Chi2	20.6	8.1	2.8	22.5	19.5	9.0	27.5	33.5
Df	2	2	2	6	2	2	2	6
Prob > chi2	0.00	0.02	0.25	0.00	0.00	0.01	0.00	0.00

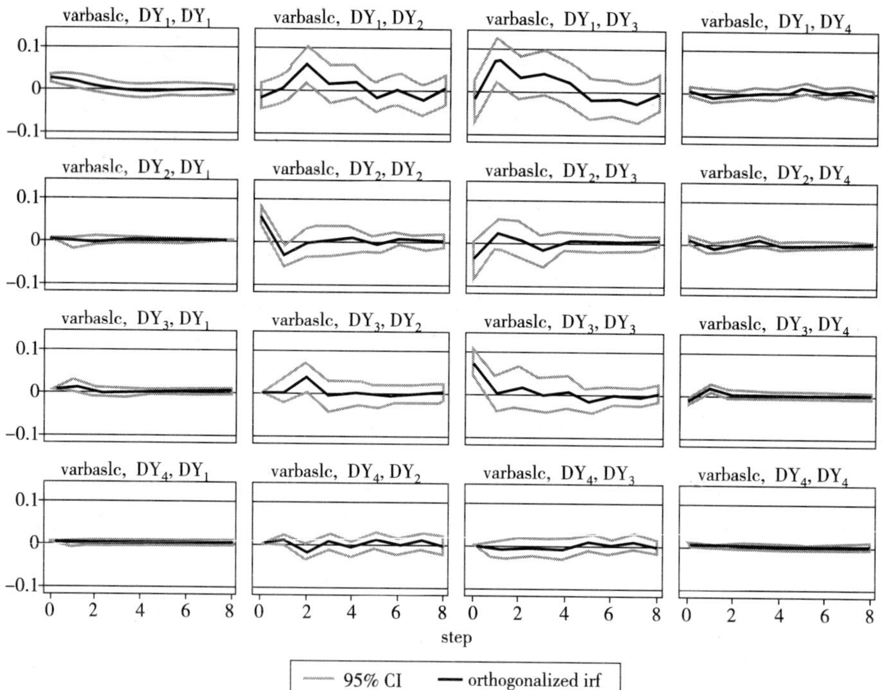

图 8-6 不同收入来源变动的冲击反应函数

在图 8－6 中，画出了不同收入来源受到其他收入变动的冲击时的反应情况。第 3 列是财产性收入对不同收入来源的冲击反应。当然，和上面的结论相一致，主要是对工资性收入和经营性收入发生反应。1 单位标准差的工资性收入增长率的冲击，在滞后 1 期时影响达到最大 0.074 个标准差，然后逐渐回落影响逐渐消失。1 单位标准差经营性收入增长率的冲击，同样在滞后 1 期时达到最大影响，但程度要弱许多，仅为 0.02，这与上面回归系数的差距是对应的。

总而言之，通过向量自回归的一整套方法，可以看出，不同收入来源对财产性收入的影响是不同的，最重要的影响因素是工资性收入，其次是经营性收入，而转移性收入的影响不显著。要增加财产性收入，根本还是要落实在增加工资性收入和经营性收入上。

（二）影响财产性收入的其他因素

1. 居民财产占有和分布的不平衡

一般而言，拥有财产越多，投入越多，财产性收入也就越多。所以财产量的悬殊既是贫富差距大的表现，同时也成了导致贫富差距的原因。为了表述这一观点，这里选用泰尔指数来度量城乡财产性收入差距：

$$Theil = \sum_{i=1}^{2}\left(\frac{w_{it}}{w_t}\right)\ln\left(\frac{w_{it}/w_t}{p_{it}/p_t}\right)$$

其中，$i = 1,2$ 分别表示城镇和农村地区；$w_t = \sum_{i=1}^{2} w_{it}$ 表示所有组的总收入；P_{it} 表示组 i 的人口，$p_t = \sum_{i=1}^{2} p_i$ 表示所有组的总人口。据此计算出各地区人均收入以及财产性收入的泰尔指数，由于在 2005 年之前，《中国统计年鉴》没有提供各地区城镇人口和乡村人口数据，因此主要使用 2005—2009 这五年的统计数据。结果如图 8－7 所示，列出了简单平均得到的东、中、西部地区人均财产性收入泰尔指数，图 8－8 列出了东、中、西部人均收入的泰尔指数。相比较可以看出，人均财产性收入的泰尔指数一般情况下都超过对应的人均收入泰尔指数。

在收入差距过大和财产差距过大之间形成一种恶性循环的关系，对居民财产性收入差距的扩大起了较为主要的作用。

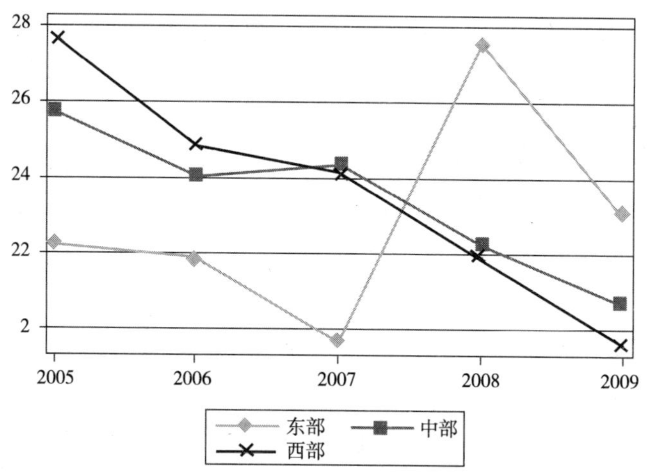

图 8-7　财产性收入的泰尔指数

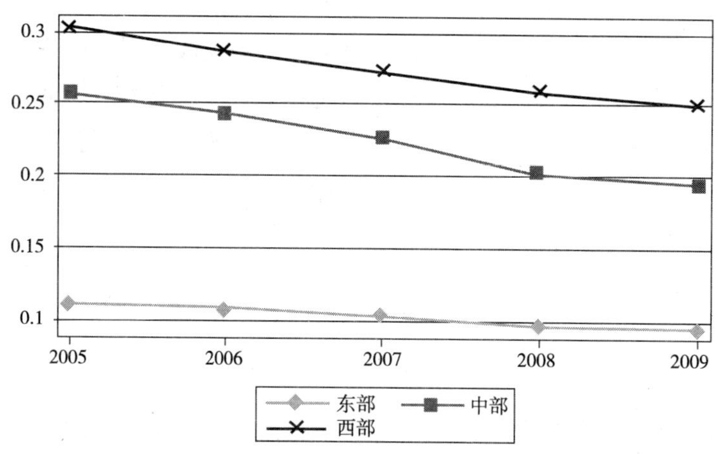

图 8-8　人均收入的泰尔指数

2. 金融市场发展不健全

尽管我国股票市场已经有近 20 个年头，2006 年股权分置改革等制度性建设也取得重大成绩，但总体来讲，我国股票市场"重融资、轻投资"的定位仍然没有太大改观。我国股票市场至今仍有诸多历史遗留问题和制度性缺陷。使得股票市场投机现象严重，稳定性差，股价起伏波动频繁且幅度较大，市场风险很高。2007 年的暴涨和其后的大跌，套牢了许多资金，居民的劳动所得不但没有换来财产性收入，反而被吞噬。图 8－9 所示为上证综指 2000 年 1 月至 2011 年 10 月的走势。

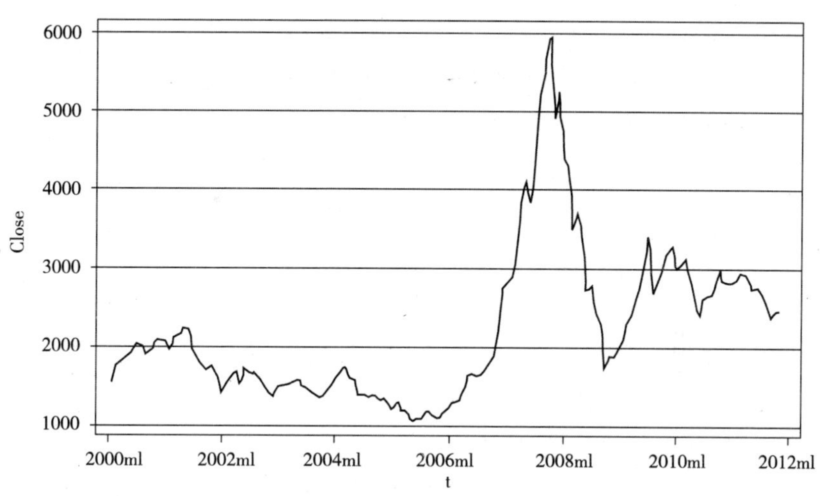

图 8－9　2000 年 1 月—2011 年 10 月上证综指走势

3. 个人投资理财市场发展滞后

首先，缺乏综合性的金融投资市场，不利于向客户提供涵盖储蓄、投资、保障等多功能的综合金融服务。其次，投资渠道、结构和门槛欠佳。国外发达的产业投资基金、房地产投资信托、土地信托等丰富的金融理财产品，在我国得到了一些发展，但还处于初步阶段。同时，理财投资门槛偏高，据调查，目前在银行理财产品中，投资起点均在 1 万元以上，有的甚至在 5 万元以上才能参与，导致中低收入群体参与理财受限，加剧起点不公的矛盾。再次，缺乏高素质的个人理财人员，服务水平整体偏低。

4. 市场分割影响财产交易

市场分割有自然的和人为的两种。由于交通运输条件、风俗习惯等造成的资源、要素等之间的流通障碍称为自然的市场分割；而由于人为的原因造成的要素、资源不能按照价格机制运行的障碍，则称为人为的市场分割。这两种分割使交易成本提高，都会对财产性收入分配造成一定影响。农村大部分地方由于交通运输条件等的影响，财产很难交易出去，也就享受不到财产给他们带来的收益或者只能得到很低的收益。人为的市场分割对财产性收入的影响主要体现为资本市场分割和土地市场分割对财产性收入的影响。从前者看，资本不能完全按照价格机制在整个资本市场处于均衡的状态下获得收益。从后者看，由于国有和集体土地所有权和产权的不平等，分割了土地市场，使得土地的所有者获得的收益不同。

5. 土地制度、社会保障制度不完善

按现行相关法律的规定，农村土地属于集体所有，农民仅有不完整的土地使用权和收益权，土地占用权和处分权都归属集体。农村土地只有经过征收或征用后，进入政府控制的一级市场，而后才能进入二级市场流通。这就决定了农民完全无法参与到土地增值收益的分配环节之中，无法更多地分享土地的增值部分。一方面，这种土地产权主体虚置使得农民由此而获得的财产收入受到了根本性制约。另一方面，土地承包权本身被认为是一种财产权，是农民获取财产性收入的重要资源。而代表其产权的合法主体是村民委员会、村民小组和乡镇农村等集体经济组织，使得农民的合法权益得不到保障。

我国现有的社会保障体系主要以城市居民为中心，农村社会保障制度覆盖面小、水平低，社会保障缺乏法制保障，互济性保障能力也弱。社会保障制度的不完善，致使收入水平本来很低的农民群体抵御风险的能力非常有限，从而影响到农民的投资选择。

6. 收入分配制度不合理影响居民收入增长

国民财富在国家、企业和居民间的分配制度不尽合理，造成居民收入增长缓慢，占国民收入比重偏低，制约了居民家庭财产的积累，使居民的财产性收入缺乏雄厚基础。自1992年以来，大多数年份，我国居民收入增长慢于GDP、国民总收入、财政收入、企业利润增长。居民收入在国民收入分配中的比重不足一半，此后呈持续下降的趋势。有资料显示，城乡居民收入占比由1990年的68.96%下降到2008年的43.3%，与此相对应的，居民消费在GDP中所占比重持续下降，1978年改革开放时为45%，到2004年则缩减至35%。纵观全球其他国家全球化发展的历程，俄罗斯居民消费占GDP比重1992—2003年间从35%上升至55%，美国居民消费占GDP比重从1952年的64%上升至2004年的71%。巴西与美国相近，居民消费占 GDP 比重自 1950 年的 51% 上升至 2003 年的 60%。我国居民消费相反占比不断下降的现象值得重视。

第三节　以财产性收入促进全民宽裕的发展对策

从国际经验来看，一国的社会经济发展到一定时期之后，随着居民投资、理财渠道的拓宽，财产性收入将呈现出增长较快的趋势，家庭收入来源的多元化，财产性收入的快速增长将使其成为居民收入中不可或缺的组成部分。发达国家中等收入群体之所以超过一半，根由在于财产性收入占比高，比如美国国民可支配收入的 40% 来自财产性收入，仅次于薪资收入，有 90% 以上的美国人拥有股票、基金等有价证券。据统计，2006 年末美国证券和保险资产占全部金融资产的比重为 52.1% 和 30.8%，二者合计占比高达为 82.9%。除了股市和自主投资实业之外，债券、信托、资产证券化等市场都非常发达，尤其是抵押贷款证券化，是美国最大的资本市场。美国居民不仅可以进入股票市场投资，还可以进入债券、信托、资产证券化市场进行投资理财；同时，各市场中的金融理财产品非常丰富，比如产业投资基金、房地产投资信托、土地信托等。

中共十八大报告提出，我国到 2020 年，将实现国内生产总值和城乡居民人均收入比 2010 年翻一番，财产性收入理应在其中发挥更大的作用。中共十七大和十八大报告连续两次提及增加居民财产性收入，表明了政策的连续性，同时也说明了我国城乡居民财产性收入具有很大的潜力。

一些沿海地区财产性收入已经超过以工资收入为主的可支配收入的增长速度，它已成为城镇居民收入新的增长点，但总体而言，这一问题仍未得到很好解决，财产性收入的重要性还不够突出，潜力巨大。同时，我们也看到不同收入阶层居民的财产性收入存在着较大差异，这在一定程度上加剧了居民收入的不平等。研究还表明工资性收入、经营性收入与财产性收入高度正相关，而除了少数人直接投资于生产经营能够获得直接经营收入外，大多数人主要是通过储蓄、股票市场和债券市场等获得属间接经营的财产性收入。所以增加居民财产性收入主要是增加广大民众的工资性收入和间接经营的财产性收入。

影响财产性收入增长的因素有两个：一是存量因素，它是财产性收入的基础；二是流量因素。存量财产的差异，必然导致财产性收入的差异，拉大不同收入阶层的收入差距。因此要让更多群众拥有财产性收入的同时，还要防止财产性收入加剧目前收入差距较大的局面，关键是要在政策层面建立工资的正常增长机制和支付保障机制来提高中低收入者的工资性收入。同时，还要为居民的财产收益创造良好的投资环境。根据上述分析，为了推进全民宽裕目标的实现，这里提出如下对策建议：

第一，从初次分配的角度来看，应当逐步提高居民收入在国民收入分配中的比重，提高劳动报酬在初次分配中的比重。近年来，居民收入在国民收入分配中的比重有所降低，国家税收增长过快，是 GDP 增速的 2 倍。因此，应在初次分配中提高劳动报酬的比率，让利于民。具体而言，一是要通过立法或制度保障劳动者收入随着 GDP 增长同步增加，同时，还要将工资增长和物价指数挂钩，防止物价上涨过快造成实际收入下降；二是要努力使企业员工工资的增长与企业效益增长保持同步，防止少数企业只涨效益不涨工资，或只涨经营者工资不涨劳动者工资的错误做法；此外，还要注意防止行业间、地区间以及企业间职工工资收入差距扩大的趋势。尤其是针对部分垄断行业职工的高收入，应作为重点进行调整，进一步完善垄断行业的工资管理机制。通过上述举措，使劳动者真正享受到经济增长带来的好处并完成一定的财产积累，从而增加他们的财产性收入。

第二，从收入再分配的角度来看，要转移支付和税收并用。转移支付主要是在一个财政收支大循环中，把低端阶层的生活状况维持在一定的水平上。对一些低收入群体，增加必要的转移支付收入，尽可能创造条件，使他们也能够享有一定的财产性收入，也是他们走向全民宽裕的一个途径。财产税是调节财产性收入的杠杆，能起到公平财富的作用，同时，财产税也可以成为转移支付的稳定的来源。现阶段，出租房屋收入、股息与红利收入在财产性收入中占主要成分，而国际上，房产税、遗产和赠与税才是财产税的主体。虽然，目前，开征这两类税收阻力很大，相关条件，如公民的纳税意识、财产的实名登记、信息联网等还不具备，但是，无论是从全民宽裕要求、公平社会财富分配，还是从与国际接轨等各方面考虑，开征这些税是必须的，是大的方向，应逐步分阶段推进。鉴于我国国情，房产税方面可以规定首套房，或者更精确一点，人均一定标准的第一套住房不被覆盖。遗产和赠与税，就目前局面而言，短期内不会开征，但长远看，遗产和赠与税也是大势所趋，其开征符合发展成果让群众分享的理念。当然，从另一种角度看，开征遗产税还有利于增强富裕阶层对国家和社会的责任感，遗产税某种意义上可以视作是他们对社会作出的特别贡献。今后遗产税的开征，必须充分考虑中国国情和文化，谨慎选择起征点和税率，如可设定较高的起征点，把普通民众及中产阶层排除在征税范围之外，遗产税的税率可选择低些，从而减少抵触情绪，以利于顺利征收。与上述财产税开征配套的制度，包括财产的申报登记制度、评估制度、保护制度和交易制度等，也要视实际情况先期推进。

第三，从法律的角度来看，要为提高和保护城乡居民财产性收入创造更有利的条件。对于中等收入群体，要在增加他们收入的同时更好地保护他们的财产。《物权法》的出台就是在保护个人财产方面取得的一个重大进步。但是，在城市和农村的房屋拆迁、集体土地征收、公民财产征用等过程中，公民的财产权利和财富增值权利保护问题仍很多，需要采取立法等举措进一步加大对公民财产权的保护力度，以保障居民从改革和发展中分享到更多的收益。再如，怎样从法律层面解决农村集体土地的流转和收益分配等问题，为农民群众开辟获得和拥有更多财富的新渠道，也是亟待解决的难题。此外，随着城市化进程的加速，很多过去的失地农民成为城镇居民，虽然劳动保障部颁发了《关于做好被征地农民就业培训和社会保障工作的指导意见》，但是根据民政部门的数据，一部分失地农民由于没有得到合理的征地补偿并且没有得到相应的就业保障，导致生活困难而成为城镇低保户。如何维护他们在失去土地后的正当权益应该是一个值得重视的问题。

第四，从宏观经济的角度来看，要努力实现经济长期稳定增长。只有经济长期稳定的发展，人们才能获得越来越多的劳动收入，从而才可能有财产性收入。因此，宏观经济长期稳定的增长是广大群众财产性收入的源泉。在强调稳定经济增长的同时，要特别注意通货膨胀对中低收入群体的危害。经济的大起大落，如证券市场和房地产市场的大幅波动不但不会为民众增加财产性收益，还会损害他们的利益。对于很多城镇居民来说，股市和其他金融市场是他们获得财产性收入的主要渠道之一。为了使广大群众能够在一个比较公平有效的资本市场上获得财产性收入，一方面应该对资本市场上的信息进行更加有效的监管，另一方面也要加强政策制定与实施的透明度，避免资本市场上出现较大的波动。

第五，从增加财产性收入的群体来看，应当努力实现财产性收入的“大众化”，让越来越多的群众直接或间接地进入资本市场。进入门槛要低，风险要低，进入者才多，让越来越多的群众通过拥有财产性收入来分享经济发展和经济政策的成果。在投资的平民化时代，个人投资并不是少数人的专利，做到这一点，需要对广大民众的经济知识、金融知识、房地产知识等全面普及，在于为广大民众提供更多更好的相关信息。在具体的做法上，可选择投资周期长、安全系数高、收益率也较稳的投资产品，如国家层面的铁路、高速公路等大型项目，专门面向广大民众发放融资债券。随着我们社会保障制度覆盖面日益扩大，个人账户越来越多地有所做实，则越来越多的劳动群众便可通过养老保险制度进入资本市场，获取投资收益。

第六，扩大财产性收入的群体，关键是广大普通职工和广大农民。我国的社会主义经济是以公有制为主体、多种所有制共同发展的市场经济，而且根据国内外实践经验，明确股份制是公有制的实现形式。我国已经对很多国有企业实行股份制改革，使之成为以公有制为基础的社会主义股份制企业，至于民营企业多数也已经采取股份制形式，因此，在国有企业和民营企业都可以广泛地推行“职工持股计划”，有条件的都可争取上市发行股票，获得资本收益。对于广大农民则可以分为两种情况对待：一种是征地农民。大中城市快速城市化的过程中，都需集中征购城郊农民土地，由于政府承担基础设施建设，土地使用权涨价原来基本上是贯彻“涨价归公”原则。近年已经提出大幅度提升土地补偿标准，可让失地农民分享工业化和城市化的成果与收益，吸收这些失地农民参股。为此，有关城市应成立土地开发经营公司，根据城市规划进行基础设施建设，并在这之后通过招标或拍卖出让土地使用权。这一过程中的土地收益应由国家、公营公司和失地农民共同分享，这样，这些失地农民也可获得一份财产性收入。还有一种农民，主要从事农业生产活动，土地并未被征用。他们可通过农业产业化的办法，以产供销链条把农牧民组织到现代化、专业化、产业化经营中来，由从事农产品加工的有实力的集团公司组织产供销活动，严把每个环节的技术关和质量关，用自身的加工制造带动农业产业化、现代化经营，这样也可以把这部分农民视为产业链条中的经营者，获取财产性收入。

第七，创新机制，增加民众对社会性财产收益机会。在过去计划经济年代，政策过严，个人获得经营收入几乎不可能，人们的财产性收入亦微乎其微。现在政策放开搞活，少数人得益较大，经营性或财产性收入较多。将来趋向绝大多数人都要有所积累，能够获得必要的经营收入或财产收入。按照授之以渔，而不是简单地授之以鱼的原理，探讨必要的帮扶机制，使得经营收入或财产收入多者，带动帮助财产收入少者。若有可能在金融管理方面开辟渠道，将统一管制可能的溢出效益部分，通过与财政政策的结合，为困难群体增添财产收益。我国在历史上通过新民主主义革命的方式，使农民集体拥有了土地所有权、广大农民获得耕地使用权，解决了他们的基本生计问题。随着经济的发展，社会财富以各种各样的形式在各方单元体中发展起来，并且社会生产能力充分，通过更多利用劳动力资源等要素，还可使有关资源条件也充足起来，将来可以创新机制，帮助广大民众解决一定的财产收益权利，为全民宽裕营造更好条件。

第九章　全民宽裕的社会保障机制

我国的社会保障制度从无到有在不断地完善，随着社会经济发展水平的提高，依据社会保障的规律，需要根据中国特色社会主义保障制度体系建设的要求，在维持长期可持续的前提下，不断提升社会保障的内涵和水平，以使全民宽裕有良好的保障性支撑。

第一节　我国养老保险制度改革的政策选择

要实现全民宽裕，必须有健全的、可持续的较高水平的社会保障，构建宽裕型养老保障机制。我国养老保险制度是在逐步演进的过程中。1984年，我国在国有企业中进行退休费用统筹和对固定工实行养老保险试点。建立以企业为责任主体的养老保障制度。为适应劳动制度改革的需要，1986年，国务院颁布《国营企业实行劳动合同制暂行规定》，又建立了劳动合同制工人的养老保险制度。1991年，国务院颁布《关于企业职工养老保险制度改革的决定》，对企业职工养老保险制度作出了较为原则性的规定。1993年，中共十四届三中全会通过的建立社会主义市场经济体系的决定，明确了养老保险基金实行“社会统筹与个人账户相结合”的原则。实际上突破了企业为责任主体，转向以社会为主体的养老保障体系。1995年，国务院颁布《关于深化企业职工养老保险制度改革的通知》。1997年，国务院颁布《关于建立统一的企业职工基本养老保险制度的决定》，开始在全国建立统一的城镇企业职工基本养老保险制度。2000年，国务院颁布

《完善城镇社会保障体系改革试点方案》，先后在东北三省试点。2009 年国务院制定《关于开展新型农村社会养老保险试点的指导意见》，开启了农民养老保障的进程。2010 年，全国人大常务委员会十一届十七次会议通过《中华人民共和国社会保险法》，从 2011 年 7 月 1 日正式实施。

一、养老保险几种筹资模式及优缺点简要分析

养老保险是社会保险的五个险种中最重要、收支规模最大的保险项目，社会保险的财务状况是否良好，很大程度上取决于养老保险基金的运行情况。因此，各国都十分重视养老保险的筹资模式。

（一）现收现付制

现收现付制也称非基金式或纳税式统筹分摊方式。该模式不考虑资金储备，只从当年或近两三年的社会保险收支平衡角度出发，确定一个适当的费率标准，向企业或个人征收社会保险费（税）。其特点是以支定收，实行初期因支出规模小而费率低，以后则会随支出规模的不断扩大而提高，实质上体现了养老保险的代际转移。

现收现付制的优点是，收支关系简单，管理方便，无资金贬值的风险与资金保值增值的压力。其缺点是，因各期退休人数变化大而造成支付需求波动大。另外，养老金的完全代际转移不仅使劳动者社会保险的权利义务关系难以准确体现，也可能造成劳动者代际之间的负担出现矛盾。

（二）完全积累制

完全积累制也称为基金式或总平均保险费预提分摊方式。该模式是在对有关社会经济发展指标，如退休率、伤残率、通货膨胀率等进行宏观上的长期测算后，从追求养老保险收支长期平衡角度出发，确定适当的费率标准，将养老保险较长时期的支出总和按比例分摊到整个期间，并向企业与个人征收，同时对已筹集的养老保险基金进行有效的运营管理。其特点是强调长期平衡，费率较为稳定，能够积累起养老保险基金。

完全积累式的优点是，能够预防人口老龄化的冲击，使养老保险基金的收入与企业的经济条件相联系，劳动者的权利与义务关系紧密。其缺点是，固定的费率标准难以适应经济的发展变化，通货膨胀导致基金贬值风险的客观存在，又使资金的保值增值压力增大。

（三）部分积累制

部分积累制也称部分基金式或混合式、阶梯式。该模式根据分阶段以收定支、略有结余的原则确定征收费率，目标是保持养老保险在一定时期内的收支平衡。其特点是费率具有弹性，可以根据养老金支出的需求分阶段地调整费率。

部分积累制的优点是，既能满足一定时期内的养老保险基金支出，又能有一定的资金积累；既不会超过企业与劳动者个人的经济承受能力，又因阶梯时间不太长而容易预测，面临的保值增值压力也不会太大。

二、我国养老保险筹资模式的选择

我国养老保险面临的特殊国情，决定了不能简单照搬其他国家的养老保险筹资模式和管理方式。必须在研判我国国情基础上，进行养老保险的制度设计，选择合适的筹资模式和资金保障办法。我国养老保险相关的国情是：

（一）人口基数大

据以2010年11月1日零时为标准时点的第六次全国人口普查统计，全国总人口为1339724852人，与2000年第五次全国人口普查相比，十年增加7390万人，增长5.84%，年平均增长0.57%①。2010年年末，全国参加城镇职工基本养老保险人数25673万人，比上年末增加2123万人。其中参保职工19374万人，参保离退休人员6299万人②。此外，还有机关事业养老保险、城镇居民养老保险、新型农村养老保险（新型农村养老保险参保对象更多）。因此，在养老保险问题上，做决策定制度都要立足于我国这样一个人口大国，参加养老保险、领取养老金人数都很多，养老保险基金收支规模大的实际情况，科学研究制定养老保险相关法规、制度和政策。

（二）人口老龄化程度高

国际上关于老龄化社会的一般标准是，如果一个国家60岁以上老年人

① 《第六次全国人口普查主要数据发布》，国家统计局网站，2011年4月28日。

② 《中华人民共和国2010年国民经济和社会发展统计公报》，国家统计局网站，2011年2月28日。

口达到总人口数的10%或者65岁以上老年人口占人口总数的7%以上，那么这个国家就属于人口老龄化国家；如果65岁以上人口所占总人口比重达到15%以上，则属于“超老年型”社会。我国在1999年就进入了老龄化社会，是人口老龄化程度较高的国家之一，也是“未富先老”的最大发展中国家。在第六次全国人口普查中，0—14岁人口占16.60%，比2000年人口普查下降6.29个百分点；60岁及以上人口占13.26%，比2000年人口普查上升2.93个百分点，其中65岁及以上人口占8.87%，比2000年人口普查上升1.91个百分点。我国人口年龄结构的变化说明，随着我国经济社会的快速发展，人民生活水平和医疗卫生保健事业的巨大改善，生育率持续保持较低水平，老龄化进程逐步加快①。人口老龄化在养老保险上的反映，就是供养系数的变化。从全国城镇职工养老保险来看，2010年供养系数为3.0757；人均月增加100元养老金，每年全国就要增加养老金支出755.88亿元。因此，养老保险政策要根据我国人口老龄化的现状、发展趋势、供养系数变化来统筹研究制定。

（三）历史欠账多

我国养老保险制度实施较晚，在1991年建立企业职工养老保险制度时明确规定，在制度实施前退休的，直接享受养老金待遇；在制度实施前参加工作、尚未达到退休年龄的，按规定缴纳养老保险费，以前年度视同缴费，缴费与视同缴费时间达到15年的，享受养老金待遇。据估计，这两类人群全国有3000万人，他们“未按规定缴纳”的养老保险费，实际上构成了国家对养老保险基金的“欠账”。在实施新型农村养老保险制度时，国务院规定，新农保基金由个人缴费、集体补助、政府补贴构成，有条件的村集体应当对参保人缴费给予补助，地方政府应当对参保人缴费给予补贴，补贴标准不低于每人每年30元；对选择较高档次标准缴费的，可给予适当鼓励；对农村重度残疾人等缴费困难群体，地方政府为其代缴部分或全部最低标准的养老保险费。政府对符合领取条件的参保人全额支付新农保基础养老金。此外，对企业职工、事业单位职工、城乡居民养老金的按时足额发放，国家具有兜底的责任，这方面资金压力也很大。据财政部统

① 《第六次全国人口普查主要数据发布》，国家统计局网站，2011年4月28日。

计，2008 年，全国仅对企业职工养老保险财政补贴就达 1340.93 亿元[①]。

（四）财力有限

我国是世界上最大的发展中国家，与第一人口大国不相对称的是财力有限。据统计，2010 年全国财政收入 83080.32 亿元（另加预算安排从中央预算稳定调节基金调入 100 亿元），支出总量为 93180.32 亿元。全国财政收支总量相抵，差额 10000 亿元[②]。由于我国经济发展面临国际金融危机、欧债危机等许多挑战，国内在科学发展、和谐发展，建设“两型”社会（资源节约型、环境友好型）上面临的压力较大，广大人民群众对科教文卫、社会保障、环保、交通等公共产品、公共服务的要求也越来越高，各级财政尤其是广大县乡财政入不敷出，支出压力相当大。在这样的财力紧张情况下，一些地区能确保养老金的按时足额发放已属不易，很难再拿出一大笔钱来补充养老保险、补助养老保险，或用于大幅提高养老金待遇水平。从另一方面看，我国的广大企业，各项社会保险费、税收、其他收费负担较重，国家也难以通过提高养老保险费的缴费比例来“增加积累”。

（五）做实个人账户意义不大

我国对企业职工养老保险实行社会统筹与个人账户相结合办法。做实个人账户，就是各级政府专门安排预算资金，把原来没有实实在在的“钱”与之对应的个人养老金账户逐步做实。先是在东北三省进行做实个人账户试点，随后扩大试点范围。扩大做实个人账户试点工作基本原则是老中新分开。具体政策是，以实行个人账户做实政策为分界点，之前已经退休的人员，个人账户不再做实；已经参保尚未退休的人员，以前没有做实的个人账户不再做实，以后的缴费逐步做实；之后参保的人员，个人账户从参保缴费开始就逐步做实。做实个人账户的近期目标是参保对象缴费工资的 5%，鼓励有条件的地方做实到 8%。各地可以根据当地财政和养老保险基金承受能力，确定本地区做实个人账户的起步比例。起步比例最低

---

① 《社会保障司 2008 年社会保险基金决算数据》，财政部网站。

② 《关于 2010 年中央和地方预算执行情况与 2011 年中央和地方预算草案的报告》，财政部网站，2011 年 3 月 17 日。

不低于3%，鼓励有条件的地方从5%起步，以后视情况逐年提高[①]。从这些规定可以看出，无论从覆盖的对象、覆盖的时段，还是做实的比例，力度都是不大的，这也是基于中国国情做出的选择。因为如果力度过大，财力就无法保证。而这样一来，一方面要花费较大的运作成本；另一方面，一些欠发达地区既要拿出一大笔钱来做实个人账户，把这笔钱放在那儿不动，又面临养老保险基金“入不敷出”的窘境，发出“把饭叫饥”之感慨，而又不得不再要拿出一笔钱来补助养老保险，以确保养老金的正常发放，几方面叠加，给财政带来很大的资金压力。一些发达地区，养老保险供养比例、基金收支状况较好，确保养老金发放没有多大问题，对做实个人账户也没有积极性。从理论上讲，做实个人账户，对完善养老保险制度、应对人口老龄化、增强养老保险制度的可持续性是大有益处的。但在中国当今国情下，做实个人账户，似成鸡肋，没有太大的实际意义。折中的办法是，要求各地根据对养老保险基金收支情况的测算，每年从预算中安排一定数额资金，建立养老保险风险基金，以丰补歉。

综上所述，我国宜实行现收现付制为主、社会统筹与个人账户相结合的养老保险制度。现收现付具有长期可循环的内在机理，因为现在的劳动报酬总是大于过去的劳动报酬，未来的劳动报酬总是大于现在的劳动报酬。依据现在的劳动者收入所筹集的养老金，通常应当能够支付过去的劳动者现在所应得到的养老金。按参保对象记载个人账户，则是为了更适当体现个人所缴纳的养老保险费差别，在支付养老金时体现“多交多得”，从而维护较好的效率机制。根据经济社会发展的趋势，社会生产力会不断提升，在坚持“现收现付”的前提下，到一定时候即使用微量的超发信用货币，补充或推进养老事业，对社会经济良性运行仍有积极作用。

三、我国养老保险制度的运行分析

从企业职工退休制度、农村居民养儿防老传统，到全面实施养老保险制度，让广大职工、城乡居民老有所养，体现了社会的进步。但在中国这

① 劳动和社会保障部、财政部：《关于扩大做实企业职工基本养老保险个人账户试点有关问题的通知》（劳社部发［2005］27号）。

样的大国逐步实施养老保险，各项相关制度在实施中的问题也逐步显现了出来。

（一）以身份划线，多种养老保险制度并存

我国的养老保险是按参保人员的不同身份，分别制定相应制度，有企业职工基本养老保险制度、城镇居民养老保险制度、机关事业单位养老保险制度、被征地农民基本生活保障制度、新型农村社会养老保险制度，此外还有公务员的退休制度。有人用“碎片化”来形容我国现行养老保险制度体系总体上过度分割的现实格局。养老保险制度的“碎片化”，导致了各地养老保险费率负担轻重不一，各地各类退休人员待遇悬殊较大，以及养老保险关系转移的复杂难办，造成了流动人口养老保险权益缺乏保障和农民工的大规模退保等问题，从而阻碍了全国人力资源的正常流动和劳动力市场的统一。

（二）征管体制不统一，资金保障不规范

国家对社会保险费的征缴体制未作统一规定。有的是人力资源与社会保障部门征收，有的是人社部门审核、地税部门征收。在地税部门征收模式中，又有反过来委托人社部门征收的情况。在养老保险资金保障上，虽然财政部、人社部要求编制社会保障预算，按收支平衡原则编制养老保险基金预算，但由于一不是人大立法硬性规定，二则中央和省对养老保险收支缺口较大的地区补助，未形成规范性的办法，三是同级政府保养老金发放的责任难以在年初财政预算中确定，因此，养老保险的预算编制和资金保障办法不够规范。

（三）养老金待遇调整缺乏科学规范

从养老金的保发放到逐年提高发放标准，彰显了党中央、国务院越来越重视民生工作，让离退休人员享受改革开放成果。从2004—2012年的养老金待遇调整来看，基本上是每年增加10%，对高级科技人员、高龄老人、养老金偏低人员予以适当倾斜。从养老保险本身要求来说，要根据经济社会发展的相关指标，建立相关模型，进行测算、精算，并考虑物价上涨因素来综合确定调整办法。因此，为了逐年提高标准，在现行“化复杂为简单”的每年调整10%的基础上，应进一步科学规范养老金的调整办法。

（四）分险种设立经办机构，效率低、信息化程度低

受传统的“增事就增机构”的思想影响，许多地方分险种设立经办机构，如企业职工养老保险基金管理中心、行政事业养老保险基金管理中心、农村养老保险基金管理中心，此外还有医疗保险基金管理中心、失业保险基金管理中心、新农合管理中心等。各机构都有一套人马，一套信息管理系统。既浪费人力，又因各自为政而信息不能共享，不能互联互通，致使工作效率低下，信息化程度、服务水平都不高。

（五）制度基本全覆盖，但地区、城乡之间养老金水平差别较大

从目前按“身份”设计的养老保险制度来看，基本做到制度对人的“全覆盖”。但行政单位的退休工资要高于事业单位的退休金，事业单位的退休金大大高于企业单位的养老金，企业养老金又比城镇居民养老金和农民养老金高出不少，这就形成同一地区不同身份的人退休待遇相差很大。因经济发展水平的差异和资金保障能力的不同，地区之间、城乡之间，养老金水平也有较大的悬殊。

四、构建宽裕型养老保险机制

宽裕型养老保险机制，就是按照“比较宽裕的养老金水平”而设计或建立的养老保险制度和管理机制的总和。

（一）整合养老保险政策，制定多支柱的养老金计划

国家应按照建立多支柱养老金计划的原则，整合现有相关养老保险政策，对养老保险政策进行顶层设计。一是建立国家基本养老金制度，这是普惠型的基础养老金。不同行业、不同人群都执行这一制度，对没有工作单位、没有缴纳养老保险费的城镇居民和农民，以及城乡困难群体予以缴费补贴。这是关系到老年公民权益平等和社会整体进步的大问题，需要统筹推进，渐进规范。二是鼓励个人参加商业寿险。对有的行业、单位可以建立补充养老金计划，超过一定标准的，另行交税。三是对低保对象、残疾人等困难人群参加寿险予以财政补贴。

（二）加大养老保险制度统筹力度

中央要求建立养老保险省级统筹，并逐步过渡到全国统筹。从实施情况看，全国还没有一个省实现完全意义上的省级统筹。问题症结在于，能否在“统筹”的情况下做到养老保险费应收尽收，能否合理划分各级政府的养老保险转移支付责任。这涉及到社会诚信建设和规范管理问题，理应得到加强。从全国及江苏省的情况来看，发达地区往往有基金结余，欠发达地区往往有基金缺口。从全国、全省“一盘棋”角度来说，先富帮后富，富裕地区拿一些养老保险基金调剂给欠发达地区，也是合理的，应该的。各省级政府要规范、完善养老保险省级统筹制度，既要帮助困难地区解决养老金保发放问题，又要鼓励它们加快经济发展，加强包括养老保险费在内的各项社会保险费的征缴，严防滋长惰性，更不能把放松社会保险费征收作为招商引资的优惠政策，而又躺在上级调剂与补助政策上睡大觉。

（三）建立科学的养老金待遇调整机制

针对“统账”模式的养老金替代率下降，以及低收入群体的养老金替代率过低的实际情况，建立养老金替代率的自动调整机制是十分必要的。应根据国家财政状况和养老金收支平衡原则，对经济和人口数据进行科学预测，根据工资或物价指数的变动，建立养老金替代率调整机制，对基础养老金进行相应调整。养老金替代率自动调整所需要的成本，原则上由社会统筹账户承担。在政策制订过程中，应明确规定享受养老金调整的资格，一般以缴费年限和工资水平作为调整依据。考虑到低收入群体的养老金替代率过低的情况，应以40%替代率作为最低下限，以确保老年人口获得最基本的养老保障。

（四）加强社会保险费税务征收

目前大多数地区养老保险费由地税部门征收，有的甚至是“五费合一”征收。从征收管理来说，一是加强计划性。根据各地经济发展情况，由省级政府下达社会保险费征收计划，明确征收部门的责任。二是税务部门加强征管，确保应征尽征，应收尽收。税务部门应真正象征税一样征收社会保险费。三是部门间协同配合，明确各自责任。

（五）采取适当的财政政策

在养老保险基金征管和发放中，都涉及财政政策。财政政策适当与否，直接关系到养老保险制度能否顺利运行。一是规范养老保险转移支付。根据事权的划分，在科学合理测算基础上，确定中央对省、省对市县的养老保险转移支付，避免随意性、不确定性。二是建立社会保障预算。建立与公共财政预算相衔接、各项社会保险基金收支平衡（或略有结余）的社会保障预算，是规范财政支持与社会保险基金管理的客观需要。社会保障预算与公共财政预算一样，应向同级人大报告，经人大批准后实施。三是建立社会保险风险基金。考虑到人口老龄化、不同年份的财力差异，以及社会保险基金收入、支出的不均衡性，应多渠道筹集社会保险风险基金，达到以丰补歉目的，增强社会保险基金收支平衡的可持续性。四是加强社会保险基金结余投资管理。据测算，到2020年，中国养老保险基金滚存结余将在10万亿元以上，目前江苏省社会保险基金结余也在1500亿左右。这笔巨大的财富，应该想办法保值增值。可以考虑改变单纯的“存银行、买国债”办法，在省级成立基金理事会，适当集中部分基金委托理财，进行组合投资。严格准入制度，只允许具有规定资格、审慎的机构进入养老保险基金市场，并严格监管受托人的行为。

第二节　我国健康保障制度的建立与完善

健康保障制度，是为了适应健康标准的变化和医疗保障水平的提高，将医疗保险制度、医疗救助制度，与预防保健、疾病治疗、护理康复、心理咨询、健康教育、食品药品安全等制度结合起来的总称。随着全民宽裕型社会的逐步建立，人们对生活质量、身体健康更加重视，要求也越来越高。要在2020年实现小康社会、2050年实现基本现代化的目标，必须建立与之相适应的覆盖城乡居民的健康保障制度。

一、我国健康保障制度不断发展

新中国成立以后，特别是改革开放以来，我国医药卫生事业取得了显著成就，覆盖城乡的医药卫生服务体系基本形成，疾病防治能力不断增强，卫生科技水平迅速提高，医疗保障覆盖人口逐步扩大，人民群众健康水平明显改善，居民主要健康指标处于发展中国家前列。尤其是2003年抗击“非典”取得重大胜利以来，各级政府加大投入，公共卫生、农村医疗卫生和城市社区卫生发展加快，新型农村合作医疗和城镇居民基本医疗保险取得突破性进展，城乡居民平均预期寿命逐步提高。

（一）政府对健康保障的投入不断增长

各级政府坚持卫生投入与经济社会发展相适应，与发挥市场机制相结合，与统筹城乡发展相协调，将医疗卫生作为支持重点，不断加大对公共卫生、卫生医疗机构、医疗保障的经费投入。2006—2010年，全国财政医疗卫生投入14699.6亿元，年均增长33.3%，高出同期全国财政支出年均增幅12个百分点；个人卫生支出占卫生总费用的比重从2003年的55.9%下降到2009年的38.2%（符合“黄金分割率”），下降了近18个百分点[①]。2009、2010年全国财政医疗卫生支出分别为3994亿元、4745亿元，分别比上年增长39.7%、18.8%，其中中央财政医疗卫生支出分别为1273亿元、1485亿元，分别比上年增长49%和16.7%[②]。财政的医疗卫生投入占整个财政支出的比重，从2008年的4.57%提高到2011年的5.35%，提高了0.78个百分点，年均提高0.2个百分点。其中医疗卫生支出占中央财政支出的比重从2008年2.28%提高到2011年的3.18%，提高了0.9个百分点，年均提高0.3个百分点，这个比重的提高比绝对额提高更难[③]。

（二）多层次的医疗保险体系已经形成

我国的社会医疗保险体系，起源于20世纪50年代初的公费医疗制度和劳保医疗制度，从50年代末到70年代中期，又在农村发展了农村合作医疗制度，在80年代末到90年代初期，针对公费医疗和劳保医疗费用迅速上涨的情况，开始对原有社会医疗保障体制进行了多种形式的改革尝试。1994年国家决定采用个人账户与社会统筹为基础的社会医疗保险制度，并在九江市和镇江市进行试点。1996年，国家决定在全国57个城市扩大试点，准备在公费医疗和劳保医疗制度上全面实行社会医疗保险制

① 谢旭人主编：《中国财政发展改革》，中国财政经济出版社2007年版，第160、161页。

② 《谢旭人在全国深化医药卫生体制改革工作会议上的讲话》，财政部网站，2011年2月16日。

③ 中新网，2011年3月9日。

度。1998年12月，国务院下发44号文件，决定在全国范围内进行城镇职工医疗保险制度改革。改革的宗旨是建立城镇职工基本医疗保险制度，即适应社会主义市场经济体制，根据财政、企业和个人的承受能力，建立保障职工基本医疗需求的社会医疗保险制度。目前，基本医疗保障制度建设取得了突破性进展，已基本建成以城镇职工基本医疗保险、城镇居民基本医疗保险、新型农村合作医疗为主体，医疗救助托底，公务员医疗补助、企业补充医疗保险、商业医疗保险为补充的医疗保障制度。统计数据显示，2010年新型农村合作医疗的参保人数已达到8.35亿人，占农村人口总数的96.3%；城镇职工基本医疗保险和城镇居民基本医疗保险的参保人数也分别达到2.34亿人和1.87亿人，三项基本医疗保障制度已覆盖超过93%的人口。同时，当年还实施医疗救助3984万人次，医疗救助支出65.5亿元。

（三）医疗卫生服务体系基本建立

改革开放30多年来，我国医疗卫生事业迅猛发展，医疗卫生机构服务体系总体规模、宏观与微观管理均发生了重大变化，城市医院与社区卫生服务机构分工协作的新型城市医疗卫生服务体系已经形成，农村三级卫生服务网络建设不断加强。据统计，到2010年末，全国医疗卫生机构总数达93.7万个，比上年增加2.0万个。其中：医院20918个（公立医院13850个，民营医院7068个），基层医疗卫生机构90.2万个（社区卫生服务中心、站3.3万个，乡镇卫生院3.8万个，诊所和医务室17.3万个，村卫生室64.8万个），专业公共卫生机构11835个（其中，疾病预防控制中心3513个，卫生监督机构2992个）[①]。

（四）公共卫生服务体系建设速度加快

以预防和控制重大疾病为重点，不断拓展和深化公共卫生服务内容，扩大服务人群，提高服务质量，基本建成覆盖城乡、功能比较完善的疾病预防控制、应急医疗救治体系和卫生监督体系。2011年，人均基本公共卫生服务经费标准提高到25元。完善并严格执行9类国家基本公共卫生服务项目服务标准、操作规范和考核办法，服务水平进一步提高。儿童保健、孕

① 《2010年我国卫生事业发展统计公报》，卫生部网站，2011年4月29日。

产妇保健等基本公共卫生服务的质量进一步提高。按照预防为主的方针，逐步增加重大公共卫生服务项目，对15岁以下的人群补种乙肝疫苗，开展农村生育妇女免费补服叶酸。实施贫困白内障患者复明手术、农村改水改厕、艾滋病母婴传播阻断等项目。突发公共卫生事件应急能力显著增强。

（五）开始实施从身体保障到心理健康保障

所谓心理健康，是指具有较好的自控能力，且能保持心理上的平衡，能自尊、自爱、自信而且有自知之明，并与他人及生活环境、工作环境之间保持良好的协调和均衡。一个人的心理是否健康，会直接影响到其工作、家庭和生活的方方面面。随着物质生活水平的提高，社会交往范围的扩大，工作节奏的加快，各行各业都出现了一些心理或精神“有点问题”的人。世界卫生组织公布的数据显示，中国各类精神疾病患者人数在1亿人以上。有72.3%的人群尚不知晓自己处在失眠症、抑郁症、焦虑症等各类精神心理疾病中①。对此，在宏观上，国家强调以人为本，建设社会主义和谐社会；在微观上，许多地方实行人性化管理，注重心理疏导，注重解决问题，注重化解矛盾，逐步实现由身体保障向身体保障、心理保障并重的转变。

二、我国健康保障发展中存在的问题

我国医药卫生事业发展虽然取得了巨大的成绩，但与人民群众健康需求，与经济社会协调发展要求不适应的矛盾还比较突出。医疗保障制度不够健全，药品生产流通秩序不够规范，医院管理体制和运行机制不够完善，政府卫生投入不足，医药费用上涨过快，城乡和区域医疗卫生事业发展不平衡，资源配置不合理，公共卫生和农村、社区医疗卫生工作比较薄弱，客观上还存在“看病贵、看病难”的问题。

（一）医疗保险待遇相差较大

与养老保险一样，医疗保险制度也是按身份划线，不同身份的人执行不同的制度。部分地区公务员仍未实行医改，还在享受公费医疗，个人基本不付费，医疗保障程度高；部分地区公务员虽然实行了医改，但公务员

① 心理健康网，2011年10月10日。

较其他参保人员有较高的公务员医疗补助；企业之间因参保缴费工资的差异，使个人账户资金有差异，好的企业还另给员工缴纳补充医疗保险，或再参加商业医疗保险；城镇没有工作单位的居民医疗保险制度虽已建立，但受缴费能力的限制，虽有政府补助，但总体来说，缴费水平低，保障程度低；广大农村居民在国家给予大力补助的条件下，虽然基本都参加了新型农村合作医疗，人均可用标准从30元/年逐步提高到250元/年左右，但门诊就医大多不能报销，住院的医疗费支出报销也基本不超过50%；部分在城镇打工的农民工，医疗保障甚至处于“两边靠不上”的状态，更谈不上有工伤保险，时常引发一些社会矛盾和纠纷，引起社会各方面的广泛关注；还有部分大学生未纳入城镇居民医保范围，仍在实行“低标准的学校医疗统筹”，大学生的重、大病医疗费难以解决。

（二）医疗卫生发展不平衡

长期城乡分割、重城轻乡而形成的二元结构，致使农村曾长期处于缺医少药的境地。近年虽然有所改善，但农村乡镇卫生院的医疗环境、医疗条件、医护人员水平与城市仍有较大差距。农村公共卫生资金虽然从3元/年提高到25元/年，公共卫生服务内容也有所增加，但农民享受到的公共卫生服务似乎改善不多。受区域经济发展水平差异的影响，欠发达地区，尤其是一些山区、边远地区，依然不同程度地存在缺医少药现象，医疗条件欠佳，医疗水平不高。即使在同一城市，也还没有真正形成“金字塔”形的患者就医结构，人们对小医院、社区卫生服务中心缺乏信任感，大病小病都往大医院跑，大医院门庭若市，小医院门可罗雀。

（三）医药卫生事业改革不到位

医改已进行多年，大多数群众感觉，医疗装备变好了，检查技术提高了，财政对卫生的投入也是逐年增加，但医院服务态度没有根本性改变，看病费用越来越贵，医患纠纷也是越来越多。究其原因，是医疗卫生事业改革不到位、不彻底。可以设想，若不是实行医疗保险制度，看不起病的人会越来越多。人们不禁会问：医院是公益性质、是为人民服务的吗？上上下下这么多物价局、药监局，怎么管不好药价和医院服务收费？医院明里暗里的回扣怎么屡禁不止？大处方、滥检查，折射出医院内部什么管理水平与导向？卫生部门在行政上管理医院，怎么实行“四分开”（政事分开、管办分开、医药分开、营利性与非营利性分开)?

(四) 公共卫生事件时有发生

近年,对公众健康造成或者可能造成重大损失的传染病疫情和不明原因的群体性疫病,重大食物中毒和职业中毒,重大化学物品泄漏,重大环境污染,以及其他危害公共健康的突发公共事件屡有发生,如非典、禽流感、高致病性流感、手足口病等。这些突发公共卫生事件具有成因的多样性、分布的差异性、传播的广泛性、危害的复杂性、治理的综合性等特点。部分地区发生这类事件后,由于缺乏相关应急预案,不能及时应对,不能采取果断、有效的措施,给群众身体健康和生命带来很大的伤害,也谈不上把各方面的损失降到最低程度。

(五) 存在“看病难、看病贵”问题

群众对医改不满意的重要原因是依然存在“看病难、看病贵”现象。据业内人士分析,形成这一状况的原因,一是药价虚高严重。我国药品生产和流通完全按照市场化运作,追求利润最大化,加之药品定价机制不完善,流通环节多、流通秩序乱等因素,使得药品生产商、经销商、医药代表、医疗机构间形成一个“供应链”,在药品价格上层层加码。二是医院补偿机制不健全。政府投入占卫生总费用的比重下降,“以药补医”的补偿机制直接导致了医疗机构服务行为的改变。三是医疗资源配置不平衡。各种优质医疗资源明显集中在城市,集中在大医院,基层医疗机构技术落后、设施陈旧、人才匮乏,无法满足群众需求,导致群众只有舍近求远到大医院看病,增加了各方面负担。四是医疗保障水平不高。城镇职工医疗保险和新型农村合作医疗,对缓解看病贵起到了一定作用,但未能从根本上解决问题,群众主要需要依靠个人和家庭的力量来抵御疾病风险。五是医疗服务行为不规范。医院90%以上收入都是靠自己通过服务取得,人员的工资、奖金和医院的基本建设、设备采购,都要靠医疗服务收费来筹集。出于对经济利益的追求,加之医患之间信息严重不对称,致使“乱检查”、“大处方”、滥用抗生素等现象比较严重,直接增加了群众的经济负担①。

① 江苏省卫生厅,2007年6月12日,郭兴华厅长在中国江苏网就“医疗卫生改革发展缓解群众看病难看病贵”专题访谈。

（六）监管不力，食品药品安全事故频发

近年来，食品药品安全事件频发。最为突出的问题是非法添加非食用物质和滥用食品添加剂，而非法添加又容易造成大范围、系统性危害的风险。食品药品安全问题已成为重要的民生问题，公众对此也空前关注。如：三聚氰胺超标奶粉、地沟油、瘦肉精、苏丹红咸鸭蛋、人造蜂蜜、染色馒头、金华火腿敌敌畏、毒大米、毒海带等食品安全事件，鱼腥草注射液、亮菌甲素注射液、奥美定聚丙烯酰胺水凝胶产品等药品安全事件，都在威胁人们的健康与生命。台湾塑化剂事件、欧洲大肠杆菌疫情等事件又凸显了食品药品安全风险全球化、长期化和复杂化的趋势，凸显了监管和处置食品药品安全问题的异常困难。在食品安全监管工作上，存在四个方面倾向：一是食品安全监管体系分布形态呈现垂直化的倾向。从规律看，监管对象和出现的问题一般是扁平化分布，监管体系的布局也应当相应地呈现扁平化分布。但事实上，监管体制是垂直化分布，甚至是“倒三角形”分布，越往基层，人、财、物配置越少。到县一级，专业监管机构的监管力量甚至只有一两个人。如此单薄的监管力量，很难从源头入手，实现常态化监管。二是分段监管体制尚不完善，存在监管责任泛化的倾向。在日常监管中，由于监管职能分治、“九龙治水”、责任边界不清，对显而易见的监管死角或盲区，没有明确的责任分工；在发生食品安全事故后，由于责任泛化，责任追究指向不集中，通常都是通过扩大处理面来实现责任追究，从而减弱了责任追究制的效果。三是食品安全监管的自律机制严重缺失，从而出现了代偿性的他律化倾向。食品安全监管体系本应是自律系统和他律系统相辅相成、共同作用的体系，而且是自律优先的体系。事实上，我国的自律机制很不健全，已有的自律机制也常常形同虚设。四是本应常态化的食品安全监管工作，出现了应急化倾向。食品安全监管是一项常态化工作，应当以预防为主，从源头抓起，主动清除事故因素，不使之聚集成势。然而现行的监管工作常常是被突发事件牵着鼻子走，被动地应急反倒习以为常。

三、完善与宽裕生活相适应的健康保障制度

健康保障制度关系亿万人民的身体健康，关系千家万户的幸福生活，

是个重大的民生问题。深化医药卫生体制改革，建立健全覆盖城乡居民的基本医疗卫生制度，为群众提供安全、有效、方便、价廉的医疗卫生服务，不断提高人民群众健康素质，是贯彻落实科学发展观、促进经济社会全面协调可持续发展的必然要求，是维护社会公平正义、提高人民生活质量的重要举措，是建设宽裕型社会、构建社会主义和谐社会的一项重大使命。

（一）缩小医疗保险待遇差距

虽然在政策制度层面上，医疗保险制度覆盖了全体城乡居民，但从落实层面看，仍有一定比例的人口，如部分农民工、大学生、城镇居民、自由职业者等没有参加医保，医疗保险制度没有实现全覆盖。不同医疗保险制度间待遇的差异，导致不同群体自己付费数额的不同。部分经济条件差的个人和家庭因病致贫、因病返贫。改革医疗保险制度，实现医疗保险全覆盖，缩小医疗待遇的差别，一是要提高制度的执行力，认真落实医疗保险制度的相关规定，落实机构与人员，安排相应资金，兑现政策要求，确保制度执行到位。二是加快建立统筹城乡的医疗保险制度，增加政府补助力度，提高农村居民、城镇居民的缴费标准，逐步实现城乡医疗保险制度的对接，缩小城乡因身份差异带来的医疗保险待遇差距。三是加大综合运用政策手段力度，如大病医疗救助、临时生活救助、慈善机构救助等，帮助因病致贫、因病返贫的家庭渡过难关。

（二）深化医药卫生体制改革

基本医疗卫生制度属于公共产品，应向全民提供，全民共享。中共十七大明确指出："要坚持公共医疗卫生的公益性质，坚持预防为主、以农村为重点、中西医并重，实行政事分开、管办分开、医药分开、营利性和非营利性分开，强化政府责任和投入，完善国民健康政策，鼓励社会参与，建设覆盖城乡居民的公共卫生服务体系、医疗服务体系、医疗保障体系、药品供应保障体系，为群众提供安全、有效、方便、价廉的医疗卫生服务"。这可概括为四个分开、四个体系、四个具体目标。十七大召开后，虽然自 2009 年实施为期三年的医疗卫生改革，各级财政也投入了 8500 亿元巨资，但总体评判是，在"四个分开"方面进展不大，在"四个体系"方面有所加强，在"四个具体目标"方面老百姓感觉成效不怎么明显。医药卫生事业在以下几方面需加大改革发展力度：一是必须坚持为人民健康服务的宗旨。把维护人民健康权益放在第一位，以保障人民健康为中心，以人人享有基本医疗卫生服务为根本出发点和落脚点，从改革方案设计、医药卫生制度建立到医疗服务体系建设，都要遵循公益性的原则。二是把解决问题与完善制度体系结合起来。兼顾供给方和需求方等方面利益，注重预防、治疗、康复三者的结合，积极稳妥地推进改革。三是必须真正实行“四个分开”。建立与宽裕型社会相适应的医疗卫生事业，回归医药卫生的公益属性，必须在管理体制上实行“四个分开”。割断卫生部门与医疗机构的“人事、财务”联系，真正发挥卫生部门行业管理指导、医疗执业监督的职能。四是完善“四大体系”。建立健全专业公共卫生服务网络，完善以基层医疗卫生服务网络为基础的医疗服务体系的公共卫生服务功能，建立分工明确、信息互通、资源共享、协调互动的公共卫生服务体系，促进城乡居民逐步享有均等化的基本公共卫生服务。坚持非营利性医疗机构为主体、营利性医疗机构为补充、共同发展的办医原则，建设结构合理、覆盖城乡的医疗服务体系。加快建立和完善以基本医疗保障为主体，不同制度相衔接，其他多种形式补充医疗保险和商业健康保险为补充，覆盖城乡居民的多层次医疗保障体系，重点解决国有关闭破产企业、困难企业等职工和退休人员，以及非公有制经济组织从业人员和灵活就业人员的基本医疗保险问题；逐步提高政府对农民、城镇居民参保的补助水平，提高保障能力；完善城乡医疗救助制度，对困难人群参保及其难以负担的医疗费用提供补助，筑牢医疗保障底线。探索建立城乡一体化的基本医疗保障管理制度。加快建立以国家基本药物制度为基础的药品供应保障体系，保障人民群众安全用药。中央政府统一制定和发布国家基本药物目录，按照防治必需、安全有效、价格合理、使用方便、中西药并重的原则，结合我国用药特点，参照国际经验，合理确定品种和数量。基本药物全部纳入基本医疗保障药物报销目录，报销比例明显高于非基本药物。加强药品生产流通领域的监管，可以考虑实行药品专营制度，并完善医疗器材监管制度。坚决治理医药购销中的商业贿赂。加强药品不良反应监测，建立药品安全预警和应急处置机制。五是合理规划，深化公立医院改革。医疗机构应科学规划，合理布局，建立15—20分钟医疗服务圈，方便群众就医。深化医院改革，建立健全补偿机制，形成县以上公立医院与基层医疗卫生机构上下联动、分工协作机制。深化医院内部财务、人事与分配制度改革，建立以岗位管理、绩效考核为主要内容并体现激励导向的人事分配制度，增强医院活力。

（三）加强医护人员队伍建设与管理

医护人员是医疗卫生事业的管理者、实施者，医护人员队伍建设得如何，直接关系到医疗卫生事业的兴衰，关系到人民群众的健康福祉。建设一支医德高尚、医术精湛、救死扶伤、作风过硬的医护人员队伍和职业化、专业化的医疗机构管理队伍，是医疗卫生事业发展的关键。一是开门办医。既要走出去，又要请进来。既学习他人之长，也应防止近亲繁殖。既注重高层次医学人才培养与引进，也重视加快现有人才的培养和使用，搭建年轻人脱颖而出的平台，造就一支医术精湛、医德高尚的医护团队。二是建立全科医生制度。全科医生是综合程度较高的医学人才，主要在基层承担预防保健、常见病多发病诊疗和转诊、病人康复和慢性病管理、健康管理等一体化服务，被称为居民健康的“守门人”。建立统一规范的全科医生培养制度。全科医生可根据需要多点注册执业，可以在基层医疗卫生机构全职或兼职工作，也可以开办诊所。推行全科医生与居民建立契约服务关系。加强全科医生服务质量监管，并与医保支付、基本公共卫生服务经费拨付挂钩。尽快使每个城市社区卫生服务机构和农村乡镇卫生院都有合格的全科医生，争取经过几年努力，形成统一规范的全科医生培养模式和首诊在基层的服务模式，城乡每万名居民有2—3名合格的全科医生，更好地为群众提供连续协调、方便可及的基本医疗卫生服务。三是完善护理人员培养制度。护理人员除需掌握必备的自然科学知识、护理操作技巧外，更需培养自己的评判性思维、护理伦理、人际沟通等方面的素质和能力。既要重视学历教育，也要重视继续教育。既要学习相关理论，也要学习操作技能。鼓励护理人员根据各自的需求选择不同的培训课程，取得各种专业文凭，积极为自己的护理生涯储备知识能量。对于ICU（重症监护病房）等特殊的专科，还需要另外考取相应的护士文凭。注重临床教学培训方式，充分利用多媒体进行教学和带教。四是加强医德医风建设。重视医务人员人文素养培养和职业素质教育，大力弘扬救死扶伤精神。对收受红包，收受药品回扣，包括为收回扣而开具大处方、高价药的行为进行经济上严惩，并暂停执业或吊销执照。对触犯刑律的移交司法机关惩处。完善医疗纠纷处理机制，增进医患沟通，构建健康和谐的医患关系。五是加强行业自律与惩戒。成立医护人员管理协会，制定医护人员管理章程，对违规违纪、缺乏职业道德的人员进行公开谴责和惩戒。六是建立医院对口支援制度。发达地区对口支援贫困地区和少数民族地区发展医疗卫生事业。城市大医院与县级医院建立长期稳定的对口支援和合作制度。

（四）建立突发公共卫生事件应急机制

突发公共卫生事件具有成因多样性、分布差异性、传播广泛性、危害复杂性、治理综合性等特点，已成为威胁人们身体健康的一个重要问题。根据突发公共卫生事件性质、危害程度、涉及范围，突发公共卫生事件划分为特别重大（Ⅰ级）、重大（Ⅱ级）、较大（Ⅲ级）和一般（Ⅳ级）四级。此外，还有煤炭、交通、化工等安全事故和自然灾害、环境污染、食品中毒等引发的医疗急救事件。建立突发公共卫生事件应急机制的目的就是有效预防、及时控制和消除突发公共卫生事件及其危害，最大程度地减少突发公共卫生事件对公众健康造成的危害，保障公众身心健康与生命安全。各级政府和卫生部门应按照相关法律、法规和规章的规定，完善突发公共卫生事件应急体系，建立健全系统、规范的突发公共卫生事件应急处理工作制度，对突发公共卫生事件和可能发生的公共卫生事件做出快速反应，及时、有效开展监测、报告和处理工作；加快疾病预防控制机构和基层预防保健组织建设，强化医疗卫生机构疾病预防控制的责任；建立功能完善、反应迅速、运转协调的突发公共卫生事件应急机制；改善疾病预防控制机构基础设施和实验室设备条件；加强疾病控制专业队伍建设，提高流行病学调查、现场处置和实验室检测检验能力。

（五）加强卫生与食品、药品安全监督

食品、药品是特殊的商品，直接关系着人们的身体健康。建设宽裕型社会，必须强化食品药品监管，将“保障食品药品安全”列为公共安全体系建设的首要任务，让人民群众的饮食、用药安全得到有效保障。一是建立严格有效的医药卫生监管体制。健全卫生监督执法体系，加强城乡卫生监督机构能力建设，强化医疗卫生服务行为和服务质量监管，完善医疗卫生服务标准和服务质量评价体系，对因失职、不规范执业、不救死扶伤造成误诊误治或人员死亡的，必须对相关人员进行问责，该法办的坚决法办。二是加强药品、化妆品监管。严格药品研究、生产、流通、使用、价格和广告的监管。加大重点品种的监督抽验力度，加强对高风险品种生产的监管。三是加强食品安全监管。食品安全事件之所以屡禁不止，主要原因是风险与收益之间的博弈。食品安全监管应注重顶层制度设计，理顺有关监管体制、运行机制，加强监管能力手段建设，真正建立行业自理、自律机制。在标准制度层面，应完善食品品质和安全标准体系，从源头上建立高品质的种养殖科学体系，严格食品安全认证，尽快实施食品“可追溯化”管理，加快建立食品安全社会信用体系。在管理层面，应对蔬菜、肉蛋、奶制品、水产品和餐饮等进行进一步监管治理，严格食品生产许可证管理，加快制定食品标准和生产操作规范，强化食品生产卫生监督。在具体监管上，应注重源头治理。在蔬菜生产中基本杜绝违规使用禁用、限用农药，无公害种植生产基地的产品抽检合格率要达到98%以上；在畜禽生产中基本杜绝违法使用瘦肉精等违禁品的行为，畜禽产品瘦肉精残留、兽药残留抽检不合格率要控制在1%以内。在水产品生产中基本杜绝违法使用硝基呋喃类、孔雀石绿等行为，产地水产品抽检合格率保持在95%以上；生鲜乳生产、收购和运输环节基本杜绝非法添加解抗剂等行为，生鲜乳中三聚氰胺检测合格率要全部达标。四是建立社会多方参与的监管制度。各级政府应进一步理顺关系，整合相关机构的监管力量，引入并规范行业协会等社会组织对政府部门、医药机构和相关体系的运行绩效进行独立评价和监督。五是出重拳、用重罚，坚决打击食品、药品违法行为。一旦发现假冒伪劣食品、药品，就严厉打击；对打了又犯、屡查屡犯的，要毁其厂、抓其人，形成威慑力；根据其侵害人们身体与生命健康程度与犯法情节，要在经济上予以重罚，大大增加其犯法、做假成本；对构成犯罪的，要从严审理、予以重判，根据刑法量刑从上限判定刑期；对官商勾结中的官员也必须从严从重判处。

（六）开展全民健身运动与社会心理疏导干预

我国经济建设和社会发展对人民的整体素质提出了新的更高要求。但是，全民健身工作的现状还不能适应社会主义现代化建设的需要。群众的体育健身意识还不够强，群众性体育活动的开展还不够广泛，经常参加体育锻炼的人数还不够多，现有体育场地设施在向社会开放、满足群众开展体育锻炼的需要方面还有较大差距，全民健身工作的科学技术和监测管理还比较落后。为广泛开展全民健身运动，国务院于2009年颁布了《全民健身条例》，使全国群众体育进入空前发展阶段。应贯彻《中华人民共和国体育法》和国务院《全民健身条例》，进一步加强全民健身工作，为广大群众体育健身提供必要的健身条件，建设群众身边的健身场地，开展群众身边的健身活动，构建群众参与的健身组织，做到亲民、便民、利民，真正使体育惠及千家万户，逐步形成推动和建立群众体育活动的全民健身工作机制和全民健身服务体系。科学健身、文明健身是深入开展全民健身运动的必然要求。坚持以人为本，注重实效，因地制宜，群众受益的原则，大力开展科学健身知识的宣传和普及，推动全民健身向科学化方向发展。提倡在全民健身活动中讲文明、讲道德、讲礼貌的风尚，营造和谐共享、生动活泼、健康文明的全民健身局面，进一步提高全民健身运动的社会效益。

心理问题作为一种社会现象，在任何社会都是客观存在的。对于处在转型期的中国，随着社会的快速变化和竞争压力的加大，一些人难免会受到心理和精神上的冲击，并产生不同程度的心理纠葛和冲突。如果不能加以有效的疏导，心理问题就很容易以非理性的方式表现出来，甚至有些人会选择通过伤害他人、侵害弱势人群的方式，危害公共社会。我国现阶段的心理干预所重点关注的，多是受过灾害的患病人群，或是妇女、儿童、老人、残疾人等弱势群体，较少关注表面健康而实际上存在心理不适应的人群。改变以疾病为中心的生物医学思维模式，不只是关心患者的生理健康，而是要综合考虑社会、心理、环境因素，建立常态化的心理干预机制，改善这部分人群的生存状态，把可能造成公共危害的因素化解于萌芽。国际通行的做法是，由政府主导建立相关组织机构，由专业人员到社区、农村、家庭，通过心理风险因素评估，对心理、精神上有隐患的人群进行排查并分级管理，进行个性心理干预，降低精神疾病和公共治安事件暴发的风险，让人民群众都能感受到温暖和希望，从而化解各种潜在的社会危机，促进社会成员心理健康，提高生活满意度和幸福指数。一般来说，有人的地方就应该有心理咨询、心理援助。除了发挥政府的作用，心理健康的维护还有几个重要关口：一是家庭教育，二是学校教育，三是单位、社区等社会组织的教育。对个人而言，要学会放得下，学会超脱，不妨寻求简约的生活。一位哲人说过，“文明的极致是返璞归真”。简约生活，既是一种生活方式，也是一种生活哲学。简约生活，意味着去粗取精，避开纷争去追求内心的平和，把时间花在真正对自己重要的事情上；意味着摆脱纠缠不清的种种情绪与心理，把时间用来陪伴自己心爱的人和做自己喜欢做的事情。甚至有人归纳出简约生活的 72 条观念。

（七）实行健康保障综合治理

影响人们健康的因素是多方面的。保障人们健康权益，必须实行综合治理、全面保障。一是加强对饮用水安全监管。近年来，水中化学污染问题日益突出，水污染事故日益增多，水污染已成为健康的隐形杀手，饮用水安全问题受到百姓的极大关注。我国应尽快制定饮用水安全保障法，完善饮用水安全保障法律体系，明确生活饮用水标准，建立强有力的协调机构，强化饮用水安全的协调管理。加强水源保护，定期进行水质检测并向社会公布。提高水厂的门槛，注重饮用水安全保障能力建设，为饮用水安全提供技术支撑。二是加强环境保护。把环境保护作为政绩考核的硬指标，实行一票否决。严格控制污水、污物、有毒有害气体排放，严格监控小造纸、小化工，大力提高污水处理能力，加强空气监测，再现碧水蓝天美景。三是改善人居环境。随着城镇化的快速发展，人们对居住条件、生态环境、公共安全、公共服务等人居环境的要求也越来越高。应结合城乡规划、环境整治、公共服务改善、能源节约、社会管理创新等，大力改善人居环境，并将其列入文明城市、小康社会、现代化建设的考核范畴。

（八）建立以政府为主导的健康保障多元投入机制

在“四分开”基础上，建立健康保障多元投入机制。一是明确政府、社会与个人的卫生投入责任。公共卫生服务以政府提供为主。公共卫生服务主要通过政府筹资，向城乡居民均等化提供。基本医疗服务以全体居民参加医疗保险的方式，由政府、社会和个人三方合理分担并统一缴费。特需医疗服务由个人直接付费或通过商业健康保险支付。二是明确政府卫生投入要求。逐步提高政府卫生投入占卫生总费用的比重，使居民个人基本医疗卫生费用负担有效减轻；政府卫生投入增长幅度应高于经常性财政支出的增长幅度，政府卫生投入占经常性财政支出的比重逐步提高到一个适宜程度。新增政府卫生投入重点用于支持公共卫生、农村卫生、城市社区卫生和基本医疗保障。三是按照分级负担的原则，合理划分中央和地方各级政府卫生投入责任。地方政府承担主要责任，中央政府主要对国家免疫规划、跨地区的重大传染疾病预防控制等公共卫生、城乡居民的基本医疗保障以及有关公立医疗卫生机构建设等给予补助。四是加大对公共卫生的投入。专业公共卫生服务机构的人员经费、发展建设和业务经费由政府全额安排，按照规定取得的服务收入上缴财政专户或纳入预算管理。逐步提高人均公共卫生经费，健全公共卫生服务经费保障机制。五是完善政府对公立医疗卫生机构的投入机制。政府负责对其举办的乡镇卫生院、城市社区卫生服务中心（站）按规定核拨基本建设经费、设备购置经费、人员经费和其承担公共卫生服务的业务经费，使其正常运行。支持村卫生室建设，对乡村医生承担的公共卫生服务等任务给予合理补助。支持县级以上公立医院的基本建设、设备购置，扶持重点学科发展，对离退休人员费用给予补贴等，对其承担的公共卫生服务等任务给予专项补助，形成规范合理的公立医院政府投入机制。对中医院（民族医院）、传染病院、精神病院、职业病防治院、妇产医院和儿童医院等在投入政策上予以倾斜。严格控制公立医院建设规模、标准和贷款行为。六是完善政府对基本医疗保障的投入机制。政府提供必要的资金支持新型农村合作医疗、城镇居民基本医疗保险、城镇职工基本医疗保险和城乡医疗救助制度的建立和完善。七是鼓励和引导社会资本发展医疗卫生事业。积极促进非公立医疗卫生机构发展，形成投资主体多元化、投资方式多样化的办医体制。八是制定优惠政策，鼓励社会力量兴办慈善医疗机构，或向医疗救助、医疗机构等慈善捐赠。

总体来看，医疗卫生管理体系是一个特别复杂的系统。因为存在“三多现象”：一是病种多。人的身体由于自身的因素和外界的因素，可能产生多种多样病状，有的病情甚至达到不可思议的地步。二是疗法多。针对不同的病种，有不同的疗法。甚至同一种病，不同的人也要用不同的疗法。并且，不同的医疗水平和服务水平，对病情疗效不同。三是环节多。

从医疗条件方面看，医疗设施建设过程就存在许多管理环节，包括医疗设施和器件从研制到生产，再到销售及医院配备，有很多环节需要加强管理；从药物可用情况看，也存在从研制到生产，再到销售及使用的诸多需管理的环节；从医疗费用承担看，存在医疗费用在个人、家庭、单位、社会间合理分担与帮扶的机制问题。这正是为什么医疗费用管理成为世界性难题的原因所在。

所以，医疗卫生管理需要社会、个人、政府、单位等方方面面的共同努力，特别是要“多投入、多制度、多监督”，合力进行有效管理。在投入方面形成政府投入、社会保障投入、个人适度负担、社会有情捐助等良好机制。在管理方面针对各个不同环节建立必要的管理制度，形成有效的约束机制。在运行过程中加强必要的监督，以保证投入到位、制度执行到位。此外，建立必要的激励机制，激发有关研究人员的积极性。同时还要发挥医务人员良好的职业道德和民众自觉的理性的就医、用药行为道德，尤其要防止过度治疗与浪费。为了合理控制医疗费用，可以按照“黄金分配规律”，建立合理的费用分担机制，即在政府投入之后发生的医疗费用，由社会医疗保险帮助患者承担61.8%左右的费用，患者本人承担医疗费用的38.2%左右。前面谈到全国个人卫生支出占卫生总费用的比重从2003年的55.9%降到2009年的38.2%，说明还是比较合理的。但从老百姓的感受来讲，还需要不断完善负担机制，特别是对有大病、重病者的困难家庭拟建立完善特别扶助办法。

第三节　社会救助与慈善事业

社会救助源于存在贫困。贫困源于一个人或一个家庭的生存就业能力差或市场失灵。贫富的马太效应，又会使贫困者陷于贫困恶性循环。贫困不仅是一个极为复杂的社会经济问题，同时还被认为是一个政治问题。从分类上看，贫困分为绝对贫困、相对贫困，长期贫困、暂时贫困，广义贫困、狭义贫困等。

一、我国社会救助与慈善事业发展较快

现在我国已基本形成了以城乡居民最低生活保障制度为主体，以农村五保供养、灾害救济、医疗救助、临时救助、流浪乞讨人员救助为补充，以住房救助、教育救助、法律援助制度相配套，与慈善事业相衔接的社会救助体系框架。社会救助制度非常明显体现共益机制的作用，在保障城乡困难群体的基本生活、维护社会稳定、促进社会和谐等方面发挥不可替代的重要作用。

（一）以人为本的国民基本生活保障权益初步确立

1999 年建立的城市居民最低生活保障制度，是我国社会救助体系建设的重要里程碑，也标志了社会保障制度改革率先在社会救助上取得突破性进展，它事实上确立了城镇居民在遭遇生活困境时可以向政府申请并获得救助的基本生活保障权益。2007 年，开始建立农村居民最低生活保障制度，使享受这种权益的成员从城镇扩展到农村。一方面，通过法规或文件的形式明确了政府救助困难群体的责任；另一方面，规定凡人均收入水平低于当地最低生活保障线的家庭，均有权申请最低生活保障待遇，这就从国家层面具体规范并确立了国民的基本生活保障权益。随着国家建设高水平小康社会、基本实现现代化战略部署的推进，以人为本、提高民生幸福指数，已成为党和政府治国理政的核心理念，人们积极参与改革开放、共享改革开放成果，生活水平显著提高，生活也越来越有保障、越来越有尊严。

（二）以低保制度为核心的社会救助体系框架初步形成

经过多年的探索和发展，最低生活保障制度已成为整个社会保障体系中相对成熟、保障困难群体人数最多的社会救助项目。以城乡居民最低生活保障制度为主体，初步形成了包括长期生活类救助、临时应急类救助和分类专项救助等多项具体社会救助项目在内的救助体系框架，生活救助、就业援助、教育救助、住房救助、医疗救助、流浪乞讨人员救助及一些特殊救助项目，它们共同构成了我国社会救助体系的基本框架。据统计，截至 2011 年末，全国享受最低生活保障的农村居民超过 5313.5 万人、城镇

居民超过2276.8万人，五保供养人数达552万人，医疗救助达2269.5万人次，资助参加合作医疗达5820.8万人次，救助生活无着落人员159.7万人①。

（三）法制建设取得重要进展，信息化水平逐步提高

与最低生活保障制度快速发展同步，社会救助法制化建设也取得了重要进展。国务院于1999年颁布了《城市居民最低生活保障条例》，2006年1月重新修订了《农村五保供养工作条例》。此外，中央政府还制定了有关灾民救助、农村特困户生活救助即流浪乞讨人员救助等方面的政策规章。一些地方亦出台了一批具有较强约束力的地方性法规。

通过建立低保信息系统、灾情核报系统等，各级政府和有关部门初步改善了社会救助的管理手段和条件，为救助的困难家庭建立专门的档案库，一些地方的档案库信息已经实现动态化管理。根据变化了的情况，及时更新救助对象家庭与收入变动情况，为进一步的规范化的动态管理奠定基础。

（四）救助力度逐步增强，促进了社会稳定与和谐

10多年来，各级政府都加大了对社会救助的投入，救助力度逐步加大，有力地保障了困难群众的基本生活，促进了和谐社会建设。以最低生活保障制度为例，1999年初建时，中央财政投入的资金仅数亿元，2010年全国财政安排低保资金达986.12亿元②。在救助制度覆盖范围扩大的同时，救助水平也有了相应的提高。低保制度建立以来，在一些地区已经提高最低生活保障线5次以上，并逐步建立了低保标准动态调整机制，救灾标准亦有大幅度提高。在2012年中央财政预算支出安排中，适当提高城乡居民最低生活保障标准，中央财政分别按月人均15元和12元增加补助，进一步完善孤儿、残疾人、流浪乞讨人员等社会救助体系，安排资金928.88亿元；支持做好城乡医疗救助工作，安排资金114.83亿元；保障受灾群众基本生活，安排资金130亿元；加大就业扶持政策力度，安排资金439.17亿元；住房保障支出2117.55亿元；健全家庭经济困难学生国家

① 《民政事业统计季报》，民政部网站，2011年4季度。

② 《2010年全国公共财政支出决算表》，财政部网站，2011年7月20日。

资助政策体系，补助206.97亿元①。

（五）乐善好施蔚然成风，我国慈善事业发展取得重要进展

中共十七大确立了慈善事业在社会保障体系中的补充作用。各级党委政府不断加大对慈善事业发展的扶持力度，慈善事业组织体系进一步健全，服务能力进一步提升，发展环境逐步改善，全社会参与慈善活动的意识不断增强，具有中国特色的慈善事业发展格局初步形成。《慈善事业法（草案）》经过多次讨论修改，已纳入国家立法计划；新的《企业所得税法》提高了企业捐赠的税前扣除比例，公益性社会组织捐赠税前扣除资格认定更加明晰，促进慈善事业发展的法规政策进一步健全。社会捐赠数额大幅攀升。2006年社会捐赠总额首次突破100亿元，2010年达到700多亿元。各级各类慈善组织大力实施生活救助、医疗救助、教育救助、就业援助等，对困难群体的帮扶力度不断加大。截至2010年底，在民政部门登记注册的各类社会组织达到44万个，其中，基金会2168个，许多社会组织将公益慈善作为其服务宗旨；全国已建立3.1万个经常性社会捐助工作站（点）和慈善超市，初步形成了多种类型、分工协作的社会捐赠网络，公益慈善组织快速发展。公益慈善组织已成为吸纳就业、服务社会的重要平台。志愿服务活动广泛开展。截至2010年底，全国累计已有17个省（自治区、直辖市）和7个副省级城市相继颁布实施了志愿服务地方性法规，志愿服务组织大量涌现，队伍不断壮大，志愿精神深入人心。各级民政部门相继成立了社会福利和慈善事业促进机构，慈善事业管理队伍逐步建立，慈善事业服务和管理机制进一步完善。

二、我国社会救助与慈善事业发展中需要改革完善的问题

在经济快速发展和社会转型的过程中，我国社会救助制度和慈善事业发展中仍然存在诸多问题，直接影响着社会救助制度整体效果的发挥。从总体上看，这些问题属于制度建设发展进程中的问题。主要表现在以下几个方面：

① 《关于2011年中央和地方预算执行情况与2012年中央和地方预算草案的报告》，财政部网站，2012年3月16日。

（一）救助标准偏低、覆盖面偏窄

从整体上看，我国的社会救助保障水平不高。以最低生活保障为例，现在大部分城市的最低生活保障标准低于当地居民人均实际收入的20%。实际补差水平相当于当地居民月人均实际收入的18%左右，最低的只有6%，不少地方不到10%。本来我国的贫困线标准就长期偏低，尤其是农村贫困线标准，与现在的国际贫困线标准（人均每天1.25美元）还有一定的差距，而少数地区农村最低生活保障线甚至还低于贫困线。这种偏低的标准，不仅将相当一部分需要援助的低收入家庭排除在外，而且由于申请程序和家计调查方法，亦造成了一部分实际贫困家庭无法获得有效援助，故而造成受助比率过低。物价水平的过快上涨，使得原来就偏低的社会救助水平更加难以保障贫困人员的基本生活。救助水平低、覆盖人数少的主要原因是救助标准偏低，各级政府投入偏少，社会支撑体系不健全。

（二）制度分割影响了社会救助整体效能的提高

新中国成立之初，在特殊的时代背景下，实行城乡二元分治，进而形成了城乡分割的社会救助体系，并各自独立发展。到20世纪80年代，随着农村经济体制改革的深化，农村社会救助的基础被打破，农村救助人数逐年萎缩。自20世纪90年代起，开始建立城市居民最低生活保障制度，有效地保障了城市失业、下岗人员等城市贫困居民的基本生活，救助人数稳定在2200多万人左右。城乡分割的社会救助制度导致了资源分配不公，进一步强化甚至扩大了城乡差距。另外，社会救助项目日益增多，生活救助、教育救助、就业援助、住房救助以及法律援助等专项救助分属不同部门管理，部门之间的协作互动不够，各项救助政策不能很好衔接，社会救助体系的设计与管理缺乏统筹和协调。民政部门作为社会救助的主管部门，并不能及时对整个社会救助制度进行有效的监督管理。在民政部门内部，灾害救助、最低生活保障、医疗救助、流浪乞讨人员救助又分属不同机构管理。这种分割的状况不仅造成了政策与政策之间、部门与部门之间、政府与社会之间的分割与脱节，交叉重叠与残缺漏洞现象并存，多头救助、重复救助、救助遗漏等，也造成了社会救助资源的浪费，影响了社会救助体系整体效能的提高。

（三）经费保障与责任分担机制尚不规范

社会救助是政府的重要托底责任，其资金应主要来源于国家公共财政。在我国社会救助实践中，虽然明确了中央政府与地方政府的经费保障与责任分担原则，但对各级政府尤其是地方政府缺乏严格的法律约束，少数地方财政对社会救助存在列而少支或列而不支的现象，导致一些符合救助条件的人得不到救助或得不到有效救助。而中央财政尽管近几年采取了预拨款制，但整个预算还是要等到每年 3 月全国人大通过后才可以实施，再经过省、市，真正下拨到区县一级要等到下半年，其带来的直接影响就是受助群体难以及时获得应有的救助。不仅如此，中央政府与地方政府对社会救助的财政分担机制亦不明晰，中央政府应承担多少、地方各级政府应承担多少，缺乏有效的法律制度规范与约束，没有建立合理的财政责任机制，导致了地区之间社会救助发展水平差距拉大。经济发达、贫困人口数量较少的地区，已基本实现“应保尽保”，保障水平也较高；欠发达、贫困人口数量较大的地区，保障范围偏窄、保障水平低。同一地区，城市保障得好些，农村保障得差一些。社会救助作为最后一道“兜底”保障线，在保障困难群体生活、缩小收入差距、促进社会公平与和谐等方面的作用未能得到充分的发挥。

（四）对救助对象的义务缺乏硬性规定，出现了“贫困陷阱”与“养懒汉”现象

现行社会救助基本上延续了传统的救助理念，即以家庭的收入调查为基础，只有那些家庭收入低于政府确定的救助标准的家庭才可以获得救助。实际救助的金额等于政府救助标准减去申请救助者的实际收入。因此，少数受助者无意通过劳动或其他方式增加自己的收入，因为增加多少意味着失去多少。如果收入补助之外的其他社会救助（如教育救助、医疗救助、水电费补助、住房补贴等）还继续以这一部分人为对象，更会在客观上制造不公平，特别是那些收入虽然高出低保标准但没有高出太多的“边缘人群”，受到了比较明显的相对剥夺，相对而言是有救助需求而得不到救助。不合理的激励机制使受助人口退出机制不畅，部分低保对象长期沉淀下来，形成了所谓“贫困陷阱”。即使在部分受救助对象经济状况改善后，由于缺乏必要的监督和核查机制，亦容易使其延续成一种长期的福

利待遇，产生“养懒汉”现象。之所以出现这种现象，主要是由于法律对救助对象的义务缺乏硬性规定，基层管理力量不够、工作不认真、拿救助政策做人情等。

（五）社会救助服务的非专业化，导致效率偏低

社会救助是政策性强的社会保障业务工作，需要专业机构与专业人士经办。但我国并未建立专门的社会救助经办机构，城镇仍然主要依靠市级、区级和街道办事处的少数公职人员，未建立专业化的经办机构；在农村，只有部分市、县（区）、乡（镇）民政部门新设立了劳动保障与社会救助综合管理办公室，一般的县（市）都是民政部门下属的社会救助科室办理。在管理手段上，办公手段落后，办公设施简陋，信息化程度低。随着社会救助项目的增多，受助人数的增加，人手不足，素质不高，信息化手段滞后的矛盾日益突出。同时，从事社会救助工作的管理者和服务者，专业知识缺乏，基本上未接受过系统的专业知识学习，难以为服务对象提供个性化、多样化、系统化服务。

（六）慈善事业公开透明不够，遭遇“信任危机”

我国慈善事业除了存在慈善捐赠总量与人均捐赠数额相对较少，慈善法规政策与慈善事业发展要求不相适应，公益慈善组织自身能力与承担的社会责任不相适应，慈善事业专业人才与公益慈善组织发展需求不相适应等问题外，近几年被炒的沸沸扬扬的“郭美美事件”、“卢美美事件”使经“汶川特大地震”而发展较快的中国慈善事业遭遇前所未有的“信任危机”：捐款人捐款虚报注水、捐款使用不透明、公益组织高消费、额外捐款换发票（另捐工作经费）、巨款捐赠无故消失（质疑被变卖），一连串事件或曰“丑闻”屡屡刺痛着社会神经。这种信任危机，不仅极大地降低了公益慈善组织的信任度，严重挫伤了捐款人的积极性，也让贫困需要救助的人大失所望。

三、完善与经济社会发展相适应的社会救助制度

根据经济学家纳克斯的“贫困恶性循环理论”，贫困产生于贫困，贫困使得贫困人员往往生存质量差、受教育机会少、在接受公共卫生和医疗服务等方面处于劣势地位，因而就业机会较少、竞争力差，贫困成为贫困

的根源。《贝弗里奇报告》主张，国家应该消除国民的五大毒瘤，即贫困、疾病、无知（教育）、陋隘（住房和环境）和失业。

在我国，建立宽裕型社会，促进社会和谐，必须采取扶贫、社会救助、发展慈善事业等措施反贫困。社会救助制度与慈善事业，是社会保障体系的重要组成部分。必须加快建立完善的社会救助制度，大力发展慈善事业，让贫困人员共享改革开放与经济发展的成果，过上美好的幸福生活。

（一）建立健全社会救助法规体系

社会救助是基于宪法原则提出的国家责任。社会救助法规体系是规范社会救助的各项法律制度的总和。健全的法制不仅能保证社会救助管理和运作的公开、公平、公正，更能发挥社会救助工作的最大效能。我国的社会救助立法工作一直较为滞后，到目前为止，全国只有国务院颁布的行政法规《城市居民最低生活保障条例》和《国务院关于在全国建立农村最低生活保障制度的通知》。随着社会经济发展，已无法满足社会救助工作的需要，迫切要求在更高层面，加快社会救助立法，从法律上确立各级政府的社会救助责任，规范中央与地方政府之间的权责关系；按照公平与效率相结合的原则，理顺管理体制，明确救助对象的义务。逐步建立统一管理、分工明确、适应我国国情的社会救助管理体系。逐步构建以《社会保障法》、《社会救助法》为主体，《救灾法》、《低保条例》、《五保条例》、《促进就业条例》、《扶贫条例》等相配套的社会救助法律体系。

（二）完善以城乡低保为核心的生活救助制度

生活救助制度是社会救助制度的重点内容。一是健全城乡低保制度。最低生活保障制度是政府和社会为生活在法定最低收入标准以下的社会成员生活生存，筑起的最后一道防线，能有效弥补其他社会保障制度没有解决的贫困问题。当前应从建立低保标准与物价、收入增长相挂钩的动态调整机制，能进能出的动态管理机制，应保尽保的范围全覆盖，政策配套的联动机制等方面完善低保制度。二是细化救助标准，实施分类救助。针对低收入家庭的不同救助需求，设计不同类型的救助项目或计划，并明确划定救助标准，明晰申请条件。三是救助应体现权利与义务的平衡。救助政策的实施，不仅需考虑如何满足受助对象的实际需求，更需考虑救助政策对其个人行为的影响。赋予受助对象接受救助权利的同时，要求他们承担一定的义务。权利与义务之间的平衡能降低社会救助的负激励效应，抑制福利依赖。四是建立救助、就业相协调的机制。就业才是脱离贫穷、寻求经济自立的成功之路。在加大扶持力度，确保基本生活需要得到满足的基础上，应更侧重于强化民政部门、劳动部门以及教育部门等单位之间的联动关系，制定相关政策，逐步激励、促进有条件的低保家庭就业。五是努力达到全民宽裕水平的最低要求。到2049年左右，人均国内生产总值达到中等发达国家水平，基本实现现代化。同时，建立完善“就业渐退低保机制”、“适度强制培训与就业机制”等配套措施，在政策上促使享受扶贫救助者提高就业技能，尽快就业，并且使每位就业者收入水平达到全民宽裕的基本要求。

全民宽裕支持体系需要所有家庭的收入基本状况的信息作支撑。为此可借鉴加拿大等国的做法，探讨建立覆盖全部家庭的年度收入申报体系，一方面为缴纳个人所得税提供清核依据，一方面为必要的各种社会救助作依据。这种管理体系虽然花费的管理成本高一些，但对整个社会保障体系建设的作用是巨大的。

（三）提高五保供养水平

《农村五保供养工作条例》规定，老年、残疾或者未满16周岁的村民，无劳动能力、无生活来源又无法定赡养、抚养、扶养义务人，或者其法定赡养、抚养、扶养义务人无赡养、抚养、扶养能力的，享受农村五保供养待遇。五保供养，是指依照条例规定，在吃、穿、住、医、葬方面给予村民的生活照顾和物质帮助。应该说，这是我国社会主义优越性的体现之一。一是切实解决应保未保问题。要将五保对象全部纳入保障范围，提高集中供养率。二是合理确定五保供养标准。要按照条例的要求，根据当地财力和经济发展水平以及五保内容的需要，实事求是确定当地五保供养标准，确保五保对象的生活不低于当地群众平均生活水平。以后，随着全民宽裕社会的实现，不断提高五保供养水平。三是进一步加强敬老院建设。县、乡镇人民政府应当为农村五保供养服务机构提供必要的设备、管理资金，并配备必要的工作人员。四是认真解决五保对象医疗与教育问题。要由政府出资统一为五保对象办理加入新型农村合作医疗手续，实施医疗救助的地方应主要解决好五保对象就医方面的困难。农村五保供养对象未满16周岁或者已满16周岁仍在接受义务教育的，应当保障他们得到公平的教育。

（四）加强灾害救助

我国幅员辽阔，自然灾害多发。加之近年生态环境遭到一定程度的破坏，异常天气明显增多，致使干旱、洪涝、地质、地震等灾害不时发生。当前，一是要加强灾害救助法制建设，尽快制订《救灾法》。用法规来明确政府统一领导、部门分工负责的灾害管理体制；建立健全与自然灾害救助需求相适应的资金、物资保障机制，将自然灾害救助资金和自然灾害救助工作经费纳入财政预算。二是要健全和完善自然灾害的应急机制。按照以人为本、政府主导、分级管理、社会互助、灾民自救的原则，加强灾害的应急防治。对灾害预警和灾情报告、灾害登记的划分和预案启动的条件及方式、救灾准备、应急反应机构、应急处置等方面都作出明确规定。同时，全面加强灾情信息系统建设，提高灾情的监测、预警、预报水平。三是要提高防灾、救灾能力。加强防灾、减灾宣传教育，提高公民的防灾避险意识和自救互救能力。建立健全自然灾害救助应急指挥技术支撑系统，并为自然灾害救助工作提供必要的交通、通信等装备，建立自然灾害救助物资储备制度，提高救灾的组织能力、物资保障能力，加强救灾的专业化队伍建设。四是要建立巨灾保险制度。从国际上看，很多国家都建立了巨灾保险制度，在设立巨灾基金、再保险安排等方面给予政策支持。同时，通过资本市场提升保险业的巨灾承保能力。五是要综合治理，加强预警预测，积极做好减灾工作。

（五）积极采取反贫困措施，实施开发式扶贫

贫困的原因是多方面的，脱贫的措施也是多种多样的。政府除了推动实施一些社会救助外，还应采取积极的措施反贫困，善于运用“以工代赈”办法，实施开发式扶贫。这也是推进民生幸福的必然要求。一是继续实施“四项转移”。继续实施财政转移支付制度，采取定点扶贫、对口支援的方式，促进产业转移、人才转移、技术转移，增强贫困地区造血功能。二是实行整村推进扶贫。以贫困村为对象，以村级扶贫规划为基础，利用较大规模的资金和其他资源，在较短的时间内使被扶持的村在基础设施和社会服务设施、生产和生活条件以及产业发展等方面有较大的改善，使各类扶贫项目能够相互配合以发挥更大的综合效益，从而使贫困人口在整体上摆脱贫困。三是加强劳动力转移培训，促进创业。依托当地的中等技术学校和其他教学条件，建立劳动力转移培训基地，并从组织、资金等方面加强指导和扶持。通过对农村劳动力的培训，提高他们的就业技能，使农村剩余劳动力转移到非农产业就业。大力发展农村金融，实行小额贷款制度、以土地入股制度，促进那些有想法、有办法的能人，带领村民创办企业、合作社，进而实现脱贫致富。

（六）大力发展慈善事业

有的学者认为，慈善事业是建立在社会捐献基础之上的民营社会化保障事业。在现代慈善事业中，政府所起的作用是通过立法和税收优惠政策来保护、监督和促进慈善组织的发展。在我国社会保障事业发展进程中，必须大力发展慈善事业。一是推进慈善信息公开，建设“阳光慈善”。完善捐赠款物使用的查询、追踪、反馈和公示制度，逐步形成对慈善资金从募集、运作到使用效果的全过程监管机制，提高慈善组织的公信力与美誉度。建立健全慈善信息统计制度，完善慈善信息统计和公开平台，及时发布慈善数据，定期发布慈善事业发展报告。对慈善活动中的违法违规行为，要依法严肃查处。二是制定行业规则和行业标准，加强行业自律。完善公益慈善组织的第三方评估制度，促进公益慈善组织加强自身建设，提高行业管理水平。三是加强法制建设。推动出台慈善事业法、社会募捐管理条例、志愿服务条例等法律法规，推进社会团体管理条例、民办非企业单位管理条例、基金会管理条例等法规的修订与实施，鼓励各地积极出台促进慈善事业发展的地方法规政策，形成有利于慈善事业发展的多层次的法规政策体系，完善和落实社会募捐和捐赠的税收优惠政策。四是多方筹集救助资金，培育民间救助载体。例如美国从事慈善、救助的民间福利机构很多，政府、民间组织、福利机构以及公民个人之间已经形成了比较成熟的伙伴关系，加之慈善和志愿服务意识普及度很高，法制健全，社会救助已经实现了高度的社会化。相比之下，我国社会救助的社会化还较为滞后。应充分发挥民间组织在慈善、救助方面的作用，建立起牢固、和谐、有效的伙伴关系，推进非政府力量和社会成员之间的社会互助，最终形成以政府为主导、以非政府力量为补充的覆盖全社会困难群体的社会救助体系。

（七）加快推进保障性住房建设

住房是家庭的基本需求，也是人民群众十分关心的重要民生问题。解决广大群众住房问题，建立多层次住房保障体系，是党和政府的重要责任。对低收入家庭住房实行保障，对中等偏下收入群众住房给予支持，是人民群众的热切期望。重视保障性住房建设，是重视民生的体现。要让老百姓住得放心、住得舒心，使善政结出善果，才能彰显执政为民本色。一是要增加资金投入，优先供地。建立财政资金、保险资金、信贷资金、社会资金的多元投入机制，优先、低价供地，确保保障性住房建设目标的如期实现。二是要保证质量。住房质量是百年大计，千万不能因任务重、利润少而降低质量。对出现豆腐渣工程必须严加惩处，引以为戒。三是要在做好、做大“住房蛋糕”的同时，分好“蛋糕”。确保保障性住房分配公开、公正、公平，使保障房真正分配（租）给中低收入者。四是要建立责任制，实行问责制。在建设目标上实行主要领导责任制。对住房质量、分配公允与否实行问责制。对质量达不到要求、公务员分配保障房、开着豪车住保障房的，要对当地主要官员进行问责，对当事人进行从重处理。

第十章　全民宽裕的“后位推进”机制

理论和实践都表明：除非理想化的计划经济模式，否则经济完全均衡发展并不会出现；除非自然禀赋等发展条件和发展动力相同，否则各地经济社会发展水平难以完全一样。在市场经济条件下，由于种种原因，地区间经济社会发展水平可能存在较大差异，有的地区发展较快，而有的地区发展较慢，有的地区已较为发达，而有的仍相对落后。前已述及，全民宽裕的一个重要特点是宽裕的普遍性。从空间上看是无论哪个地区的民众都要过上宽裕的生活，也就是说要实现全民宽裕，即便是经济社会发展相对落后的地区，其民众也应得到宽裕生活所必需的物品和服务。落后地区，处于全国或整个区域队伍的“后位”，其经济社会发展相对较慢，民众生活水平总体较低，是实现全民宽裕的难点。因此，帮助这些地区增强发展动力，提高自我发展能力，改善民众生活，也就成了实现全民宽裕的重点。为此，本章先探讨“后位推进”机制，并将此机制运用到解决困难地区发展问题上，促进区域协调发展，推动全民宽裕在各地都得到实现。

第一节　区域协调发展中的“后位推进”机制

地区之间、单位之间、个人之间，由于种种原因，其发展速度、发展水平都可能存在差异。如果把有关地区、有关单位、有关个人按发展水平各排列成一支队伍，则各地区、各单位、每个个人会处于队伍中不同的位置，有先有后。处于队伍后面的地区、单位、个人代表着整个队伍的最低水平，不提高其发展水平，就难以提高整个队伍的整体水平。由于有自然禀赋、区位条件、历史积淀等方面的差别，有人力资源、治理模式、体制机制等因素的不同，很可能就有地区间经济社会发展水平的迥异。因此也就有各地达到生活宽裕状态的难易和实现宽裕目标的先后。经济发展相对较慢的地区，处于走向全民宽裕整个队伍的后端，需要有专门机制帮助其加快经济发展步伐，促进居民增加收入、改善生活，如此才能早日实现宽裕。

一、区域发展不均衡与木桶效应

前文已有论述，市场经济是实现全民宽裕所需经济体制的必然选择。毋庸置疑，市场机制是有效的资源配置机制。但完全自由的市场机制也易导致发展的不均衡性。因为，市场机制一定程度上会造成经济发展和收入分配方面的“马太效应”。在完全的市场经济条件下，由于收入分配往往按要素贡献进行，那些拥有要素多、优质的人力资源，其分配获得的收入将明显多于拥有要素少、弱质的人力资源，而居民收入越多，通过形成资本、劳动力提升等途径拥有更多、更好的要素，收入分配差距因此会拉大。同样，经济发展水平高的地区，由于其要素报酬高，而会吸引更多、更优质的要素向该地区积聚，从而推动该地区经济更好发展，由此拉开与经济相对落后地区的差距。

这种不均衡性用循环累积因果理论可以进行清楚的解释。循环累积因果理论最初由瑞典经济学家缪尔达尔（Gunnar Myrdal）提出。按照循环累积因果理论，一个不发达国家或地区在其经济发展中存在经济发达区域和不发达区域并存的“地理上二元结构”。由于集聚经济的存在，发达区域会因市场的作用而持续、累积地加速增长，并产生“扩散效应”（Spread Effect）和“回波效应”（Backwash Effect）。“扩散效应”是经济发达区域通过辐射带动周边落后地区经济迅速发展，而“回波效应”则是指发达区域由于经济扩张会从落后地区吸引人口、资本和贸易活动，从而加快自身发展，并使其周边地区发展速度降低。由于“扩散效应”远小于“回波效应”，在不平衡的互动过程中，发达区域越来越繁荣，而不发达区域则越来越衰落[①]。

市场经济条件下发展的不均衡问题不仅理论上可能，现实中确实普遍存在。许多市场经济国家，包括不少发达国家，在其发展过程中都曾出现过区域发展不平衡、居民收入差距显著等问题。比如美国，它是当今世界经济最为发达的国家，但其区域经济发展差距直到第二次世界大战前一直较大。美国东北部开发最早，是其资本主义的发源地，长期以来在全国经济发展中处于领先地位；西部在大开发以前人烟稀少，交通不便，经济很不发达，产业结构单一；南部在相当长时间里尤其是南北内战后，经济发展相对缓慢，直到第二次世界大战前仍以贫困、落后、人口外流而著称，经济发展水平远落后于北部。再如日本，尽管第二次世界大战后才快速兴起，但在其经济起飞后，也出现了较为严重的区域发展不平衡问题，以东京、大阪、名古屋为中心的三大城市经济圈与距离这些经济圈较远的地区，形成了明显的两极分化。东京、大阪、名古屋三大城市圈是全日本的经济、金融中枢地区，而距离三大城市圈较远的地区，其产业竞争力差、规模小，人均收入水平相对较低。又如德国，其在20世纪初南北差距也不小。德国北部是工业化的起源区，以鲁尔地区为中心的老工业区推动了该国的早期工业化，而南部当时还处于相对落后的农牧业发展阶段[②]。再有，被广泛认为掉入“中等收入陷阱”的拉美国家，多数国家国内发展都曾出现较严重的不均衡问题，而且持续时间较长。表现在一是地区间经济发展差距大，工业主要分布在大中城市，尤其是首都及其附近城市。如巴西，80%的制造业产品集中在圣保罗、里约热内卢和贝洛奥里藏特工业三角地带；阿根廷65%的制造业集中在布宜诺斯艾利斯和罗萨里奥地区；墨西哥的制造业则主要集中在墨西哥城和蒙特雷地区[③]。二是收入分配差距显著。20世纪90年代，许多拉美国家的基尼系数都在0.5以上，巴西超过0.6，远高于世界各国平均水平0.4、经合组织成员国及高收入国家的0.34[④]。

① 吴传清：《区域经济学原理》，武汉大学出版社2008年版，第69—79页。

② 美国、日本、德国的区域发展不平衡情况，均参见杭海、张敏新、王超群：《美、日、德三国区域协调发展的经验分析》，《世界经济与政治论坛》2011年第1期。

③ 袁东振：《拉美国家地区间发展的差距及其影响》，《拉丁美洲研究》1997年第2期。

④ 江时学：《拉美国家的收入分配为什么如此不公》，参见景天魁主编：《收入分配与利益协调》，黑龙江人民出版社2006年版。

实际上，收入分配差距大与地区间发展不平衡也有较大相关性。

地区间发展不均衡可能有许多表现，不仅有经济发展方面的失衡，也可能有社会事业、居民生活水平等方面的差距。地区间发展过度不均衡是经济社会协调发展面临的突出问题，这就如同木桶之短板问题。众所周知，在管理学上关于木桶短板问题有个著名的“木桶效应”。它是指一个木桶的最大容量，不是由围成木桶的最长木板或平均长度决定的，而是由最短的那一块木板决定的[①]。因此，短板是木桶容量的关键。对一个国家或地区发展全局来说，因地区间发展过度不均衡而出现的落后地区，就是发展的短板。

地区间发展差异是难免的，因为各地发展条件、努力程度都可能不同。有差异就有梯度。有梯度就会产生势能，梯度分布是运动的前提。梯度是自然界和经济社会生活中普遍存在的现象，世界因有梯度存在而富有活力。在经济社会领域，梯度的形成将引起人才、资本、技术等要素的流动。适度的区域发展梯度是驱动区域整体发展的动力源。但过大的发展梯度，或者说地区间发展过度不均衡现象如果长期存在，对整个国家或地区经济社会的协调可持续发展并不利，必定会使全民宽裕难以实现。这是因为，落后地区的存在，意味着在整个国家或地区中有的经济社会发展水平还较低，部分民众的生活水平总体还较为困难（尽管这个地方有的民众生活水平可能已较高），达不到宽裕的状态，这与全民宽裕的目标不一致。同时，地区之间如果发展差距过大，不仅表明落后地区本身发展慢、发展能力不足，也意味着有部分人的生活仍较困难，该地区的消费能力有限，一定程度上不利于增加整个社会的有效需求。这些都会制约经济社会的可持续发展以及全民宽裕的实现。

二、取向均衡发展的后位推进机制

地区间发展差异是难免的，但过度的不均衡则应设法消除。拉长发展短板，化解地区间发展过度不均衡问题，既是全局经济社会可持续发展的

---

① 西武编著：《木桶定律：国家、企业、个人均衡发展的行动指南》，机械工业出版社 2004 版，第 3 页。

必然选择，也是实现全民宽裕的内在要求。然而，如何拉长短板、有效化解发展过度不均衡问题，则需要有切实可行的措施办法和专门路径。任由不均衡状态自由发展，仅靠市场机制自动调节，单凭落后地区自己的努力，难以迅速消除地区间发展的过度不均衡问题，甚至可能加重不平衡状况，全民宽裕难以顺利实现。按照缪尔达尔的循环累积因果理论，由于在市场机制的作用下，区域发展的回波效应远大于扩散效应，会使发达区域更发达、落后区域更落后，若不加以遏制，发达地区与落后地区的差距会越拉越大。拉长上述短板，化解地区间发展过度不均衡问题，重点应针对处于整个队伍末端的对象也就是落后地区，由上级政府、企业、社会组织等外部主体施以援手，帮助落后地区增强自身发展能力，尽快走出发展困境，改善发展状况，提高民众生活水平。这就是区域发展的后位推进机制。这样，整个社会的福利水平也会得到提高，各个社会成员的生活都能达到一定水平。

可以看出，后位推进机制的目标取向是均衡发展，通过外部施以助力、内部激发活力来促进落后地区加快发展，从而缩小其与发达地区的发展差距，甚至使处于“后位”的欠发达地区追赶上“先行”的发达地区。需要说明的是，均衡发展并不意味着各地的发展水平要完全一样，而是要使地区间经济社会发展的差距不能过大，不均衡性不能过高。

后位推进机制的实施必须借助外界的力量，需要有关方面从道德或者同情心的角度出发，对落后地区这一处于发展队伍末尾的对象给予一些帮助，再加上他们自身的努力，形成合力，共同推动相对落后的地区加快发展（后位推进机制与上一章有关社会保障机制情况的比较见表 10 - 1）。后位推进机制作用力的形成与物理学上电流的形成有一定的相似之处。电流是电荷的定向移动，它的速度与光速一样约 30 万公里/秒。但这么快的速度并不是电子或离子移动的速度，而是不同电子或粒子几乎同时、同向移动叠加的结果。这就好比一根细长的塑料管里一个挨一个排满了相同大小的豆子，如果有人在一头再塞进一颗豆子，另一头最前面的豆子就会很快从管子里掉下来，似乎塞进去的豆子迅速穿过塑料管从另一头出来了。

表 10－1　后位推进机制与社会保障机制比较

比较项目	后位推进机制	社会保障机制
动力性质	外部力量。一般为区域之外有关主体给予的帮助	内部力量。一个地区或社会系统内部有关主体给予的帮助
作用主体	上级政府以及区域之外企业、高校等组织机构	主要是本级政府以及当地的社会互助组织、个人等
作用原理	上级政府等有关主体通过实行优惠性政策措施等，引导要素向落后地区积聚，帮助该地区增强发展动力，促进其加快发展	一个国家或地区通过立法等措施筹集部分资源，或民间组织及个人出于同情心，向困难群体提供帮扶，保障其基本生活需要

后位推进的主体有不少，主要是上级政府以及区域之外的企业、高校等。其中，上级政府是后位推进的主导力量，为帮助落后地区加快发展，摆脱落后境地，它可以通过实行优惠政策措施对其给予必要扶持。后位推进的方法主要有：（1）规划引领。规划是关于未来发展的较全面计划。在市场经济条件下，规划是政府履行宏观调控、经济调节、社会管理和公共服务职责的重要依据。区域规划就是为实现一定地区范围的开发和建设目标而进行的总体部署。针对落后地区的发展制订规划，就是使有关各方朝着共同的方向协调一致地行动，以引导资本、人才、技术等资源加速向该区域集聚，增强落后地区的发展动力。（2）政策扶持。此处政策为财税政策，是指政府为实现一定政策目标而采取的各种财税手段和措施，包括收入政策手段（如税收优惠）、支出政策手段（如财政支出、政府采购、国债和政府投资等政策措施）。政府可运用财税优惠政策，如通过税收减免来扶持有关地区的经济发展，通过安排转移支付补助来增强有关地区的财政保障能力，从而帮助落后地区发展经济、保障民生。（3）产业转移。产业转移在此更多的是指在外力的推动下或企业出于帮助落后地区发展的目的，主动将产业向这些地区的转移。这与发展梯度理论所说的产业或产品生产由发达地区向欠发达地区的自动转移有所差别。因为，按照生命周期理论，各产业或产品一般都会经历创新、发展、成熟、衰退等阶段，随着产业、产品的成熟与老化，出于利润因素考虑和对生产条件的要求，这些

产业或产品就会向欠发达的地区转移。(4) 智力输送。人才和技术是落后地区经济发展最可能缺乏的要素和最需要的资源。由于发达地区要素回报相对较高，劳动力特别是人才、技术往往会从经济落后地区向发达地区流动，从而容易导致落后地区人才流失、观念和技术落后。由政府及有关方面通过立法规定、行政手段、政策鼓励、情感吸引等措施，促使人才和技术向落后地区流动，向其输送智力资源，将有助于这些地区加快发展。(5) 金融支持。一般来说，金融政策是中央政府（具体指中央银行）为实现一定经济目标而对宏观经济进行调控的有关手段，包括对货币、利率和汇率水平的调节等。但在现实中，中央政府以及地方政府都可以针对特定地区给予信贷规模、优惠利率、贷款担保等措施，以促进资金流入，支持落后地区发展。上述几种后位推进方法都是一些基本方法，多数方法之间有一定联系，实践中往往是多种方法汇集一起综合使用。

需要说明的是，为提高效果，后位推进机制的实施应当遵循一些基本原则，主要是：(1) 整体推进原则。区域是一个涵盖经济、社会、文化、生态等多方面的复杂系统，系统的各组成部分是相互制约、互为依存的。必须努力突破“条块”分割的桎梏，将发展的各要素和各地域单元作为一个有机整体统一规划、综合推进，以市场机制和政府调控相结合的方式，建立设施布局合理、资源共享充分、政策规范有效、产业竞争有序的地区格局，推动落后地区全面发展。(2) 因地制宜原则。区域发展缺乏特色就不能产生比较优势，也就会失去内在动力。“后位推进”绝非“杀富济贫”，也不要求要素在空间的均质蔓延，而是在尊重空间布局的前提下，突出区域特色，发挥比较优势，针对落后地区的实际情况，因地制宜地推动其发展。(3) 循序渐进原则。“后位”地区不是孤立发展的，它受到经济发展和社会进步的制约，区域发展的不平衡是绝对的，区域发展的空间差异具有很强的粘性。因此，推进“后位”地区加快发展应是渐进式的，不是突发式的，不可能一蹴而就，必须坚持循序渐进的原则。

根据“后位推进”原理，可以集中各方资源，对经济社会发展中的区域性问题和特殊困难给以强有力的帮助。其作用主要反映在三个方面：一是促进区域发展。如改革开放初的特区政策、国家财政的转移支付制度。二是对特殊困难区域的帮扶。如调动一些全国各地的干部力量和经济力量对西藏、新疆的特别扶持。三是对各种灾害的特别帮扶。如对不可抗拒的自然灾害或者重大流行疾病区域的帮扶。在四川汶川地震后，中央组织全国上下的力量从人力上和经济上给以大力扶助，使重建工作有明显成效。

第二节　后位推进落后地区发展的实践探索

区域间发展不均衡在许多国家或地区都出现过。在这些国家或地区，有的地方经济发展较为落后，处于整个发展队伍的后面，成为整个国家或地区更好发展的“短板”。为消除“短板”，推动落后地区加快发展、缩小区域间发展差距，许多国家或地区进行过类似后位推进的尝试。其中，有不少发达市场经济国家在其发展过程中都有对落后地区成功开发的经验，美国、意大利、日本的做法有一定代表性；江苏省在推动经济薄弱地区加快发展方面也进行了积极探索。这些都是区域协调发展中后位推进机制的有益实践。

一、部分发达国家落后地区开发的主要做法

（一）美国西部大开发①

建国之后，美国开始了“西进运动”（Westward Expansion），其领土不断向西、向南扩张。1803 年，美国从法国人手中购买了路易斯安娜 215 万平方公里的土地；1810 年和 1819 年又从西班牙手中夺取了佛罗里达

① 有学者（高颖，2010）将美国从建国开始直至 20 世纪 80 年代前后近 200 年的“西进运动”看作是西部大开发，并将西部大开发分为三个阶段，即 18 世纪后期到 19 世纪中叶以农业为主的初步开发时期、从内战结束到第二次世界大战结束以工业为主的综合开发时期、从第二次世界大战结束到 20 世纪 80 年代以高新技术为主的深度开发时期。笔者认为：没必要将“西进运动”等同于西部大开发，尤其是“西进运动”的第一阶段，即 18 世纪后期到 19 世纪中叶，它是美国领土扩张的阶段，全国版图尚未形成，不应作为西部大开发的开始阶段。考察美国西部大开发，有必要在西部并入美国后且从工业化角度进行分析，可将从美国内战结束至第二次世界大战前后的西部工业化时期作为其西部大开发的主要时期，本书就指这一阶段。

（该州于1845年正式加入美国）；1845年，近70万平方公里的德克萨斯州并入美国；1846年，美国以战争相威胁，迫使英国与其签订条约划定西北部与加拿大的边界线，取得了直抵太平洋的俄勒冈和华盛顿等州的72.5万平方公里的土地；1846—1847年，美国对墨西哥作战获胜取得了新墨西哥州和加州等土地，1853年又从墨西哥政府手中购买，使西南部疆界直抵太平洋。到1853年，美国国土面积已达785万平方公里①。随着领土的扩张，美国的版图越来越大，但区域间的发展差距也日益明显。东北部以及中北部是美国资本主义的发源地，建国最初13个州大多集中于此，该地区工业生产发达，与欧洲海运便利，国际贸易繁荣，但西部以及南部地区多为新并入版图的区域，人口稀少，经济发展相对落后。可以看出，这些新加入州或领地在全美各州中大多实际处于相对靠后的位置，有的成了美国整体发展这一“木桶的短板”。

在此背景下，尤其是随着南北内战的结束，美国加大了对西部地区的开发力度，努力加速西部地区的发展重点是工业化。一是鼓励国内和国外投资，加强基础设施建设。为推动西部开发，政府加大了对投资建设铁路、公路和水利等基础设施的引导和支持力度。如联邦政府采取优惠的补贴措施来吸引私人投资公司建筑运河和铁路，平原地区每修筑1英里补助1.6万美元，丘陵地区每英里3.2万美元，山岳地区每英里4.8万美元，铁路公司还可得到沿线两侧宽各10公里的土地所有权；19世纪80年代初，欧洲资本家对美国铁路建设的投资达15.35亿美元②。二是吸引东部和国外移民，增加人力资源供给。在加入美国初期，西部地区地广人稀。为增加劳动力和人才，联邦政府出台了吸引东部及海外特别是欧洲移民的措施。如1862年林肯总统颁布了著名的《宅地法》，以鼓励向西部移民，规定：美国公民或已递交入籍申请者，只要交纳10美元的登记费，即可申请获得160英亩的联邦土地③。在有关政策措施和创业发财诱惑的共同作用下，大量人口涌向西部。有资料显示，1861—1913年间外国移民到美国

① 李京文：《美国西部大开发对我们的启迪》，《世界农业》2000年第9期。
② 高颖：《美国西部大开发的进程与启示》，《中国信息报》（网络版）2010年第8期。
③ 李京文：《美国西部大开发对我们的启迪》，《世界农业》2000年第9期。

的人数达2700万，主要去向西部；阿巴拉契亚山以西的人口，1790年时只占全国总人口的3%，到19世纪时已增长到占49%[①]。东部来的开拓者和国外来的移民，对西部的开发起了巨大的作用。他们不仅带来了大量的劳动力和技术，开发了西部农业和工业，也积聚了大量人口，推动西部的城市化。三是发挥政府和市场合力，加快产业成长壮大。美国西部大开发的主体是企业和个人包括外来移民，他们为西部开发提供了大量投资，并提供了充足的劳动力和人才资源，也就是说市场在西部开发中发挥了基础性作用。政府特别是联邦政府是西部大开发的主导者，发挥了明显的导向作用，它们为西部大开发制订了许多法律、政策，提供了数额不小的土地和资金，引导企业投资和产业发展。如随着西部定居者从联邦政府无偿或廉价获得土地，土地很快得到了开垦，西部农业快速发展，对农业机械、农药化肥等需求急剧增加，相关工业很快形成。再如，1866年联邦政府将土地出售政策扩大到了矿产地，推动了采矿业的发展，促进了一批矿产资源加工和制造企业的成长，带动了工业重心由东北部向中西部地区的转移。还有，美国联邦政府借军需刺激西部建立相关产业并促进其发展壮大，最突出的例子就是第二次世界大战。第二次世界大战期间，美国联邦政府在西部投入巨资，投入巨额国防经费，创办了许多军事工业，并建立了许多军事基地。这使得国防工业逐渐成为西部的主导产业，同时促进了众多相关工业部门和服务业的迅速发展，由此导致西部大城市产业结构的调整，形成了独立的综合工业体系[②]。

总体上看，美国西部开发战略较为成功，效果颇为明显。随着西部大开发的逐步推进，来自美国东部的开拓者及世界各地的移民们，利用政府陆续出台的相关法规、各种优惠政策以及大量对西部地区的财政补贴和资金投入，使西部广袤区域得到开发，西部的发展水平和工业化程度明显提高，美国经济重心特别是制造业中心逐渐西移。有资料显示：按产值计

---

① 资料来源：http://baike.baidu.com/view/562812.htm。

② 李京文：《美国西部大开发对我们的启迪》，《世界农业》2000年第9期。在文中，李京文还认为，美国西部经济的现代化发展和落后状态的改观是从第二次世界大战时期开始的。笔者赞同这种观点。这也一定程度上印证了笔者前文所提的不应将美国领土的向西扩张阶段作为西部大开发一个阶段的观点。

算，1850—1890 年间，美国的工业生产中心从宾夕法尼亚州中部向西移到了俄亥俄州的坎顿附近，40 年间向西移动了 215 英里①。

西部的快速发展特别是工业化的实现，使美国全国整体的经济发展水平也明显提高。有资料显示，1860 年美国工业居世界第四位，但到 1894 年已跃居世界之首，此后一段时间内，美国工业在全球所占比重进一步提高。美国迅速由农业国转型为一个以工业为主的国家，其中一个重要原因就是西部大开发②。不仅如此，经过 19 世纪下半叶直到第二次世界大战结束大半个世纪的开发，东西部经济发展逐渐趋于平衡，美国整体实力明显提升。据美国人口普查局的统计资料，1950 年美国个人收入平均为 1510 美元，各州水平在全国平均水平的 0. 56—1. 59 倍范围内，与 1929 年相比地区间包括东西部各州间差距明显缩小，西部许多州的人均收入都超过了平均水平（详见表 10 - 2）。

表 10 - 2　1929—1950 年美国各州居民人均收入比较

单位：美元

	1929 年	1950 年		1929 年	1950 年		1929 年	1950 年
阿拉巴马	323	909	缅因	601	1195	俄勒冈	668	1657
阿拉斯加	—	2400	马里兰	768	1642	宾夕法尼亚	772	1552
亚利桑那	600	1367	马萨诸塞	906	1656	罗得岛	874	1553
阿肯色	310	847	密歇根	790	1718	南卡罗来纳	271	925
加利福尼亚	991	1877	明尼苏达	599	1437	南达科他	426	1283
科罗拉多	634	1521	密西西比	286	770	田纳西	378	1028
康涅狄格	1024	1891	密苏里	621	1427	得克萨斯	479	1363
特拉华	1032	2075	蒙大拿	592	1654	尤他	551	1348
佛罗里达	518	1304	内布拉斯加	596	1560	佛蒙特	634	1169

① 曹新：《美国西部开发研究》，《经济研究参考》2001 年第 74 期。

② 西部大开发不仅使西部地区的工业从无到有、从小到大逐步成长起来，也为东部地区的发展提供了大量的工业原料和能源，有力地推动了东部工业的发展壮大。有关情况参见李京文：《美国西部大开发对我们的启迪》，《世界农业》2000 年第 9 期。

续表

	1929年	1950年		1929年	1950年		1929年	1950年
乔治亚	347	1065	内华达	868	1991	弗吉尼亚	434	1257
夏威夷	—	1429	新罕布什尔	686	1348	华盛顿州	741	1721
爱达荷	507	1329	新泽西	918	1802	西弗吉尼亚	460	1056
伊利诺伊	948	1831	新墨西哥	410	1204	威斯康星	673	1506
印第安那	607	1524	纽约州	1152	1858	怀俄明	675	1719
艾奥瓦	581	1532	北卡罗来纳	332	1077	华盛顿特区	1269	2228
堪萨斯	532	1463	北达科他	382	1360	全国平均	700	1510
肯塔基	393	990	俄亥俄	771	1608	最高值	1269	2400
路易斯安那	414	1117	俄克拉何马	455	1144	最低值	271	847

注：居民人均收入是按美元当时价格而非可比价格计算的。

资料来源：U. S. Census of Bureau, *Statistical Abstract of United States*, http://www.bea.doc.gov/bea/regional/data.htm.

（二）意大利南部振兴

意大利南部是指该国罗马和佩斯卡拉连接线为界以南的地区。与北方不同，南部自然条件较差，地貌崎岖不平，山丘遍布，平原面积只占12.3%，明显低于全国23.2%的平均数。长期以来，北方经济一直较好，明显领先于南部，目前是意大利最具国际竞争力的发达制造业和现代农业地区。而南部经济基础较差，特别是在第二次世界大战期间，其工业非但没有发展，而且由于盟军在此登陆并成为主战场而遭受了巨大损失。此后，“马歇尔计划”的绝大部分援助款又用在了北方，战后初期，南北经济差距进一步拉大。1960年，意大利发展水平最高的地区与最低的地区人均国内生产总值之比达3∶1，远高于欧洲其他发达资本主义国家①。南部地区的贫穷是意大利的顽疾，南部地区远远落在意大利其他地区的后面，是该国经济社会发展的“短板”。

为遏制南北发展的严重不平衡趋势及其引起的诸多问题，第二次世界大战结束后不久，意大利政府开始实施南部振兴计划。南部开发以1950年

① 罗红波：《意大利南北发展不平衡及启示》，《欧洲研究》1997年第1期。

意大利政府颁布第646号法令为启动标志。第646号法令规定，成立“南方公共事业特别工程基金局”，对占全国43.3%的南部8大区域以及与这些区域接壤的有关地区和岛屿进行开发，基金局活动期15年，规模为1万亿里拉（意大利货币），相当于该国当年国民收入的10%。此后直至1984年8月南方公共事业特别工程基金局清算①，意大利政府紧紧围绕工业化，明确分阶段支持重点，并采取有针对性的政策措施，循序渐进地推进南部开发：（1）大力投资建设基础设施，做好工业化前期准备。南部开发刚开始时，意大利政府将开发重点放在南方的公共基础设施建设上，通过大规模修建农田水利、交通道路、供水排污系统等，来推动农业加快发展，为实现工业化提供必需的原材料和基础设施。1950—1955年，南方基金局用于基础设施建设的投资达4677亿里拉，占基金局同期总投资的82.5%。（2）大力创办工业发展区，引导工业企业加速集聚。1957年，意大利政府颁布第634号法令，将南部开发的重点转向推进工业化。为此，政府一方面在南方选择一些条件较好、具有较大发展潜力的地方，将其作为“工业发展区”进行重点建设。工业发展区由开发公司承包建设，所需资金的85%由南方基金局提供。另一方面，政府制定了一系列措施，鼓励企业特别是国家控股公司到南方投资建厂，如对南方新办工厂给予10年所得税免征优惠、对厂房建设经费补贴25%、对购置机器设备补贴10%（如果从南方企业购置设备，补贴比例增加到20%）、国家控股公司必须将其工业投资总额的40%和新建企业投资的60%投向南方（后分别提高到60%和80%）、中央政府采购总额的30%用于南方，等等。1958—1973年，国家控股企业在南方投资总额达1.66万亿里拉，占南部工业投资总额的一半以上。（3）积极扶持中小企业，努力提高就业水平。20世纪70年代发生的世界石油危机，使意大利南部经济遭受严重挫折，失业率大幅提高。为改善就业状况，从70年代中期开始，意大利政府将南部开发的重点转向扶持中小企业发展，实行了一系列相关政策措施。例如，1976年，政府颁布第

① 1984年8月，南方基金局清算，标志着以政府主导、大规模、强制性为特征的意大利南部开发结束。同时，成立了公私合营的南方发展促进公司，其目标是促进落后地区经济社会平衡发展、推动技术进步、提高就业水平，南部发展进入常规性、综合性阶段。

183号法令，拨款18.2万亿里拉用于发展中小企业；1977年，政府又出台第675号法令，对南方企业更新设备和进行结构改造的企业给予投资总额70%的优惠贷款，同时规定减少增值税和法人所得税；70年代中期，意大利政府还成立了南方金融租赁公司，专门向南方中小企业优惠出租先进技术设备①。

意大利政府主导的南部振兴计划取得了不小成效。一方面是有力推动了南部发展，最主要的是工业化快速实现，产业结构明显优化。从1951年到1988年，南方就业人口中从事农业的比重由57%下降到了16.3%，而工业、第三产业的比重则分别上升到了23.2%和60.5%。同时，南部与其他地区的差距也一定程度上缩小了。南部开发实施后，特别是20世纪60年代至70年代初的十多年时间里，南部工业化速度明显加快，经济发展速度高于全国，南北差距有所缩小。如1963—1966年，全国平均经济增长速度为4%，而南部为5.8%；1970—1973年，全国平均为3.8%，而南部达到6.1%。经过30多年的重点开发，南部的经济社会发展水平有很大提高，在饮食、衣物等生活必需品以及房产、家具等方面的消费已与北方基本持平②。

应当看到，尽管意大利南部振兴计划实施后发展加快，但相比于北部来说仍较落后。如2006年，意大利南部地区的人均收入仅为北部地区的75%，全国70%的贫困家庭集中在南部地区③。这种情况的存在有历史、自然条件差异等诸多原因，因此南北经济均衡发展难以一蹴而就，差距不会在短期内彻底消除，但这一定程度上也反映意大利政府主导的南部振兴模式可能存在局限性。最为突出的问题是，企业过度依赖政府优惠政策，从而扭曲市场机制，导致资源配置效率降低。同时，从北方吸引来的大型企业有的并没有在当地形成产业关联，反而是对当地中小企业的发展产生了一定制约。再有，这种开发模式短期内难以对导致经济发展相对落后的制度、观念层面的因素产生明显效果。另外，南部开发的重点过分偏重工

① 马敏、王玉德主编：《中国西部开发的历史审视》，湖北人民出版社2001版。

② 罗红波：《意大利南北发展不平衡及启示》，《欧洲研究》1997年第1期。

③ 《意大利南北差距拉大》，http://newspaper.mofcom.gov.cn/aarticle/guojyw/200705/20070504706758.html。

业化，对现代服务业等支持力度不够。

（三）日本过疏地区的开发

从地区角度看，日本经济社会发展的“短板”或者说排在整个队伍后面的是过疏地区。尽管日本目前是发达的市场经济国家，但在相当长时间里存在较为严重的区域间发展不平衡问题。以东京、大阪、名古屋为中心的三大城市经济圈是全日本人口、政治、经济、金融、文化、科技等密集或中枢地区，而距离这些经济圈较远的地区则人口不停流出、经济相对落后、产业层次较低、财政自给不足，城市经济圈与过疏地区对比形成了强烈的反差。据有关资料，2005 年，日本过疏地区 1167 个市町村的面积相当于全国的约一半（49.7%），但人口却仅占全国的 6.1%；1994 年，宫崎、鹿儿岛等过疏地区人均个人收入只有东京的 52%；2002 年，过疏地区财政能力指数 0.3 以下的市町村占 88.7%①。此外，过疏地区的产业以农业和林业为主，鲜有高附加值的第二、第三产业。

为遏制第二次世界大战后出现的地区发展两极分化现象，60 年代开始，日本加大对过疏地区的专门开发力度。起初，日本对过疏地区的开发重点主要放在加强基础设施建设上，包括道路港口、水电供应、交通通信等，以形成社会资本，为产业发展创造条件。有关政策措施主要有两类：一类是涉及过疏地区的全局性规划，另一类是直接针对过疏地区的专门政策措施。前者主要是指全国综合开发规划，其中有关于过疏地区的政策措施。1962 年，日本政府制订了第一个全国综合开发规划，规划期为 1960—1970 年。该规划按地区特点将日本各地区划分为“过密区”、“整治区”、“开发区”三类，对主要为落后地区或过疏地区的“开发区”采用“据点”开发战略进行开发。为此，日本政府在全国选择了包括 91 处落后地区在内的 112 处作为开发据点，国家对这些地区基础设施进行重点投资建设，对企业来“据点”投资建厂提供特别贷款，并免除其事业税、固定资产税和不动产取得税等税收，中央财政对地方财政由此导致的税收减少给

① 胡霞：《日本过疏地区开发方式及政策的演变》，《日本学刊》2007 年第 5 期。财政能力指数是指日本市町村基准财政收入额除以基准财政需要额的比值，反映地方财政的自给能力，财政能力指数小则财政自给能力低。

予相应补贴①。1969年，日本政府制定了新的全国综合开发规划，通过实行大规模的公共投资战略，加大了对过疏地区基础设施建设的投资力度，同时压缩原有的开发“据点”，将一些巨型联合企业集中配置到工业欠发达地区，将劳动力密集型企业重点转向农村地区②。1977年，日本政府以1975—1985年为规划期制定了第三个全国综合开发规划，除继续执行“大型项目”开发战略和调整工业布局的方针外，还提高了对过疏地区生活性基础设施的投资比重③。1987年，日本政府制定了面向21世纪的第四个全国综合开发规划，重点加强了交通及信息通讯等基础设施建设，帮助过疏地区改善相关条件。1998年，日本内阁通过了第五个全国综合开发规划，提出了“多轴型国土开发”目标，推进自主性的地区建设，以解决大量过疏地区的社会经济衰退等问题④。

除全国综合开发规划的相关政策措施外，日本政府还出台专门针对过疏地区的政策措施，最主要的是1970年颁布、后又几经修订的《过疏地区振兴法》。这一法令明确的主要政策是：（1）加强过疏地区产业基础设施建设、促进农林渔经营现代化、培育中小企业、引进技术、开发旅游业；（2）着力改善过疏地区公路和其他交通设施和通信设施，确保有关地区内部与其他地区间以及过疏地区内部的交通和通信的畅通；（3）通过改善生活环境、老龄人口的福利、完备的医疗条件以及通过振兴教育和文化，确保当地居民的生活安定和福利提高；（4）通过核心村落的整备和培育适度规模的村落，重新调整地区的社会结构⑤。

日本从20世纪60年代开始的过疏地区开发的成效相当明显，它给过疏地区带来了很大变化，最主要的是基础设施的全面改善和工业的长足发展。同时，过疏地区与都市经济圈在个人收入上的差距一定程度上有所缩小。1970年，地方圈人均国民所得只相当于三大都市圈的67.3%，1979

① 马敏、王玉德主编：《中国西部开发的历史审视》，湖北人民出版社2001版。
② 马敏、王玉德主编：《中国西部开发的历史审视》，湖北人民出版社2001版。
③ 马敏、王玉德主编：《中国西部开发的历史审视》，湖北人民出版社2001版。
④ 参见胡霞：《日本过疏地区开发方式及政策的演变》，《日本学刊》2007年第5期。
⑤ 参见胡霞：《日本过疏地区开发方式及政策的演变》，《日本学刊》2007年第5期。

年该比例提高到82.6%[①]。但也有观点认为，日本过疏地区的开发存在一定局限性，主要是过于偏重基础设施投资建设，过疏地区的内生增长机制并没有真正建立起来，过疏地区与都市经济圈的经济发展差距并未实质性缩小。

二、江苏省加快苏北经济薄弱地区发展的探索

江苏地处中国经济相对发达的东部地区，但由于种种原因，省内区域差异相当明显，苏南、苏中、苏北经济发展差距较大，梯度显著，苏南经济较为发达，而苏北经济则相对薄弱[②]。特别是由于苏南地区紧邻上海这一全国经济中心，开放、开发较早，工业化、城市化进程快，经过改革开放后近20年的发展，到20世纪末，苏南的经济发展水平已大幅领先，而苏北明显落后。据《江苏统计年鉴》，2000年，苏南5市人口占全省的30.6%，地区生产总值占全省的57.3%，而苏北5市人口占全省比例为44.7%，地区生产总值的比重仅为23.5%；人均地区生产总值，苏南为22400元，接近全省平均水平的两倍，而苏北仅为6300元，约为全省平均水平的一半。这表明苏北在江苏小康社会建设中处于落后地位，苏北是江苏区域协调发展的短板。

江苏省委、省政府历史上一贯对苏北的发展给予支持。从兴修水利到构建交通设施，帮助苏北建立了良好的基础设施条件，近年来进一步加大对苏北发展的支持力度，着力实施区域共同发展战略，举全省之力加快苏北经济发展。2001年11月，江苏省苏北发展协调小组召开第一次会议，重点研究如何进一步落实苏北区域发展的有关任务，制订了《关于进一步加快苏北地区发展的意见》，提出了支持苏北发展的有关政策措施，明确了省级机关各有关部门和单位支持苏北发展的任务和责任，提出了苏南地区支持苏北地区发展的具体要求。此后，江苏省不断调整完善对苏北的扶持政策，如2005年制定了《关于加快苏北振兴的意见》，持续不停地支持

① 参见胡霞：《日本过疏地区开发方式及政策的演变》，《日本学刊》2007年第5期。

② 江苏省共下辖13个市，通常的区域划分是：南京、常州、无锡、苏州、镇江5市属苏南地区，南通、扬州、泰州3市属苏中地区，徐州、连云港、淮安、盐城、宿迁5市属苏北地区。

苏北地区经济社会加快发展。

江苏省支持苏北地区经济发展的重点是加快推进苏北工业化进程，主要政策措施有：（1）加强基础设施建设，着重破解发展“瓶颈”。积极支持苏北高速公路、港口航道、机场铁路等基础设施建设。适当降低省市共建重大基础设施项目资本金比例，适当提高干线公路建设省补助标准，补助农村公路建设，帮助苏北市县减轻筹资压力。积极争取国家政策性银行贷款、国际金融组织和外国政府优惠贷款，在符合原则条件下尽可能多地在苏北安排项目。企业参与基础设施建设可通过划拨方式取得国有土地使用权，新增建设用地有偿使用收益省财政不集中，鼓励省内外企业投资苏北基础设施建设。（2）南北合作共建园区，着重打造增长引擎。不断深化南北结对帮扶制度，2006 年省里出台鼓励苏南开发区与苏北开发区紧密挂钩共建工业园区的政策，帮助苏北开发区迅速建设发展。共建园区的做法既有利于苏北“筑巢引凤”，加快工业化进程，又有利于苏南“腾笼换鸟”，加快产业升级。共建园区采取政府引导、企业参与、项目支撑的方式进行。共建园区首先在全省经济最发达的苏州与经济基础最薄弱的宿迁进行试点，苏州工业园与宿迁开发区共同在宿迁开发区内建立“苏州宿迁工业园”，苏州工业园投入巨资，并向宿迁派遣了管理队伍，传授苏州工业园的先进管理理念。随后，“江宁—淮阴”、“无锡新区—新沂”等南北共建园区很快在苏北拔地而起。到 2011 年，这种南北共建园区已达 27 个。（3）积极推动“四项转移”，着重集聚发展资源。苏北经济落后，重要的原因是人才、创新等优质发展资源或要素不足。为此，江苏省采取措施，促进产业、财力、科技、人才等向苏北转移。在产业方面，鼓励和引导省内外发达地区资本到苏北创办科技含量高、经济效益好、吸纳劳动力多的企业（项目），支持苏北工业经济转型升级，支持新能源产业加快发展。在财政方面，省财政对苏北转移支付及其他各类补助逐年增加，并从 2008 年起，对苏北经济薄弱县区其地方财政收入中省财政按体制新增集中部分，全额留给地方使用，以增强苏北的“造血功能”。在科技方面，省级各类科技计划对苏北项目在同等条件下优先立项支持，省科技成果转化专项资金、省产学研联合创新资金和省科技基础设施建设计划对苏北进一步加大支持力度。在人才方面，鼓励各类优秀人才向苏北地区流动，包括江苏省实施的“高层次创新创业人才引进计划”、“企业博士集聚计划”向苏北适当倾斜，等等。（4）坚持实行“五方挂钩”，着重帮扶贫困地区。苏北落后主要表现为许多县区的贫困，加快苏北发展重点在这些贫困县区、难点在这些贫困县区。为此，江苏省组织苏南市县、省级机关、科研院所、大专院校、企事业单位等力量实行“五方挂钩”办法，建立对口支援工作机制，对苏北经济基础最为薄弱的县区进行重点帮扶。最初，省里确定了32个贫困县，并作为省财政转移支付县，后逐步调整为11个脱贫攻坚县。每年，省有关方面都组成强有力的派驻苏北扶贫工作队，实施一大批帮扶项目，同时引导苏北的资源、成本、政策等优势与苏南的资本、技术、人才、管理以及开发区品牌等优势紧密结合，帮助这些地区发展经济、富裕百姓。

经过有关各方的共同努力，苏北工业化水平明显提高，经济发展驶入快车道。其一，基础设施显著改善。苏北地区高速公路骨架网业已形成，连徐、汾灌、宁靖盐、宁宿徐、宿淮盐、连盐通、宁淮等高速公路相继建成。到2008年底，苏北高速公路通车总里程达到1539公里，占全省的41.4%。新长铁路全线建成通车，实施了东陇海铁路复线电气化改造，京沪高速铁路徐州段顺利贯通。连云港15万吨级航道基本建成，25万吨级矿石泊位等一批专业化深水泊位开工建设。淮安机场开工建设，成为继徐州观音机场、连云港机场、盐城南洋机场之后的苏北第4个民航机场。2008年末，苏北地区电力装机容量达到1400万千瓦，田湾核电站一期工程正式投入商业运行。重点水利工程和城市防洪工程进展顺利。其二，开发园区迅速壮大。苏北省级以上开发区达到42个，其中国家级经济技术开发区1个，出口加工区2个，每个县（市）都有省级开发区。同时，随着南北挂钩共建苏北开发区的推行，入园项目数量、规模都快速增长，开发区管理机构的服务能力和水平也明显提升，开发区整体进入发展快车道，对当地经济的带动作用明显加强。据统计，苏北省级以上开发区工业产值已占该地区的50%以上。其三，工业发展明显加快。抓住国内外产业转移机遇，苏北吸纳了大量工业项目，且许多项目规模较大、质量较高，项目投资呈现由初加工向精加工、由分散式向集群化发展的特点，苏北工业因此快速发展。2001—2008年，苏北五市累计吸纳国内外产业转移500万元以上项目12925个，总投资5029亿元，实际到账资金2324.3亿元，其中包括中能硅业、富士康、韩泰轮胎、东风悦达起亚等一批重大产业项目。据《江苏统计年鉴》，2010年，苏北工业增加值3559亿元，为2000年的5.2倍，二产比重47.7%，比2000年的41.4%提高6.3个百分点。

在经济快速发展的作用下，苏北与苏南发展差距拉大的势头得到了有效遏制，江苏区域发展的协调性日益改善。2010年，苏北人均地区生产总值接近3万元，与苏南的差距由2000年的1∶3.55缩减到2010年的1∶2.67。但不可否认，江苏南北发展差距依然较大，区域协调发展的任务仍然很重，主要表现是苏北居民收入水平的提高没有其工业增长或者说经济发展的速度快。2010年，城镇居民人均可支配收入苏北为1.6万元，为苏南的57.7%，农村居民人均纯收入苏北为7700多元，为苏南的59.5%，这两个比例与2000年的78.6%和66.7%相比差距都在拉大。

第三节　后位推进作用下的区域协调发展

国内外许多国家或地区都有推进落后地区加快发展的实践经验，尽管具体情况不同、所处阶段各异、发展条件有别，结果也不尽相同，有的较为成功，而有的效果不很理想，但通常都偏重工业化。与此不同，按照全民宽裕的要求，运用后位推进机制来推动落后地区发展，不应再过于注重工业化，而是要因地制宜推动落后地区发展，实现内涵丰富的区域协调发展。旨在促进全民宽裕的区域协调发展，从内容上看，重点要推进地区间基本公共服务均等化，不能只强调“分灶”吃饭；从空间范围看，重点要推动城乡一体化，不能继续实行城乡分割；从内涵方面看，重点应更多关注民生改善，不能只注重经济增长。

一、基本公共服务均等化

在现代社会中，居民消费的产品或服务既有私人产品或服务，也有公共产品或服务。其中，公共产品或服务由政府提供，纳税人为此需向政府缴纳税费。居民获得公共产品或服务的多少和优劣，取决于政府财政能力的大小。政府财政能力越强，其向居民提供的公共产品或服务就越多，质量也就越好；反之，政府可提供公共产品或服务就相当有限。在没有上级政府财政转移支付的情况下，一个地区政府财政能力的大小与其经济发展水平成正相关关系。经济越发达，税源越充裕，财政收入就越多；相反，经济发展水平越低，财政能力也就越弱。因此，若仅凭自身的努力，经济落后地区政府财政能力较弱，提供的公共产品或服务就相对较少。

尽管改革开放以来，各地经济快速发展，我国已进入中等收入国家行列，2011 年全国人均国内生产总值已超过 5000 美元，但地区间发展差距相当明显，有的地区经济基础仍较薄弱，居民收入水平偏低，财政能力相对不足。据国家统计局有关资料，2010 年，全国人均国内生产总值近 3 万元，但有的省份还不到全国平均水平的一半；全国城镇居民人均可支配收入 1.91 万元、农民人均纯收入 5900 多元，但其中有 15 个省份城镇居民人均可支配收入不到 1.6 万元、10 个省份农民人均纯收入不足 5000 元；地方人均一般预算收入各省平均达到 3000 元，但其中有 14 个省份不足 2000 元（详见表 10 -3）。这表明，目前我国部分地区居民收入水平还较低，消费能力还不强，地方政府的财政实力还较弱，靠自身来提供公共产品或服务的能力还不够。

表 10 -3　2010 年中国各省份人均 GDP、居民收入及财政收入比较

单位：元/人

地区	人均GDP	城镇居民可支配收入	农民人均纯收入	人均一般预算收入	地区	人均GDP	城镇居民可支配收入	农民人均纯收入	人均一般预算收入
北京	71938	29073	13262	11998	湖北	27877	16058	5832	1765
天津	70996	24293	10075	8226	湖南	24411	16566	5622	1646
河北	28351	16263	5958	1851	广东	44070	23898	7890	4326
山西	25743	15648	4736	2713	广西	20759	17064	4543	1675
内蒙古	47213	17698	5530	4328	海南	23769	15581	5275	3120

续表

地区	人均GDP	城镇居民可支配收入	农民人均纯收入	人均一般预算收入	地区	人均GDP	城镇居民可支配收入	农民人均纯收入	人均一般预算收入
辽宁	42189	17713	6908	4583	重庆	27475	17532	5277	3301
吉林	31557	15411	6237	2193	四川	21362	15461	5087	1941
黑龙江	27048	13857	6211	1971	贵州	13229	14143	3472	1534
上海	74548	31838	13978	12479	云南	15699	16065	3952	1893
江苏	52642	22944	9118	5185	西藏	16875	14980	4139	1219
浙江	50899	27359	11303	4789	陕西	27103	15695	4105	2565
安徽	20749	15788	5285	1930	甘肃	16097	13189	3425	1381
福建	39906	21781	7427	3118	青海	23966	13855	3863	1956
江西	21180	15481	5789	1744	宁夏	26694	15344	4675	2426
山东	40854	19946	6990	2868	新疆	24884	13644	4643	2291
河南	24552	15930	5524	1469	全国	29920	19109	5919	3029

资料来源：《中国统计年鉴2011》，中国统计出版社2011年版。

在政府提供的公共产品或服务中，有些显得更为必要，这主要是指基本公共服务。现阶段，我国的基本公共服务主要包括四类：义务教育、公共卫生和基本医疗、公共文化等“公共事业性服务”，就业服务和基本社会保障等“基本民生性服务”，公益性基础设施和生态环境保护等“公益基础性服务”，以及生产安全、消费安全、社会安全、国防安全等“公共安全性服务”。① 确保向广大居民提供必要的基本公共服务，或者说保障基本公共服务均等化，是运用后位推进机制推动落后地区发展的重要目标和手段。一方面，公共产品或服务是公共福利的一个重要组成部分，享有必要的公共产品或服务是全民宽裕的重要内涵，只有采取适当措施使基本公共服务均等化，才能说明所有居民的生活已达到一定水准。另一方面，政府向居民提供公共产品或服务，既形成供给，又创造有效需求，是扩大内

① 常修泽：《中国现阶段基本公共服务均等化研究》，《天津市委党校学报》2007年第2期。

需的有效手段，有利于推动当地经济的发展。因此，推进基本公共服务均等化尤为必要。

在推进基本公共服务均等化方面，我国一直不断努力，特别是《国民经济和社会发展第十一个五年规划纲要》明确提出基本公共服务均等化目标后，国家加大了有关政策措施的力度，也取得了明显成效。如，近些年来，我国城乡免费义务教育全面实施，基本医疗保障制度全覆盖，城乡基层医疗卫生服务体系基本建成，免费基本公共卫生服务项目不断增加，国家基本药物制度开始建立，公共博物馆、纪念馆、科技馆等公共文化设施逐步向社会免费开放，社会保障制度不断完善，失业、医疗、养老等基本保险覆盖面不断扩大等。然而，我国基本公共服务供给相对不足、发展失衡的矛盾仍然比较突出，主要表现是：基本公共服务的标准和范围不明确，农村公共服务仍较缺乏，地区间公共服务水平差距还比较大，等等。

推进基本公共服务均等化，促进落后地区推进全民宽裕，实现改革发展成果由全民共享，需要采取积极有效的政策措施，重点是完善财政体制机制。第一，明确各级政府事权，强化基本公共服务提供主体责任。按照市场经济和公共财政的内在要求，逐步厘清政府的权责边界，应由政府提供的公共服务，公共财政应尽力保障，既要防止政府财政大包大揽，也要避免基本公共服务过度市场化的倾向，不能简单把财力紧张导致的公共服务缺口推向市场。科学界定按照管理方便、支出有效的原则，合理划分、准确界定各级政府的事权，特别是要明确公共事业性服务、基本民生性服务、公益基础性服务、公共安全性服务等基本公共服务的支出责任归属。加大人大、公民、舆论等对政府履行支出责任的监督力度，促进政府按照规定要求向居民提供必要的基本公共服务。第二，合理划分政府收入，保障基本公共服务所需财政能力。完善税收制度，规范政府与企业、个人的分配关系，充分调动企业及个人创新、创业的积极性，在此基础上，确保财政适当的集中度，保证政府履行职责的支出需要。同时，按照税种属性和经济效率等原则，科学合理地划分中央与地方政府收入，赋予地方适当的税收立法权限，建立地方财政主体税种，如逐渐尝试开征房地产税，充分考虑地方各级政府适当的财力需求，提高地方政府提供基本公共服务的财政能力。第三，完善转移支付制度，增强落后地区财政有关保障能力。加快转移支付立法，规范转移支付程序，建立规范透明的转移支付制度。保证义务教育、社会保障等基本公共服务必需的专项转移支付资金需要，提高财力性转移支付的比重，优化转移支付结构。围绕基本公共服务均等化和主体功能区建设，重点针对有关经济落后地区加大转移支付力度，鼓励禁止开发区域、限制开发区域等从全局角度、按主体功能更好发展。完善省以下财政体制，建立县级基本财力保障机制，逐步提高县级财政基本财力保障标准，增强基层政府提供基本公共服务的能力。

二、城乡一体化及新农村建设

农村明显落后于城市发展、城乡二元结构是许多国家经济社会发展过程中都面临的问题。改革开放以来，我国农业和农村发生了历史性的深刻变革，农村经济社会总体发展较快，但城乡差距较大、城乡二元格局等问题仍相当突出，农业基础薄弱、农村发展滞后、农民增收缓慢等现象还在困扰。以 2010 年为例，全国 GDP 中第一产业占 10.1%、第二产业占 46.8%、第三产业占 43.1%，但在当年的就业结构中一、二、三产业就业人数则分别占 36.7%、28.7%、34.6%。同期，农村常住人口占全国总人口的 50.05%；农村居民人均纯收入 5919 元，远低于城镇居民人均可支配收入 19109 元，城乡居民收入比 3.23 ∶ 1，较 1978 年的 2.56 ∶ 1 明显提高[①]。可以看出，目前我国农业劳动生产率与工业、服务业相比相当低，农民收入水平与城镇居民相比差距相当大。不仅如此，农村在教育、医疗卫生、社会保障等社会事业方面，在饮水排污、环境整治、垃圾处理等基础设施建设方面，与城市的落差很明显。显然，在我国许多地区，农村发展的落后，已成为整个地区协调发展、实现全民宽裕的“短板”。可以认为，实现全民宽裕，重点在农村，难点也在农村。加快农村发展、推动城乡协调发展是许多地区又好又快发展的当务之急。

不可否认，我国“三农”发展相对落后有主观因素，如有学者认为政

① 有关数据取自于 2011 年《中国统计年鉴》。

治上不平等对待、经济上不等价交换、社会上实行非普惠制①。但这并非说明各地对农村发展不够重视。实际上，改革开放以来尤其是进入21世纪以来，我国各级党委政府对“三农”发展非常重视。我国“三农”发展相对落后有一个重要原因：在过去的相当长时间内，我国许多地区一直处于工业化过程中，由于工农产品的比价效应和工农业的产业特征，“三农”发展受到了较大制约。随着各地整体经济实力的增强，经济社会的发展已进入工业反哺农业、城市支持农村的新阶段，加快农村发展在许多地区都已具备较有利条件。正如中共十七届三中全会通过的《关于推进农村改革发展若干重大问题的决定》所指出的，“我国总体上已进入以工促农、以城带乡的发展阶段，进入加快改造传统农业、走中国特色农业现代化道路的关键时刻，进入着力破除城乡二元结构、形成城乡经济社会一体化新格局的重要时期”。中共十八大报告已将解决好“三农”问题作为全党工作的重中之重，并明确城乡一体化是解决“三农”问题的根本途径。

那么，如何加快农村发展，摆脱落后面貌，从而使农村居民普遍过上宽裕生活呢？现阶段，就是要着力打破城乡二元结构，缩小城乡差距，逐步形成城乡一体化的新格局。有资料显示，城乡一体化发展模式在西方早就由空想社会主义者圣西门、傅立叶和欧文等提出，他们认为，和谐社会中是没有城乡差别或城乡对立的，城市不是农村的主宰，乡村也不是城市的附庸，二者是平等的②。尽管这种城乡一体化发展模式未免过于理想化，有些不切实际，但毋庸置疑城乡一体化是从根本上打破城乡二元结构、摆脱农村落后面貌的必由之路。

需要说明的是，城乡一体化不是城乡一样化。城乡有各自的特点，两者差异难免。城市人口集中、土地有限，适合发展工业、服务业等产业，农村人口稀疏、土地广袤，适合发展种植业、养殖业等农业产业。因此，城乡一体化的关键是城乡之间要有科学合理的分工。解决我国“三农”问题的核心是“三农”要有明确定位，农村不能成为城市的附庸，农业不能

① 陆学艺：《破除城乡二元结构，实现城乡经济社会一体化》，《北京工业大学学报（社会科学版）》2009年第6期。

② 段娟等：《近十五年国内外城乡互动发展研究述评》，《地理科学进展》2006年第7期。

低价附属于工业，农民不是低于城市居民的身份。城乡一体化的目标，是要使农业真正成为产业分类，农民成为平等的职业类型，农村成为同等的居住场所，人们可以自由选择是否从事农业、做个农民、定居农村。

推进城乡一体化，有必要从以下几方面把握：(1) 城乡经济运行一体化。城乡各经济主体包括农业企业都是平等的市场主体，都要参与市场资源配置，按市场经济的要求，以价格为导向，以产品品质为保证，以经济效益为中心，组织生产营运。根据土地、环境、劳动力、原材料等资源情况和人口、交通等条件，统筹城乡规划，把城市和农村作为一个有机整体，明确城乡各自功能定位。当前，需要增强农民的市场意识，建立健全农产品质量保证体系、农村市场体系和农业服务体系，提高农业产业化水平和国际竞争能力。这就要求提高农业的集约化水平，妥善解决农村土地流转问题。(2) 城乡公共服务一体化。在继续保障好城市合理公共服务的基础上，加快公共财政覆盖农村的进程，按照基本公共服务均等化的要求，加大公共财政对农村义务教育、公共卫生、社会救助、农民基本养老和基本医疗等公共服务的保障力度。(3) 城乡基础设施一体化。对城乡基础设施建设实行统一考虑、统一规划、统一推进。针对许多农村基础设施差、标准低、布局不合理等现状，通过以城补乡、城乡联网等措施，加大投入力度，逐步改进农村基础设施。加强农村环境整治，减少农业、农村被污染现象。鉴于农村基础设施一次性投入大，国家可以通过长期国债方式予以适当支持，地方从每年财政收入增量及土地等收益中适当安排一部分，结合金融资金予以支持。(4) 城乡社会管理一体化。打破户籍限制，允许城乡人口合理流动。在继续减少农村人口总量的同时，不断优化农村人口结构，鼓励年轻人返回农村，投身现代农业、争当现代农民、扎根新型农村，确保农村的生机和活力。加强农村社会治安等管理，实行城乡社区、人口联网管理，强化乡规民约的作用。(5) 城乡生活方式一体化。实现全民宽裕目的是要改善民生，包括广大农民的民生。目前，许多农民的生活水平相对偏低，生活方式较为传统。改善广大农民的民生，提高他们的生活水平，一条重要路径就是改变农民原有的、较为落后的生活方式，与城市居民一样过上现代生活。为此，需要农民有稳定的收入来源作为生活保障，需要农村建立良好的设施提供生活服务。

推进城乡一体化，重点不在城市而在农村，主要是加快新农村建设。按照中共十六届五中全会精神，“建设社会主义新农村是我国现代化进程中的重大历史任务，要按照生产发展、生活宽裕、乡风文明、村容整洁、管理民主的要求，扎实稳步地加以推进”。生产发展是新农村建设的产业基础，必须坚持以发展农村经济为中心，将发展生产摆在首位，努力使农村生产力水平有一个较大的提高。生活宽裕是新农村建设的核心内容，必须千方百计增加农民收入，并形成稳定的收入来源，提高农民生活水平和生活质量，使广大农民的生活有比较明显的改善。乡风文明是新农村建设的本质要求，必须加快发展农村教育和文化事业，提高农民的整体素质，必须切实加强农村精神文明建设，倡导科学健康文明的生活方式，以新农民支撑和带动新农村建设。村容整洁是新农村建设的重要任务，必须大力加强农村人居环境治理，积极探索政府扶持引导、农民自愿参与的村庄治理机制，切实改变农村脏乱差的状况。管理民主是新农村建设的制度保障，必须深化农村体制改革，加强民主政治建设，努力健全乡村治理新机制①。

随着工业化、城市化水平的提高，特别是中央提出新农村建设要求后，我国许多地区掀起了农民集中居住的热潮。有报道指出，到 2010 年底，全国已有 20 多个省区开始推动形式规模各异的纯农区农民集中居住和宅基地复垦运动②。如山东诸城从 2007 年开始引导农民向社区中心村集中居住，该市按照地域相邻、习俗相近的原则，把全市 1249 个村庄规划建设为 208 个农村社区，每个社区涵盖大约 5 个村庄、1500 户；山东其他许多地区，如淄博、临沂、济宁、德州和聊城等，也都开展了“撤村改社区”活动，积极推动农民集中居住③。在江苏，“农民集中居住”做法开始较早。2001 年前后，苏南的苏州、无锡等地一些富裕乡镇，由于进入工业化

① 全国干部培训教材编审指导委员会组织编写：《社会主义新农村建设》，人民出版社、党建读物出版社 2011 年版。

② 汪晖等：《关于土地发展权转移的误区和方向的思考》，《第一财经日报》2010 年 12 月 28 日。

③ 汪晖等：《关于土地发展权转移的误区和方向的思考》，《第一财经日报》2010 年 12 月 28 日。

的高速发展阶段，中青年农民大多进厂做工或经商，不少乡村人口绝对减少，有的自然村变成了“空心村”，于是当地基层政府开始尝试把一些人口较少的自然村撤并，集中到人口大村或者集中建设的公寓型农民小区①。随着新农村建设口号的提出，江苏推进农民集中居住的力度明显加大。2006年2月，全省镇村布局规划编制完成，明确在未来20年至25年内，将全省25万多个自然村逐步撤并为4万多个“规划居住点”。农民集中居住区建设由此在全省各市县全面展开。据了解，江苏的农村集中居住区建设主要有三种类型，分别是：（1）村镇融合型，其特点是与城镇化紧密结合，在城镇和产业集中区周边建设农民居住区；（2）原址重建型，即选择村庄原址建设新型社区；（3）村庄搬迁型，即在合适的空地兴建农村新型社区，将一个或数个村庄的农户逐步搬迁到新型社区居住，这种建设方式目前较为普遍②。

尽管各地在推行农民集中居住方面可能做法有别、名称多样，动机也不太一样，如有的地区主要为了节约利用土地以增加工业用地，有的地区有政绩倾向，等等，但客观上说，新建的集中居住区一般都配有一定标准的基础设施，包括道路交通、供水排污、能源供应、广电通讯、垃圾处理等，实行农民集中居住将使农村生活环境和农民居住条件大大改善，从而有助于改变农民传统生活方式，增进农民福利，使农民提高生活质量、享受现代文明。然而，作为一件新生事物，眼前推进农民集中居住也面临一些困难，如：村庄规划不科学，布点多、规模小的现象较为普遍；建设用地获取难，许多地方集中居住区建设无地可用；建设资金紧缺，公共财政无力投入，金融支持缺乏，等等。为此，有必要采取措施，积极推进农民集中居住。一是改革完善农村用地管理制度。对农民集中居住区建设用地实行先用后还政策，即先给予一定数量土地启动集中居住区建设，待置换的土地复垦后如数归还。二是改革完善财政支持政策。加大财政支持力度，各级财政都安排资金用于集中居住区建设。整合农村改水、改厕、道路建设、环境整治等支农专项资金，相对集中地用于农民集中居住区建

① 常红晓：《江苏：农民集中居住得失》，《财经》2006年第24期。

② 江建平等：《建设农村新型社区　加快城乡一体化发展》，《江苏农村经济》2011年第8期。

设。鼓励企业和社会加大对集中居住区建设的投入。三是深化农村金融体制改革，制定农民按揭贷款购建住房政策，引导信贷资金投入集中居住区建设①。

需要指出的是，推进农民集中居住必须合理有度。第一，应充分尊重农民意愿。农民集中居住的主体是农民，不能违背农民意愿强行使农民进集中居住区或上“农民公寓楼”，应通过政策宣传、规划导向、价格杠杆等方式引导农民自愿迁入集中居住区。第二，应以稳定收入为基础。农民进入集中居住区生活后，生活方式和生活开支都将发生变化，如没有稳定的收入来源，生活难以得到持续保障。要防止农民“集中居住致贫”、“上楼致贫”等问题。为此，必须解决农民就业和养老保险等问题。第三，应切实保障农民权益。推行农民集中居住，各方都可能有利益动机。对政府来说，它可以通过“增减挂钩”落得宝贵的土地资源，用于工商业项目或房地产开发等，从而获取更大利益或政绩。但这不能成为侵犯农民权益的借口，不能以损害农民利益为代价。推进农民集中居住，应注重保护农民的财产权，保障农民的合法权益，否则将遭到农民抵制和引起社会不稳定等方面问题。第四，应尊重规律循序渐进。农村农民的住房院落，兼具生产和生活双重属性，推进农民集中居住不能一味追求向城市看齐，应当注意保护农村文化和体现乡村特色。建房安家是农民毕生大事，往往会耗费农民大量积蓄和精力，推进农民集中居住不能刮风冒进，不能急功近利，不应试图短期内实现全面目标，要建设合乎农民需要的集中居住区，因地制宜、因势利导，通过规划等引导农民，将农民集中居住放在一个较长时间内来有序推进。

三、落后地区发展与民生改善

通常，一个地区的经济发展水平往往用GDP作为综合指标来衡量。而落后地区加快发展也往往用经济发展水平的改变来衡量，如GDP、工业增加值、财政收入等指标的变化情况。这种衡量办法内容比较单一。从全民宽裕的角度出发，通过实施后位推进机制等来推动落后地区加快发展，不

① 江建平等:《建设农村新型社区　加快城乡一体化发展》,《江苏农村经济》2011年第8期。

仅要看其经济发展情况，主要是看人均 GDP 的情况，还要注重社会发展、民生改善等方面，主要是民生等相关指标的变化情况。实际上，经济发展与社会发展、民生改善并不等同，也不一定同步。GDP 是一个地区国民经济各部门增加值的总和，指的是产出，这从生产法、收入法等国民经济核算方法中得到较清晰体现。而社会发展、民生改善相对更宽泛，涉及包含经济发展在内的许多方面内容，其中民生改善既指居民享受社会福利的改进，还包括社会治安等生活环境的优化。

就如何有效衡量一个地区社会、民生等发展水平，许多组织或政府都作过有益的尝试。最著名的要数联合国的千年发展目标和人类发展指数。联合国千年发展目标（MDGs），是联合国全体 191 个成员一致通过的一项旨在将全球贫困人口在 2015 年之前降低一半的行动计划。2000 年 9 月，在联合国千年首脑会议上，世界各国领导人就消除贫穷、饥饿、疾病、文盲、环境恶化和对妇女的歧视，商定了一套以 2015 年为时限的目标和指标。具体包括 8 个方面内容：消灭极端贫穷和饥饿，普及小学教育，促进男女平等并赋予妇女权利，降低儿童死亡率，改善产妇保健，与艾滋病毒/艾滋病、疟疾和其他疾病作斗争，确保环境的可持续能力，全球合作促进发展①。联合国人类发展指数 HDI（Human Development Index），是由联合国开发计划署（UNDP）在《1990 年人文发展报告》中提出的，用以衡量联合国各成员经济社会发展水平的指标。目前，该指数包括三个纬度、四个指标：（1）健康长寿——出生时预期寿命；（2）教育获得——平均受教育年限，预期受教育年限；（3）生活水平——人均国民总收入 GNI（按购买力平价）②。

江苏在如何评估经济社会发展方面已进行过积极探索。2003 年，为推动全省率先全面建设小康社会，江苏制订了有关指标体系（详见附表 10－4），提出了四大类 18 项 25 条指标，主要包括：（1）经济发展指标，如人均地区生产总值、城市化水平、城镇登记失业率等；（2）生活水平指标，如居民收入、居民住房、居民出行、恩格尔系数等；（3）社会发展指标，

① 资料来源：http://www.un.org/chinese/millenniumgoals/reports.shtml。

② 资料来源：http://hdr.undp.org/en/statistics/。

如教育水平、医疗卫生水平、社会保障水平以及社会安全、城乡居民依法自治率等；(4) 生态环境指标，如绿化水平、环境质量综合指数等。2011年，江苏以全国率先基本实现现代化为目标，制订了相应指标体系，由四大类30项指标组成（详见附表10－5），其中经济发展9项、人民生活7项、社会发展8项、生态环境6项。具体来说，人民生活指标为人均预期寿命、居民收入水平、居民住房水平、每千人国际互联网用户数、基本社会保障、每千人拥有医生数、公共交通服务水平等7项；社会发展指标为主要劳动年龄人口平均受教育年限、人力资源水平、基尼系数、党风廉政建设满意度、法治和平安建设水平、和谐社区建设水平、文化产业增加值占GDP比重、人均拥有公共文化体育设施面积等8项。

表10－4 江苏省全面建设小康社会指标体系

类别	指标名称		代码	单位	目标值
一、经济发展	1. 人均地区生产总值		1	元	≥24000
	2. 二、三产业增加值占GDP比重		2	%	≥92
	3. 城市化水平		3	%	55
	4. 城镇登记失业率		4	%	<5
二、生活水平	5. 居民收入	(1) 城镇居民人均可支配收入	5	元	≥16000
		(2) 农村居民人均纯收入	6	元	≥8000
	6. 居民住房	(1) 城镇人均住房建筑面积	7	M^2	30
		(2) 农村人均钢筋、砖木结构住房面积	8	M^2	40
	7. 居民出行	(1) 农村行政村通灰黑公路（或航道）比重	9	%	100
		(2) 城镇人均拥有道路面积	10	M^2	12
	8. 居民信息化普及程度	(1) 百户家庭电话拥有量	11	部	200
		(2) 百户家庭电脑拥有量	12	台	40
	9. 居民文教娱乐服务支出占家庭消费支出比重		13	%	18
	10. 恩格尔系数		14	%	<40

续表

类别	指标名称		代码	单位	目标值
三、社会发展	11. R&D 经费支出占 GDP 比重		15	%	≥1.5
	12. 高中阶段教育毛入学率		16	%	≥90
	13. 卫生服务体系健全率		17	%	≥90
	14. 社会保障	（1）城镇劳动保障三大保险各自覆盖面	18	%	≥95
		城镇基本养老保险		%	≥95
		城镇失业保险		%	≥95
		城镇基本医疗保险		%	≥95
		（2）新型农村合作医疗覆盖面	19	%	≥85
	15. 人民群众对社会治安的满意率		20	%	90
	16. 城乡村居民依法自治	（1）城镇社区居委会依法自治达标率	21	%	90
		（2）农村村委会依法自治达标率	22	%	95
四、生态环境	17. 绿化水平	（1）城市绿化覆盖率	23	%	40
		（2）森林覆盖率	24	%	20
	18. 环境质量综合指数		25	分	80

表 10－5　江苏基本实现现代化指标体系（试行）

类别	序号	指标名称	单位	目标值	权重
经济发展	1	人均地区生产总值	元	100000（按2010 年平均汇率约15000 美元）	5
	2	服务业增加值占 GDP 比重	%	53	3.5
	3	消费对经济增长贡献率	%	53	3
	4	城市化水平	%	68	3.5
	5	现代农业发展水平	%	90	4.5
	6	研发经费支出占 GDP 比重	%	2.8	3.5
	7	高新技术产业产值占规模以上工业产值比重	%	45	3
	8	自主品牌企业增加值占 GDP 比重	%	15	3
	9	万人发明专利拥有量	件	12	2

续表

<table>
<tr><th>类别</th><th>序号</th><th colspan="2">指标名称</th><th>单位</th><th>目标值</th><th>权重</th></tr>
<tr><td rowspan="14">人民生活</td><td>10</td><td colspan="2">人均预期寿命</td><td>岁</td><td>78</td><td>4</td></tr>
<tr><td rowspan="2">11</td><td rowspan="2">居民收入水平</td><td>城镇居民人均可支配收入</td><td>元</td><td>55000</td><td rowspan="2">5</td></tr>
<tr><td>农村居民人均纯收入</td><td>元</td><td>23000</td></tr>
<tr><td rowspan="2">12</td><td rowspan="2">居民住房水平</td><td>城镇家庭住房成套比例</td><td>%</td><td>95</td><td rowspan="2">3</td></tr>
<tr><td>农村家庭住房成套比例</td><td>%</td><td>80</td></tr>
<tr><td>13</td><td colspan="2">每千人国际互联网用户数</td><td>个</td><td>1000</td><td>2</td></tr>
<tr><td rowspan="5">14</td><td rowspan="5">基本社会保障</td><td>城乡基本养老保险覆盖率</td><td>%</td><td>98</td><td rowspan="5">4</td></tr>
<tr><td>城乡基本医疗保险覆盖率</td><td>%</td><td>98</td></tr>
<tr><td>失业保险覆盖率</td><td>%</td><td>98</td></tr>
<tr><td>城镇保障性住房供给率</td><td>%</td><td>98</td></tr>
<tr><td>每千名老人拥有机构养老床位数</td><td>张</td><td>30</td></tr>
<tr><td>15</td><td colspan="2">每千人拥有医生数</td><td>人</td><td>2.3</td><td>3</td></tr>
<tr><td rowspan="2">16</td><td rowspan="2">公共交通服务水平</td><td>城市居民公共交通出行分担率</td><td>%</td><td>26</td><td rowspan="2">3</td></tr>
<tr><td>镇村公共交通开通率</td><td>%</td><td>100</td></tr>
<tr><td rowspan="12">社会发展</td><td>17</td><td colspan="2">主要劳动年龄人口平均受教育年限</td><td>年</td><td>12.2</td><td>5</td></tr>
<tr><td rowspan="2">18</td><td rowspan="2">人力资源水平</td><td>每万劳动力中研发人员数</td><td>人年</td><td>100</td><td rowspan="2">4</td></tr>
<tr><td>每万劳动力中高技能人员数</td><td>人</td><td>600</td></tr>
<tr><td>19</td><td colspan="2">基尼系数</td><td>—</td><td><0.4</td><td>2</td></tr>
<tr><td>20</td><td colspan="2">党风廉政建设满意度</td><td>%</td><td>80</td><td>2</td></tr>
<tr><td rowspan="2">21</td><td rowspan="2">法治和平安建设水平</td><td>法治建设满意度</td><td>%</td><td>90</td><td rowspan="2">3</td></tr>
<tr><td>公众安全感</td><td>%</td><td>90</td></tr>
<tr><td rowspan="2">22</td><td rowspan="2">和谐社区建设水平</td><td>城市和谐社区建设达标率</td><td>%</td><td>98</td><td rowspan="2">4</td></tr>
<tr><td>农村和谐社区建设达标率</td><td>%</td><td>95</td></tr>
<tr><td>23</td><td colspan="2">文化产业增加值占 GDP 比重</td><td>%</td><td>6</td><td>2</td></tr>
<tr><td>24</td><td colspan="2">人均拥有公共文化体育设施面积</td><td>m^2</td><td>2.8</td><td>2</td></tr>
</table>

续表

<table>
<tr><th>类别</th><th>序号</th><th colspan="2">指标名称</th><th>单位</th><th>目标值</th><th>权重</th></tr>
<tr><td rowspan="9">生态环境</td><td>25</td><td colspan="2">单位 GDP 能耗</td><td>吨标煤/万元</td><td><0.5</td><td>4.5</td></tr>
<tr><td rowspan="4">26</td><td rowspan="4">主要污染物排放强度</td><td>单位 GDP 化学需氧量排放强度</td><td>千克/万元</td><td><2.0</td><td rowspan="4">4.5</td></tr>
<tr><td>单位 GDP 二氧化硫排放强度</td><td>千克/万元</td><td><1.2</td></tr>
<tr><td>单位 GDP 氨氮排放强度</td><td>千克/万元</td><td><0.2</td></tr>
<tr><td>单位 GDP 氮氧化物排放强度</td><td>千克/万元</td><td><1.5</td></tr>
<tr><td>27</td><td colspan="2">空气质量优良天数比例</td><td>%</td><td>95</td><td>3</td></tr>
<tr><td>28</td><td colspan="2">Ⅲ类以上地表水比例</td><td>%</td><td>60</td><td>3</td></tr>
<tr><td rowspan="2">29</td><td rowspan="2">绿化水平</td><td>林木覆盖率</td><td>%</td><td>23</td><td rowspan="2">3</td></tr>
<tr><td>城镇绿化覆盖率</td><td>%</td><td>40</td></tr>
<tr><td></td><td>30</td><td colspan="2">村庄环境整治达标率</td><td>%</td><td>95</td><td>3</td></tr>
<tr><td colspan="2">评判指标</td><td colspan="2">人民群众对基本现代化建设成果满意度</td><td>%</td><td>70</td><td>—</td></tr>
</table>

上述社会发展和民生改善方面的许多内容都值得在推动落后地区发展过程中借鉴。实施后位推进机制，推动落后地区加快发展，促进实现全民宽裕，不仅要关注当地经济的发展，更要注重社会发展和民生改善，实际就是经济发展成果如何以及这种成果是否由居民享受。按照全民宽裕的要求，衡量落后地区是否在后位推进机制的作用下获得长足发展，应从居民的角度进行分析，主要包括居民收入、基本公共服务、基础设施等取得情况。具体来说，主要是：（1）居民无论是农村居民还是城镇居民以家庭为单位都达到一定的收入水平，能满足衣食住行等日常生活开支；（2）居民能享受政府提供的教育、医疗卫生、文化体育、社会保障、社会安全、司法等有效的基本公共服务；（3）居民无论所住城、乡社区都拥有道路交通、供水治污、能源供应、通讯广电、垃圾处理等基础设施。为此，需要建立指标体系对有关地区经济社会和民生情况进行衡量。只有这样，才能促使落后地区加快发展，使这些地区的居民也能共享发展成果，过上宽裕生活。

第十一章　全民宽裕的文化教育与精神愉悦

教育是人生发展的必然要求，是人类进步的重要标志。全民宽裕更需要教育的充分发展。在全民宽裕社会，教育不仅是个人的需要，更是社会的需要；不仅是个人的责任，也是社会的责任。随着经济社会的发展，要让教育发展空间得到充分拓展。每个人只有坚持追求物质文明和精神文明的统一，人生才有价值和意义，才能获得真正的幸福，进而实现全面发展。当社会进入全民宽裕阶段，人们对精神愉悦的追求将越来越强烈，须创造条件丰富广大民众的精神文化生活，促进宽裕型和谐社会建设。

第一节　全民宽裕与教育发展

一、教育充分发展是全民宽裕的基本特征

教育是一个地区一个民族一个国家乃至整个人类兴旺的根本所在，也是每一个人良好发展的基本条件所在。全民宽裕下的教育一定是能够充分发展的状态。发展全民宽裕必须着实坚持以人为本，使所有人能够在教育方面得到公平的、适合的、优良的机会。对于每一个人来说，教育可以提高潜能、增长才干、培育美德、健强体格。为实现全民宽裕的目标，并维护好全民宽裕的生活，针对人生阶段的不同和人才需求结构的差异，应做到教育的覆盖面广、适应度高、创新性强。

当代人类文明的最重要的标志之一，就是各类教育都有良好的发展。

人的一生每个阶段都有这样那样的教育需求。在人的婴幼儿期，不仅需要呵护，还需要语言的启蒙教育和适应生活的肢体功能的锻炼。在学前三年教育阶段，以集体看护和集体活动为主，兼顾必要的生活礼貌常识等进行教育。小学和初中阶段是基础知识教育阶段，语言、运算、普及性基本科技常识和人文知识等需要掌握。初中以后，一半左右的学生进入职业学校进行职业化教育；一半左右的学生进入高中阶段学习，为将来进入大学深入学习研究打基础。这既是根据人的学习能力和技能能力的不同，也是根据社会分工需求的不同。大学之后，为了培养一部分高端教育型、研究型、创新型人才，社会需要一部分人进行硕士甚至博士研究生的学习。以上这些都是人们的基本需求，从而构成社会公平的基本要求。所以应当由政府主导，统筹社会必要力量，办好各级各类学校，保障公民的权益。在全民宽裕社会的建设过程中，尤其要全面办好从小学到研究生的学历教育，甚至学前教育。

学历教育之外，各种非学历教育或培训也十分丰富。有各种在职学习培训，各种业余兴趣爱好的学习培训，比较高层次的有各级领导干部和企业家人才等培训、有关高端科技专业人才结合某些科研课题进行的研讨培训等。同时也要鼓励人们进行业余学习。当人们进入老年时期，根据各人喜好，也可开展必要的学习，以充实休闲生活。另外，遵纪守法教育和各种行为规范教育也是必要的。总之，在人的生活和工作链条中，嵌入所需的学习或培训，是非常有意义的。

学习教育的内容方式多种多样。可进行专题教育培训，包括就职培训、在岗培训、心理修养培训、理想信念培训、意志毅力培训等。在有关教育中还须融入适当的法制教育和纪律教育。可进行各种启发式教育，包括娱乐式、游戏式、座谈式、研讨式、茶话式、家庭式、通讯式、问答式、旅游式、挑战式等。通过现代网络体系进行学习更是现代社会一种新的特征。

除了课堂形式的教育培训之外，社会群体内到处渗透着学习教育行为。家人之间、师徒之间、同学之间、同事之间、亲友之间、邻居之间都存在一定的学习教育行为。因为常识性的东西可以学、思想情感性的东西也可借鉴。对有些时政问题、学术问题还可展开专门的或者闲余的探讨。

人们在观看电影电视时会有所感悟，在观察别人为人处事时会有所启发，在做事、娱乐等各项活动中也会有新的领悟，可以说处处渗透着教育。在现代社会，特别是到了全民宽裕时代，教育的内容形式更多、路径方式更现代化。因当代人远近出行更便捷、读书观片更容易、信息渠道更通畅、结交朋友更广泛，从而得到的教育感悟机会也更丰富。

在人的生活和工作链条中，嵌入所需的学习或培训，是非常必要的，也是很有意义的。为何需要如此广泛深入的教育？主要是生活本领、工作本领、身心健智、为人处事等都需要学习。社会形形色色的生活和工作内容需要人们了解掌握的知识和技能非常丰富。包括语言文字知识、自然科学知识、人文道德知识、史哲艺术知识、科技专业知识、管理模式知识以及健康卫生知识等。此外，人的思想和行为受各种各样的情况影响，随时随地可能产生这样那样的错误或偏差。有些错误可以容忍，但有些错误确实不可容忍。对那些不可容忍的错误需要通过事先的反复教育培训，防止产生不良后果。

特别值得一提的是，自我教育对于每个人也十分重要。自己的理想信念、自己的意识心志、自己的兴趣爱好、自己的理解感悟、自己的功夫投入、自己的谨慎把握、自己的宽宏大量等等，其作用是不可估量的。自我教育与被动教育一样都有积极的作用。被动教育的确不能缺少，许多知识不通过特定的专业教育是不可能被掌握的。而自我教育是融会贯通的法宝。善于自我教育，道理领悟易深、知识提高易快、为人处事易得体。自我教育与被动教育可能也存在“黄金分割率”的关系。即在一般性的常识教育中，被动教育所起的作用占61.8%左右，自我教育所起的作用占38.2%左右；而在研究性的教育中，自我教育的因素占61.8%左右，被动教育的因素占38.2%左右。这或许有点形而上学的味道，很难有确凿的证明，但不影响其中存在一定道理。一言以蔽之，每个人都应当高度重视自我教育。老师不仅要教授知识，还要教育学生自己多加感悟领会，培养学生自我学习的能力。

教育的功效反映在许多方面。主要是传承知识、积累知识、创新知识，培育优良的人力资源。并且成就人才、成就兴趣爱好。现代社会是人人成才的社会，每个人都可以成为社会某一岗位的有用之才。为此，实现全民宽裕，应当围绕搞好人民满意的教育，面向现代化、面向世界、面向未来，促进教育优先得到更好发展。建立和完善终身教育体系、全面提升教育质量，大力培育强盛的人力资源。当代社会，因有良好教育，结合职业分工，加上越来越先进的机器和信息工具，所积聚的人力资源能量会以乘数效应扩大。

教育的根本目的，是围绕人的全面发展，提高人在社会生活和工作中的认知能力、技能能力和心理承受能力。不仅使人们能做到生活好、工作好，还能达到身心健康愉悦。同时，能够培养造就一些研究开发型、管理开拓型以及创业创优创新型人才，引领社会进步。

二、教育发展空间的拓展

教育既关连着经济素质、又关连着人的素质。教育可拓展的发展空间非常广阔。除了各类学历教育和非学历教育可以不断进行完善提高外，各种心理素质教育、创新思维教育、知识系统教育等，都有巨大的发展空间。

1. 心理素质教育

心理素质教育对每个人都有作用，值得大力加强。人的身心健康状况和日常生活工作的精神状态，与人们的心理素质状况密切相关。通过一定形式的教育引导，培育人们良好的心理修养，在遇到各种复杂情况时，可以正确应对，减少不必要的心理痛苦或压力。在全民宽裕社会建设过程中，虽然人们的物质生活条件越来越好，但各种各样的矛盾、风险和压力仍然常会发生，需要有积极健康的心态去应对。

心理素质教育分两大类，一是积极向上心理的培育。主要可通过政治历史和人文知识的教育，也可通过英雄模范人物的先进事迹的宣传教育，培育积极的理想信念和正确的世界观、人生观、价值观，真正爱社会、爱祖国、爱世界、爱人民、爱家庭，并且爱政党、爱政府，爱集体。努力发扬孙中山先生提倡的博爱精神。既尊老爱幼，也尊重周围的人，包括尊重老师、同学、领导、同事、下属、邻居以及路人等。爱与尊重就是讲和谐，并可保持善良之心，但不影响对错误的东西或不良的行为进行辨别和批评。批评本身也是必要的教育方式。二是承受压力的心理教育。人生压力随处都有，有学习成绩压力、晋升压力、竞争压力，也可能发生生气、生病及灾害等压力，还有不被理解、误会、冤屈等压力。对于任何压力，不同的人有不同的方法对待。有的人采取主动或被动的正确方式对待，能产生好的效果；也有的人可能用错误的方式对待，从而导致不良的后果。通过必要的教育引导，可以帮助人们以正确的方式对待压力，防范、缓解压力可能造成的不良影响非常重要。另外，心理素质方面也有必要进行“情绪帮扶”。社会中总有很少一些人，心理素质较差，经不起压力的打击，容易使身心遭受伤害。也有的人因不健康的心理，会养成不良习惯和嗜好。人的情绪方面得到适当帮扶，必定会有很大益处。对情绪受到一定负面影响比较差的人和心理素质问题比较严重的人，应当花较大工夫予以帮扶。在全民宽裕社会，目标是要使所有人除了物质条件良好以外，在精神上要达到充实愉悦的状态，因此，用必要的人力资源投入到教育帮助少数人解决严重心理问题是值得的，并且通过各种途径的努力，必将会产生有益的效果。

2. 创新思维教育

创新思维是现代社会的特征，其教育有很广的可拓展空间。对人的教育，不仅要教授其应知应会的，还要教授其原理所在，更要教授其创新思维的方法。教育方式务必要防止形式单一，避免灌输式多、应试式多、从众式多，而因材施教少。不同的人，犹如不同矿石，材质不同，可成之用不同，其培育方式应当有所区分。不同的教育内容也可采用不同的教学方式，除了老师课堂讲授以外，可采用实验式、观摩式、体验式。为了养成学生独立思考和创新思维能力，须多采用问答式、启发式、探究式、讨论式、参与式、试验式。不仅围绕应试教育，更应围绕启迪思想、创新思路、发现规律或利用规律解决问题的思路进行教育。应敢于挑战权威、探索真理。教育最大的潜在发展空间在于创新、创造以及探索发现事物的规律性。对事物的创新，首先在于对事物的正确认识，其次在于对处理事物关联问题的了解，而后是寻找解决需求的恰当方法。固然，真正的创新是在实践中产生的，而在教育培训过程中，可将已经发生的创新内容作为实例进行讲解，还可发挥各种想象，寻求解决问题的新设想。

创新的要点在于三方面：一是根据需求创新。每一种产品、服务和管理，都可根据需求的细化而寻求更适合更贴切的方式方法。需求是创新之母，每一项具体的需求都孕育着创新。二是根据兴趣投入创新。兴趣爱好是创新的动力源泉。根据兴趣，潜心投入，往往会产生不同凡响的成果。三是知识集优创新。对每一类产品或每一项服务链条中，任何一个环节按照最先进的技术或最优良的方式进行改进，都能够对整体状况有所改进。这好比建造和装修房屋，有众多环节构成，其中任何环节的改进都是对房屋整体质量、性能以及美观度的改善。

3. 知识系统集成教育

知识和技能系统集成教育也是可拓展的重要领域。教育的难点是如何发展到高水平、如何超前、如何创新引领。如，通过产业知识系统集成可以帮助实现教育水准提升。产业知识系统集成一方面可使产业链中各环节的知识和技术得到系统升华，有利于老师传授和学生接受；另一方面有利于克服产业薄弱环节，甚至开辟新的技术路径。在知识经济时代，利用信息化工具，将主要产品的整个产业链的技术知识和营销知识进行系统化集成，是完全有条件做到的。这些知识可直接用于教学，并可帮助研究工作者和企业家清晰知晓产业整体最优知识状况。通过知识集成，有利于人们根据现有生产经营状况，开展深入研究，努力争取有新的创新。如果社会能够在企业分散掌握的知识基础上，形成社会公共的知识集成体系，不难想象可以形成巨大的外溢功能。我国高等院校，不仅要培养学生掌握基础知识和产业技术的基本原理，还需要形成各自的学科专业优势，因此可由高校分别有针对性地负责不同产品产业链知识，对教育和科研活动必有好处。建立这样的体系肯定会遇到这样那样的问题，但是本着实事求是的原则，所有的困难都能够克服。比如，针对企业掌握的核心技术不愿公开问题，可先将世界上哪个企业掌握这一核心技术以及该技术的最后功能描述出来，等到核心技术可以公开时就可成为公共性普及性知识。企业为做好市场宣传，自然会配合这样的知识积累体系建设。学生在受教育期间，如能得到产业链集成知识，有利于培育他们的创新理念。知识集成是巨大的财富累积，某种程度上超过物质财富的积累，对经济社会的发展作用巨大。

第二节 全民宽裕的精神愉悦

一、在认识自我的基础上合理定位需要

老子说得好："知人者智，自知者明"。早在2000年前，古希腊人就把"认识自己"作为铭文刻在德尔菲神庙上。"认识自己"是一种境界，正确地认识自我，能激发人们稳中求进，能带给人们愉悦。

人并不是为了需要而来到世界上，但是，来到了世界上就必然有需要。任何人都有需要，没有任何需要的人是不存在的。"需要是指生物物体为了维持生存和发展，必须与外部世界进行物质、能量、信息交换而产生的一种摄取状态"。① 需要是人的一种客观存在，是不依人的意志而转移的。但是，人类的需要与一般生物物体（如：动物）的肉体需要有着根本的不同。动物的需要是长久停滞不变的，而人的需要随着社会的进步，需要的内容、范围和实现方式不断地变化和发展。比如，"以食充饥"，人和动物似乎没有什么区别，"但是用刀叉吃熟肉来解除的饥饿不同于用手、指甲和牙齿啃生肉来解除的饥饿"。② 此外，人的需要绝不仅仅是为了吃饭、穿衣，不仅仅是为了身心安逸，进一步说，不仅仅是为了满足肉体的需要。"在初级的生活需要（吃、喝、穿、住等等）之上，耸立着比较复杂的精神需要的整座摩天大厦：人需要社交、同情、爱情、名誉和其他许多东西。人还有高级的社会需要，这就是认识自己，确定他负有怎样的人生使命"。③

人的需要可分为不同层次。恩格斯将人的需要分成生存需要、享受需

① 徐春：《人的发展论》，中国人民公安大学出版社2007年版，第44页。

② 《马克思恩格斯全集》第46卷，人民出版社2008年版，第29页。

③ ［苏］季塔连科主编：《马克思主义伦理学》，中国人民大学出版社1984年，第171页。

要和发展需要三个层次。他认为，生存需要是人的最基本的需要。“一切人类生存的第一个前提，也就是一切历史的第一个前提，这个前提是：人们为了‘创造历史’，必须能够生活。但是为了生活，首先就要衣、食、住以及其他东西。因此第一个历史活动就是生产满足需要的资料，即生产物质生活本身”。[①] 随着人的改造自然和社会的能力提高，人们就会创造出更多的社会财富，不仅能够满足人的生存需要，而且还能够使人生活得更好。这样，人就在生存需要得到满足的基础上，产生享受需要。即不仅要吃、穿、住，而且要吃好、穿好、住好，还需要丰富多彩的精神生活。此外，人还需要发展和完善自己。发展需要是人提高自己生命价值的需要，也是人的需要的高级形式。社会主义社会“各尽所能，按劳分配”为个人与社会的和谐发展创造了基础条件，到了未来的共产主义社会，实现“各尽所能，按需分配”，“每个人的自由发展”就是“一切人的自由发展的条件”。[②] 美国心理学家马斯洛在1943年发表的《人类动机的理论》一书中把人的需要分为五个等级：（1）生理需要。如对食品、衣服、居住的需要；（2）安全需要。包括防备生理损伤、疾病、经济上的灾难和意外事情的发生，以及工作安定、有保障等；（3）归属与爱的需要。希望在团体中得到别人的爱，并给予别人爱；（4）自尊的需要。建立在实际能力上的成就和他人的尊重；（5）自我实现的需要。希望充分发挥潜能，做最适宜的工作。他还同时强调，人的需求极少达到完全满足的状态，一个欲望满足后另一个迅速出现并取代它的位置。无论是恩格斯的需要层次理论，还是马斯洛的需要层次理论，都反映了这样一个趋势：人的需要处在变化发展之中，呈现出一种上升的趋势。人们的生理需求逐渐减弱，心理需求不断增强；人们的客观需求逐渐减弱，主观需求不断变强。这是一个由温饱向享受、由体能向智能的转变，与人类文明进化方向一致。也就是说，随着人类社会的发展，人的需要也逐渐多样化、复杂化，并形成越来越高级的需要，这是人类所独有的需要。

精神愉悦取决于“需要”的满足。德国哲学家康德认为：“快乐是我

① 《马克思恩格斯选集》第1卷，人民出版社1995年版，第78—79页。

② 《马克思恩格斯选集》第1卷，人民出版社1995年版，第294页。

们的需要得到了满足”。当人的需要得到满足时，情绪就被释放，从而产生精神的愉悦。当人的需要处于追求过程之中，人的精神状态虽没有喜悦感，但也是比较充实的。不过，人的需要如果定位太高，老是得不到满足时，容易产生不良情绪。

人的个体需要是存在于社会形态中的，个体需要具有社会性。并且，个体需要的差异，造成了社会现实需要的多样性。个体需要与社会性需要有统一性，但也有矛盾性。个体需要的产生、满足以及满足的方式途径，无一不以社会存在为前提，它时时刻刻都要受到社会存在制约。社会需要是个体需要的总和，但又不是个体需要的简单相加。因为有些个体需要，是违背社会发展原则的，所以受到排斥。然而个体需要又是客观的，个体无时无刻不在追求满足。这就必然使得个体需要与社会需要出现一定的冲突。当人的个体性需要与社会性需要或他人的个体性需要相一致，并予以认可时，人的心理就表现出愉悦；反之，就表现出不愉悦。“情感和人类需要有密切的关系。人类的需要获得满足便有积极的情感，不能满足便有消极的情感”。[①] 在人生的不同阶段，每一个人都对社会、单位、家庭、父母、子女、朋友等有着不同的需要，人生既在需要的满足过程中不断进步发展，又在需要的满足中品尝酸甜苦辣。

人是理性的，人和其他万物不同就在于能用理性控制需要。亚里士多德明确指出：人的本性就在于理性，人能用理性支配自己的行为、控制自己的欲望，使行为合乎道德，这就是幸福和快乐。他说“对于人，符合于理性的生活就是最好和最愉快的，因为理性比任何其他的东西更加是人”。[②]“现代哲学之父”笛卡尔认为：人是精神实体和物质实体组成的，人的物质实体身体——同动物一样，像一个机器在机械地运动。但是人和动物不同的是人有精神实体，有思想。“我思故我在”体现了他对人的认识。历史学家汤因比这样说：“人类是处于这样一种麻烦困惑的境地，他们是动物，同时又是自我意识的精神存在，就是说，人类因为在其本性中

① 陈孝禅：《普通心理学》，湖南人民出版社 1983 年，第 347 页。

② 北京大学哲学系外国哲学史教研室编译：《古希腊罗马哲学》，商务印书馆 1961 年版，第 327 页。

具有理性精神的一面，所以他们知道自己被赋予了其他动物所不具备的尊严性，并感觉到必须维护它”。[①]

在人的理性社会中，需要与理性的矛盾冲突并不使人悲观。相反，它正是一种人类生活的丰富和生动体现，人应当以积极的理性力量去对待自己的需要。洛克认为：“我们人类在各种年龄阶段有各种不同的欲望，这不是我们的错误；我们的错处是在不能使得我们的欲望接受理智的规范”。[②] 卢梭在《爱弥尔》一书中是这样对待人的欲望的，他说：“人的聪明智慧或真正的幸福道路在哪里呢？正确说来，它不在于减少压制我们的欲望。因为，如果我们的欲望少于我们的能力，则我们的能力就有一部分闲着不能运用，我们就不能完全享受我们的存在；它也不在于扩大我们的能力，因为，如果我们的欲望也同样按照更大的比例增加的话，那我们只会更痛苦；因此，问题在于减少那些超过我们能力的欲望；在于使能力和意志两者得以充分的平衡”。[③] 这说明合理定位自身的需要是精神愉悦的重要基础，应当将需要把握在能力和意志所及范围内。

二、精神愉悦的思想境界

在一定社会的现实条件下，只要人们具有满足需要的能力涵养，都能使人们的精神达到一定程度的愉悦。只有培养出一定的思想境界，才能使精神更加愉悦。

（一）端正人生态度——尽责尽力、助人为乐

小时候，会觉得幸福是一件东西，拥有就幸福；长大后，觉得幸福是一个目标，达到就幸福；成熟后，发现幸福原来是一种心态，领悟就幸福。季羡林先生曾经说过这样一番话：“一个人活在世上必须处理好三个关系：人与大自然的关系；人与人的关系；个人心中思想与感情矛盾与平衡的关系”。处理得好生活就能愉快，反之生活就有苦恼。第三种关系讲的就是如何端正人生态度，实现内心和谐。唯有端正人生态度，打造良好

---

① ［英］阿·汤因比、［日］池田大作：《展望二十一世纪——汤因比与池田大作对话录》，国际文化出版社 1985 年版，第 3—4 页。

② ［英］洛克：《教育漫话》，人民教育出版社 1957 年版，第 25 页。

③ ［法］卢梭：《爱弥尔》，商务印书馆 1978 年版，第 86 页。

的内心世界，才会着实追求人与自然、人与人、人与社会的和谐。

有一个“天堂勺子”的寓言故事：有人问教士天堂与地狱的区别，教士把他领进一间房子，只见一群人围坐在一口大锅旁，每人拿一把汤勺，可勺柄太长，盛起的汤送不到嘴里，一个个眼睁睁地看着锅里的珍馐饿肚子。教士又把他领进另一间屋子，同样的锅，人们拿着同样的汤勺却吃得津津有味。原来他们是在用长长的汤勺相互喂着吃。教士说：“刚才那里是地狱，这里是天堂”。这一故事说明，当人人只顾自己时，结果只能是人人吃不上饭，饿得骨瘦如柴，痛苦难耐如同地狱；而当每个人都想到别人时，人人都有饭吃，幸福温暖如同天堂。

大千世界，芸芸众生，相互依存，“人”字结构就是如此！你为己时亦在为他，你为他时亦在为己。在我们生存的环境中要相互帮助，不能仅仅以自我利益为中心，大家是一个互惠互利不可分离的整体。

助人为乐是中华文化一直以来所倡导的美德。当今的“助人”，应赋予更加宽广的内涵，即“助人”不仅指个体对个体的关爱帮助，而应是泛指个体对他人、对社会的奉献和贡献。《中共中央关于制定国民经济和社会发展第十二个五年规划的建议》中明确提出，“提倡修身律己、尊老爱幼、勤勉做事、平实做人，推动形成我为人人、人人为我的社会氛围”。“我为人人、人人为我”，赋予了助人为乐新的时代内涵。全民宽裕社会“我为人人、人人为我”的基本要求就是人们在各自不同的工作岗位上干一行爱一行，在平凡的工作中为社会经济发展而奉献自己的力量。我们生活的社会，每个人都是社会大家庭的一员，相互在各自的岗位上尽责努力，可以构成这个大家庭幸福美满、和睦融洽、互助关爱的良好氛围。

助人是一种付出，更是一种收获。英国作家、社会学家罗斯金说：“为别人尽最大的力量，最终就是为自己尽最大的力量”。助人付出的过程，其实也是自我能力提升、人生价值实现的过程；助人收获的是社会的认可、他人的赞誉，这种看不见的精神愉悦是金钱换不来的。我从事财政管理工作30多年，坚持“推车原理”的理财观念，感到比较欣慰。因为财政部门不像经济社会管理部门在第一线，应该担当好推车人的角色，帮助拉车人推一把，使拉车人更好地或者上坡或者过桥前进，同时，下坡时帮助往后拽一把，起到调控作用，以防止下坡速度过快造成危险，这样可以促进主管部门或单位抓好发展实事。

我们每一个人都要增强对社会的认同感和责任感，培养为他人、为社会做贡献的道德情操，与人为善，乐于助人，促进社会井然有序。这样，每一个社会成员都能充分感受到社会的温暖和亲和力。而个人对社会的认同感、责任感增强，又能进一步促进人们之间的关爱，如此良性循环，可以形成和谐的社会氛围，我们每一个人又都能在这和谐的氛围中得到精神愉悦。

（二）感知人生态度——需求无限、知足常乐

人的需求是可无限拓展的，但只有人心知足了，精神宽裕了，丰盈的芳香才会从心底溢出，弥漫幸福！知足者，现实可乐；不知足者，虽富亦忧。有一个民间故事，说的是明朝有个人叫胡九韶，他的家境很贫困，一面教书，一面努力耕作，仅仅可以衣食温饱。每天黄昏时，胡九韶都要到门口焚香，向天拜九拜，感谢上天赐给他一天的清福。妻子笑他说："我们一天三餐都是菜粥，怎么谈得上是清福？"胡九韶说："我首先很庆幸生在太平盛世，没有战争兵祸。又庆幸我们全家人都能有饭吃，有衣穿，不至于挨饿受冻。第三庆幸的是家里床上没有病人，监狱中没有囚犯，这不是清福是甚么？"

快乐、幸福都是建立在知足的基础上的。老子说过："罪莫大于纵欲，祸莫大于不知足；咎莫大于欲得。故知足之足，常足"。[①] 意思是说：罪恶没有大过放纵欲望的了，祸患没有大过不知满足的了；过失没有大过贪得无厌的了。所以知道满足的人，永远是觉得快乐的。

知足常乐，并非让人胸无大志、别无追求，更不是鼓励游手好闲、不思进取甚至甘当社会寄生虫。"追求"必须把握好一个"度"，人的需要必须限定在社会满足需要可能的前提下。一旦超出了这个"度"，就变得贪得无厌。俗语说得好："君子爱财，取之有道"，这个"道"就是前面所说的"度"。超出自身能力去追求不属于自身的价值及不现实的物质享受，其结果只会心力交瘁，痛苦不堪。知足常乐，虽然简单却很深奥，做到了，就能获取幸福；做得不好，便会糊涂一生；做不到，就会挣扎在痛苦和不满之中。

① 语出《老子·俭欲第四十六》。

"知足常乐"是一种境界，它要求人们既要以平常心度日，又要思进取，不断地充实自己的内涵，在精神生活上追求高品味，在物质生活上追求相对知足，抛弃不切实际的幻想，以自己力所能及的劳动所得，最大限度地享受幸福人生。人学会知足，这是精神愉悦的一种良好的自我调适方式。

（三）舒缓人生态度——务实进取、和谐竞争

充实生活是精神愉悦的基本方法之一。以踏实务实的作风对待工作和生活，通常是精神愉悦的法宝。在处理人际关系中，坚持"以和为贵"，不仅悦人，也能悦己。和谐的社会环境，对于人的生存和发展，至关重要。"和"这个字从古至今都是被人称赞的。"家和万事兴"、"和气生财"确有其理。"以和为贵"贵在身心和谐。

然而，物质世界的日益丰富并未从根本上改变人类精神世界的孱弱。有的人在疯狂追逐物欲的时候，淡忘了心灵宁静的同步修炼，导致精神紧张、空虚寂寞、纸醉金迷、人格扭曲、道德败坏、信仰危机等。在社会竞争日益激烈的今天，有的人任凭"物竞天择，适者生存"，使得尔虞我诈、诚信缺失、冷漠疏远、低级庸俗等现象潜滋暗长。

不可否认，自从人类出现在这个世界上，人与人相互间的竞争就没有停息过。人类的发展，社会的进步，始终充满着竞争。竞争推动着社会的发展。全部人类历史，也就是一部人类谋求生存和发展而进行激烈竞争的历史。

竞争起源于人的需求，是人类社会发展中所具有的一种普遍属性。《现代汉语词典》对竞争的解释是："为了自己方面的利益而跟人争胜"。竞争表现为人与人之间相互作用的状态，是人与人之间相互关系的一个重要方面。竞争不仅影响着人与人之间的关系结构，也影响着人的精神状态。

过去，我们往往把竞争看作是优胜劣汰，是一种零和博弈。在严酷的竞争下，参与双方不存在合作，更不可能和谐，一方的收益必然意味着另一方的损失，博弈各方的收益和损失之和为零。也就是说，自己的幸福是建立在别人的痛苦之上的。

竞争虽然是激烈的，有时也是残酷的，美国学者卡伦·霍妮在分析造成现代社会神经症人格的原因时，曾经把竞争视为主要原因。她指出，在现代社会中“独立的个人不得不与同一群体中的其他个人竞争，不得不超过他们和不断地把他们排挤开。一个人的利益往往就是另一个人的损失。这一情境的心理后果乃是人与人之间潜在敌意的增强”。[①] 但由于竞争是人类社会发展的普遍状态，是人们所无法回避的，因此，我们面对的问题不是要不要参与竞争，而是应该如何看待竞争、对待竞争、应对竞争，在竞争中焕发人生的光彩。

正确看待竞争。竞争对于我们每一个人来说，都是压力，但它却能激发我们的上进心和创造力，使个人的智慧与力量得到充分的发掘和施展。竞争的压力具有两重性，它既具有积极的一面，也有消极的一面。有的人能够化压力为动力，勇敢面对挑战，友好竞争，从而战胜重重困难，成为生活和事业的强者，这是积极的一面；消极的一面就是如果不能正确看待竞争的失败，就会被压力压倒，失去信心和勇气，陷入自卑而一蹶不振。美国短跑名将卡尔·刘易斯，在第三届世界田径锦标赛上，创下了 9 秒 88 的世界男子百米新纪录。但当东京国立竞技场上 6 万名观众高呼刘易斯的名字，为他欢呼和祝贺时，刘易斯却噙着眼泪与他的对手伯勒尔拥抱在一起，并对记者说：“如果没有伯勒尔，没有他的 9 秒 90，我也许不能跑得这样快，正是他激励了我”。这就是友好竞争的积极力量。

正确对待竞争。自然界有这样一种现象：当一株植物单独生长时，显得矮小、单调，而与众多植物一起生长时，则根深叶茂，生机盎然。人们把植物界中这种相互影响、相互促进的现象，称之为“共生效应”。人是社会性动物，是群居性动物，这种联合在一起的动物深切感到彼此的存在和感受。达尔文在《人类的由来》这部著作中写到“联合起来的动物彼此肯定相爱，这是其他非社会性成年动物所感受不到的”。[②] “人和低等动物之间的种种差别之中，最为重要而且其重要程度又远远超出其他重要差别之上的一个差别是道德感或良心”。[③] 当今社会，是一个竞争的社会，更是一个合作和谐的社会。我们今天对竞争的理解应更多地在于“竞”而不是

---

① ［美］卡伦·霍妮：《我们时代的神经症人格》，贵州人民出版社 1988 年版，第 239 页。

② ［美］大卫·洛耶：《达尔文：爱的理论》，社会科学文献出版社 2004 年版，第 104 页。

③ ［英］达尔文：《人类的由来》（上册），潘光旦、胡寿文译，商务印书馆 1983 年版，第 204—205 页。

在于“争”，“竞”是本质，就是比学赶超；“争”只是形式。传统的所谓“竞争”社会，正随着人们观念的不断转变，逐步迈向相互促进、合作共赢的“竞合”社会。有一首歌唱得好：“一支竹篙耶，难渡汪洋海；众人划桨哟，开动大帆船；一棵小树耶，弱不禁风雨；百里森林哟，并肩耐岁寒，耐岁寒。一加十，十加百，百加千千万；你加我，我加你，大家心相连。同舟嘛共济海让路，号子嘛一喊浪靠边，百舸嘛争流千帆竞，波涛在后，岸在前”。其实，如果人能够站在理性的高度对待竞争，就可以选择良性互动的竞争方式。生活中，每一个人都应认真审视自己在社会群体中的作用，看一下自己的行为是否有利于他人、有利于社会。

正确应对竞争。“三分天注定，七分靠打拼，爱拼才会赢”。“三分天注定”，其中的“天”是外因；“七分靠打拼”，“打拼”才是内因，才是你赢得胜利的决定性要素。现实生活中，赢是暂时的，今天赢了并不等于明天还会赢；唯有锲而不舍，敢于打拼，不断进取，才能常立不败之地。输也不是不能改变的，只要认真汲取教训，不“怨叹”，不“胆寒”，振作起来，再努力去打拼，去进取，输是会变为赢的。只要有追求，就应该去打拼、去奋斗，唯有这样，才能保持良好的精气神。有言道，“天下无难事，只怕有心人”。人活着是要有点精神的，这个精神就是进取精神。进取精神有助于使人保持一种旺盛的斗志，有助于克服来自方方面面的困难。积极的向上的进取心态能帮助我们获取健康、幸福和财富，而消极的心态会剥夺对我们生活有意义的东西。学会进取，敢于进取，善于进取，大家一定能到达成功的彼岸。

当前，我国社会正处在社会转型、经济转轨、利益调整的关键阶段，市场化的推行与价值观念的嬗变强化了社会的竞争氛围。物质层面的逐渐丰裕如何才能带来精神层面的日臻完善，这是人类社会发展进程中，尤其是人的发展方面一直面对着的重大问题。中共十六届六中全会通过的《中共中央关于构建社会主义和谐社会若干重大问题的决定》指出：“注重促进人的心理和谐，加强人文关怀和心理疏导，引导人们正确对待自己、他人和社会，正确对待困难、挫折和荣誉。加强心理健康教育和保健，健全心理咨询网络，塑造自尊自信、理性平和、积极向上的社会心态”。

三、丰富人的精神文化生活

人类文明进步的历史表明，一个国家、一个民族如果没有文化的传承与繁荣发展，没有高尚善良的精神追求，就等于没有精神家园，人们的心态就会浮躁、精神就会空虚、生活就会黯然失色。人的精神文化需求，对人的全面发展至关重要。精神财富犹如计算机的“软件”，而物质财富犹如“硬件”，以往，“硬件”只需加上一点点“软件”就可以成功，就像在原始社会时期，人们在精神上没有太高的需求。但在社会发展越来越快的今天，“软件”成了我们的工作平台，越来越复杂，越来越显示出它的重要性。因此，创造人民更加幸福美好的生活，不仅需要解放和发展生产力、不断提高人们的物质生活水平，而且需要不断繁荣和发展先进文化、不断提高人们的精神文化生活水平。越是经济发展、社会进步，就越是需要文化繁荣、思想多元、积极进取。2011 年 10 月，中共十七届六中全会通过了《关于深化文化体制改革推动社会主义文化大发展大繁荣若干重大问题的决定》。该《决定》指出：“全面建成惠及十几亿人口的更高水平的小康社会，既要让人民过上殷实富足的物质生活，又要让人民享有健康丰富的文化生活。我们必须抓住和用好我国发展的重要战略机遇期，在坚持以经济建设为中心的同时，自觉把文化繁荣发展作为坚持发展是硬道理、发展是党执政兴国第一要务的重要内容，作为深入贯彻落实科学发展观的一个基本要求，进一步推动文化建设与经济建设、政治建设、社会建设以及生态文明建设协调发展，更好满足人民精神需求、丰富人民精神世界、增强人民精神力量，为继续解放思想、坚持改革开放、推动科学发展、促进社会和谐提供坚强思想保证、强大精神动力、有力舆论支持、良好文化条件”。

根据国际经验，人均 GDP 在 3000 美元左右，进入物质消费和精神文化消费并重时期；人均 GDP 超过 5000 美元，居民的消费结构转向精神文化消费为主的时期。目前，我国人均 GDP 突破 5000 美元，居民消费正由生存型、温饱型，向小康型、享受型转变，未来随着全民宽裕社会的建设，人民群众精神文化需求将呈“井喷”之势。坚持以人为本，实现人的全面发展既需要通过文化来启蒙心智、认识社会、获得思想上的教益，也需要通过文体活动愉悦身心、陶冶情操、获得精神上的满足和依归。

（一）大力发展公益性文化事业，保障人民基本文化权益

加强公共文化服务体系建设。按照公益性、基本性、均等性、便利性的要求，构建公共文化服务体系，让群众广泛享有免费或优惠的基本公共文化服务。加强各地文化馆、图书馆、博物馆、美术馆、科技馆、纪念馆、人民文化宫、青少年宫以及乡村文体活动场所建设，使广大民众便利享受公共文化服务。

加快发展文化产业。发展文化产业是社会主义市场经济条件下满足人民群众多样化精神文化需求的重要途径。要把文化产业上升到国民经济的支柱产业来规划和推动。发展壮大出版发行、影视制作、印刷、广告、演艺、娱乐、会展等传统文化产业，做强做大文化创意、数字出版、移动多媒体、动漫游戏等新兴文化产业。提高文化产业规模化、集约化、专业化水平和科技装备水平。以文化产业的大发展促进文化事业的大繁荣，使社会提供的文化产品与服务得到极大的丰富，使人民文化权益的保障水平得到全面的提升。

创新文化内容形式。适应群众文化需求新变化新要求，弘扬主旋律，提倡多样化，使精神文化产品和社会文化生活更加丰富多彩。鼓励广大文化工作者立足当代中国实践，传承优秀民族文化，借鉴世界文明成果，反映人民主体地位和现实生活，创作生产更多思想深刻、艺术精湛、群众喜闻乐见的文化精品；鼓励文化企业提供多样化的文化产品和文化服务，努力满足不同地域、不同层次、不同年龄人们的精神文化需求。

（二）丰富民众的文体生活

群众文体活动是人民群众以自身为活动主体，以娱乐为主要内容，以满足精神生活需求为目的的生活；群众文体活动既是人们用以表达喜、怒、哀、乐等思想感情的重要手段，又是健身强体的很好途径。可以通过提高社区文体、乡村文体、企业文体、校园文体等建设水平，引导群众在文化体育活动中自我表现、自我教育、自我服务；通过积极搭建公益性文化体育活动平台，依托重大节庆和民族民间文体资源，组织开展群众乐于参与、便于参与的文体活动；通过激发群众文化体育兴趣，精心培育植根群众、服务群众的文体活动载体。群众文体活动应不拘泥于任何环境和形

式。如：在活动地点上，既可有分散在千家万户活动的，也可有集中在广场、公园、文体场馆等公共场所活动的；在活动项目上，既可有各人依照各自的兴趣爱好分散选择参加的，又可有相同兴趣爱好的人集中选择参加的；在活动内容上，既可有各年龄段参加的青少年文化、老年文化等，又可有单位特点的企业文化、校园文化等。应根据不同的年龄、不同的阶层、不同的社会群体和不同的爱好者，广泛开展多样性的群众文体活动。通过群众文体活动，不仅能够放松心情，使人精神愉悦、情感融洽，更能够使群众在活动中实现自我教育，获得道德情操的陶冶和审美情趣的提升。

文化体育活动是人们追寻健康的有趣而有益的方式，体现着生命的旋律和美。人的愉悦情绪不仅与其自身心理的发展、潜能的开发、生活的质量相关，更与其身体的健康密切相关。教育家陶行知先生说过：健康是生活的出发点，也是教育的出发点。他指出：人生第一要事是康健，第二要事是康健，第三要事是康健。法国著名的教育家保尔·朗格朗强调了文体的一致性，他认为："应更好地使体育和整体的终身教育结合起来，把它从单纯的肌肉作用，从它与文化隔离的状态中解放出来，把它与智力的、道德的、艺术的、社会的和公民的活动等更紧密地结合起来"。① 人们通过文体活动，不仅能强健体魄，还能愉悦心情，磨炼意志品德。

世界卫生组织最新制定出了《关于身体活动有益健康的全球建议》，将身体活动划分为三个年龄段。

5—17 岁。该年龄段的孩子，处在身体发育阶段，日常的体育课、上下学根本不能满足锻炼量。世界卫生组织建议，每天累计至少 60 分钟中等到高强度身体活动，而且，大多数日常身体活动应该是有氧运动。

18—64 岁。对于成年人来讲，随着工作变得愈加忙碌，运动的时间只会越来越少，硬性的标准就显得格外重要。每周至少完成 150 分钟中等强度有氧身体活动，每次应该至少持续 10 分钟。此外，每周还应有 2 次肌肉力量运动。

① ［法］保尔·朗格朗：《终身教育引论》，周照南、陈树清译，中国对外翻译出版公司 1985 年版。

65 岁及以上。人老了，身体各项机能下降，运动更加困难，但其实还是应每周完成至少 150 分钟中等强度有氧身体活动。活动能力较差的老年人每周至少应有 3 天增强平衡能力和预防跌倒的活动。

根据以上建议，人们可选择适当的方式进行锻炼。并可采用“X + Y 组合”方法。X 表示个性化的文体活动，每个人在人生每个阶段都可以选择自己喜欢的文体活动相伴。Y 表示有针对性的锻炼方法，即针对个人身体哪一方面不舒服，选择能够帮助克服的文体活动重点进行心理的和体能的锻炼。应该说文体活动内容丰富、形式多样，可把娱乐性、健身性融在一起，是精神愉悦的重要载体。任何人都应当坚持参加一定形式的文体活动，以充实各自的生活。所有人不仅要实现物质宽裕，更重要的是要实现精神宽裕。

（三）建立并完善精神抚慰体系

丰富人们的精神生活需要建立并完善精神抚慰体系。2006 年 8 月 6 日，季羡林老先生对前来看望他的温家宝总理说：“我们讲和谐，不仅要人与人和谐，人与自然和谐，还要人内心和谐。”内心和谐是实现其他和谐的前提。由于工作、生活、人际等诸多压力而造成的心理冲突、心理失衡和精神压抑是无处不在、无时不有的。根据弗洛伊德精神分析学说的观点，受到挫折后的心理能量如不能及时得到缓解，经长期累积，就一定会“爆炸”，或毁灭自己，或攻击他人和报复社会。建立一种良好的社会心理疏导机制，不只是直接关系到个人幸福，还直接关系到社会公共安全、和谐社会的建设。人类面临的死亡率最高的三大疾病分别为心血管病、脑血管病和癌症。虽然医学界对这三种疾病的成因还没有完全搞清楚，但据世界卫生组织分析，三大疾病的发病都与情绪有关系，与心理因素有关系，而且相关度极高。因此，建立一种精神减压机制，让人们的不满情绪得以及时宣泄，以减轻心理压力，是一项不容忽视的工作。从人类社会历史发展过程来看，人们在与客观环境的抗争中，为了有效宣泄长期压抑的不良情绪，可开展集体的或者小组的无意识式的发泄方式。如西方的狂欢节、斗牛节、蕃茄节等。有适当的宣泄方式可使人的焦虑得到有效的缓解，有利于社会的稳定。

中国正处在社会转型期，各种社会矛盾增加，竞争压力加大，工作节奏加速，各种思想观念和价值观的碰撞，使人们原有的生活轨迹被打乱，精神压力时常出现。当遭受人生挫折后，由于得不到心理救护，而使心理危机加重，处理不好就容易产生各种心理问题，严重的甚至会发展成为心理障碍、心理疾病，甚至导致精神崩溃走上绝路。促进心理健康关系到每个人的切身利益，影响着社会的发展和稳定，这是社会共同的责任。

我国加强心理缓冲地带的构建迫在眉睫。物质扶贫大家已经认同，精神帮扶需要加强共识。社会也好、单位也好、家庭也好都应舍得投入一定的人力、物力和财力，通过被扶者容易接受的切实可行的方法，化解其精神压力或情绪不稳问题。每当人们遇到可能影响情绪波动的情况，都要及时采取必要的措施，进行思想开导和精神安慰。应尽快构筑中国的精神抚慰体系，形成由政府主导，社会各层面共同参与的服务体系，由点及面，层层铺开，在全社会编织起一张由政府心理健康引导，社会各类基层组织共同参与的身心健康的安全维护网络，从而更好地实现全民物质宽裕和精神宽裕。

第三节　以先进文化促进精神宽裕

现代社会人们的精神宽裕追求，既需要继承优良的传统文化，也需要发展新的符合时代前进需要的先进文化。

一、伦理道德是精神宽裕的根基

人类优良传统文化中讲求人的伦理道德是十分重要的，精神宽裕的追求应当秉持道德文化。伦理道德要求人们追求真善美，崇尚以善良之心为人处事。善良之心我们每一个人都有，通常讲人之初性本善。善意所内涵的良好动机和真诚态度能够产生潜在的精神力量，促使人们的生活、工作和学习能够顺利而愉快地进行。在日常生活中，以善待人常常获得舒畅感；在工作学习中，真诚努力可以获得应有成绩。在时代进程中大家仍然须坚持以善为本的伦理道德，这是精神宽裕的根基。

人类社会不仅需要物质文明的建设，更需要精神文明的建设。全民宽裕的建设有利于加强精神文明建设，提升社会的道德力。道德是社会经济基础决定的一种特殊的社会意识形态，是一个社会调整人与人之间以及人与社会之间关系的行为规范的总和。由于人是理性的人，人和其他万物之不同就在于能用理性控制需要。道德的本质出自于人的理性，而理性意味着人的自我调节、自我控制，能够自觉克服贪婪所带来的动机。道德对人的行为的自我调节、自我控制能力，我们就称之为道德力。康德认为，人是理性的存在者，自由的存在者，但终究是道德的存在者。在他看来，人的本质是道德的存在者，应该按照一定的道德原则去生活。人类要繁衍要生存，一定得互爱。在这种互爱中，不同的人各得其所。人们的许多困难，可以通过社会共同的努力加以克服。随着全民宽裕社会的建设，整个社会的总体财富越来越大，社会各方面的能量也越来越足，有条件有能力扶持真正需要关怀帮助的区域或人群。

道德情操的美德体现在行为的合宜、审慎、节俭等诸方面，但按照斯密所推崇的毕达哥拉斯派学者的观点，最伟大的美德是正义或公平。[①] 中华民族悠久的文明历史缔造了优秀的文化传统，值得我们很好继承与发扬。例如，我们传统文化中强调“仁”、“义”、“礼”、“智”、“信”、“忠”、“孝”、“节”、“勇”、“和”，等等，这些对建立良好的人生观道德观十分有益。为了更好地发扬优良的道德文化，可对传统道德理念进行提炼，以符合时代进步需要。现代优良道德文化应当主要体现在“敬”、“信”、“知”、“和”等方面。“敬”表示对祖国、对人民、对人类、对自然、对党、对社会、对事业、对家人、对领导、对同事以及对优良文化和有益规制等有尊敬、尊重及热心投入之情。“信”表示讲公平正义、守法守纪守约，也表示有积极的信仰、信念和信心，还表示有真诚、踏实和尽力的态度。“知”表示对现代文明生产生活有科学技术知识和创新创优精神支撑、对经济社会的管理有规范有序的制度体系，并且个人有良好的道德修养和职业技能、还有辨别是非区分良莠的能力。“和”表示和睦相处、

① ［英］亚当·斯密：《道德情操论》，谢宗林译，中央编译出版社 2008 年版，第 345 页。

和谐竞争、和合而为。和的特点是因不同而合处，但正是各自不同，各有优势，合起来就更加协调，更加有力。团结不同的力量，发挥不同的长处，可以达到更好的效果。新时代“敬”、“信”、“知”、“和”的道德伦理文化对我们当今经济社会的管理和人们精神的宽裕及关系的融洽都是非常重要的。

精神愉悦的真正道德意义在于个人幸福与社会整体幸福的统一。这也是人与人之间相互关爱的道德情操的精神愉悦的源泉。斯密说，整体的繁荣应该不仅是我们希望实现的主要目标，更是我们希望实现的唯一目标。正义包含一切有助于社会和乐的美德。① 斯密强调：“美德的极致，在于把我们的一切行为导向增进最大可能的幸福，在于把自己看成不过是大多数人中的一个，因此自己的幸福，只有在不违背或有利于整体幸福的程度内，才可以追求”。② 英国哲学家约翰·洛克认为，一个身体和精神都健康的人就是幸福的人，而精神健康主要取决于德行，一个没有德行的人就是精神不健康的人，也是不幸福的人。亚里士多德认为，“遵照道德准则生活就是幸福的生活”。老子《道德经》中有一句名言：“上善若水”。水的品性是最好的，它虽然只呆在低洼处，却能滋养万物而“惟不争”。所以，老子认为，要想修德养性，最好是向水学习。我们都知道“仁爱”是儒家的核心思想和首要价值，也是中华文化的人格理想和最高道德原则。有两个以上的人，才构成“仁”字。所以，仁，就是强调与人友好相处。孟子说：“仁也者，人也。合而言之，道也”。仁，就是人与人的关系。有仁爱之心，才会有道德之行。人在社会中劳动和生活，需要敬业，也需要敬人，与人开展良好合作，并遵循诚信原则。人与人之间讲诚信，众人的力量就容易排除困难，合力发展。

我们生活在一个群体社会，任何一个人都不可能离开他人而生存，良好的人际关系是幸福的必要条件，而道德、诚信、尊敬是维系良好人际关系的基础。托马斯·莫尔认为：“人人都以人道主义的名义，去照顾别人，

---

① ［英］亚当·斯密：《道德情操论》，谢宗林译，中央编译出版社 2008 年版，第 346、352 页。

② ［英］亚当·斯密：《道德情操论》，谢宗林译，中央编译出版社 2008 年版，第 387 页。

爱护别人，认为照顾别人，使他们康乐幸福，才是值得称赞的”。[1] 马克思主义认为，为大多数人造福的人才是最幸福的人。当一个人在为社会、为他人，包括对大自然捧出爱心之时，他自己也就获得了最大的愉悦。个人的幸福非一人也，众人的幸福是个人幸福的基础。家庭的宽裕融于大众家庭的宽裕之中会更自然。“道德力可以净化人们的心灵，提升人们的道德素养。道德力是一个家庭、一个集体乃至一个民族、一个国家的维系力量”。[2] 道德是以善恶为标准，道德的定义可以概括为：对身边的人充满善意，对社会有所贡献。亚当·斯密在《道德情操论》一书中期望，经由市场达致富国裕民，必须与道德的维系和提升一致起来。他乐观地相信，“富之路”与“德之路”能够统一。由此看来，宽裕生活的追求加上道德修行，可以使民众达到良好的精神宽裕状态。

改革开放30多年来，党和国家十分重视国民的道德教育。2001年9月中共中央印发了《公民道德建设实施纲要》；2004年2月中共中央又下发了《关于加强未成年人思想道德建设的若干意见》；2006年3月，胡锦涛总书记在全国两会期间提出了“八荣八耻”的社会主义荣辱观；2006年10月，中共中央作出了《关于构建社会主义和谐社会若干重大问题的决定》，提出了“民主法治、公平正义、诚信友爱、充满活力、安定有序、人与自然和谐相处”的总要求；2007年9月18日，胡锦涛总书记会见了受表彰的全国道德模范并发表了重要讲话，提出“要大力弘扬社会公德、职业道德、家庭美德”。2007年12月中共十七大首次将“建设社会主义核心价值体系”纳入报告中。指出：社会主义核心价值体系是社会主义意识形态的本质体现。提出：要切实把社会主义核心价值体系融入国民教育和精神文明建设全过程，转化为人民自觉追求，积极探索用社会主义核心价值体系引领社会思潮的有效途径，增强社会主义意识形态的吸引力和凝聚力。

---

① 托马斯·莫尔：《乌托邦》，商务印书馆1982年版，第74页。

② 参见高占祥为《一本书读懂中华圣贤》（李燕杰、张瞭原、黄海平著，机械工业出版社2011年版）所作的序。

二、时代变迁需要发展先进文化

时代的发展伴随着社会思想文化的进步。文化是社会生活中对人起引导作用的思想观念和价值观念及其艺术表现形式，它是人们在社会活动中逐渐积累的、并得到普遍认同的世界观、价值观以及艺术表达方式。文化体现在三个方面：一是认识事物辨别事物的观念，即世界观、价值观；二是长期形成的风俗习惯和历史积淀，如节庆习俗、建筑风格；三是表现思想活动和现实生活的艺术形式，如音乐、舞蹈、美术、影视等。文化是人类历史创造的，而且不断在发展进步。文化的作用力即文化力对每个人的思想意识和行为都有着很大影响，对经济社会的发展也有着巨大影响。

先进的文化有两方面的特征：一是建立在客观科学基础上的适宜性；二是建立在扬长避短基础上的指向性。先进文化的适宜性主要体现在有利于引导人们客观公正、实事求是地对待人和事，并且体现科学态度和科学方式的要求。例如在改革开放之初邓小平提出的"让一部分地区一部分人先富起来"、"摸着石头过河"、"不管白猫黑猫抓住老鼠就是好猫"就是非常适宜的思想文化理念。先进文化的指向性主要体现在对一个社会或一个人内在进步要求的正确导向，并针对时弊具有挑战性。例如从"发展是硬道理"到"科学发展观"不仅体现时代经济发展要求，更体现统筹协调发展、高质有效发展的新要求。可以说先进文化对坚持什么、赞扬什么、鼓励什么、反对什么态度鲜明、导向准确，是一个社会乃至每一个人应努力遵循的。

思想文化之所以需要不断进步，是因为社会经济在发展过程中会不断遇到新问题新挑战。我们清醒地看到，随着市场经济的发展，人们对物质利益的追求强化了许多，一些人的价值观发生扭曲的现象。主要反映在金钱至上的个人主义，物质标准的享乐主义，极其典型的实用主义等。结果不顾社会利益和他人利益的情况越来越严重，环境破坏、产品劣质、虚假欺骗以及奢侈浪费等现象时常出现。人与人之间多了利益的纷争，少了尊敬、互助和关爱，和谐宁静的生活被不良现象笼罩。产生这些弊端的原因在于过度谋求局部利益或私人利益，也有过度谋求名誉地位的因素。由于价值观的扭曲而产生的不端行为，导致对整体利益和民众利益的损害。同时因为利益格局、社会格局的改变，也造成一部分人的心理落差，影响他们的精神情绪。

社会经济生活中问题的产生是客观的现象，关键是要有思路并有针对性的办法加以解决。而思路办法取决于思想观念的正确性，这种正确性就表明文化的先进性。围绕不同时期不同情况下产生的问题，可以发展先进治理理念，正确引导矛盾的化解。历史上我们党为了维护人民军队与人民群众的鱼水关系，奉行“三大纪律、八项注意”；在当代社会主义市场经济建设中，为了维护中国共产党的先进性，党中央专门提出党员领导干部廉政建设的若干准则，不断完善“新时代的三大纪律、八项注意”，这体现了思想文化的时代进步要求。针对当今社会经济生活中存在的诸多问题，剖析其根源主要是利益追求偏差。合理合法的利益追求是正当的，也是值得提倡的，然而利益追求偏差则是需要坚决反对和制止的。利益的追求是否正当主要看是否公正，即是否符合法律规章，是否符合市场原则，是否对人对社会负责。广大人民群众对利益的公正性根据以上几方面会有明晰的判断。针对利益追求偏差问题，可以从两方面去引导解决。一方面教育引导人们追求利益中把握“正”和“公”，以达到自觉为善，以正压邪。即遇事扪心自问是否正义，是否公平、是否公道，是否出于公心，是否与公而为，是否与众无愧。常念“正”和“公”，不仅可以纯洁心灵，提振精气神，还可有益于身心健康。人们常说：心境善，事事皆善。另一方面以有效的方式形成必要的行为约束。针对民众普遍监督发现的利益追求偏差现象，根据共益机制原则，可采取一系列扎扎实实的治理举措，纠正社会上存在的利益追求严重偏差问题。全民宽裕社会的建设，意味着所有人在经济生活方面都有平等参与、公平分享的权利，有必要建立众人利益维护体系。众人的利益是很大的政治问题，可谓众益是政。维护好众人利益的关键是维护其正当利益，防止不正当利益的行为。所有这些都需要各级政府和民众共同努力。

在全民宽裕社会的发展中，有必要也更有条件建设先进的文化。有了先进文化的引领，社会的发展和人的发展都会有更多的正能量。当代中国的先进文化，是指以马克思主义为指导，以培养有理想、有道德、有文化、有纪律的四有公民为目标的，面向现代化、面向世界、面向未来的，民族的、科学的、大众的积极健康向上的，具有社会主义特色的文化。中共十八大提出了社会主义核心价值体系，即在国家层面倡导富强民主文明和谐；在社会层面倡导自由平等公正法治；在个人层面倡导爱国敬业诚信友善。具体包括马克思主义指导思想、中国特色社会主义共同理想、以爱国主义为核心的民族精神和以改革创新为核心的时代精神以及社会主义荣辱观。这些都是社会主义先进文化的重要组成部分。《公民道德建设实施纲要》提出要大力倡导以文明礼貌、助人为乐、爱护公物、保护环境、遵纪守法为主要内容的社会公德。这些内容涵盖了群众日常生活的主要领域，涵盖了人与人、人与社会、人与自然之间的关系，无不属于先进文化范畴。

和谐之歌

太阳，月亮，
与我们小小的寰球，
永动着和谐。
你与我，我与他，
世间正道是和谐。
家中有和，百事得顺通，
同事协调，大业奔兴旺，
八方相助，力合共兴邦。
自然和谐，万类生生不息。
和谐，人类最美妙的韵章！

全民宽裕的思想观念属于共同富裕思想体系的一部分。如果说“部分先富”的思想是为了解放生产力，“全民宽裕”的思想则是在发展生产力的基础上，使民众更好地分享其劳动成果。全民宽裕的思想传承了小康社会建设的思想观念，与基本现代化的时代发展要求相吻合，属于先进文化的范畴。文化对人们来说，是一种精神上的内在需求、普遍需求。先进文化能使人们的精神世界更加充实，而不是混沌的、单薄的。以全民宽裕的文化融入到人们求发展的思想观念之中，可以丰富人们对中国特色社会主义经济发展的认知，激发民众的热情，使广大人民群众充满对社会整体发展的情感，更加充满理想，积极向上、精神焕发。可以说全民宽裕的思想观念建树，能够对经济社会的物质文明建设和精神文明建设产生正能量，有利于建设富强文明和谐的新中国！

参考文献

［美］阿瑟·刘易斯：《二元经济论》，北京经济学院出版社 1989 年版。

［美］阿塔纳修斯·阿西马科普洛斯编：《收入分配理论》，赖德胜等译，商务印书馆 1995 年版。

［英］阿·汤因比、［日］池田大作：《展望二十一世纪——汤因比与池田大作对话录》，国际文化出版社 1985 年版。

白暴力：《让城乡居民收入稳步增长》，人民出版社 2008 年版。

白河：《全面建设小康社会专题讲座》，中国言实出版社 2002 年版。

［法］保尔·朗格朗：《终身教育引论》，周照南、陈树清译，中国对外翻译出版公司 1985 年版。

北京大学哲学系外国哲学史教研室编译：《古希腊罗马哲学》，商务印书馆 1961 年版。

［法］波德里亚：《消费社会》，刘成富、全志钢译，南京大学出版社 2000 版。

陈孝禅：《普通心理学》，湖南人民出版社 1983 年。

陈学明、吴松、远东编：《痛苦中的安乐：马尔库塞、弗洛姆论消费主义》，云南人民出版社 1998 年版。

［英］达尔文：《人类的由来》（上册），潘光旦、胡寿文译，商务印书馆 1983 年版。

［美］大卫·洛耶：《达尔文：爱的理论》，社会科学文献出版社 2004 年版。

［美］丹尼尔·贝尔：《资本主义文化矛盾》，赵一凡、蒲隆、任晓晋译，三联书店 1989 版。

［德］恩格斯：《家庭、私有制和国家的起源》，人民出版社 2003 年版。

［美］凡勃伦：《有闲阶级论——关于制度的经济研究》，蔡百受译，商务印书馆 1964 版。

［美］弗雷德里克·赫茨伯格：《赫茨伯格的双因素理论》，中国人民大学出版社 2009 年版。

傅军：《国富之道》，北京大学出版社 2009 年版。

国家人口计生委发展规划与信息司与中国人口与发展研究中心：《人口和计划生育常用数据手册（2009）》，中国人口出版社 2010 年版。

国家统计局城市社会经济调查司编：《中国城市（镇）生活与价格年鉴 2010》，中国统计出版社 2010 年版。

［美］哈维·S. 罗森：《财政学》（第四版），中国人民大学出版社 2000 年版。

黄恒学主编：《公共经济学》，北京大学出版社 2002 年版。

［苏］季塔连科主编：《马克思主义伦理学》，中国人民大学出版社 1984 年版。

江建平：《我国经济转型中的分配思想演进》，中国财政经济出版社 2006 年版。

景天魁主编：《收入分配与利益协调》，黑龙江人民出版社 2006 年版。

［美］卡伦·霍妮：《我们时代的神经症人格》，贵州人民出版社 1988 年版。

［美］克拉克：《财富的分配》，陈福生、陈振骅译，商务印书馆 1983 年版。

厉以宁：《超越市场与超越政府：论道德力量在经济中的作用》，经济科学出版社 1999 年版。

刘庆唐主编：《劳动就业概论》，劳动人事出版社 1986 年版。

［法］卢梭：《论人类不平等的起源和基础》，李常山译，商务印书馆 1997 年版。

［英］洛克：《教育漫话》，人民教育出版社 1957 年版，第 25 页。

［英］洛克：《政府论》，刘晓根译，北京出版社 2007 年版，第 76 页。

[美] 马尔库塞:《现代文明与人的困境》,李小兵等译,上海三联书店 1989 年版。

[德] 马克思:《资本论》第 3 卷,人民出版社 1975 年版。

马敏、王玉德主编:《中国西部开发的历史审视》,湖北人民出版社 2001 年版。

[英] 马歇尔:《经济学原理》,商务印书馆 1997 年版。

马寅初:《新人口论》,吉林人民出版社 1997 年版。

马作宽:《组织激励》,中国经济出版社 2009 年版。

[英] 迈克·费瑟斯通:《消费文化与后现代主义》,刘精明译,译林出版社 2000 版。

全国干部培训教材编审指导委员会组织编写:《民生保障与公共服务》,人民出版社 2007 年版。

全国干部培训教材编审指导委员会组织编写:《社会主义新农村建设》,人民出版社、党建读物出版社 2011 年版。

[德] 桑巴特:《奢侈与资本主义》,王小平、何小河译,上海人民出版社 2000 版。

[法] 尚·布希亚:《物体系》,林志明译,上海世纪出版集团 2001 版。

[美] 斯蒂格利茨:《经济学》,中国人民大学出版社 2000 年版。

世界银行:《2005 年世界发展报告》,清华大学出版社 2005 年版。

世界银行:《1984 年世界发展报告》。

童星、张海波等:《中国转型期的社会风险及识别》,南京大学出版社 2007 年版。

王宁:《消费社会学——一个分析的视角》,社会科学文献出版社 2001 版。

王振中主编:《市场经济的分配理论研究》,社会科学文献出版社 2004 年版。

吴传清:《区域经济学原理》,武汉大学出版社 2008 年版。

西武编著:《木桶定律:国家、企业、个人均衡发展的行动指南》,机械工业出版社 2004 版。

夏莹：《消费社会理论及其方法论导论》，中国社会科学出版社 2007 年版。

谢旭人主编：《中国财政发展改革》，中国财政经济出版社 2007 年版。

徐春：《人的发展论》，中国人民公安大学出版社 2007 年版。

［英］亚当·斯密：《道德情操论》，宋德利译，译林出版社 2011 年版。

［英］亚当·斯密：《道德情操论》，谢宗林译，中央编译出版社 2008 年版。

［英］亚当·斯密：《国民财富的性质和原因的研究》，郭大力、王亚南译，商务印书馆 1997 年版。

杨敬年：《西方发展经济学概论》，天津人民出版社 1988 年版。

杨魁、董雅丽：《消费文化——从现代到后现代》，中国社会科学出版社 2003 版。

杨燕绥、阎中兴等：《政府与社会保障》，中国劳动社会保障出版社 2007 年版。

姚建平：《消费认同》，社会科学文献出版社 2006 版。

于国安编著：《我国现阶段收入分配问题研究》，中国财政经济出版社 2010 年版。

张卓元主编：《政治经济学大辞典》，经济科学出版社 1998 年版。

赵敦华：《现代西方哲学新编》，北京大学出版社 2001 年版。

郑功成主编：《中国社会保障改革与发展战略（总论卷）》，人民出版社 2011 年版。

钟仁耀主编：《社会救助与社会福利》，上海财经大学出版社 2005 年版。

《贝弗里奇报告》，中国劳动社会保障出版社 2008 年版。

《辞海》，上海辞书出版社 1999 年版（缩印本）。

《邓小平文选》一、二、三卷，人民出版社 1993 年、1994 年版。

《马克思恩格斯选集》第 1—4 卷，人民出版社 1995 年版。

《马克思恩格斯全集》第 23 卷，人民出版社 1972 年版。

《马克思恩格斯全集》第 25 卷，人民出版社 1974 年版。

《马克思恩格斯全集》第46卷，人民出版社2008年版。

《中国统计年鉴》，历年，中国统计出版社。

《BP世界能源统计2010》。

《美国统计年鉴2011》。

《美国统计摘要1992》。

包颉、侯建明：《上海城市居民财产性收入问题研究》，《上海经济研究》2008年第8期。

才国伟、舒元：《我国资本的配置效率：一种新的测算方法》，《经济科学》2009年第4期。

财政部科学研究所等：《中国财政体制研究》，《经济研究参考》2011年第9期。

蔡继明：《按生产要素贡献分配理论：争论和发展》，《山东大学学报（哲学社会科学版）》2009年第6期。

蔡继明：《从按劳分配到按生产要素贡献分配》，人民出版社2008年版。

蔡继明、江永基：《基于广义价值论的功能性分配理论》，《经济研究》2010年第6期。

蔡增正：《从马尔萨斯人口理论到现代人口理论的转变》，《深圳大学学报（人文社会科学版）》2001年第3期。

曹静：《分配理论：相对价格还是相对份额》，《经济理论与经济管理》2009年第10期。

曹新：《美国西部开发研究》，《经济研究参考》2001年第15c－1期。

常红晓：《江苏：农民集中居住得失》，《财经》2006年第24期。

常兴华：《“居民收入分配机制”问卷调查分析》，《经济研究参考》2010年第25期。

常兴华、李伟：《我国国民收入分配格局的测算结果与调整对策》，《宏观经济研究》2009年第9期。

常修泽：《中国现阶段基本公共服务均等化研究》，《天津市委党校学报》2007年第2期。

陈建东等：《我国城镇居民财产性收入的研究》，《财贸经济》2009年第 1 期。

《促进形成合理的居民收入分配机制研究》课题组（常兴华、徐振斌、李伟、杨永恒）：《促进形成合理的居民收入分配机制研究（总报告）》，《经济研究参考》2010 年第 25 期。

崔向阳、钱书法：《分工发展理论的三种视角及其述评》，《现代经济探讨》2010 年第 12 期。

戴彦德、朱跃中、白泉：《中国 2050 年低碳发展之路——能源需求暨碳排放情景分析》，《经济研究参考》2010 年第 26 期。

杜官印、蔡运龙、廖蓉：《中国 1997—2007 年包含建设用地投入的全要素生产率分析》，《中国土地科学》2010 年第 7 期。

段娟、文余源、鲁奇：《近十五年国内外城乡互动发展研究述评》，《地理科学进展》2006 年第 7 期。

范剑勇、颜燕、王加胜：《改革以来就业结构变动及其对经济增长的贡献》，《宏观经济研究》2001 年第 9 期。

高敏雪等：《"群众"所拥有的财产性收入》，《中国统计》2008 年第 1 期。

高颖：《美国西部大开发的进程与启示》，《中国信息报》（网络版）2010 年第 8 月 12 日。

葛剑雄：《中国历代人口数量的衍变及增减的原因》，《党的文献》2008 年第 2 期。

国家发展改革委宏观经济研究院 2008 年重点课题组：《促进形成合理的居民收入分配机制》，《宏观经济研究》2009 年第 5 期。

国家统计局城市司广东调查总队课题组：《城镇居民家庭财产性收入研究》，《统计研究》2009 年第 1 期。

杭海、张敏新、王超群：《美、日、德三国区域协调发展的经验分析》，《世界经济与政治论坛》2011 年第 1 期。

何玉霞：《新农村建设背景下农业生产要素的流动性悖论分析》，《齐鲁学刊》2009 年第 4 期。

何志星、叶航、汪丁丁：《报酬递增、互补性与经济组织》，《财经研究》2011 年第 1 期。

侯旭平:《论建立社会主义经济公平运行机制的途径和方法》,《产业与科技论坛》2006 年第 1 期。

胡金凤、胡宝元:《关于消费的哲学考察》,《自然辩证法》2003 年第 11 期。

胡联合、胡鞍钢:《贫富差距是如何影响社会稳定的》,《社会学》2008 年第 1 期。

胡霞:《日本边缘过疏地区开发模式的转变和内生式发展》,http://cedr.whu.edu.cn/cedrpaper/20057716528.pdf。

胡霞:《日本过疏地区开发方式及政策的演变》,《日本学刊》2007 年第 5 期。

黄范章:《发展资本市场推进财产性收入大众化》,《宏观经济管理》2008 年第 4 期。

黄泰岩:《初次分配制度变动的发展方式解释》,《经济学动态》2009 年第 6 期。

江春、曹棣泉:《中国收入分配的失衡与国际收支失衡》,《宏观经济研究》2010 年第 5 期。

江建平:《德国公共财政概要及启示》,内部文稿,2005 年 10 月。

江建平:《社会分配关系中的“分配金率”》,《新华日报》2009 年 12 月 7 日。

江建平:《试论社会分配关系中的“分配金率”》,《财政研究》2009 年第 9 期。

江建平、房民、孙国贵、汤成国:《建设农村新型社区加快城乡一体化发展》,《江苏农村经济》2011 年第 8 期。

江建平、刘小川:《德国辅佐经济和谐发展的公共财政政策及其借鉴》,《江海学刊》2006 年第 4 期。

江静、路瑶:《要素价格与中国产业国际竞争力:基于 ISIC 的跨国比较》,《统计研究》2010 年第 8 期。

江苏省社会科学院课题组:《全要素生产率对江苏经济增长的贡献研究》,《南京财经大学学报》2008 年第 1 期。

姜继红、郑红娥:《消费社会研究述评》,《学术研究》2006 年第

2 期。

靳卫东:《人力资本与产业结构转化的动态匹配效应——就业、增长和收入分配问题的评述》,《经济评论》2010 年第 6 期。

居励:《汇率变动对工资和就业结构影响的实证分析》,《世界经济研究》2007 年第 9 期。

郎秀云:《农民的发展:新农村建设的价值目标和优先路径》,《江淮论坛》2007 年第 1 期。

劳动和社会保障部、财政部:《关于扩大做实企业职工基本养老保险个人账户试点有关问题的通知》(劳社部发［2005］27 号)。

类伟:《绿色经济与可持续发展》,《经济日报》2001 年 3 月 21 日。

李京文:《美国西部大开发对我们的启迪》(上、下),《世界农业》2000 年第 8 期、第 9 期。

李军鹏:《质疑"初次分配注重效率、再分配注重公平"》,《中国经济时报》2004 年 4 月 29 日。

李时华等:《论增加居民财产性收入》,《商业经济》2008 年第 1 期。

李实、罗楚亮:《中国城乡居民收入差距的重新估计》,《北京大学学报》2007 年第 2 期。

李卫东:《社会分化与财产性收入》,《经济问题》1993 年第 11 期。

梁进社、王红瑞、王天龙:《中国经济社会发展的资源瓶颈与环境约束》,《经济研究参考》2011 年第 1 期。

廖楚晖:《中国人力资本和物质资本的结构及政府教育投入》,《中国社会科学》2006 年第 1 期。

林园春:《知识资本与企业绩效关系的实证研究》,《企业经济》2010 年第 11 期。

刘国光:《谈谈国富与民富、先富与共富的一些问题》,《中国流通经济》2012 年第 1 期。

刘军、于友伟:《产业聚集在区域间的合理分布及其推进策略》,《经济体制改革》2010 年第 2 期。

刘伟、蔡志洲:《技术进步、结构变动与改善国民经济中间消耗》,《经济研究》2008 年第 4 期。

刘再智：《关于企业环境创新机理、路径与绩效的思考》，《武汉大学学报（哲学社会科学版）》2010 年第 4 期。

陆学艺：《破除城乡二元结构，实现城乡经济社会一体化》，《北京工业大学学报（社会科学版）》2009 年第 6 期。

吕明元、王大伟：《要素转换、结构演进与区域经济增长——以天津滨海新区制造业为例的实证分析》，《经济社会体制比较》2010 年第 4 期。

罗红波：《意大利南北发展不平衡及启示》，《欧洲研究》1997 年第 1 期。

莫少群：《20 世纪西方“消费社会”研究述略》，《淮阴师范学院学报》2005 年第 1 期。

彭华民：《福利三角：一个社会政策分析的范式》，《社会学研究》2006 年第 4 期。

彭华民、黄叶青：《福利多元主义：福利提供从国家到多元部门的转型》，《南开学报（哲学社会科学版）》2006 年第 6 期。

乔健：《略论我国劳动关系的转型及当前特征》，《中国劳动关系学院学报》2007 年第 2 期。

秦晖：《既要 WTO，也要 NGO》，《中国改革》2002 年第 6 期。

邵帅、齐中英：《自然资源富足对资源型地区创新行为的挤出效应》，《哈尔滨工程大学学报》2009 年第 12 期。

沈利生、王恒：《增加值率下降意味着什么》，《经济研究》2006 年第 3 期。

盛剑、屈小丽：《我国财产性收入的主要特征》，《中国统计》2009 年第 12 期。

宋晓梧：《完善市场经济体系提高初次分配比重》，《经济参考报》2011 年 2 月 9 日。

宋玉军：《增加居民财产性收入的机会创造与政府作为》，《统计与决策》2008 年第 14 期。

孙春晨：《市场经济与分配正义》，《学习与探索》2006 年第 3 期。

孙益贤：《市场分割对财产性收入分配的影响》，《经济论坛》2008 年第 8 期。

谭桂娟：《论共同富裕的实现机制——基于系统论的一种分析》，《山西高等学校社会科学学报》2010 年第 1 期。

唐根年、沈沁、管志伟：《中国东南沿海产业空间集聚适度与生产要素优化配置研究》，《地理科学》2010 年第 2 期。

唐根年、沈沁、管志伟、徐维祥：《中国东南沿海制造业集聚过度及其生产要素拥挤实证研究》，《经济地理》2010 年第 2 期。

汪晖、陶然、史晨：《关于土地发展权转移的误区和方向的思考》，《第一财经日报》2010 年 12 月 28 日。

汪潜：《黄元全先富导向下的共富取向—基于“创造条件让更多群众拥有财产性收入”的解读》，《广西社会科学》2008 年第 9 期。

王海杰：《人力资本与劳动力的关系——两种理论观点比较研究》，《经济纵横》2009 年第 2 期。

王家峰：《福利国家改革：福利多元主义及其反思》，《经济社会体制比较》2009 年第 5 期。

王家强、王志峰：《收入分配体制改革的关键何在》，《改革》2010 年第 11 期。

王灵丽：《全国政协委员张世平披露：两成多职工 5 年没涨过工资》，人民网河南频道，2010 年 3 月 10 日。

王天义：《提高劳动报酬是深化收入分配改革的关键》，《工会博览》2011 年第 6 期上旬刊。

王云、龙志和：《产业价值链视角下的文化资本特征与经营模式》，《经济地理》2009 年第 12 期。

魏枫、樊士德：《中国经济持续增长的原因研究：技术进步路径的视角》，《中国软科学》2010 年第 4 期。

魏婕、任保平：《要素生产率和经济增长质量的理论与实证分析——基于 1952—2007 年的数据》，《山西财经大学学报》2009 年第 11 期。

吴彦艳、丁志卿：《居民财产性收入的几个问题研究》，《经济纵横》2007 年第 11 期。

武杰、李润珍：《试论现代经济社会中的劳动力价值》，《山西大学学报（哲学社会科学版）》2009 年第 6 期。

夏杰长：《我国劳动就业结构与产业结构的偏差》，《中国工业经济》2000 年第 1 期。

肖舒楠、王琳：《为何 76.8% 被调查者认为靠踏实工作很难致富》，《中国青年报》2010 年 6 月 22 日。

谢富胜、黄蕾：《福特主义、新福特主义和后福特主义——兼论当代发达资本主义国家生产方式的演变》，《教育与研究》2005 年第 11 期。

辛鸣：《劳动价值论在当代中国的实践要求》，《改革》2010 年第 11 期。

徐杰、杨建龙：《中国人力资本及其对经济增长的贡献》，《教育与经济》2010 年第 3 期。

徐现祥、舒元：《基于对偶法的中国全要素生产率核算》，《统计研究》2009 年第 7 期。

杨淑艳、任瞳：《马尔萨斯人口理论浅析》，《中国科技信息》2009 年第 11 期。

杨志勇：《资源价格的改革取向》，《改革》2010 年第 8 期。

易宪容：《民众拥有财产性收入的背景与条件》，《中国经济时报》2007 年 11 月 7 日。

尹焕三：《让更多群众拥有财产性收入的客观根由及路径选择》，《理论前沿》2008 年第 8 期。

袁东振：《拉美国家地区间发展的差距及其影响》，《拉丁美洲研究》1997 年第 2 期。

袁国敏：《我国劳动份额变动的宏观影响因素分析》，《山东财政学院学报》2012 年第 1 期。

袁竹、齐超：《我国再分配逆向调节的成因及对策探析》，《税务与经济》2012 年第 1 期。

岳颖：《收入分配热点问题研究综述》，《求索》2010 年第 9 期。

曾国安、黄勇、胡晶晶：《关于不同种类生产要素收入初次分配公平问题的几个问题》，《山东社会科学》2009 年第 2 期。

张厚明：《资本、劳动、技术进步与乡镇企业产出增长——基于 1978—2005 年的历史数据》，《山西财经大学学报》2009 年第 3 期。

张澜涛:《论社会公平与经济社会安全——美国经济发展史的借鉴》,《国际关系学院学报》2008 年第 6 期。

张雷宝:《我国区域经济增长中三种投资产出效率的比较研究》,《财贸经济》2007 年第 10 期。

张世鹏:《从福特主义到后福特主义——西欧资本主义发展的历史新阶段》,《欧洲》1996 年 5 月。

张曙光、程炼:《中国经济转轨过程中的要素价格扭曲与财富转移》,《世界经济》2010 年第 10 期。

张屹山、于维生:《经济权力结构与生产要素最优配置》,《经济研究》2009 年第 6 期。

张翼:《中国人口控制政策的历史变化与改革趋势》,http://www.wyzxsx.com/Article/Class4/200705/19024.html。

张玉台:《合理调整收入分配关系》,《中共中央关于制定国民经济和社会发展第十二个五年规划的建议》辅导读本,人民出版社 2010 年版。

赵人伟:《收入分配、财产分配和渐进改革》,《经济社会体制比较》2005 年第 5 期。

征汉文:《公平分配应首先从第一次分配开始》,《当代经济研究》2010 年第 8 期。

郑志国:《中国企业分配中的突出问题及对策》,《马克思主义研究》2011 年第 11 期。

中国经济增长与宏观稳定课题组(张平、刘霞辉、张晓晶、张自然、王宏淼、袁富华):《资本化扩张与赶超型经济的技术进步》,《经济研究》2010 年第 5 期。

钟心桃、龚唯平:《广东经济增长中制度因素对要素效率影响的实证研究》,《南方经济》2008 年第 4 期。

周为民、陆宁:《按劳分配与按要素分配》,《中国社会科学》2002 年第 4 期。

周卫民:《技术进步中生产要素产出弹性关系假说及其检验》,《当代财经》2011 年第 3 期。

周新城:《关于分配问题的若干思考》,《贵州师范大学学报》2012 年第1期。

《关注收入分配构建和谐社会》，《中国劳动保障报》2007年4月21日。

《金融危机考验中国——第六届中国薪酬管理高层论坛精彩观点呈现》，《职业》2009年第19期。

《解决突出问题，维护劳动者的劳动报酬权益——访人力资源和社会保障部劳动工资研究所所长、著名薪酬问题专家苏海南》，《职业》2009年第13期。

《乔布斯如何变身“魔法师”》，《参考消息》2011年9月22日。

《趣话“一夫一妻”制的六大绝妙好处》，http://blog.sina.com.cn/jiecao。

《完美的智利矿难救援》，《中国经济周刊》，http://finance.sina.com.cn/roll/20101019/00178799204.shtml。

《谢旭人在全国深化医药卫生体制改革工作会议上的讲话》，财政部网站，2011年2月16日。

《一夫一妻制与一夫多妻制优劣比较》，http://article.yeeyan.org/view/132217/122295。

《中共中央国务院关于深化医药卫生体制改革的意见》，2009年。

《2010年全国公共财政支出决算表》，财政部网站，2011年7月20日。

《关于2010年中央和地方预算执行情况与2011年中央和地方预算草案的报告》，财政部网站，2011年3月17日。

《关于2011年中央和地方预算执行情况与2012年中央和地方预算草案的报告》，财政部网站，2012年3月16日。

《社会保障司2008年社会保险基金决算数据》，财政部网站。

《第六次全国人口普查主要数据发布》，国家统计局网站，2011年4月28日。

《中华人民共和国2010年国民经济和社会发展统计公报》，国家统计局网站，2011年2月28日。

《民政事业统计季报》，民政部网站，2011年4季度。

《2010 年我国卫生事业发展统计公报》，卫生部网站，2011 年 4 月 29 日。

A. H. Maslow (1954), *Motivation and Personality*, New York: Harper and Row, p. 35.

Alan B. Krueger & Lawrence H. Summers (1988), "Efficiency Wages and the Inter industry Wage Structure", *Econometrica*, 56(2): 259-293.

Alderfer, C. P. (1972), *Existence, Relatedness, and Growth; Human Needs in Organizational Settings*, New York: Free Press, p. 18.

Anderson C. R., Zeithaml C. P. (1984), "Stage of the product life cycle, business strategy, and business performance", *Academy of Management Journal*, 27(1): 5-24.

Baudrillard, Jean (1988), *Selected Writings*, Edited by Mark Poster, Cambridge: Polity Press.

Bourdieu P. (1988), *Distinction: A Social Critique of The Judgment of Taste*, London: Routledge, pp. 128-359.

Clark (1957), *The Conditions of Economic Progress*, Macmillan, 3rd edition.

Daniel Bell (1974), *The Coming of Post-industrial Society*, Heinemann Educational Books Ltd..

Doeringer Peter B., Piore Michael J. (1971), *Internal Labor Markets and Manpower Analysis*, Lexington, Mass.

Elias, Norbert (1978), *The Civilizing Process, Vol. 1: The History of Manners*, Oxford: Blackwell.

Eswaran (2002), "The Role of the Service Sector in the Process of Industrialization", *Journal of Development Economics*, 68, 401-420。

Fuchs, V. R. (1968), *The Service Economy*, National Bureau of Economic Research, MIT Press.

IMF, *Government Finance Statistics Yearbook 2007*.

Kuznets (1941), *National Income and its Composition, 1919 – 1938*, New York: NBER.

Lee, Martyn J. (1993), *Consumer Culture Reborn: The Cultural Politics of*

Consumption, London: Routledge.

Loh Lawrence & Venkatraman (1992), "Determinants of Information Technology Outsourcing: A Cross-Section", *Journal of Management Information Systems*, 9, (1).

Pedro S. Martins (2004), "Industry Wage Premia: Evidence from the Wage Distribution", *Economics Letters*, (83): 157-163.

Schumpeter J. A. (1942), *Capitalism, Socialism and Democracy*, New York: Harper and Row.

Skinner B. F. (1938), *The Behavior of Organisms: an Experimental Analysis*, New York: Appleton Century Crofts, p. 302.

Wasson C. R. (1974), *Dynamic Competitive Strategy and Product Life Cycles*, St. Charles, IL: Challenge Books.

后　记

经过许多年的感悟思考和研究积累以及多方协同努力，终于完成此书稿。

此书实际上是我 2006 年在中国财经出版社出版的另一本书《我国经济转型中的分配思想演进》的续篇。《我国经济转型中的分配思想演进》着重就我国改革开放近 30 年何以取得举世瞩目的辉煌成就，从分配的角度进行了精要提炼与深入阐述，《全民宽裕论》则着重于对未来 30 多年民生发展目标的定位及体制机制的完善探索。

本书涉及经济社会全局许多方面，研究起来确实不易。自己尽了很大努力。我不仅长期在财政管理中参与众多改革实践，而且一直在关注其中体制机制进步的原理，并结合理论学习做比较深入的潜心研究，力求从本质层面把握发展的动力机制，探讨发展的规律性。在写作过程中一些资深专家学者及同事给了我很大的支持帮助。借此，我特别感谢给予我指点、鼓励、帮助的人们，他们有我的博士指导老师原上海财经大学校长谈敏、中国社会科学院学部委员何振一、南京大学党委书记洪银兴、江苏省社会科学院院长刘志彪、中国财政杂志社原社长郭代模、江苏省哲学社会科学界联合会党委书记张灏瀚，等等。十分感谢刘志彪院长专门组织研究团队进行指导帮助。我深深感谢参与写稿和通稿修改的有关专家教授及我的江苏省财政厅同事，他们是章江益、吴先满、刘小川、张云天、钱刚、阮君华、杭华、孙宏伟、沈卫平、骆祖春、陈柳、王振卯、方维慰、胡绪华、王保嘉、王跃宁、朱丽菁、蒋鸿雁，等等。

我还要真诚感谢我的夫人马兰和女儿江舒雯，她们是我得力的支持者，也常常是观点的探讨者。

要将一个庞大的社会经济运行机制构架建设好，需要靠上下各方面的共同努力。从研究角度看，有许许多多的内容需要进行不断深入的探讨。由于自己的学识和能力不足，还只能是大的框架性的研讨，敬请读者们批评指正。

在书中我将近期创作的有关经济社会管理的几首诗歌也放了进去，虽然有些特别，但还是表达一种用心投入。同时表达一种体会，任何技术和管理的最高境界都将与文化艺术融合，任何产品都可增添艺术点缀。

江建平

2013 年 3 月 18 日

责任编辑:陈　登

图书在版编目(CIP)数据

全民宽裕论/江建平 著. -北京:人民出版社,2013.10(2014.3 重印)
ISBN 978-7-01-012631-9

Ⅰ.①全…　Ⅱ.①江…　Ⅲ.①共同富裕-理论研究　Ⅳ.①F124.7

中国版本图书馆 CIP 数据核字(2013)第 229421 号

全民宽裕论

QUANMIN KUANYU LUN

江建平　著

人民出版社 出版发行

(100706　北京市东城区隆福寺街 99 号)

北京市文林印务有限公司　新华书店经销

2013 年 10 月第 1 版　2014 年 3 月北京第 2 次印刷
开本:710 毫米×1000 毫米 1/16　印张:25.75
字数:390 千字

ISBN 978-7-01-012631-9　定价:50.00 元

邮购地址 100706　北京市东城区隆福寺街 99 号
人民东方图书销售中心　电话 (010)65250042　65289539